高等职业教育“十三五”规划教材
“任务引领，项目驱动”型教材

市政工程检测

主　编　汪迎红　吕诗静
副主编　王　懿　周德军
主　审　伍亭垚

武汉理工大学出版社
·武　汉·

内容简介

本书作为高等职业教育规划教材之一，是在各高等职业院校积极践行和创新先进职业教育理念，深入推进“校企合作，工学结合”人才培养模式的大背景下，根据新的课程标准编写而成。

本书以企业调研成果为基础，确定工作任务，明确课程目标，制定课程设计的标准，以培养学生桥梁施工能力为主线，设置了两个部分共15章，主要内容包括道路工程、桥梁工程、市政管线检测；书中每章前面有教学要求，后面有本章小结和复习思考题。

本书主要供高等职业教育市政工程专业教学使用，也可作为建筑、路桥类工程技术人员的培训教材或自学用书。

图书在版编目（CIP）数据

市政工程检测 / 汪迎红，吕诗静主编. —武汉：武汉理工大学出版社，2020.8（2024.1 重印）
ISBN 978-7-5629-6312-7

Ⅰ. ①市…　Ⅱ. ①汪…　②吕…　Ⅲ. ①市政工程—工程质量—质量检验—高等职业教育—教材　Ⅳ. ①TU990.05

中国版本图书馆 CIP 数据核字（2020）第 164777 号

项目负责人：戴皓华　　**责任编辑：**戴皓华
责任校对：张明华　　**版面设计：**正风图文
出版发行：武汉理工大学出版社
地　　址：武汉市洪山区珞狮路 122 号
邮　　编：430070
网　　址：http://www.wutp.com.cn
经　　销：各地新华书店
印　　刷：武汉乐生印刷有限公司
开　　本：787×1092　1/16
印　　张：17.75
字　　数：443 千字
版　　次：2020 年 8 月第 1 版
印　　次：2024 年 1 月第 2 次印刷
定　　价：49.00 元

凡购本书，如有缺页、倒页、脱页等印装质量问题，请向出版社发行部调换。
本社购书热线：027-87515778　87515848　87785758　87165708（传真）

高等职业教育“十三五”规划教材
编审委员会

前言 Preface

“市政工程检测”是高职市政工程专业核心课程之一，通过本课程的学习，在掌握市政工程检测的基本知识、实践技能的基础上，结合市政工程执业资格证书的相关要求，科学地总结当前市政工程检测的新技术，培养学生市政工程检测和组织能力，以及运用国家现行施工规范、规程、标准的能力，促进学生处理实际市政工程检测问题能力的提高。本书是与企业（贵州交通建设集团有限公司、贵阳市市政工程公司）合作，以企业调研成果为基础，确定市政工程检测的工作任务，明确培养学生市政工程检测能力的学习目标。

本书由汪迎红、吕诗静担任主编；王懿、周德军担任副主编；特邀贵州交通建设集团有限公司伍亭垚研究员担任本书主审。全书具体编写分工情况如下：第一部分中的第一章至第六章由贵州交通职业技术学院汪迎红编写，第七章至第九章由贵州交通职业技术学院周德军编写，第十章由贵州交通职业技术学院王懿编写；第二部分的第十一章至第十五章由贵州交通职业技术学院吕诗静编写，全书由汪迎红统稿。

本书在编写过程中，得到贵州交通建设集团有限公司和贵阳市市政工程公司的指导和帮助，附于书末的主要参考文献的作者们对本书完成给予了巨大支持，在此一并致以诚挚的谢意！

由于编者的水平有限，加上时间紧迫，书中疏漏之处在所难免，敬请使用本书的教师和学生对书中的不妥和误漏之处予以批评指正，在此表示衷心感谢。

编　者

2019 年 12 月

目录 Contents

第一部分　市政道路、桥梁检测

第二部分　市政管线检测

第一部分　市政道路、桥梁检测

第一章　概　　论

【教学要求】

1. 学生能描述试验检测的目的和意义；
2. 学生能描述分项工程、分部工程、单位工程的质量评分和有关规定及方法；
3. 学生能进行施工质量控制，并能掌握检验、验收规定。

随着我国交通事业的发展，市政工程建设已进入以提高质量为主的新阶段，人们对其提出了更高的要求，如果不实行完善而严格的质量安全管理、保证和监督体系，难免会在市政工程施工过程中出现质量事故或质量隐患。因此，在现场施工的质量控制中，配备与质量控制和管理相匹配的常规标准试验仪器和采用适宜的检测方法，进行必要的试验检测，对确保工程质量是十分重要的。控制质量的主要手段则是依据国家以及部委颁布的有关法规、技术标准、规范和规程进行的试验检测。工程试验检测机构的职能就是对工程项目或产品进行检测，根据检测的结果判断工程质量或产品质量状态，因此，完善工程试验检测机构的工作制度、制定试验检测工作细则、配置合理的试验检测人员具有重要的现实意义。

第一节　工程试验检测概述

一、试验检测的目的和意义

(1) 工程试验检测工作是市政工程施工技术管理中的一个重要组成部分，同时，也是市政工程施工质量控制和竣工验收评定工作中不可缺少的一个主要环节。通过试验检测能充分地利用当地原材料，能迅速推广应用新材料、新技术和新工艺；能用定量的方法科学地评定各种材料和构件的质量；能合理地控制并科学地评定工程质量。因此，工程试验检测工作对于提高工程质量、加快工程进度、降低工程造价、推动市政工程施工技术进步，起到极为重要的作用。市政工程试验检测技术是一门正在发展的新兴学科，它融试验检测基本理论和测试操作技能及市政工程相关学科基础知识于一体，是工程设计参数、施工质量控制、施工验收评定、养护管理的主要依据。

(2) 对于各类常规路基、路面、给排水工程、桥涵，试验检测则是控制施工质量的主要手段。对于一个建设项目，施工前首先要试验鉴定进场的原材料、成品和半成品构件是否符合国家质量标准和设计文件的要求，对其做出接收或拒绝决定。例如从桥位放样到每一工序和结构部位的完成，均须通过试验检测判定其是否符合质量标准要求，经检验符合质量标准后方可进行下一工序施工，否则就需采取补救措施或返工。桥涵施工完成后需全面检测并进行质量等级评定，必要时还需进行荷载试验，以对结构整体受力性能是否达到设计文件和标准规范的要求做出评价。

(3) 试验检测又是评价市政工程质量缺陷和鉴定工程事故的手段，通过试验检测为质量缺陷或事故判定提供实测数据，以便准确判别质量缺陷和事故的性质、范围和程度，合理评价事故损失，明确事故责任，从中总结经验教训。

(4) 对于新型结构、新材料、新工艺，必须通过试验检测鉴定其是否符合国家标准和设计文件的要求，同时为完善设计理论和施工工艺积累实践资料。

随着城镇化的发展，市政部门对市政工程项目投入愈来愈多，各级市政管理部门和施工单位对加强质量检测与施工质量控制和验收工作已越来越重视。但在许多工程中，仍有部分单位不具备原材料质量试验检测和施工质量控制试验检测的基本条件，有些单位虽然已购置了一定数量的试验检测仪器设备，也建立了试验检测机构并配备了相应的试验检测技术人员，但由于多种原因，使已建成的试验室不能发挥应有的作用。工程实践经验证明：不重视施工检测和施工现场质量控制管理工作，而仅靠经验评估是造成工程出现早期破坏的重要原因之一。因此，要想切实提高市政工程施工质量、缩短工期、降低工程投资，在建立健全工程质量控制检查制度的同时必须配备一定数量的试验检测设备和相应的专职试验检测技术人员。

二、检测依据

市政工程试验检测应以国家及部委颁布的有关市政、公路工程的法规、技术标准、设计施工规范和材料试验规程为依据进行，对于某些新结构以及采用新材料和新工艺的桥梁，有关的公路工程规范、规程暂无相关条款规定时，可以借鉴国外或国内其他行业的相关规范、规程的有关规定。主要规范、规程、标准有：

《城镇道路工程施工与质量验收规范》(CJJ 1—2008)；

《城市桥梁工程施工与质量验收规范》(CJJ 2—2008)；

《给水排水管道工程施工及验收规范》(GB 50268—2008)；

《公路工程水泥及水泥混凝土试验规程》(JTG E30—2005)；

《公路土工试验规程》(JTG E40—2007)；

《土工试验方法标准》(GB/T 50123—2019)

《公路工程岩石试验规程》(JTG E41—2005)；

《公路工程集料试验规程》(JTG E42—2005)；

《普通混凝土用砂、石质量及检验方法标准》(JGJ 52—2006)；

《建设用砂》(GB/T 14684—2011)；

《公路工程土工合成材料试验规程》(JTG E50—2006)；

《公路工程无机结合料稳定材料试验规程》(JTG E51—2009)；

《公路路基路面现场测试规程》(JTG 3450—2019)；

《公路路基施工技术规范》(JTG/T 3610—2019)；

《公路路面基层施工技术细则》(JTG/T F20—2015)；

《混凝土路缘石》(JC/T 899—2016)；
《混凝土和钢筋混凝土排水管》(GB/T 11836—2009)；
《钢纤维混凝土检查井盖》(GB 26537—2011)；
《公路工程质量检验评定标准　第一册　土建工程》(JTG F80/1—2017)；
《公路工程沥青及沥青混合料试验规程》(JTG E20—2011)；
《公路桥梁板式橡胶支座》(JT/T 4—2019)；
《公路桥梁盆式支座》(JT/T 391—2019)；
《公路桥涵设计通用规范》(JTG D60—2015)；
《城市综合管廊工程技术规范》(GB 50838—2015)。

三、试验检测人员的要求

1. 对检测人员的能力要求

为确保检测质量，试验检测人员应认真履行岗位职责，做好本职工作，应根据以下要求，发现自己的不足之处，努力提高自己的能力，确保工程质量。

(1) 检测人员应熟悉检测任务、内容、项目，合理选择检测仪器，熟悉仪器的性能。操作精密、贵重、大型检测仪器设备者，应经过培训，考核合格后，取得操作证书方可上岗操作。会进行日常养护，进行一般或常规仪器的检验与校正。

(2) 检测人员应掌握与所检测项目相关的技术标准，了解本领域国内外测试技术、检测仪器的现状及发展方向，并具有学习与应用国内外最新技术进行检测的能力。

(3) 检测人员应能正确如实地填写原始记录。原始记录不得用铅笔填写，必须有检测人员、计算和校核人员的签名。原始记录如确需更改，作废数据上应画两条水平线，将正确数据填在上方，盖更改人的印章；原始记录保管期不得少于两年。检测结果必须由在本领域五年以上工作经验者校核，校核者必须在检测记录和报告中签字，以示负责。

(4) 检测人员应了解计量法常识及国际单位制基本内容，能运用数理统计方面的知识对检测结果进行数据处理。

(5) 检测人员要坚持原则，对检测工作、数据处理工作持严肃态度，要以数据说话，不受行政或其他方面影响的干扰。

2. 对检测人员考核的主要内容

(1)工程质量检测专业知识。了解所用仪器设备的结构原理、性能及正确使用维护等知识；掌握所检测工程项目的质量标准和有关技术指标；具有实际操作和数据处理的能力。

(2) 计量基础知识。了解计量法常识、国际单位制基本内容、误差理论基本知识。

3. 对检测人员的纪律要求

(1) 认真学习贯彻国家、部门、地方有关质量方面的文件、政策及法令、法规，严格按产品技术要求工作。

(2) 坚持原则、忠于职守，遵守质检机构规定的各项规章制度。

(3) 不准利用职权和工作条件接受受检企业或单位的礼品。

(4) 不准擅自多抽或少抽样品，不准违章处理或使用样品。

(5) 不准受贿。不准假公济私、弄虚作假。

(6) 作风正派,秉公办事。

第二节 市政工程质量与竣工验收

(1) 市政工程开工前,施工单位应会同建设单位、监理工程师确认构成建设项目的单位(子单位)工程、分部(子分部)工程、分项工程和检验批,作为施工质量检验、验收的基础,并应符合下列规定:

① 建设单位招标文件确定的每一个独立合同应为一个单位工程。

当合同文件包含的工程内涵较多,或工程规模较大,或由若干独立设计组成时,宜按工程部位或工程量、每一独立设计将单位工程分成若干子单位工程。

② 单位(子单位)工程应按工程的结构部位或特点、功能、工程量划分分部工程。

分部工程的规模较大或工程复杂时宜按材料种类、工艺特点、施工工法等,将分部工程划为若干子分部工程。

③ 分部工程可由一个或若干个分项工程组成,应按主要工种、材料、施工工艺等划分分项工程。

④ 分项工程可由一个或若干检验批组成。检验批应根据施工、质量控制和专业验收需要划定。各地区应根据城镇道路建设实际需要,划定适应的检验批。

⑤ 各分部(子分部)工程相应的分项工程、检验批应按表 1-1 的规定执行。当有关规范未规定时,施工单位应在开工前会同建设单位、监理工程师共同研究确定。

表 1-1 城镇道路分部(子分部)工程与相应的分项工程、检验批

分部工程	子分部工程	分项工程	检验批
路基	—	土方路基	每条路或路段
		石方路基	每条路或路段
		路基处理	每条处理段
		路肩	每条路肩
基层	—	石灰土基层	每条路或路段
		石灰粉煤灰稳定砂砾(碎石)基层	每条路或路段
		石灰粉煤灰钢渣基层	每条路或路段
		水泥稳定土类基层	每条路或路段
		级配砂砾(砾石)基层	每条路或路段
		级配碎石(碎砾石)基层	每条路或路段
		沥青碎石基层	每条路或路段
		沥青贯入式基层	每条路或路段

续表 1-1

分部工程	子分部工程	分项工程	检验批
面层	沥青混合料面层	透层	每条路或路段
		黏层	每条路或路段
		封层	每条路或路段
		热拌沥青混合料面层	每条路或路段
		冷拌沥青混合料面层	每条路或路段
	沥青贯入式与沥青表面处治面层	沥青贯入式面层	每条路或路段
		沥青表面处治面层	每条路或路段
	水泥混凝土面层	水泥混凝土面层(模板、钢筋、混凝土)	每条路或路段
	铺砌式面层	料石面层	每条路或路段
		预制混凝土砌块面层	每条路或路段
广场与停车场	—	料石面层	每个广场或划分的区段
		预制混凝土砌块面层	每个广场或划分的区段
		沥青混合料面层	每个广场或划分的区段
		水泥混凝土面层	每个广场或划分的区段
人行道	—	料石人行道铺砌面层(含盲道砖)	每条路或路段
		混凝土预制块铺砌人行道面层(含盲道砖)	每条路或路段
		沥青混合料铺筑面层	每条路或路段
人行地道结构	现浇钢筋混凝土人行地道结构	地基	每座通道
		防水	每座通道
		基础(模板、钢筋、混凝土)	每座通道
		墙与顶板(模板、钢筋、混凝土)	每座通道
	预制安装钢筋混凝土人行地道结构	墙与顶部构件预制	每座通道
		地基	每座通道
		防水	每座通道
		基础(模板、钢筋、混凝土)	每座通道
		墙板、顶板安装	每座通道
	砌筑墙体、钢筋混凝土顶板人行地道结构	顶部构件预制	每座通道
		地基	每座通道
		防水	每座通道
		基础(模板、钢筋、混凝土)	每座通道
		墙体砌筑	每座通道

续表 1-1

分部工程	子分部工程	分项工程	检验批
	砌筑墙体、钢筋混凝土顶板人行地道结构	顶部构件、顶板安装	每座通道
		顶部现浇(模板、钢筋、混凝土)	每座通道
挡土墙	现浇钢筋混凝土挡土墙	地基	每道挡土墙地基
		基础	每道挡土墙基础
		墙(模板、钢筋、混凝土)	每道墙体
		滤层、泄水孔	每道墙体
		回填土	每道墙体
		帽石	每道墙体
		栏杆	每道墙体
	装配式钢筋混凝土挡土墙	挡土墙板预制	每道墙体
		地基	每道挡土墙地基
		基础(模板、钢筋、混凝土)	每道基础
		墙板安装(含焊接)	每道墙体
		滤层、泄水孔	每道墙体
		回填土	每道墙体
		帽石	每道墙体
		栏杆	每道墙体
	砌筑挡土墙	地基	每道墙体地基
		基础(砌筑、混凝土)	每道基础
		墙体砌筑	每道墙体
		滤层、泄水孔	每道墙体
		回填土	每道墙体
		帽石	每道墙体
	加筋土挡土墙	地基	每道挡土墙地基
		基础(模板、钢筋、混凝土)	每道基础
		加筋挡土墙砌块与筋带安装	每道墙体
		滤层、泄水孔	每道墙体
		回填土	每道墙体
		帽石	每道墙体
		栏杆	每道墙体

续表 1-1

分部工程	子分部工程	分项工程	检验批
附属构筑物	—	路缘石	每条路或路段
		雨水支管与雨水口	每条路或路段
		排(截)水沟	每条路或路段
		倒虹管及涵洞	每座结构
		护坡	每条路或路段
		隔离墩	每条路或路段
		隔离栅	每条路或路段
		护栏	每条路或路段
		声屏障(砌体、金属)	每处声屏障墙
		防眩板	每条路或路段

(2) 施工中应按下列规定进行施工质量控制,并应进行过程检验、验收:

① 工程采用的主要材料、半成品、成品、构配件、器具和设备应按相关专业质量标准进行进场检验和使用前复验。现场验收和复验结果应经监理工程师检查认可。凡涉及结构安全和使用功能的,监理工程师应按规定进行平行检测或见证取样检测,并确认合格。

② 各分项工程应按规范进行质量控制,各分项工程完成后应进行自检、交接检验,并形成文件,经监理工程师检查签认后,方可进行下一分项工程施工。

(3) 工程施工质量应按下列要求进行验收:

① 工程施工质量应符合相关专业验收规范的规定。

② 工程施工应符合工程勘察、设计文件的要求。

③ 参加工程施工质量验收的各方人员应具备规定的资格。

④ 工程质量的验收均应在施工单位自行检查评定合格的基础上进行。

⑤ 隐蔽工程在隐蔽前,应由施工单位通知监理工程师和相关单位人员进行隐蔽验收,确认合格,并形成隐蔽验收文件。

⑥ 监理工程师应按规定对涉及结构安全的试块、试件和现场检测项目,进行平行检测、见证取样检测并确认合格。

⑦ 检验批的质量应按主控项目和一般项目进行验收。

⑧ 对涉及结构安全和使用功能的分部工程应进行抽样检测。

⑨ 承担复验或检测的单位应为具有相应资质的独立第三方。

⑩ 工程的外观质量应由验收人员通过现场检查共同确认。

(4) 检验批合格质量应符合下列规定:

① 主控项目的质量应经抽样检验合格。

② 一般项目的质量应经抽样检验合格。当采用计数检验时,除有专门要求外,一般项目的合格点率应达到 80%及以上,且不合格点的最大偏差值不得大于规定允许偏差值的 1.5 倍。

③ 具有完整的施工操作依据和质量检查记录。

(5) 分项工程质量验收合格应符合下列规定：

① 分项工程所含检验批均应符合合格质量的规定。

② 分项工程所含检验批的质量验收记录应完整。

(6) 分部工程质量验收合格应符合下列规定：

① 分部工程所含分项工程的质量均应验收合格。

② 质量控制资料应完整。

③ 涉及结构安全和使用功能的质量应按规定验收合格。

④ 外观质量验收应符合要求。

(7) 单位工程质量验收合格应符合下列规定：

① 单位工程所含分部工程的质量均应验收合格。

② 质量控制资料应完整。

③ 单位工程所含分部工程验收资料应完整。

④ 影响道路安全使用和周围环境的参数指标应符合规定。

⑤ 外观质量验收应符合要求。

(8) 工程质量验收组织应符合下列规定：

① 隐蔽工程应由专业监理工程师负责验收。检验批及分项工程应由专业监理工程师组织施工单位项目专业质量(技术)负责人等进行验收。关键分项工程及重要部位应由建设单位项目负责人组织总监理工程师、施工单位项目负责人和技术质量负责人、设计单位专业设计人员等进行验收。

② 分部工程应由总监理工程师组织施工单位项目负责人和技术质量负责人等进行验收。

③ 单位工程验收应符合下列要求：

A. 施工单位应在自检合格基础上将竣工资料与自检结果，报监理工程师申请验收。

B. 监理工程师应约请相关人员审核竣工资料作为预检，并据结果写出评估报告，报建设单位。

C. 建设单位项目负责人应根据监理工程师的评估报告组织建设单位项目技术质量负责人、有关专业设计人员、总监理工程师和专业监理工程师、施工单位项目负责人参加工程验收。该工程的设施运行管理单位应派员参加工程验收。

④ 工程竣工验收，应由建设单位组织验收组进行。验收组应由建设、勘察、设计、施工、监理、设施管理等单位的有关负责人组成，亦可邀请有关方面专家参加。验收组组长由建设单位担任。

工程竣工验收应在构成道路的各分项工程、分部工程、单位工程质量验收均合格后进行。当设计规定进行道路弯沉试验、荷载试验时，验收必须在试验完成后进行。道路工程竣工资料应于竣工验收前完成。

(9) 工程竣工验收应符合下列规定：

① 质量控制资料应符合相关的规定。

检查数量：检查全部工程。

检查方法：检查质量验收、隐蔽验收、试验检验资料。

② 安全和主要使用功能应符合设计要求。

检查数量：检查全部工程。

检查方法：检查相关检测记录，并抽检。

③ 观感质量检验应符合相关的要求。

检查数量：检查全部工程。

检查方法：目测并抽检。

竣工验收时，可对各单位工程的实体质量进行检查；当参加验收各方对工程质量验收意见不一致时，应由政府行业行政主管部门或工程质量监督机构协调解决；工程竣工验收合格后，建设单位应按规定将工程竣工验收报告和有关文件报政府行政主管部门备案。

本章小结

市政工程试验检测应以国家和部委颁布的有关市政、公路工程的法规、技术标准、设计施工规范和材料试验规程为依据进行，对于某些新结构以及采用新材料和新工艺的桥梁，有关的公路工程规范、规程暂无相关条款规定时，可以借鉴国外或国内其他行业的相关规范、规程的有关规定。

市政工程试验检测工作是市政工程施工技术管理中的一个重要环节，同时也是市政工程施工质量控制和竣工验收评定中不可缺少的一个主要环节，工程试验检测机构的职能是对工程项目或产品进行检测，根据检测的结果判断工程质量或产品质量状态。因此，明确试验检测的目的和意义，熟悉检测细则，并掌握工程质量的评定，具有重要的现实意义。

工程竣工验收应在构成道路的各分项工程、分部工程、单位工程质量验收均合格后进行。当设计规定进行道路弯沉试验、荷载试验时，验收必须在试验完成后进行。道路工程竣工资料应于竣工验收前完成。

竣工验收时，可对各单位工程的实体质量进行检查；当参加验收各方对工程质量验收意见不一致时，应由政府行业行政主管部门或工程质量监督机构协调解决；工程竣工验收合格后，建设单位应按规定将工程竣工验收报告和有关文件，报政府行政主管部门备案。

试验检测人员应按各自的岗位分工，认真履行岗位职责，做好本职工作，掌握所检测工程项目的质量标准和有关技术指标及实际操作和数据处理的能力，确保工程质量。

复习思考题

1. 试验检测的工作意义是什么？
2. 简述现行部颁试验规程的名称和相应内容。
3. 工程竣工验收应由什么单位组织验收？验收组应由哪些单位的有关负责人组成？
4. 什么是单位工程、分部工程，它们的关系如何？

第二章 试验检测数据处理

【教学要求】

1. 按数字修约规则，对数字进行修约；
2. 应用数据正态分布和 t 分布规律，计算检测数据的代表值；
3. 对比标定中作图相关系数的确定。

第一节 误差的基本概念

一、误差的含义

通常所说的误差有两个方面的含义：

(1) 表示测量值与“真值”的差量。真值是个未知量，可以指理论真值、规定真值和相对真值，通常是一种由更精密的方法或仪器测定的数值，或者是一种数学期望值。

(2) 表示一项试验估计值的不确定度，或者说描述了一项测量的精度。如给出光速为 $(2.997\,902 \pm 0.000\,009) \times 10^{10}$ cm/s 时，$\pm 0.000\,009 \times 10^{10}$ 实际上就是给出的一种测量精度。

二、误差的表示

误差按表示方法不同，可分为绝对误差和相对误差。

(一) 绝对误差

绝对误差是指实测值与被测量的真值之差，即：

$$\Delta L = L - L_0 \tag{2-1}$$

式中 ΔL——绝对误差；

L——实测值；

L_0——被测量的真值。

绝对误差与测量时采用的单位相同，它能表示测量的数值是偏大还是偏小以及偏离程度，但不能确切地表示测量所达到的精确程度。

(二) 相对误差

相对误差是指绝对误差与被测真值(或平均值)的比值，即：

$$\delta = \frac{\Delta L}{L_0} \times 100\% \approx \frac{\Delta L}{L} \times 100\% \tag{2-2}$$

式中 δ——相对误差。

相对误差能真正反映出测量时所达到的精度，无单位，通常以百分数表示。

三、误差的分类

按性质不同，误差一般分为系统误差、随机(偶然)误差、过失(疏忽)误差三种。

(一) 系统误差

在同一条件下，多次重复测试同一量时，误差的数值和符号有较明显的规律，由于这种误差多数情况下是由仪器或试验方法引起的，所以称为系统误差。系统误差通常在测试之前就已经存在，而且在试验过程中，始终偏离一个方向，在同一试验中其大小和符号相同。例如，试验机示值的偏差、钢尺起点磨损的零点误差等均为系统误差，它容易识别，可通过试验或分析掌握其变化规律，在测量结果中加以修正。

(二) 随机误差(偶然误差)

在相同条件下，多次重复测试同一量时，出现误差的数值和符号没有明显的规律，它是由许多难以控制的微小因素造成的，具有较强的偶然性，所以称为随机误差或偶然误差。例如，原材料特性的正常波动、试验条件的微小变化等。对于单次测量，每个因素出现与否，以及这些因素所造成的误差大小、方向事先无法知道；但对于多次重复试验结果中的误差分布却遵循着某种统计规律，可以用数理统计方法进行分析和处理，以获得可靠的测量结果。

随机(偶然)误差的分布有以下几个特征：

(1) 在一定试验条件下，偶然误差的绝对值不会超过一定的限度。

(2) 绝对值小的误差比绝对值大的误差出现的机会多。

(3) 绝对值相等的正误差与负误差出现的概率几乎相等。

(三) 过失误差

过失误差明显地偏离试验结果，它的发生主要是由于试验人员测错、读错、记错或计算错误等疏忽造成，或环境条件、试验对象的异常变化而引起的。含有过失误差的测量数据通常称为坏值或异常值，是不能参加统计计算的，必须利用一定的准则先判定，然后从测得的数据中剔除。抽样检验中出现的异常值可能是人为因素也可能是检测对象存在问题，如弯沉检测和路面厚度检测时对应的异常值，必须找出其产生的真正原因，以分清是试验因素，还是客观数据，以便进一步采取处理措施。

(四) 误差的来源

在任何测量过程中，无论采用多么完善的测量仪器和测量方法，也无论在测量过程中怎样细心和注意，都不可避免地存在误差。产生误差的原因是多方面的，可以归纳如下：

1. 装置误差

主要由设备装置的设计制造、安装、调整与运用引起的误差。如试验机示值误差，等臂天平不等臂，仪器安装不垂直、偏心等。

2. 环境误差

由于环境因素达不到要求的标准状态而所引起的误差。如混凝土养护条件达不到标准的温度、湿度要求等。

3. 人为误差

测试者生理上的最小分辨力和固有习惯引起的误差。如对准示值读数时，始终偏左或偏右，偏上或偏下，偏高或偏低。

4. *方法误差*

测试者未按规定的操作方法进行试验所引起的误差。如强度试验时试块放置偏心，加荷速度过快或过慢等。

需要指出，以上几种误差来源有时是联合作用的，在进行误差分析时，可作为一个独立的误差因素来考虑。

第二节　有效数字和数字修约

一、有效数字

在测量工作中，表示测量结果的数字位数和测量精度并没有必然的联系。例如，不考虑测量误差，单从数值来考虑，在数学上 23 与 23.00 两个数是相等的。而作为表示测量结果的数值，两者相差是悬殊的，用 23 表示的测量结果，其误差可能为±0.5；而 23.00 表示的测量结果，其误差可能是±0.005。再如，25.5mm 和 0.0255m 在数值上相差 1000 倍，单从数值上看两个数是不等的，而作为测量结果因所用单位不同，所达到的精度却是相同的。

在对数据的处理中，常常需要根据试验要求和实际所能达到的精度截取一定的数字位数，即有效数字。因此，掌握有效数字的有关知识是十分重要的。对于由截取得到的某一近似数，从第 1 个不是零的数字起，到所截取的数位止，所有数字均称为有效数字。如 3.1416、2.1173、280.00 均为五位有效数字；0.00134、134、1.34、1.34×10^3 均为三位有效数字。

有效数字的概念也可表述为：由数字组成的一个数，除最末一位数字是不确切值或可疑值外，其他数字皆为可靠值或确切值，则组成该数的第一个不是 0 的数字开始的所有数字包括末位数字称为有效数字，除有效数字外其余数字为多余数字。

在判断有效数字时，要特别注意“0”这个数字，它可以是有效数字，也可以不是有效数字。如 0.00134 的前面三个 0 均不是有效数字，因为这三个 0 与 0.00134 的精确度无关；280.00 的后面三个 0，却均为有效数字，因为这三个 0 与 280.00 的精确度有关。

例：0812、0.0726、3.54、2.82×10^2 均为 3 位有效数字。

二、数据修约规则

在处理质量数据时，首先要按照试验检测数据的精度和一定的规则对测量或计算结果的位数进行取舍，保留一定的有效数字，这个过程称为数字的修约，又称为近似数的截取。

在数据处理中当把一个近似数修约到需要的有效数字时，以数据中拟舍去部分最左边的第一个数字考虑，其一般规则如下：

(1) 若数据中拟舍去部分最左边的第一个数字小于 5，则将其连同其后面的数字直接舍去，留下的数字不变。如将 4.3846 保留 3 位有效数字时，因拟舍去部分最左边的第一个数字为 4 小于 5，故 4.3846≈4.38。

(2) 若数据中拟舍去部分最左边的第一个数字大于 5，则将其连同其后面的数字舍去，要保留的数字末位加 1。如将 15.51743 保留 4 位有效数字，因拟舍去部分最左边的第一个数字为 7 大于 5，所以有 15.51743≈15.52。

(3) 若数据中拟舍去部分左边的第一个数字等于 5，且其后面的数字不全为零时，则将其连同其后面的数字舍去，要保留的数字末位加 1。如将 7.1503 保留 2 位有效数字，由于第 3 位 5 以后的数字不全为 0，所以 7.1503≈7.2。

(4) 若数据中拟舍去部分最左边的第一个数字等于 5，且其后面无数字或数字全为 0 时，则当欲保留的末位数字为奇数(1、3、5、7、9)时加 1，当欲保留的末位数字为偶数(0、2、4、6、8)时保持不变，然后去掉拟舍去部分。如将 4.75 和 4.8500 分别保留 2 位有效数字，因第 2 位数后面的数字为 5 且其后面无数字或全为零，4.75 第 2 位为奇数 7，于是 4.75≈4.8；而 4.8500 第 2 位数字为偶数 8，故 4.8500≈4.8。

对数据修约时，应按上述规则一次到位，不能对一个数值进行连续修约。例如，将 15.4546 修约整数时，应为 15.4546≈15；而不能按 15.4546≈15.455≈15.46≈15.5≈16 连续修约。

采用以上方法对数据进行修约后引入的舍入误差，变大和变小的机会是均等的，且总不会超过所截取到的第 n 个数位上的半个单位(表 2-1)。

表 2-1　舍入误差

拟舍去部分最左边数字	0	1	2	3	4	5	6	7	8	9
舍入误差	0	−1	−2	−3	−4	+5(入) −5(舍)	+4	+3	+2	+1

为了便于记忆，将上述规则归纳为以下几句口诀：四舍六入五考虑，五后非零则进一，五后为零视奇偶，奇升偶舍要注意，修约一次要到位。

【例 2-1】 试按以上规则将数据 3.14159、9.1865、10.752、573.50、7465 按保留 3 位有效数字进行修约。

【解】 3.14159≈3.14(拟舍去部分 159 中，最左边的数字为 1 小于 5)；

9.1865≈9.19(拟舍去部分 65 中，最左边的数字为 6 大于 5)；

10.752≈10.8(拟舍去部分 52 中，最左边的数字为 5，其后不为 0)；

573.50≈574(拟舍去部分 50 中，最左边的数字为 5，其后为 0，3 为奇数)；

7465≈746×10(拟舍去部分只有一个 5，其后无数字)。

第三节　数据的统计特征与分布

一、总体与样本

工程质量检验的目的主要是判断产品或工序的某种质量特性是否合格，通常可采取全数检验和抽样检验两种方法。全数检验是对每一检查对象逐一进行检验；抽样检验则是按数理统计方法从全部产品中抽取一部分试样进行检验，进而推断全部产品是否合格。由于全数检验工作量大、费用高，且有些考察方法往往是破坏性的，所以，通过抽取一部分个体进行检测，以了解和分析总体质量状况，是工程质量检验通常采取的方法。因此，除特殊项目外，大多采用抽样检验，这就涉及总体与样本的概念。

总体又称母体，是统计分析中所要研究对象的全体；而组成总体的每个单元称为个体。例如，在沥青混合料拌和工地上需要确定某公司运来的一批沥青质量是否合格，则这批沥青就是总体。

总体分为有限总体和无限总体，如果是一批产品，由于其数量有限，称其为有限总体；如果是一道工序，由于工序总在源源不断地生产出产品，有时是一个连续的整体，则这样的总体称为无限总体。

从总体中抽取一部分个体就是样本(又称子样)。例如，从每一桶沥青中取两个试样，一批沥青有 100 桶，抽查了 200 个试样做试验，则这 200 个试样就是样本；而组成样本的每一个个体即为样品。例如，上述 200 个试样中的某一个，就是该样本中的一个样品。

样本容量是样本中所含样品的数量，通常用 n 来表示。上例中样本容量 $n=200$。样本容量的大小，直接关系到判断结果的可靠性。一般来说，样本容量愈大，可靠性愈好，但检测所耗费的工作量亦愈大，成本也就愈高。样本容量与总体中所含个体的数量相等时，是一种极限情况，因此，全数检验是抽样检验的极限。

二、数据的统计特征量

用来表示统计数据分布及其某些特性的特征量分为两类：一类表示数据的集中位置，例如算术平均值、中位数等；另一类表示数据的离散程度，主要有极差、标准差、变异系数等。

(一) 算术平均值

算术平均值即一组数据的平均数，也称均值。它描述了全体数据的分布中心。总体的算术平均值用 μ 表示，样本的算术平均值则用 $\overline{x}$ 表示。如果 n 个样本数据为 $x_1, x_2, \cdots, x_n$，那么，样本的算术平均值为：

$$\overline{x}=\frac{1}{n}(x_1+x_2+\cdots+x_n)=\frac{1}{n}\sum_{i=1}^{n}x_i \tag{2-3}$$

【例 2-2】 对某路面基层进行厚度测定，得到 10 个测点的数据分别为 20.4、19.6、19.9、20.0、20.1、19.5、19.8、19.2、20.3、19.7(cm)。求这组检测数据的算术平均值。

【解】 由式(2-3)可知，厚度算术平均值为：

$$\begin{aligned}\overline{x}&=(20.4+19.6+19.9+20.0+20.1+19.5+19.8+19.2+20.3+19.7)/10\\&=19.85\approx19.8\text{cm}\end{aligned}$$

(二) 中位数

在一组数据 $x_1, x_2, \cdots, x_n$ 中，按大小次序排列，排在正中间的数称为中位数或中值，用 $\widetilde{x}$ 表示。n 为奇数时，正中间的数只有一个；n 为偶数时，正中间的数有两个，则取这两个数的平均值作为中位数。

$$\widetilde{x}=x_{\frac{n+1}{2}} \quad (n\text{ 为奇数})；$$

$$\widetilde{x}=\frac{1}{2}(x_{\frac{n}{2}}+x_{\frac{n}{2}+1})(n\text{ 为偶数}) \tag{2-4}$$

【例 2-3】 求例 2-2 中检测数据的中位数。

【解】 检测值按大小次序排列为：20.4、20.3、20.1、20.0、19.9、19.8、19.7、19.6、19.5、19.2，

则中位数为：

$$\tilde{x}=\frac{x_5+x_6}{2}=\frac{19.9+19.8}{2}=19.85$$

（三）极差值

极差值是指一组数据中最大值和最小值之差，用 R 表示。

$$R=x_{\max}-x_{\min} \tag{2-5}$$

极差值仅描述了一组数据的分布范围，并不能充分表达数据的分布信息，但由于计算简单，通常用于数据数量较少（$n<10$）的情况。

【例 2-4】 对某沥青混凝土面层进行抗滑性检测，在某一测点连续测定 5 次，得到的数据分别为 55、53、54、53、52(BPN)，计算其极差值。

【解】 极差值为：$R=x_{\max}-x_{\min}=55-52=3$ BPN。

（四）标准偏差

标准偏差有时也称标准差或均方差，它是衡量数据波动性（离散程度）的指标。在质量检验中，总体的标准偏差通常用 σ 表示，一般不易求得。样本的标准偏差通常用 S 表示，也称为样本偏差。

$$S=\sqrt{\frac{(x_1-\bar{x})^2+(x_2-\bar{x})^2+\cdots+(x_n-\bar{x})^2}{n-1}}=\sqrt{\frac{\sum_{i=1}^{n}(x_i-\bar{x})^2}{n-1}} \tag{2-6}$$

【例 2-5】 求例 2-2 中检测数据的样本标准偏差 S。

【解】 利用式(2-6)，样本标准偏差为：

$$\begin{aligned}S&=\sqrt{\frac{\sum_{i=1}^{n}(x_i-\bar{x})^2}{n-1}}=\sqrt{\frac{\sum_{i=1}^{10}(x_i-19.8)^2}{10-1}}\\&=\{[(20.4-19.8)^2+(19.6-19.8)^2+(19.9-19.8)^2+(20.0-19.8)^2\\&\quad+(20.1-19.8)^2+(19.5-19.8)^2+(19.8-19.8)^2+(19.2-19.8)^2\\&\quad+(20.3-19.8)^2+(19.7-19.8)^2]\times\frac{1}{9}\}^{1/2}\\&=0.37\text{cm}\end{aligned}$$

（五）变异系数

标准偏差是反映样本数据的绝对波动状况。当测量较大的量值时，绝对误差一般较大；测量较小的量值时，绝对误差一般较小。因此，用相对波动的大小，即变异系数，更能反映样本数据的波动性。

变异系数用 C_V 表示，是标准偏差 S 与算术平均值 $\bar{x}$ 的比值，即：

$$C_V=\frac{S}{\bar{x}}\times100\% \tag{2-7}$$

【例 2-6】 若甲路段沥青混凝土面层的摩擦系数算术平均值为 55.2（摆值），标准偏差为 4.13（摆值）；乙路段的摩擦系数算术平均值为 60.8（摆值），标准偏差为 4.27（摆值）。求两路段的摩擦系数的变异系数。

【解】 甲路段 $C_V=\frac{4.13}{55.2}\times100\%=7.48\%$

乙路段 $C_V=\frac{4.27}{60.8}\times100\%=7.02\%$

从标准偏差看，$S_甲<S_乙$。但从变异系数分析，$C_{V甲}>C_{V乙}$，说明甲路段的摩擦系数相对波动比乙路段的大。

三、数据的分布特征

随机抽样的质量数据服从一定的统计规律，这种规律一般用概率分布来描述。概率分布的形式很多，在公路工程质量分析和评价中，常用到正态分布和 t 分布。

（一）正态分布

正态分布也称高斯(Gauss)分布，它是随机误差或者某一质量特性抽样检验数据通常服从的一种重要分布，是应用最多、最广泛的一种概率分布，而且是其他概率分布的基础。

正态分布的概率密度函数为：

$$f(x)=\frac{1}{\sigma\sqrt{2\pi}}\,\mathrm{e}^{\frac{(x-\mu)^2}{2\sigma^2}} \tag{2-8}$$

式中 x——随机变量；

μ——x 的理论均值，通常可用算术平均值 $\bar{x}$ 替代 μ；

σ——总体的标准偏差，通常可用样本偏差 S 替代。

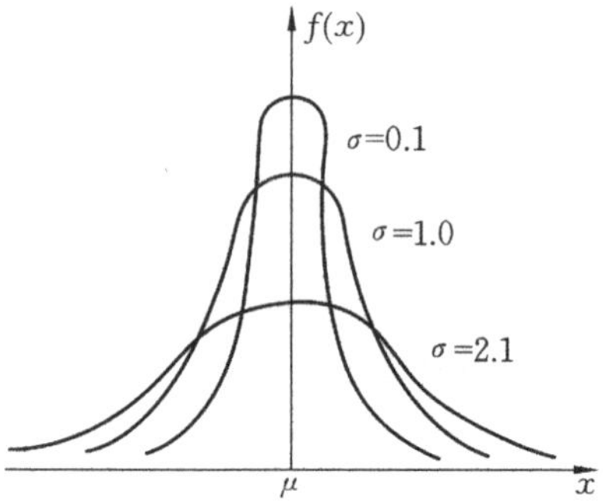

图 2-1 标准差不同的正态分布曲线

平均值 μ 是 $f(x)$-x 曲线的位置参数，它决定曲线最高点的横坐标。标准偏差 σ 是 $f(x)$-x 曲线的形状参数，它的大小反映了曲线的宽窄程度。σ 越大，曲线低而宽，说明观测值落在 μ 附近的概率越小，观测值越分散。σ 越小，曲线高而窄，说明观测值落在 μ 附近的概率越大，观测值越集中。如图 2-1 所示。

正态分布的特点：

(1) 曲线对称于 $x=\mu$，即以平均值为中心；

(2) 当 $x=\mu$ 时，曲线处于最高点；当 x 向左右偏离时，曲线逐渐降低，整个曲线呈钟形；

(3) 曲线与横坐标轴所围成的面积等于 1，即：

$$\int_{-\infty}^{+\infty} f(x)\,\mathrm{d}x=1$$

一般地，随机变量 x 服从参数 μ 与 σ 的正态分布，可记作 $x\sim N(\mu,\sigma)$。

特别地，当 $\mu=0$、$\sigma=1$ 时的正态分布，称为标准正态分布，用 $N(0,1)$ 表示，它的概率密度函数为：

$$f(x)=\frac{1}{\sqrt{2\pi}}\,\mathrm{e}^{-\frac{x^2}{2}} \tag{2-9}$$

对于正态分布 $N(\mu,\sigma)$，它的测量值落入区间 (a,b) 的概率 $P(a<x<b)$［即测量值落入区间 (a,b) 的可能性］是明确的，它等于 $x_1=a$、$x_2=b$ 时横坐标与曲线所围成的面积，用下式

表示：

$$P(a<x<b)=\Phi\left(\frac{b-\mu}{\sigma}\right)-\Phi\left(\frac{a-\mu}{\sigma}\right)=\Phi(b)-\Phi(a) \tag{2-10}$$

式中

$$\Phi(a)=\int_{-\infty}^{a}\frac{1}{\sqrt{2\pi}}e^{-\frac{x^2}{2}}dx$$

$$\Phi(b)=\int_{-\infty}^{b}\frac{1}{\sqrt{2\pi}}e^{-\frac{x^2}{2}}dx$$

利用式(2-10)，可求出双边置信区间的几个重要数据(图 2-2)：

$$P\{\mu-\sigma<x\leqslant\mu+\sigma\}=0.6826$$

$$P\{\mu-2\sigma<x\leqslant\mu+2\sigma\}=0.9544$$

$$P\{\mu-3\sigma<x\leqslant\mu+3\sigma\}=0.9973$$

$$P\{\mu-1.96\sigma<x\leqslant\mu+1.96\sigma\}=0.9500$$

我们可以这样理解：随机数据的波动不超过$\pm\sigma$的可能性有 68.26%，不超过$\pm 2\sigma$的可能性有 95.44%，不超过$\pm 3\sigma$的可能性有 99.73%。

双侧检验的置信区间可统一写成：

$$\mu-u_{(1-2\beta)/2}\cdot\sigma<x\leqslant\mu+u_{(1-2\beta)/2}\cdot\sigma \tag{2-11}$$

式中　2β——显著水平；

$1-2\beta$——置信水平(保证率)；

$u_{(1-2\beta)/2}$——双边置信区间的正态分布临界值，也叫置信系数或保证率系数。

在质量数据处理中，如果我们用算术平均值$\overline{x}$替代μ，用样本偏差S替代σ，用K代替$u_{(1-2\beta)/2}$，则双侧检验置信区间(图 2-3)的置信界限可以写成：

$$x=\overline{x}\pm KS \tag{2-12}$$

式中　K——和保证率或显著水平有关的系数，可由β值查正态分布概率系数表(见附表 1)。

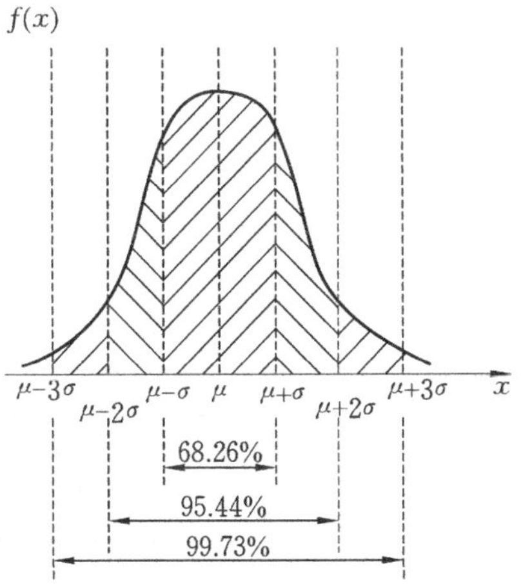

图 2-2　正态分布与置信区间

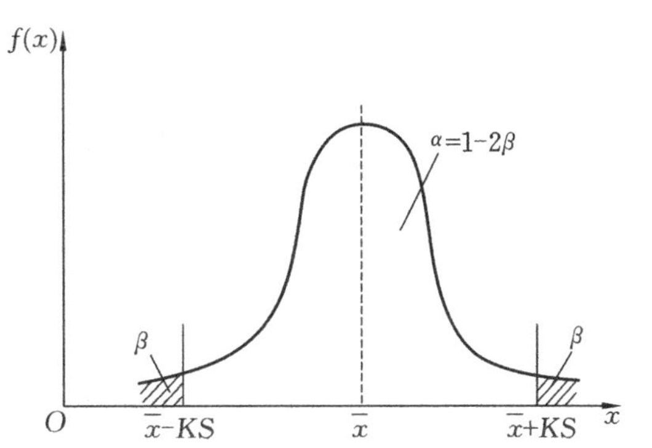

图 2-3　双侧检验的置信界限和保证率

对单侧检验，由于只考虑数据波动的上限或下限，不难得到单边置信区间的几个重要数据：

$$P\{x\leqslant\overline{x}+S\}=P\{x\geqslant\overline{x}-S\}=0.8413$$
$$P\{x\leqslant\overline{x}+2S\}=P\{x\geqslant\overline{x}-2S\}=0.9772$$
$$P\{x\leqslant\overline{x}+3S\}=P\{x\geqslant\overline{x}-3S\}=0.9987$$

单侧检验的代表值：

$$x=\overline{x}-KS\text{(考虑置信下限时)}$$

或 $$x=\overline{x}+KS\text{(考虑置信上限时)}$$

显著水平在数理统计中一般用 α 表示。由于在公路工程中常用 α 表示保证率(置信水平)，所以为便于理解及查表，我们用 2β 表示双边置信区间的显著水平，保证率 $\alpha=1-2\beta$；用 β 表示单侧检验时单边置信区间的显著水平，保证率 $\alpha=1-\beta$。保证率系数 K 通常也用 Z_α 表示。所谓代表值，可以理解为一组质量数据中可以代表一定保证率要求的置信界限数值。

【例 2-7】 测得一批水泥混凝土试块的 28d 抗压强度值(单位：MPa)见表 2-2，求这组试件强度的变异系数及保证率为 $\alpha=90\%$ 时的强度代表值。

表 2-2 水泥混凝土试块抗压强度

序号	1	2	3	4	5	6	7	8	9	10	11	12	13	14	15
强度	32.1	36.0	35.4	35.3	39.2	34.0	28.5	26.6	36.0	34.2	35.5	38.0	38.2	35.8	34.0
序号	16	17	18	19	20	21	22	23	24	25	26	27	28	29	30
强度	37.4	33.5	37.3	33.5	32.8	33.2	34.1	27.9	35.7	34.6	35.0	35.2	33.4	38.0	33.2

【解】 算术平均值 $\overline{R}=\dfrac{R_i}{n}=1033.8/30=34.5\text{MPa}$

标准差 $S=\sqrt{\dfrac{\sum(R_i-\overline{R})^2}{n-1}}=2.91\text{MPa}$

变异系数 $C_V=\dfrac{S}{\overline{R}}=\dfrac{2.91}{34.5}\times100\%=8.4\%$

在工程中对混凝土强度主要是控制其不能小于某一强度，所以其代表值应按单侧检验取单边置信下限，显著水平 $\beta=1-\alpha=0.1$，查附表 1，可得到 $K=1.28$，故强度代表值：

$$R_L=\overline{R}-KS=34.5-1.28\times2.91=30.8\text{MPa}$$

【例 2-8】 某新建公路竣工后，在不利季节测得某路段路面的弯沉值见表 2-3，若设计弯沉值 l_d 为 40(0.01mm)，试判断该路段的弯沉值是否符合要求(保证率系数 Z_α 取 1.645)。

表 2-3 某路段路面弯沉值

序号	1	2	3	4	5	6	7	8	9	10	11	12	13	14	15	16	17	18	19	20	21	22
l_i(0.01mm)	30	29	31	28	27	26	33	32	30	30	31	29	27	26	32	31	22	31	30	29	28	28

【解】 经计算，$\overline{l}=29.6(0.01\text{mm})$，$S=2.1(0.01\text{mm})$。

对于弯沉值我们希望它不超过某一要求，故代表弯沉值为弯沉检测的上波动界限，即：

$$l=\overline{l}+Z_\alpha\cdot S=29.6+1.645\times2.1=33.1(0.01\text{mm})$$

因为代表弯沉值小于设计弯沉值 40，所以该路段的弯沉值是满足要求的。

（二）t 分布

设 $X \sim N(0,1)$，$Y \sim x^2(n)$ 并且 X 与 Y 互相独立，则称统计量 $T = X/\sqrt{\dfrac{Y}{n}}$ 所服从的分布为自由度 n 的 t 分布，记作 $T \sim t(n)$，t 分布曲线如图 2-4 所示。

t 分布的概率密度函数为：

$$t(X,n)=\frac{\Gamma\left(\dfrac{n+1}{2}\right)}{\Gamma\left(\dfrac{n}{2}\right)\sqrt{n\pi}}\left(1+\frac{x^2}{n}\right)^{-(n+1)/2} \tag{2-13}$$

式中　X——随机变量；

　　n——样本容量，在数理统计学中称自由度。

当随机变量 x 服从自由度为 n 的 t 分布时，记作 $T \sim t(n)$，其分布图形见图 2-4。可以证明：当 $n \to \infty$ 时，趋于正态分布，一般来说，当 $n > 30$ 时，t 分布与正态分布 $N(0,1)$ 非常接近。但对较小的 n 值，t 分布与正态分布之间有较大的差异，且：

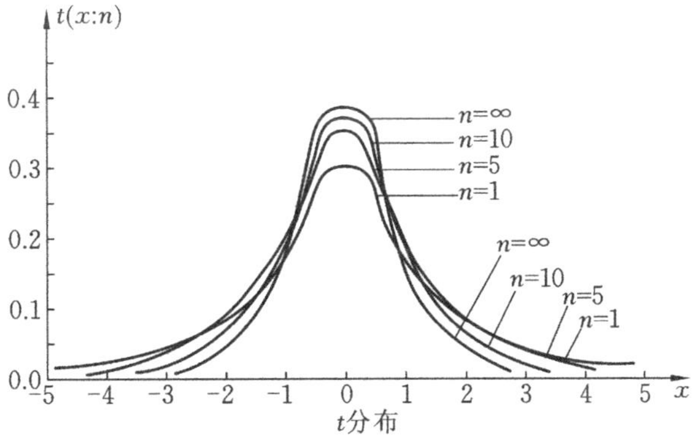

图 2-4　t 分布曲线

$$P\{|T| \geqslant t_0\} \geqslant P\{|X| \geqslant t_0\} \tag{2-14}$$

其中 $X \sim N(0,1)$，即在 t 分布的尾部有着更大的概率。

在施工质量评价中，通常在总体标准偏差 σ 未知时，利用样本标准差 S 代替总体标准差 σ 来估计平均值置信区间。

设 $(x_1, x_2, \cdots, x_n)$ 为正态分布总体，由抽样分布定理可知：

$$T=\frac{\overline{x}-\mu}{S/\sqrt{n}} \sim t(n-1) \tag{2-15}$$

因此，根据给定的 β 和自由度，由附表 2 查得 $t_{1-\beta/2}(n-1)$ 之值，由此得平均值 μ 的双边置信区间：

$$\left(\overline{x}-t_{1-\beta/2}(n-1)\frac{S}{\sqrt{n}},\overline{x}+t_{1-\beta/2}(n-1)\frac{S}{\sqrt{n}}\right) \tag{2-16}$$

同理可得 μ 单边置信的区间：

$$\mu<\overline{x}+t_{(1-\beta)}(n-1)\frac{S}{\sqrt{n}} \text{或} \mu>\overline{x}-t_{(1-\beta)}(n-1)\frac{S}{\sqrt{n}} \tag{2-17}$$

由上述可知，计算一个评定路段的测定值代表值时，对单侧检测的指标，按式(2-18)计算。

$$x'=\overline{x}+\frac{t_\alpha}{\sqrt{n}}\cdot S\text{(取波动上限时)}\ \text{或}\ x'=\overline{x}-\frac{t_\alpha}{\sqrt{n}}\cdot S\text{(取波动下限时)} \tag{2-18}$$

对双侧检验指标按式(2-19)计算：

$$x'=\overline{x}\pm\frac{t_{\alpha/2}}{\sqrt{n}}\cdot S \tag{2-19}$$

式中　x'——一个评定路段内测定值的代表值；

$\overline{x}$——一个评定路段内测定值的算术平均值；

$\frac{t_\alpha}{\sqrt{n}}$ 或 $\frac{t_{\alpha/2}}{\sqrt{n}}$——$t$ 分布概率系数表中随自由度和置信水平(保证率)而变化的参数，见附表 2。

【例 2-9】 某路段水泥混凝土路面板厚度检测得到以下 10 个数据(单位：cm)：25.1、24.8、25.1、24.6、24.8、25.0、25.3、24.9、24.7、25.0，若要求保证率为 95%，试计算该路段厚度代表值。

【解】 路面厚度评定按规范规定，应按 t 分布取单侧检验波动下限计算其代表值。

经计算：$\overline{h}=24.93\text{cm}$；$S=0.21\text{cm}$。

根据 $n=10$，$\alpha=95\%$ 查附表 2 得：

$$t_\alpha/\sqrt{n}=0.58$$

所以该路段厚度代表值

$$h=\overline{h}-\frac{t_\alpha}{\sqrt{n}}\cdot S=24.93-0.58\times0.21=24.8\text{cm}$$

关于路面结构层厚度评价，将在第三章介绍。

第四节　可疑数据的取舍方法

工程质量检测中常常会出现一些明显偏离正常值(过大或过小)的数据，它们可能是由于工程质量波动导致，也可能是测量中包含了过失误差，这样的数据通常被称为可疑数据，有时也叫异常值。这些数据的存在会影响到统计结果的客观性。因此，在进行数据分析之前，应用数理统计法判别其真伪，并决定取舍。

一、拉依达法

当试验次数较多时，可简单地用 3 倍标准差(3S)作为确定可疑数据取舍的标准。当某一测量数据(x_i)与其测量结果的算术平均值($\overline{x}$)之差大于 3 倍标准偏差时，用公式表示为：

$$|x_i-\overline{x}|>3S \tag{2-20}$$

则该测量数据应舍弃。

由于该方法是以 3 倍标准偏差为判别标准，所以亦称 3 倍标准偏差法，简称 3S 法。

取 3S 作为偏差界限的理由：根据随机变量的正态分布规律，在多次试验中测量值落在 $\overline{x}-3S$ 与 $\overline{x}+3S$ 之间的概率为 99.73%，出现在此范围之外的概率为 0.27%，也就是说在近 400 次试验中才能遇到 1 次。这种事件称为小概率事件，其出现的概率很小，几乎是不可能的，因而在实际试验中，一旦出现，就认为该测量数据是不可靠的，应将其舍弃。

另外，当测量值与平均值之差大于2倍标准偏差（即$|x_i-\overline{x}|>2S$）时，则该测量值应保留，但需存疑。如发现生产（施工）、试验过程中有可疑的变异时，该测量值也应予舍弃。

拉依达法简单方便，不需查表，但要求较宽，当试验检测次数较多或要求不高时可以应用，当试验检测次数较少时（如$n\leqslant 10$），在一组测量值中即使混有异常值，也无法舍弃，也就是说此时$3S$准则是失效的。简单证明如下：

样本的标准差

$$S=\sqrt{\frac{\sum(x_i-\overline{x})^2}{n-1}}$$

当$n\leqslant 10$时，有

$$S=\sqrt{\frac{\sum(x_i-\overline{x})^2}{n-1}}>\sqrt{\frac{\sum(x_i-\overline{x})^2}{10-1}}=\frac{1}{3}|x_i-\overline{x}|$$

即

$$|x_i-\overline{x}|<3S$$

恒成立。所以，此时无论数据中是否有可疑数据，该方法都无法剔除。

二、肖维纳特法

进行n次试验，其测量值服从正态分布，以概率$1/2n$设定一判别范围$(-K_nS,K_nS)$，当偏差（测量值x_i与其算术平均值$\overline{x}$之差）超出该范围时，就意味着该测量值x_i可疑，应予舍弃。因此，肖维纳特法可疑数据舍弃的标准为：

$$\frac{|x_i-\overline{x}|}{S}\geqslant K_n \tag{2-21}$$

式中　K_n——肖维纳特系数，与试验次数n有关，见表2-4。

表2-4　肖维纳特系数K_n

n	K_n	n	K_n	n	K_n	n	K_n	n	K_n	n	K_n
3	1.38	8	1.86	13	2.07	18	2.20	23	2.30	28	2.58
4	1.53	9	1.92	14	2.12	19	2.22	24	2.31	29	2.71
5	1.65	10	1.96	15	2.13	20	2.24	25	2.33	30	2.81
6	1.73	11	2.00	16	2.15	21	2.26	26	2.39	31	3.02
7	1.80	12	2.03	17	2.17	22	2.28	27	2.49	32	3.20

肖维纳特法改善了拉依达法，但从理论上分析，当$n\rightarrow\infty$，$K_n\rightarrow\infty$，此时所有异常值都无法舍弃。此外，肖维纳特系数与置信水平之间无明确联系，已逐渐被格拉布斯法所代替。

三、格拉布斯法

格拉布斯法假定测量结果服从正态分布，根据顺序统计量来确定可疑数据的取舍。例如

做 n 次重复试验，测得结果为 $x_1,x_2,\cdots,x_i,\cdots,x_n$，而且 x_i 服从正态分布。

为了检验 $x_i(i=1,2,\cdots,n)$ 中是否有可疑值，可将 x_i 按其值由小到大顺序重新排成，得：

$$x_{(1)}\leqslant x_{(2)}\leqslant\cdots\leqslant x_{(n)}$$

根据顺序统计原则，给出标准化顺序统计量 g：

$$\left.\begin{aligned}&\text{当最小值}x_{(1)}\text{可疑时，则}g_1=\frac{\overline{x}-x_{(1)}}{S}\\&\text{当最大值}x_{(n)}\text{可疑时，则}g_n=\frac{x_{(n)}-\overline{x}}{S}\end{aligned}\right\}\tag{2-22}$$

式中 $\overline{x}$——测量值的算术平均值；

S——测量值的标准偏差。

根据格拉布斯统计量的分布，在指定的显著水平 β（一般 $\beta=0.05$）下，求得判别可疑值的临界值 $g_0(\beta,n)$，格拉布斯法的判别标准为：

$$g\geqslant g_0(\beta,n)\tag{2-23}$$

则可疑值 x_i 是异常的，应予舍去。其中 $g_0(\beta,n)$ 值列于表 2-5。

表 2-5 格拉布斯系数 $g_0(\beta,n)$

n	β		n	β		n	β	
	0.01	0.05		0.01	0.05		0.01	0.05
3	1.15	1.15	13	2.61	2.33	23	2.96	2.62
4	1.49	1.46	14	2.66	2.37	24	2.99	2.64
5	1.75	1.67	15	2.70	2.41	25	3.01	2.66
6	1.94	1.82	16	2.74	2.44	30	3.10	2.74
7	2.10	1.94	17	2.78	2.47	35	3.18	2.81
8	2.22	2.03	18	2.82	2.50	40	3.24	2.87
9	2.32	2.11	19	2.85	2.53	50	3.34	2.96
10	2.41	2.18	20	2.88	2.56	100	3.59	3.17
11	2.48	2.24	21	2.91	2.58			
12	2.55	2.29	22	2.94	2.60			

四、应用举例

应用以上各准则舍弃可疑数据时，一次只能剔除一个。剩下的 $n-1$ 个数据应重新计算算术平均值 $\overline{x}$，标准差 S，确定新的判断界限，再进行下一个可疑数据的取舍。

【例 2-10】 试验室进行同配合比的混凝土强度试验，其试验结果为($n=11$)：25.8、25.4、31.0、25.5、27.0、24.8、25.0、26.0、24.5、26.1、23.0(MPa)，试用以上三种判别方法对其中的可疑数据进行取舍。

【解】 经计算：$\overline{x}=25.8\text{MPa}$，$S=2.0\text{MPa}$。

(1) 按拉依达法判别

对最大值 31.0 和最小值 23.0 与平均值 25.8 的差进行比较，$x_{max}=31.0$MPa 最可疑。

$$|x_{max}-\overline{x}|=|31.0-25.8|=5.2\text{MPa}<3S=6.0\text{MPa}$$

故上述测量数据均不能舍弃。

(2) 按肖维纳特法进行判别

查表 2-4，当 $n=11$ 时 $K_n=2.0$。对于测量值 31.0，则有：

$$\frac{|x_i-\overline{x}|}{S}=\frac{|31.0-25.8|}{2.0}=2.6>K_n=2.00$$

说明测量数据中 31.0 是异常的，应予舍弃，这一结论与拉依达法的结果是不一致的。

重新分析剩下的 10 个数据，得 $\overline{x}=25.3$MPa，$S=1.1$MPa，查表 2-4，当 $n=10$ 时，$K_n=1.96$。

分别计算最大值 27.0 和最小值 23.0 与平均值 25.3 的差，最小值 23.0 最可疑：

$$\frac{|x_i-\overline{x}|}{S}=\frac{|23.0-25.3|}{1.96}=1.2<K_n=1.96$$

故 23.0 和剩下的数据均不是可疑数据，均应保留。

(3) 按格拉布斯法判别

测量数据按从小到大次序排列如下：

23.0　24.5　24.8　25.0　25.4　25.5　25.8　26.0　26.1　27.0　31.0

计算统计量：

$$g_{(1)}=\frac{\overline{x}-x_{(1)}}{S}=\frac{25.8-23.0}{2.0}=1.4$$

$$g_{(11)}=\frac{x_{(11)}-\overline{x}}{S}=\frac{31.0-25.8}{2.0}=2.6$$

由于 $g_{(11)}>g_{(1)}$，首先判别 $x_{(11)}=31.0$.选定显著水平 $\beta=0.05$ 并根据 $\beta=0.05$ 和 $n=11$，查表 2-5 得：

$$g_0(0.05,11)=2.24$$

判别：由于 $g_{(11)}=2.6>g_0(0.05,11)=2.24$。所以 $x_{(11)}=31.0$ 为异常值，应予舍弃。

仿照上述方法继续对余下的 10 个数据进行判别，经计算没有异常值，这一结论与肖维纳特法结论是一致的。

对判别出的可疑数据，应认真分析原因，看是属于引入了过失误差还是工程质量抽样检测处确实存在问题。对于质量问题应进行处理，如规范规定在弯沉检测中对舍弃的弯沉值过大的点，应找出其周边界限，进行局部处理。

第五节　相关图与回归分析

进行工程质量检测数据处理中，常常遇到一些变量共处于一个统一体中，它们相互联系，相互制约，在一定条件下又相互转化。如果变量之间既存在密切的关系，但又不能由一个(或几个)变量的数值来精确地求出另一变量的关系,则称这类变量之间的关系为相关关系。

实际工程中有很多量通常以相关关系表现出来,相关的程度有大有小,当相关程度大到一定程度的时候,我们可以通过一定的数理统计方法,找出两个变量或多个变量之间的经验公式来近似表达变量之间的关系,从而为新的检测方法和发展工程技术提供依据。

一、相关图法

相关图又称散布图,这种图可用来分析研究两种数据之间是否存在相关关系。把两种数据列出之后,在坐标纸上打点,就可得到一张相关图。从点的散布情况可以判断两种数据之间关系特性。在质量控制中可借助相关图进行相关分析,研究质量结果和原因之间的关系,进一步弄清影响质量特性的主要因素。

(一)相关图的作图方法

(1)数据收集。成对地收集两种特性的数据做成数据表,数据应在30组以上。

(2)设计坐标。在坐标纸上以原因作 x 轴,结果(特性)作 y 轴,找出 x、y 的最大值和最小值,以最大值与最小值的差值确定坐标长度,并定出适当的坐标刻度。

(3)数据打点入座。将集中整理后的数据依次相应用"."标出纵横坐标交点,当两个同样数据的交点重合时用"⊙"表示。

(4)标注说明。在图中适当位置写明数据个数、收集时间、工程部位名称、制图人和制图日期等。

(二)相关图的观察分析

相关图的几种基本类型如图2-5所示。在图中,分别表示以下关系:

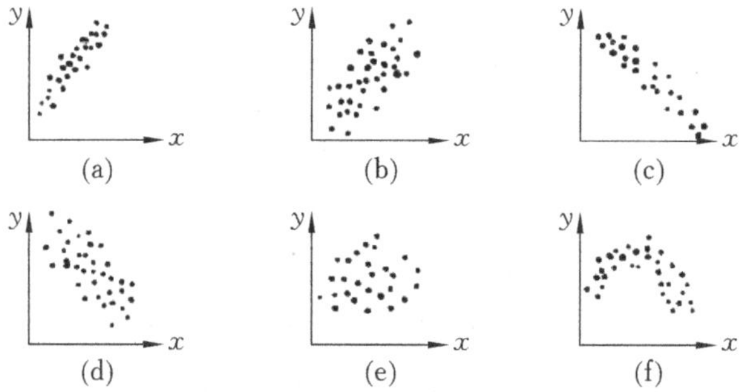

图2-5 相关图的基本类型

(1)正相关。x 增加,y 也明显增加,如图2-5(a)所示。

(2)弱正相关。x 增加,y 大体上也增加,但不像正相关那样呈直线状,如图2-5(b)所示。

(3)负相关。x 增加,y 明显减小、如图2-5(c)所示。

(4)弱负相关。x 增加,y 大体上减小,但点的分布不像负相关那样呈直线状,如图2-5(d)所示。

(5)不相关。x 增减对 y 无影响,即 x 与 y 没有关系,如图2-5(e)所示。

(6)非线性相关。点的分布呈曲线状,如图2-5(f)所示。

（三）回归分析

作出相关图后，即可根据回归分析揭示两个变量（因素）之间相关关系，并可确定它们之间的定量表达式——回归方程。

在实际问题中，有时两个变量之间的关系是线性关系，有时是非线性关系。因此，一般情况下，回归分析包括以下三个步骤：

(1) 确定回归方程的函数类型。

(2) 求回归方程的回归系数。

(3) 相关关系的判断(显著性检验)。

对于非线性问题，往往可以通过变量变换转化为线性回归问题进行处理。这里仅讨论一元线性回归分析。

一元线性回归是工程中常遇到的配直线的问题。通过试验，可以得到若干组的对应数据，根据这些数据画出相关图，当点大致分布在一条直线附近时，说明两变量之间存在线性关系，即可以用一条适当的直线来表示这两个变量的关系。此直线方程为：

$$Y=a+bX \tag{2-24}$$

式中　X——自变量；

Y——因变量；

a，b——回归系数。

平面上的直线很多，而 a、b 值构成的最优直线必须使 $Y=a+bX$ 方程的函数值 Y_i 与实际观察值 y_i 之差为最小。理论分析和工程实践均表明，最小二乘法确定的回归方程偏差最小。

最小二乘法的基本原理：当所有测量数据偏差的平方和最小时，所配的直线最优。根据这个条件可以求得：

$$b=L_{xy}/L_{xx} \tag{2-25}$$

$$a=\overline{y}-b\,\overline{x} \tag{2-26}$$

式中

$$L_{xy}=\sum_{i=1}^{n}(x_i-\overline{x})(y_i-\overline{y})=\sum_{i=1}^{n}x_iy_i-n\,\overline{x}\,\overline{y}$$

$$L_{xx}=\sum_{i=1}^{n}(x_i-\overline{x})^2=\sum_{i=1}^{n}x_i^2-n\,\overline{x}^2$$

【例 2-11】 不同灰水比(C/W)的混凝土 28d 强度(R_{28})试验结果如表 2-6 所示，试确定 $R_{28}\sim C/W$ 之间的回归方程。

【解】 为计算方便，列表进行，有关计算列于表 2-6 中。

根据式(2-25)、式(2-26)，求得：

$$b=L_{xy}/L_{xx}=15.97$$

$$a=\overline{y}-b\,\overline{x}=-5.58$$

则回归方程：

$$Y=15.97X-5.58$$

或

$$R_{28}=15.97(C/W)-5.58$$

回归系数 b 的物理意义：灰水比(C/W)每增减 1，混凝土 28d 的抗压强度增减 15.97MPa。

表 2-6 $R_{28}\sim C/W$ 试验结果及回归计算

序号	$x(C/W)$	$y(R_{28})$(MPa)	x^2	y^2	xy
1	1.25	14.3	1.5625	204.49	17.875
2	1.50	18.0	2.25	324.00	27.00
3	1.75	22.8	3.065	519.84	39.90
4	2.00	26.7	4.00	712.89	53.40
5	2.25	30.3	5.0625	918.09	68.175
6	2.50	34.1	6.25	1162.81	85.25
$\sum$	11.25	145.5	22.1875	3842.12	291.60
$\overline{x}=1.875$		$\overline{y}=24.3667$			
$(\sum x)^2=126.5625$		$(\sum y)^2=21374.44$		$(\sum x)(\sum y)=1644.75$	
$L_{xx}=1.094$		$L_{yy}=279.713$		$L_{xy}=17.475$	

二、相关系数

任何两个变量 x、y 的若干组试验数据，都可以按上述方法配置一条回归直线，假如两变量 x、y 之间根本不存在线性关系，那么所建立的回归方程就毫无实际意义。因此，需要引入一个数量指标来衡量其相关程度，这个指标就是相关系数，用 r 表示：

$$r=\frac{L_{xy}}{\sqrt{L_{xx}\cdot L_{yy}}} \tag{2-27}$$

式中

$$L_{yy}=\sum_{i=1}^{n}(y_i-\overline{y})^2=\sum_{i=1}^{n}y_i^2-n\overline{y}^2 \tag{2-28}$$

相关系数 r 是描述回归方程线性相关的密切程度的指标，其取值范围为 $-1\leqslant r\leqslant 1$。r 的绝对值越接近于1，x 和 y 之间的线性关系越好；当 $r=\pm1$ 时，x 与 y 之间符合直线函数关系，称 x 与 y 完全相关，这时所有数据点均在一条直线上；如果 r 趋近于0，则 x 与 y 之间没有线性关系，这时 x 与 y 可能不相关，也可能是曲线相关。

对于一个具体问题，只有当相关系数 r 的绝对值大于临界值 r_a 时，才可用直线近似表示 x 与 y 之间的关系，也就是 x 与 y 之间存在线性相关关系，其中临界值 r_a 与测量数据的个数 n 和显著性水平 β 有关。其值列于附表3。

【例 2-12】 试检验例 2-11 中求得的回归方程中 $R_{28}\sim C/W$ 的相关性(取显著性水平 $\beta=0.05$)。

【解】 相关系数 $r=L_{xy}/\sqrt{L_{xx}L_{yy}}=0.991$

由试验次数 $n=6$，显著性水平 $\beta=0.05$，查附表3，得相关系数临界值 $r_{0.05}=0.811$。

故 $r>r_{0.05}$，说明混凝土28d的抗压强度 R_{28} 与灰水比(C/W)是线性相关的，而且例 2-11 中所确定的直线回归方程是有意义的。

本章小结

检测试验数据处理是检测技术的重要环节和基础，本章重点讨论了以下三个方面的内容。

1. 误差的基本概念和数字修约

试验数据中总会含有误差，误差按性质可分为三种，即系统误差、偶然(随机)误差和过失误差。系统误差提前可以预知，通常可以采取措施予以修正；偶然误差是由很多偶然因素产生的，通常无法预测，可以通过数理统计的方法掌握其规律性和分布范围；含有过失误差的数据，也称可疑数据，数据处理时应先按一定准则舍弃。

在数据处理中，通常要根据一定的测量精度保留一定的数字有效位数，而计算中超出有效位数的数字实际上已无意义。将测得的数截取到所需位数的过程称为数字修约，数字修约要按照一定的规则进行。

2. 质量数据的统计特征及分布

质量数据统计特征量有算术平均值$\overline{x}$、中位数$\widetilde{x}$、极差值R、标准偏差S和变异系数C_V，应用最多的是算术平均值、标准偏差和变异系数。随机抽样的质量数据通常服从正态分布(数据个数较多时)和t分布。按照其分布规律可以由$\overline{x}$、S和所选定的保证率，计算出一组检测数据的代表值，以评价整体质量特性。

可疑数据的舍弃方法常用拉依达法、肖维纳特法和格拉布斯法，舍弃的标准可以统一表示为：$|x_i-\overline{x}|\geqslant K\cdot S$。

其中，拉依达法$K=3$($n>10$时有效)；肖维纳特法$K=K_n$，与试验次数有关；格拉布斯法$K=g_0$，与试验次数和显著水平有关。

3. 相关图与回归分析

相关图可以用来分析两个因素之间的相关关系和分析影响质量特性的主要因素。根据相关图，可进行回归分析(本章仅讨论了一元线性回归)，确定两因素之间的定量表达式——回归方程，并根据相关系数r判断线性相关性。

复习思考题

1. 根据性质不同，误差可以分为哪几类？各有什么特征？
2. 误差产生的原因有哪些？
3. 何谓总体、样本？
4. 质量数据的统计特征量有哪些？
5. 什么是回归分析？
6. 最小二乘法的基本原理是什么？
7. 请修约以下数据：

15.3528(保留两位小数)　　125.555(保留整数)　　15.3528(保留一位小数)

19.9998(保留两位小数)　　10.0500001(保留一位小数)　　16.6875(保留三位小数)

10.35(保留一位小数)

8. 某路段沥青混凝土面层抗滑性能检测，摩擦系数的检测值(共10个测点，单位：BPN)分别为：58、56、60、53、48、54、50、61、57、55，求摩擦系数的平均值、中位数、标准偏差、变异系数。

9. 某新建二级公路，其中某一评定段(沥青混凝土面层)弯沉测试结果如下(单位：0.01mm)：27、25、28、34、26、25、27、28、31、30、27、33。试计算该路段代表弯沉值(保证率取95%)。

10. 某路段二灰碎石基层无侧限抗压强度试验结果(单位：MPa)为0.792、0.306、0.968、0.804、0.447、0.894、0.702、0.424、0.498、1.075、0.815，请分别用拉依达法、肖维纳特法和格拉布斯法判别上述数据中有无可疑值。

第三章 市政道路工程质量检验评定基本规定

【教学要求】

1. 学生能描述市政道路工程质量检验评定规定、项目；

2. 学生能描述市政道路工程质量检验评定的检验方法。

第一节 路　　基

一、一般规定

施工前，应对道路中线控制桩、边线桩及高程控制桩等进行复核，确认无误后方可施工；当施工中破坏地面原有排水系统时，应采取有效处理措施；施工前，应根据现场与周边环境条件、交通状况，与道路交通管理部门研究制定交通疏导或导行方案，并实施完毕。施工中影响或阻断既有人行交通时，应在施工前采取措施，保障人行交通畅通、安全；施工前，应根据工程地质勘察报告，依据工程需要按现行国家标准《土工试验方法标准》(GB/T 50123)的规定，对路基土进行天然含水量、液限、塑限、标准击实、CBR 等试验，必要时应做颗粒分析、有机质含量、易溶盐含量、冻膨胀和膨胀量等试验，还应根据工程规模、环境条件，修筑临时施工道路。临时施工道路应满足施工机械调运和行车安全要求，且不得妨碍施工；城镇道路施工范围内的新建地下管线、人行地道等地下构筑物宜先行施工。对埋深较浅的既有地下管线，作业中可能受损时，应向建设单位、设计单位提出加固或挪移措施方案，并办理手续，予以实施；施工中，发现文物、古迹、不明物应立即停止施工，保护好现场，通知建设单位及有关管理部门到场处理。

二、施工排水与降水

施工前，应根据工程地质、水文、气象资料、施工工期和现场环境编制排水与降水方案。在施工期间排水设施应及时维修、清理，保证排水通畅；施工排水与降水应保证路基土壤天然结构不受扰动，保证附近建(构)筑物的安全；施工排水与降水设施，不得破坏原有地面排水系统，且宜与现况地面排水系统及道路工程永久排水系统相结合；采用明沟排水，排水沟的断面及纵坡应根据地形、土质和排水量确定。当需用排水泵时，应根据施工条件、渗水量、扬程与吸程要求选择。施工排出水，应引向离路基较远的地点；在细砂、粉砂土中降水时，应采取防止流砂的措施；在路堑坡顶部外侧设排水沟时，其横断面和纵向坡度，应经水力计算确定，且底宽与沟深均不宜小于 50cm。排水沟离路堑顶部边缘应有足够的防渗安全距离或采取防渗措施，并在路堑坡顶部筑成倾向排水沟 2%的横坡；排水沟应采取防冲刷措施。

三、土方路基

路基施工前，应将现状地面上的积水排除、疏干，将树根坑、井穴、坟坑等进行技术处理，并将地面大致整平；路基范围内遇有软土地层或土质不良、边坡易被雨水冲刷的地段，当设计未做处理规定时，应按规范办理变更设计，并据以制定专项施工方案；人、机配合土方作业，必须设专人指挥。机械作业时，配合作业人员严禁处在机械作业和走行范围内；配合人员在机械走行范围内作业时，机械必须停止作业；路基填、挖接近完成时，应恢复道路中线、路基边线，进行整形，并碾压成活；遇有翻浆，必须采取处理措施。当采用石灰土处理翻浆时，土壤宜就地取材；使用房渣土、粉砂土等，应经试验确定。

(1) 挖方施工应符合下列规定：

① 路堑、边坡开挖方法应根据地势、环境状况、路堑尺寸及土壤种类确定。

② 挖土时应自上向下分层开挖，严禁掏洞开挖。作业中断或作业后，开挖面应做成稳定边坡。

③ 路堑边坡坡度应符合设计规定，如地质情况与原设计不符或地层中夹有易塌方土壤时，应及时办理设计变更。

④ 机械开挖作业时，必须避开建(构)筑物、管线，在距管道边 1m 范围内应采用人工开挖；在距直埋缆线 2m 范围内必须采用人工开挖，且宜在管理单位监护下进行。

⑤ 严禁挖掘机等机械在电力架空线路下作业。需在其一侧作业时，垂直及水平安全距离应符合有关规定。

⑥ 土方分层开挖的每层深度，人工开挖宜为 1.5～2m；机械开挖宜为 3～4m。

弃土、暂存土均不得妨碍各类地下管线等构筑物的正常使用与维护，且避开建筑物、围墙、架空线等。严禁占压、损坏、掩埋各种检查井、消火栓等设施。

(2) 填方施工应符合下列规定：

① 填方前应将地面积水、积雪(冰)和冻土层、生活垃圾等清除干净。

② 填方材料的强度(CBR)值应符合设计要求，其最小强度应符合有关规定。不得使用淤泥、沼泽土、泥炭土、冻土、有机土以及含生活垃圾的土做路基填料。对液限大于 50、塑性指数大于 26、可溶盐含量大于 5%、700℃有机质烧失量大于 8%的土，未经技术处理不得作路基填料。

③ 填方中使用房渣土、工业废渣等需经过试验，确认可靠并经建设单位、设计单位同意后方可使用。

④ 路基填方高度应按设计标高增加预沉量值。预沉量应根据工程性质、填方高度、填料种类、压实系数和地基情况与建设单位、设计单位共同商定确认。

⑤ 不同性质的土应分类、分层填筑，不得混填，填土中尺寸大于 10cm 的土块应打碎或剔除。

⑥ 填土应分层进行。下层填土验收合格后，方可进行上层填筑。路基填土宽度每侧应比设计规定宽 50cm。

⑦ 路基填筑中宜做成双向横坡，一般土质填筑横坡宜为 2%～3%，透水性小的土类填筑横坡宜为 4%。

⑧ 透水性较大的土壤边坡不宜被透水性较小的土壤所覆盖。

⑨ 受潮湿及冻融影响较小的土壤应填在路基的上部。

⑩ 在路基宽度内，每层虚铺厚度应视压实机具的功能确定。人工夯实时应小于20cm。

⑪ 路基填土中断时，应对已填路基表面土层压实并进行维护。

⑫ 原地面横向坡度在1∶10～1∶5时，应先翻松表土再进行填土；原地面横向坡度陡于1∶5时应做成台阶形，每级台阶宽度不得小于1m，台阶顶面应向内倾斜；在沙土地段可不作台阶，但应翻松表层土。

⑬ 压实应符合下列要求：

A. 路基压实度应符合表3-1的规定。

表3-1　路基压实度标准

填挖类型	路床顶面以下深度(cm)	道路类别	压实度(%)(重型击实)	检验频率		检验方法
				范围	点数	
挖方	0～30	城市快速路、主干路	95	1000m²	每层1组(3点)	细粒土用环刀法，粗粒土用灌水法或灌砂法
		次干路	93			
		支路及其他小路	90			
填方	0～80	城市快速路、主干路	95			
		次干路	93			
		支路及其他小路	90			
	＞80～150	城市快速路、主干路	93			
		次干路	90			
		支路及其他小路	90			
	＞150	城市快速路、主干路	90			
		次干路	90			
		支路及其他小路	87			

B. 压实应先轻后重、先慢后快、均匀一致。压路机最大速度不宜超过4km/h。

C. 填土的压实遍数，应按压实度要求，经现场试验确定。

D. 压实过程中应采取措施保护地下管线、构筑物安全。

E. 碾压应自路基边缘向中央进行，压路机轮外缘距路基边应保持安全距离，压实度应达到要求，且表面应无显著轮迹、翻浆、起皮、波浪等现象。

F. 压实应在土壤含水量接近最佳含水量值的±2%时进行。

旧路加宽时，填土宜选用与原路基土壤相同的土壤或透水性较好的土壤。

四、石方路基

施工前应根据地质条件、工程作业环境，选定施工机具设备；开挖路堑发现岩性有突变时，应及时报请设计单位办理变更设计。

(1) 采用爆破法施工石方必须符合现行国家标准《爆破安全规程》(GB 6722)的有关规定，并应符合下列规定：

① 施工前，应由具有相应爆破设计资质的单位进行爆破设计，编制爆破设计书或说明书，制定专项施工方案，规定相应的安全技术措施，经市、区政府主管部门批准。

② 爆破施工必须由取得爆破专业技术资质的企业承担，爆破工应经技术培训持证上岗。现场必须设专人指挥。

③ 在市区、居民稠密区，宜使用静音爆破，严禁使用扬弃爆破。

④ 爆破工程应按批准的时间进行爆破，在起爆前必须完成对爆破影响区内的房屋、构筑物和设备的安全防护、交通管制与疏导，安全警戒且施爆区内人、畜等已撤至安全地带，指挥与操作系统人员就位。

⑤ 起爆前爆破人员已确认装药与导爆、起爆系统安装正确有效。

(2) 石方填筑路基应符合下列规定：

① 修筑填石路堤应进行地表清理，先码砌边部，然后逐层水平填筑石料，确保边坡稳定。

② 施工前应先通过修筑试验段，确定能达到最大压实干密度的松铺厚度与压实机械组合，及相应的压实遍数、沉降差等施工参数。

③ 填石路堤宜选用 12t 以上的振动压路机、25t 以上的轮胎压路机或 2.5t 以上的夯锤压(夯)实。

④ 路基范围内管线、构筑物四周的沟槽宜回填土料。

五、路肩

路肩应与路基、基层、面层等各层同步施工，路肩应平整、坚实，直线段肩线直顺，曲线段肩线顺畅，

土路肩与硬路肩施工应依据所用材料宜参照相关规范按施工要求进行。

六、构筑物处理

(1) 路基范围内有既有地下管线等构筑物时，施工应符合下列规定：

① 施工前，应根据管线等构筑物顶部与路床的高差，结合构筑物结构状况，分析、评估其受施工影响程度，采取相应的保护措施。

② 构筑物拆改或加固保护处理措施完成后，应进行隐蔽验收，确认符合要求、形成文件后，方可进行下一工序施工。

③ 施工中，应保持构筑物的临时加固设施处于有效工作状态。

④ 对构筑物的永久性加固，应在达到规定强度后，方可承受施工荷载。

新建管线等构筑物间或新建管线与既有管线、构筑物间有矛盾时，应报请建设单位，由管线管理单位、设计单位确定处理措施，并形成文件，据以施工。

(2) 沟槽回填土施工应符合下列规定：

① 回填土应保证涵洞(管)、地下建(构)筑物结构安全和外部防水层及保护层不受破坏。

② 预制涵洞的现浇混凝土基础强度及预制件装配接缝的水泥砂浆强度达 5MPa 后，方可进行回填。砌体涵洞应在砌体砂浆强度达到 5MPa，且预制盖板安装后进行回填；现浇钢筋混

凝土涵洞,其胸腔回填土宜在混凝土强度达到设计强度 70%后进行,顶板以上填土应在达到设计强度后进行。

③ 涵洞两侧应同时回填,两侧填土高差不得大于 30cm。

(3) 对有防水层的涵洞靠防水层部位应回填细粒土,填土中不得含有碎石、碎砖及大于 10cm 的硬块,涵洞位于路基范围内时,其顶部及两侧回填土应符合下列要求:

① 管顶以上 50cm 范围内不得用压路机压实。

② 管道胸腔回填土的压实度不得小于 93%。

③ 管顶以上 25cm 范围内填土压实度不得小于 85%,25～50cm 范围内的压实度不得小于 87%。

④ 当管顶至路床覆土厚度大于或等于 80cm 时,管顶以上 50～80cm 范围内填土的压实度,对城市快速路、主干路不得小于 93%,对次干路及以下道路不得小于 90%。

⑤ 当管顶以上覆土厚度小于 80cm 时,应对回填材料进行改性,或对管道进行加固。

⑥ 土壤最佳含水量和最大干密度应经试验确定,回填过程不得劈槽取土,严禁掏洞取土。

七、检验标准

(一) 土方路基(路床)质量检验

1. 主控项目

(1) 路基压实度应符合表 3-1 的规定。

检查数量:每 1000m^2、每压实层抽检 1 组(3 点)。

检验方法:查检验报告(环刀法、灌砂法或灌水法)。

(2) 弯沉值,不得大于设计规定。

检查数量:每车道、每 20m 测 1 点。

检验方法:弯沉仪检测。

2. 一般项目

(1) 土路基允许偏差应符合表 3-2 的规定。

表 3-2　土路基允许偏差

<table>
<tr><th colspan="2" rowspan="2">项目</th><th rowspan="2">允许偏差</th><th colspan="4">检验频率</th><th rowspan="2">检验方法</th></tr>
<tr><th>范围(m)</th><th colspan="3">点数</th></tr>
<tr><td colspan="2">路床纵断高程(mm)</td><td>−20
+10</td><td>20</td><td colspan="3">1</td><td>用水准仪测量</td></tr>
<tr><td colspan="2">路床中线偏位(mm)</td><td>≤30</td><td>100</td><td colspan="3">2</td><td>用经纬仪、钢尺量取最大值</td></tr>
<tr><td rowspan="3">平整度(mm)</td><td rowspan="2">路基各压实层</td><td rowspan="2">≤20</td><td rowspan="3">20</td><td rowspan="3">路宽(m)</td><td><9</td><td>1</td><td rowspan="3">用 3m 直尺和塞尺连续量两尺取较大值</td></tr>
<tr><td>9～15</td><td>2</td></tr>
<tr><td>路床</td><td>≤15</td><td>>15</td><td>3</td></tr>
</table>

续表 3-2

<table>
<tr><th rowspan="2">项目</th><th rowspan="2">允许偏差</th><th colspan="3">检验频率</th><th rowspan="2">检验方法</th></tr>
<tr><th>范围(m)</th><th colspan="2">点数</th></tr>
<tr><td>路床宽度(mm)</td><td>不小于设计值+B</td><td>40</td><td colspan="2">1</td><td>用钢尺量</td></tr>
<tr><td rowspan="3">路床横坡</td><td rowspan="3">±0.3%且不反坡</td><td rowspan="3">20</td><td>路宽(m) <9</td><td>2</td><td rowspan="3">用水准仪测量</td></tr>
<tr><td>路宽(m) 9～15</td><td>4</td></tr>
<tr><td>路宽(m) >15</td><td>6</td></tr>
<tr><td>边坡</td><td>不陡于设计值</td><td>20</td><td colspan="2">2</td><td>用坡度尺量，每侧 1 点</td></tr>
</table>

注：B 为施工时必要的附加宽度。

(2) 路床应平整、坚实，无显著轮迹、翻浆、波浪、起皮等现象，路堤边坡应密实、稳定、平顺等。

检查数量：全数检查。

检验方法：观察。

(二) 石方路基质量检验

1. 挖石方路基(路堑)质量检验

(1) 主控项目

上边坡必须稳定，严禁有松石、险石。

检查数量：全部。

检验方法：观察。

(2) 一般项目

路基挖石方允许偏差应符合表 3-3 的规定。

表 3-3　路基挖石方允许偏差

项目	允许偏差	检验频率		检验方法
		范围(m)	点数	
路床纵断高程(mm)	+50 −100	20	1	用水准仪测量
路床中线偏位 (mm)	≤30	100	2	用经纬仪、钢尺量取最大值
路床宽(mm)	不小于设计规定+B	40	1	用钢尺量
边坡(%)	不陡于设计规定	20	2	用坡度尺量，每侧 1 点

2. 填石路堤质量检验

(1) 主控项目

施工工艺应符合试验路段确定的施工工艺，沉降差不得大于试验路段确定的沉降差。

检查数量：每 1000m^2，抽检 1 组(3 点)。

检验方法：水准仪量测。

(2) 一般项目

① 路床顶面应嵌缝牢固,表面均匀、平整、稳定,无推移、浮石。

检查数量:全数检查。

检验方法:观察。

② 边坡应稳定、平顺,无松石。

检查数量:全数检查。

检验方法:观察。

③ 填石方路基允许偏差应符合表 3-4 的规定。

表 3-4 填石方路基允许偏差

<table>
<tr><th colspan="2" rowspan="2">项目</th><th rowspan="2">允许偏差</th><th colspan="4">检验频率</th><th rowspan="2">检验方法</th></tr>
<tr><th>范围(m)</th><th colspan="3">点数</th></tr>
<tr><td colspan="2">路床纵断高程(mm)</td><td>−20
+10</td><td>20</td><td colspan="3">1</td><td>用水准仪测量</td></tr>
<tr><td colspan="2">路床中线偏位(mm)</td><td>≤30</td><td>100</td><td colspan="3">2</td><td>用经纬仪、钢尺量取最大值</td></tr>
<tr><td rowspan="3">平整度(mm)</td><td rowspan="2">各压实层</td><td rowspan="2">≤30</td><td rowspan="3">20</td><td rowspan="3">路宽(m)</td><td><9</td><td>1</td><td rowspan="3">用 3m 直尺和塞尺连续量两尺,取较大值</td></tr>
<tr><td>9~15</td><td>2</td></tr>
<tr><td>路床</td><td>≤20</td><td>>15</td><td>3</td></tr>
<tr><td colspan="2">路床宽度(mm)</td><td>不小于设计值+B</td><td>40</td><td colspan="3">1</td><td>用钢尺量</td></tr>
<tr><td colspan="2" rowspan="3">路床横坡</td><td rowspan="3">±0.3%且不反坡</td><td rowspan="3">20</td><td rowspan="3">路宽(m)</td><td><9</td><td>2</td><td rowspan="3">用水准仪测量</td></tr>
<tr><td>9~15</td><td>4</td></tr>
<tr><td>>15</td><td>6</td></tr>
<tr><td colspan="2">边坡</td><td>不陡于设计值</td><td>20</td><td colspan="3">2</td><td>用坡度尺量,每侧 1 点</td></tr>
</table>

注:B 为施工必要附加宽度。

(三) 路肩质量检验(一般项目)

(1) 肩线应顺畅、表面平整,不积水、不阻水。

检查数量:全部。

检验方法:观察。

(2) 路肩允许偏差应符合表 3-5 的规定。

表 3-5 路肩允许偏差

项目	允许偏差	检验频率		检验方法
		范围(m)	点数	
压实度(%)	≥90	100	2	用环刀法检验,每侧 1 组(1 点)
宽度(mm)	不小于设计规定	40	2	用钢尺量,每侧 1 点

续表 3-5

项目	允许偏差	检验频率		检验方法
		范围(m)	点数	
横坡	±1%且不反坡	40	2	用水准仪具测量,每侧1点

注:硬质路肩应结合所用材料,按规范的有关规定,补充相应的检查项目。

(四) 软土路基施工质量检验

(1) 换填土处理软土路基质量检验应符合《城镇道路工程施工与质量验收规范》(CJJ 1)的有关规定。

(2) 砂垫层处理软土路基质量检验:

① 主控项目

A. 砂垫层的材料质量应符合设计要求。

检查数量:按不同材料进场批次,每批检查1次。

检验方法:查检验报告。

B. 砂垫层的压实度应大于或等于90%。

检查数量:每 $1000m^2$、每压实层抽检1组(3点)。

检验方法:相对密度法[见《土工试验方法标准》(GB/T 50123)]。

② 一般项目

砂垫层允许偏差应符合表3-6的规定。

表 3-6 砂垫层允许偏差

<table>
<tr><th rowspan="2">项目</th><th rowspan="2">允许偏差(mm)</th><th colspan="4">检验频率</th><th rowspan="2">检验方法</th></tr>
<tr><th>范围(m)</th><th colspan="3">点数</th></tr>
<tr><td>宽度</td><td>不小于设计规定+B</td><td>40</td><td colspan="3">1</td><td>用钢尺量</td></tr>
<tr><td rowspan="3">厚度</td><td rowspan="3">不小于设计规定</td><td rowspan="3">200</td><td rowspan="3">路宽(m)</td><td><9</td><td>2</td><td rowspan="3">用钢尺量</td></tr>
<tr><td>9～15</td><td>4</td></tr>
<tr><td>>15</td><td>6</td></tr>
</table>

注:B为必要的附加宽度。

(3) 反压护道质量检验:

① 主控项目

压实度不得小于90%。

检查数量:每压实层,每200m检查1组(3点)。

检验方法:查检验报告(环刀法、灌砂法或灌水法)。

② 一般项目

宽度应符合设计要求。

检查数量:全数。

检验方法:观察,用尺量。

(4) 土工材料处理软土路基质量检验：

① 主控项目

A. 土工材料的技术质量指标应符合设计要求。

检查数量：按进场批次，每批次按5%抽检。

检验方法：查出厂检验报告，进场复检。

B. 土工合成材料敷设、胶接、锚固和回卷长度应符合设计要求。

检查数量：全数检查。

检验方法：查施工记录、隐蔽验收记录。

② 一般项目

A. 下承层面不得有凸刺、尖角。

检查数量：全数检查。

检验方法：查施工记录、隐蔽验收记录。

B. 土工合成材料铺设允许偏差应符合表3-7的规定。

表3-7　土工合成材料铺设允许偏差

<table>
<tr><th rowspan="2">项目</th><th rowspan="2">允许偏差</th><th colspan="4">检验频率</th><th rowspan="2">检验方法</th></tr>
<tr><th>范围(m)</th><th colspan="3">点数</th></tr>
<tr><td rowspan="3">下承面平整度(mm)</td><td rowspan="3">≤15</td><td rowspan="3">20</td><td rowspan="3">路宽(m)</td><td><9</td><td>1</td><td rowspan="3">用3m直尺和塞尺连续量两尺取较大值</td></tr>
<tr><td>9～15</td><td>2</td></tr>
<tr><td>>15</td><td>3</td></tr>
<tr><td rowspan="3">下承面拱度</td><td rowspan="3">±1%</td><td rowspan="3">20</td><td rowspan="3">路宽(m)</td><td><9</td><td>2</td><td rowspan="3">用水准仪测量</td></tr>
<tr><td>9～15</td><td>4</td></tr>
<tr><td>>15</td><td>6</td></tr>
</table>

(5) 袋装砂井质量检验：

① 主控项目

A. 砂的规格和质量、砂袋织物质量必须符合设计要求。

检查数量：按不同材料进场批次，每批检查1次。

检验方法：查检验报告。

B. 砂袋下沉时不得出现扭结、断裂等现象。

检查数量：全数检查。

检验方法：观察并记录。

C. 井深不小于设计要求，砂袋在井口外应伸入砂垫层30cm以上。

检查数量：全数检查。

检验方法：钢尺量测。

② 一般项目

袋装砂井允许偏差应符合表3-8的规定。

表 3-8　袋装砂井允许偏差

项目	允许偏差	检验频率		检验方法
		范围	点数	
井间距(mm)	±150	全部	抽查 2%且不少于5处	两井间，用钢尺量
砂井直径(mm)	+10 0			查施工记录
井竖直度	≤1.5%*H*			查施工记录
砂井灌砂量	+5%*G*			查施工记录

注：*H* 为桩长或孔深，*G* 为灌砂量。

(6) 塑料排水板质量检验：

① 主控项目

A. 塑料排水板质量必须符合设计要求。

检查数量：按不同材料进场批次，每批检查 1 次。

检验方法：查检验报告。

B. 塑料排水板下沉时不得出现扭结、断裂等现象。

检查数量：全数检查。

检验方法：观察。

C. 板深不小于设计要求，排水板在井口外应伸入砂垫层 50cm 以上。

检查数量：全数检查。

检验方法：查施工记录。

② 一般项目

塑料排水板设置允许偏差应符合表 3-9 的规定。

表 3-9　塑料排水板设置允许偏差

项　目	允许偏差	检验频率		检验方法
		范围	点数	
板间距(mm)	±150	全部	抽查 2%	两板间，用钢尺量
板竖直度	≤1.5%*H*			查施工记录

注：*H* 为桩长或孔深。

(7) 砂桩处理软土路基质量检验：

① 主控项目

A. 砂桩材料应符合设计规定。

检查数量：按不同材料进场批次，每批检查 1 次。

检验方法：查检验报告。

B. 复合地基承载力不应小于设计规定值。

检查数量：按总桩数的 1%进行抽检，且不少于 3 处。

检验方法：查复合地基承载力检验报告。

C. 桩长不小于设计规定。

检查数量：全数检查。

检验方法：查施工记录。

② 一般项目

砂桩允许偏差应符合表 3-10 的规定。

表 3-10　砂桩允许偏差

项目	允许偏差	检验频率		检验方法
		范围	点数	
桩距(mm)	±150	全部	抽查 2%，且不少于 2 棵	两桩间，用钢尺量，查施工记录
桩径(mm)	≥设计值			
竖直度	≤1.5%H			

注：H 为桩长或孔深。

(8) 碎石桩处理软土路基质量检验：

① 主控项目

A. 碎石桩材料应符合设计规定。

检查数量：按不同材料进场批次，每批检查 1 次。

检验方法：查检验报告。

B. 复合地基承载力不应小于设计规定值。

检查数量：按总桩数的 1%进行抽检，且不少于 3 处。

检验方法：查复合地基承载力检验报告。

C. 桩长不应小于设计规定。

检查数量：全数检查。

检验方法：钢尺量测。

② 一般项目

碎石桩成桩质量允许偏差应符合表 3-11 的规定。

表 3-11　碎石桩允许偏差

项目	允许偏差	检验频率		检验方法
		范围	点数	
桩距(mm)	±150	全部	抽查 2%，且不少于 2 棵	两桩间，用钢尺量，查施工记录
桩径(mm)	≥设计值			
竖直度	≤1.5%H			

注：H 为桩长或孔深。

(9) 粉喷桩处理软土地基质量检验应符合下列规定：

① 主控项目

A. 水泥的品种、级别及石灰、粉煤灰的性能指标应符合设计要求。

检查数量：按不同材料进场批次，每批检查1次。

检验方法：查检验报告。

B. 桩长不应小于设计规定。

检查数量：全数检查。

检验方法：钢尺量测。

C. 复合地基承载力不应小于设计规定值。

检查数量：按总桩数的1%进行抽检，且不少于3处。

检验方法：查复合地基承载力检验报告。

② 一般项目

粉喷桩成桩允许偏差应符合表3-12的规定。

表3-12 粉喷桩允许偏差

项目	允许偏差	检验频率		检验方法
		范围	点数	
桩距(mm)	±100	全部	抽查2%，且不少于2棵	两桩间，用钢尺量，查施工记录
桩径(mm)	不小于设计值			
竖直度	≤1.5%H			

注：H为桩长或孔深。

第二节 基　　层

一、一般规定

(1) 石灰稳定土类材料宜在冬期开始前30～45d完成施工，水泥稳定土类材料宜在冬期开始前15～30d完成施工。

(2) 高填土路基与软土路基，应在沉降值符合设计规定且沉降稳定后，方可施工道路基层。

(3) 稳定土类道路路基材料配合比中，石灰、水泥等稳定剂计量应以稳定剂质量占全部土(粒料)的干质量百分率表示。

(4) 基层材料的摊铺宽度应为设计宽度两侧加施工必要附加宽度。

(5) 基层施工中严禁用贴薄层方法整平修补表面。

(6) 用沥青混合料、沥青贯入式、水泥混凝土做道路基层时，其施工应分别符合《城镇道路工程施工与质量验收规范》(CJJ 1)的有关规定。

二、石灰稳定土类基层

（一）原材料

(1) 土应符合下列要求：

① 宜采用塑性指数 10～15 的亚黏土、黏土。塑性指数大于 4 的砂性土亦可使用。

② 土中的有机物含量宜小于 10%。

③ 使用旧路的级配砾石、砂石或杂填土等应先进行试验。级配砾石、砂石等材料的最大粒径不宜超过分层厚度的 60%，且不应大于 10cm。土中欲掺入碎砖等粒料时，粒料掺入含量应经试验确定。

(2) 石灰应符合下列要求：

① 宜用 1～3 级的新灰，石灰的技术指标应符合表 3-13 的规定。

表 3-13 石灰技术指标

项目	钙质生石灰			镁质生石灰			钙质消石灰			镁质消石灰		
	等级											
	Ⅰ	Ⅱ	Ⅲ	Ⅰ	Ⅱ	Ⅲ	Ⅰ	Ⅱ	Ⅲ	Ⅰ	Ⅱ	Ⅲ
有效钙加氧化镁含量(%)	≥85	≥80	≥70	≥80	≥75	≥65	≥65	≥60	≥55	≥60	≥55	≥50
未消化残渣含 5mm 圆孔筛的筛余(%)	≤7	≤11	≤17	≤10	≤14	≤20	—	—	—	—	—	—
含水量(%)	—	—	—	—	—	—	≤4	≤4	≤4	≤4	≤4	≤4
细度 0.71mm 方孔筛的筛余(%)	—	—	—	—	—	—	0	≤1	≤1	0	≤1	≤1
细度 0.125mm 方孔筛的筛余(%)	—	—	—	—	—	—	≤13	≤20	—	≤13	≤20	—
钙镁石灰的分类筛，氧化镁含量(%)	≤5			>5			≤4			>4		

注：硅、铝、镁氧化物含量之和大于 5%的生石灰，有效钙加氧化镁含量指标，Ⅰ等≥75%，Ⅱ等≥70%，Ⅲ等≥60%。

② 磨细生石灰，可不经消解直接使用；块灰应在使用前 2～3d 完成消解，未能消解的生石灰块应筛除，消解石灰的粒径不应大于 10mm。

③ 对储存较久或经过雨期的消解石灰应先经过试验，根据活性氧化物的含量决定能否使用及使用办法。

(3) 水应符合国家现行标准《混凝土用水标准》(JGJ 63)的规定。宜使用饮用水及不含油类等杂质的清洁中性水，pH 值宜为 6～8。

（二）石灰土配合比设计

(1) 每种土应按 5 种石灰掺量进行试配，试配石灰用量宜按表 3-14 选取。

表 3-14　石灰土试配石灰用量

土壤类别	结构部位	石灰掺量(%)				
		1	2	3	4	5
塑性指数≤12 的黏性土	基层	10	12	13	14	16
	底基层	8	10	11	12	14
塑性指数>12 的黏性土	基层	5	7	9	11	13
	底基层	5	7	8	9	11
砂砾土、碎石土	基层	3	4	5	6	7

(2) 确定混合料的最佳含水量和最大干密度,应做最小、中间和最大 3 个石灰剂量混合料的击实试验,其余两个石灰剂量混合料的最佳含水量和最大干密度用内插法确定。

(3) 按规定的压实度,分别计算不同石灰剂量的试块应有的干密度。

(4) 强度试验的平行试验最少试件数量,不得小于表 3-15 的规定。如试验结果的偏差系数大于表 3-15 中规定值,应重做试验。如不能降低偏差系数,则应增加试件数量。

表 3-15　最少试件数量(件)

土壤类别	偏差系数		
	<10%	10%~15%	15%~20%
细粒土	6	9	—
中粒土	6	9	13
粗粒土	—	9	13

(5) 试件在规定温度下应按国家现行标准《公路工程无机结合料稳定材料试验规程》(JTG E51)有关要求制作、养护,进行无侧限抗压强度试验。

(6) 石灰剂量应根据设计要求强度值选定。试件试验结果的平均抗压强度($\overline{R}$)应符合下式要求:

$$\overline{R} \geqslant R_d/(1- Z_a C_V) \tag{3-1}$$

式中　R_d——设计抗压强度;

C_V——试验结果的偏差系数(以小数计);

Z_a——标准正态分布表中随保证率(试置信度 α)而改变的系数,城市快速路和城市主干路应取保证率 95%,即 $Z_a=1.645$;其他道路应取保证率 90%,即 $Z_a=1.282$。

(7) 实际采用的石灰剂量应比室内试验确定的剂量增加 0.5%~1.0%。采用集中厂拌时可增加 0.5%。

在城镇人口密集区,应使用厂拌石灰土,不得使用路拌石灰土。

(三) 厂拌石灰土

(1) 石灰土搅拌前,应先筛除集料中不符合要求的颗粒,使集料的级配和最大粒径符合要求。

(2) 宜用强制式搅拌机进行搅拌。配合比应准确,搅拌应均匀;含水量宜略大于最佳值;石灰土应过筛(20mm 方孔)。

(3) 应根据土和石灰的含水量变化、集料的颗粒组成变化,及时调整搅拌用水量。

(4) 拌成的石灰土应及时运送到铺筑现场。运输中应采取防止水分蒸发和防扬尘措施。

(5) 搅拌厂应向现场提供石灰土配合比,R_7 强度标准值及石灰中活性氧化物含量的资料。

(四) 采用人工搅拌石灰土

(1) 所用土壤应预先打碎、过筛(20mm 方孔)集中堆放。

(2) 应按需要量将土和石灰按配合比要求进行掺配。掺配时土应保持适宜的含水量,掺配后过筛(20mm 方孔),至颜色均匀一致为止。

(3) 作业人员应佩戴劳动保护用品,现场应采取防扬尘措施。

(五) 厂拌石灰土摊铺

(1) 路床应湿润。

(2) 压实系数应经试验确定。现场人工摊铺,压实系数宜为 1.65～1.70。

(3) 石灰土宜采用机械摊铺。每次摊铺长度宜为一个碾压段。

(4) 摊铺掺有粗集料的石灰土时,粗集料应均匀。

(六) 碾压

(1) 铺好的石灰土应当天碾压成活。

(2) 碾压时的含水量宜在最佳含水量的±2%范围内。

(3) 直线和不设超高的平曲线段,应由两侧向中心碾压;设超高的平曲线段,应由内侧向外侧碾压。

(4) 初压时,碾速以 1.5～1.7km/h 为宜,灰土初步稳定后,以 2.0～2.5km/h 为宜。

(5) 人工摊铺时,宜先用 6～8t 压路机碾压,灰土初步稳定,找补整形后,方可用重型压路机碾压。

(6) 当采用碎石嵌丁封层时,嵌丁石料应在石灰土底层压实度达到 85%时撒铺,然后继续碾压,使其嵌入底层,并保持表面有棱角外露。

(七) 接缝

(1) 纵、横接缝均应设直茬。

(2) 纵向接缝宜设在路中线处。接缝应做成阶梯形,梯级宽不得小于 1/2 层厚。

(3) 横向接缝应尽量减少。

(八) 石灰土养护

(1) 石灰土成活后应立即洒水(或覆盖)养护,保持湿润,直至上部结构施工为止。

(2) 石灰土碾压成活后可采取喷洒沥青透层油养护,宜在其含水量为 10%左右时进行。

(3) 石灰土养护期应封闭交通。

三、石灰、粉煤灰稳定砂砾基层

(一) 原材料

(1) 石灰应符合表 3-13 的规定。

(2) 粉煤灰应符合下列规定：

① 粉煤灰化学成分的 SiO_2、Al_2O_3 和 Fe_2O_3 总量宜大于 70%；在温度为 700℃时烧失量宜小于或等于 10%。

② 当烧失量大于 10%时，应经试验确认混合料强度符合要求时，方可采用。

③ 细度应满足 90%通过 0.3mm 筛孔，70%通过 0.075mm 筛孔，比表面积宜大于 $2500cm^2/g$。

(3) 砂砾应经破碎、筛分，级配宜符合表 3-16 的规定，破碎砂砾中最大粒径不得大于 37.5mm。

表 3-16 砂砾、碎石级配

筛孔尺寸(mm)	通过质量百分率(%)			
	级配砂砾		级配碎石	
	次干路及以下道路	城市快速路、主干路	次干路及以下道路	城市快速路、主干路
37.5	100	—	100	—
31.5	85～100	100	90～100	100
19.0	65～85	85～100	72～90	81～98
9.50	50～70	55～75	48～68	52～70
4.75	35～55	39～59	30～50	30～50
2.36	25～45	27～47	18～38	18～38
1.18	17～35	17～35	10～27	10～27
0.60	10～27	10～25	6～20	8～20
0.075	0～15	8～10	0～7	0～7

(4) 水应符合国家现行标准《混凝土用水标准》(JGJ 63)的规定。宜使用饮用水及不含油类等杂质的清洁中性水，pH 值宜为 6～8。

(二) 石灰、粉煤灰、砂砾(碎石)配合比设计

配合比设计应符合表 3-14 的有关规定。

(三) 混合料

(1) 混合料应由搅拌厂集中拌制。

(2) 宜采用强制式搅拌机拌制，并应符合下列要求：

① 搅拌时应先将石灰、粉煤灰搅拌均匀，再加入砂砾(碎石)和水搅拌均匀。混合料含水量宜略大于最佳含水量。

② 拌制石灰粉煤灰砂砾均应做延迟时间试验，确定混合料在贮存场存放时间及现场完成作业时间。

③ 混合料含水量应视气候条件适当调整。

(3) 搅拌厂应向现场提供产品合格证及石灰活性氧化物含量、粒料级配、混合料配合比及 R_7 强度标准值的资料。

(4) 运送混合料应覆盖，防止遗撒、扬尘。

(四) 摊铺

摊铺除遵守厂拌石灰土摊铺的有关规定外，尚应符合下列规定：

(1) 混合料在摊铺前其含水量宜为最佳含水量的±2%。

(2) 混合料每层最大压实厚度为20cm，且不宜小于10cm。

(3) 摊铺中发生粗、细集料离析时，应及时翻拌。

(五) 碾压

碾压应符合规范的有关规定。

(六) 养护

(1) 混合料基层，应在潮湿状态下养护。养护期视季节而定，常温下不宜少于7d。

(2) 采用洒水养护时，应及时洒水，保持混合料湿润；采用喷洒沥青乳液养护时，应及时在乳液面撒嵌丁料。

(3) 养护期间宜封闭交通。需通行的机动车辆应限速，严禁履带车辆通行。

四、石灰、粉煤灰、钢渣稳定土类基层

(一) 原材料

(1) 石灰应符合表3-13的有关规定。

(2) 粉煤灰应符合有关规定。

(3) 钢渣破碎后堆存时间不应少于半年，且达到稳定状态，游离氧化钙(f-CaO)含量应小于3%；粉化率不得超过5%。钢渣最大粒径不得大于37.5mm，压碎值不得大于30%，且应清洁，不含废镁砖及其他有害物质；钢渣质量密度应以实际测试值为准。钢渣颗粒组成应符合表3-17的规定。

表3-17　钢渣混合料中钢渣颗粒组成

通过下列筛孔(mm，方孔)的质量(%)								
37.5	26.5	16	9.5	4.75	2.36	1.18	0.60	0.075
100	95～100	60～85	50～70	40～60	27～47	20～40	10～30	0～15

(4) 土应符合下列要求：

① 当采用石灰粉煤灰稳定土时，土的塑性指数宜为12～20。

② 当采用石灰与钢渣稳定土时，其土的塑性指数宜为7～17，不得小于6，且不得大于30。

(5) 水应符合相关规范的规定。

(二) 配合比设计

石灰、粉煤灰、钢渣稳定土类混合料配合比设计步骤应依据规范的有关规定进行。根据试件的平均抗压强度(R)和设计抗压强度(R_d)，选定配合比。配合比可按表3-18进行初选。

表 3-18 石灰、粉煤灰、钢渣稳定土类混合料常用配合比

混合料种类	钢渣	石灰	粉煤灰	土
石灰、粉煤灰、钢渣	60～70	10～7	30～23	—
石灰、钢渣土	50～60	10～8	—	40～32
石灰、钢渣	90～95	10～5	—	—

五、水泥稳定土类基层

（一）原材料

(1) 水泥应符合下列要求：

① 应选用初凝时间大于 3h、终凝时间不小于 6h 的 32.5 级、42.5 级普通硅酸盐水泥、矿渣硅酸盐水泥、火山灰质硅酸盐水泥。水泥应有出厂合格证与生产日期，复验合格方可使用。

② 水泥贮存期超过 3 个月或受潮，应进行性能试验，合格后方可使用。

(2) 土应符合下列要求：

① 土的均匀系数不得小于 5，宜大于 10，塑性指数宜为 10～17；

② 土中小于 0.6mm 颗粒的含量应小于 30%；

③ 宜选用粗粒土、中粒土。

(3) 粒料应符合下列要求：

① 级配碎石、砂砾、未筛分碎石、碎石土、砾石和煤矸石、粒状矿渣等材料均可做粒料原材。

② 当作基层时，粒料最大粒径不宜超过 37.5mm。

③ 当作底基层时，粒料最大粒径：对城市快速路、主干路不得超过 37.5mm，对次干路及以下道路不得超过 53mm。

④ 各种粒料，应按其自然级配状况，经人工调整使其符合表 3-19 的规定。

⑤ 碎石、砾石、煤矸石等的压碎值：对城市快速路、主干路基层与底基层不得大于 30%；对其他道路基层不得大于 30%，对底基层不得大于 35%。

⑥ 集料中有机质含量不得超过 2%。

⑦ 集料中硫酸盐含量不得超过 0.25%。

⑧ 钢渣尚应符合规范的有关规定。

(4) 水应符合相关规范的有关规定。

（二）稳定土的颗粒范围和技术指标

稳定土的颗粒范围和技术指标宜符合表 3-19 的规定。

表 3-19 水泥稳定土类的粒料范围及技术指标

项目		通过质量百分率(%)				
		底基层		基层		
		次干路	城市快速路、主干路	次干路		城市快速路、主干路
筛孔尺寸(mm)	53	100	—	—		—
	37.5	—	100	100	90~100	—
	31.5	—		90~100	—	100
	26.5	—	—	—	66~100	90~100
	19	—		67~90	54~100	72~89
	9.5	—	—	45~68	39~100	47~67
	4.75	50~100	50~100	29~50	28~84	29~49
	2.36	—	—	18~38	20~70	17~35
	1.18	—	—	—	14~57	—
	0.60	17~100	17~100	8~22	8~47	8~22
	0.075	0~50	0~30②	0~7	0~30	0~7①
	0.002	0~30	—	—		—
液限(%)		—	—	—		<28
塑性指数		—	—	—		<9

注:①集料中 0.5mm 以下细粒土有塑性指数时,小于 0.075mm 的颗粒含量不得超过 5%;细粒土无塑性指数时,小于 0.075mm的颗粒含量不得超过 7%。

②当用中粒土、粗粒土作城市快速路、主干路底基层时,颗粒组成范围宜用作次干路基层的组成。

(三) 配合比设计

水泥稳定土类材料的配合比设计步骤,应按规范的有关规定进行,且应符合下列规定:

(1) 试配时水泥掺量宜按表 3-20 选取。

表 3-20 水泥稳定土类材料试配水泥掺量

土壤、粒料种类	结构部位	水泥掺量(%)				
		1	2	3	4	5
塑性指数<12 的细粒土	基层	5	7	8	9	11
	底基层	4	5	6	7	9
其他细粒土	基层	8	10	12	14	16
	底基层	6	8	9	10	12

续表 3-20

土壤、粒料种类	结构部位	水泥掺量(%)				
		1	2	3	4	5
中粒土、粗粒土	基层[①]	3	4	5	6	7
	底基层	3	4	5	6	7

注:①当强度要求较高时,水泥用量可增加1%。

(2) 当采用厂拌法生产时,水泥掺量应比试验剂量加0.5%,水泥最小掺量粗粒土、中粒土应为3%,细粒土为4%。

(3) 水泥稳定土类材料7d抗压强度:对城市快速路、主干路基层为3~4MPa,对底基层为1.5~2.5MPa;对其他等级道路基层为2.5~3MPa,底基层为1.5~2.0MPa。

(四) 搅拌

城镇道路中使用水泥稳定土类材料,宜集中拌制。

集中搅拌水泥稳定土类材料应符合下列规定:

(1) 集料应过筛,级配符合设计要求。

(2) 混合料配合比符合要求,计量准确,含水量符合施工要求,搅拌均匀。

(3) 搅拌厂应向现场提供产品合格证及水泥用量、粒料级配、混合料配合比、R_7强度标准值。

(4) 水泥稳定土类材料运输时,应采取措施防止水分损失。

(五) 摊铺

(1) 施工前应通过试验确定压实系数。水泥土的压实系数宜为1.53~1.58;水泥稳定砂砾的压实系数宜为1.30~1.35。

(2) 宜采用专用摊铺机械摊铺。

(3) 水泥稳定土类材料自搅拌至摊铺完成,不得超过3h。应按当班施工长度计算用料量。

(4) 分层摊铺时,应在下层养护7d后,方可摊铺上层材料。

(六) 碾压

(1) 应在含水量等于或略大于最佳含水量时进行碾压。碾压找平应符合规范的有关规定。

(2) 宜用12~18t压路机作初步稳定碾压,混合料初步稳定后用大于18t的压路机碾压,至表面平整、无明显轮迹,且达到要求的压实度。

(3) 水泥稳定土类材料,宜在水泥初凝时间到达前碾压成活。

(4) 当使用振动压路机时,应符合环境保护和周围建筑物及地下管线、构筑物的安全要求。

(七) 养护

(1) 基层宜采用洒水养护,保持湿润。采用乳化沥青养护,应在其上撒布适量石屑。

(2) 养护期间应封闭交通。

(3) 常温下成活后应经7d养护,方可在其上铺路面层。

六、级配砂砾及级配砾石基层

(一) 功能

级配砂砾及级配砾石可作为城市次干路及其以下道路基层。

（二）原材料

级配砂砾及级配砾石应符合下列要求：

（1）天然砂砾应质地坚硬，含泥量不得大于砂质量（粒径小于 5mm）的 10%，砾石颗粒中细长及扁平颗粒的含量不得超过 20%。

（2）级配砾石作次干路及其以下道路底基层时，级配中最大粒径宜小于 53mm，作基层时最大粒径不得大于 37.5mm。

（3）级配砂砾及级配砾石的颗粒范围和技术指标宜符合表 3-21 的规定。

表 3-21　级配砂砾及级配砾石的颗粒范围及技术指标

项目		通过质量百分率（%）		
		基层	底基层	
		砾石	砾石	砂砾
筛孔尺寸（mm）	53	—	100	100
	37.5	100	90～100	80～100
	31.5	90～100	81～94	—
	19.0	73～88	63～81	—
	9.5	49～69	45～66	40～100
	4.75	29～54	27～51	25～85
	2.36	17～37	16～35	—
	0.6	8～20	8～20	8～45
	0.075	0～7②	0～7②	0～15
液限（%）		＜28	＜28	＜28
塑性指数		＜6（或 9①）	＜6（或 9①）	＜9

注：①潮湿多雨地区塑性指数宜小于 6，其他地区塑性指数宜小于 9；

②对于无塑性的混合料，小于 0.075mm 的颗粒含量接近高限。

（4）集料压碎值应符合规范有关的规定。

（三）摊铺

（1）压实系数应通过试验段确定。每层摊铺虚厚不宜超过 30cm。

（2）砂砾摊铺应均匀一致，发生粗、细集料集中或离析现象时，应及时翻拌均匀。

（3）摊铺长为至少一个碾压段（30～50m）。

（四）碾压

（1）碾压前应洒水，洒水量应使全部砂砾湿润，且不导致其层下翻浆。

（2）碾压过程中应保持砂砾湿润。

（3）碾压时应采用 12t 以上压路机进行，初始碾速宜为 25～30m/min，砂砾初步稳定后，碾速宜控制在 40m/min，碾压至轮迹不大于 5mm，砂石表面平整、坚实，无松散和粗、细集料集中等现象。

（4）上层铺筑前，不得开放交通。

七、级配碎石及级配碎砾石基层

(一) 级配碎石及级配碎砾石材料

(1) 轧制碎石的材料可为各种类型的岩石(软质岩石除外)、砾石。轧制碎石的砾石粒径应为碎石最大粒径的3倍以上,碎石中不得有黏土块、植物根叶、腐殖质等有害物质。

(2) 碎石中针片状颗粒的总含量不得超过20%。

(3) 级配碎石及级配碎砾石颗粒范围和技术指标应符合表3-22的规定。

表3-22 级配碎石及级配碎砾石的颗粒范围及技术指标

项目		通过质量百分率(%)			
		基层		底基层[③]	
		次干路及以下道路	城市快速路、主干路	次干路及以下道路	城市快速路、主干路
筛孔尺寸(mm)	53	—	—	100	—
	37.5	100	—	85~100	100
	31.5	90~100	100	69~88	83~100
	19.0	73~88	85~100	40~65	54~84
	9.5	49~69	52~74	19~43	29~59
	4.75	29~54	29~54	10~30	17~45
	2.36	17~37	17~37	8~25	11~35
	0.6	8~20	8~20	6~18	6~21
	0.075	0~7[②]	0~7[②]	0~10	0~10
液限(%)		<28	<28	<28	<28
塑性指数		<6或9[①]	<6或9[①]	<6或9[①]	<6或9[①]

注:①潮湿多雨地区塑性指数宜小于6,其他地区塑性指数宜小于9;

②对于无塑性的混合料,小于0.075mm的颗粒含量接近高限;

③底基层所列为未筛分碎石颗粒组成范围。

(4) 级配碎石及级配碎砾石石料的压碎值应符合表3-23的规定。

表3-23 级配碎石及级配碎砾石压碎值

项目	压碎值	
	基层	底基层
城市快速路、主干路	<26%	<30%
次干路	<30%	<35%
次干路以下道路	<35%	<40%

(5) 碎石或碎砾石应为多棱角块体,软弱颗粒含量应小于5%;扁平细长碎石含量应小

于 20%。

（二）摊铺

(1) 宜采用机械摊铺符合级配要求的厂拌级配碎石或级配碎砾石。

(2) 压实系数应通过试验段确定，人工摊铺宜为 1.40～1.50，机械摊铺宜为 1.25～1.35。

(3) 摊铺碎石每层应按虚厚一次铺齐，颗粒分布应均匀，厚度一致，不得多次找补。

(4) 已摊平的碎石，碾压前应断绝交通，保持摊铺层清洁。

（三）碾压

碾压除遵守碾压级配砂砾及级配砾石的有关规定外，尚应符合下列规定：

(1) 碾压前和碾压中应先适量洒水。

(2) 碾压中对过碾现象部位，应进行换填处理。

（四）成活

(1) 碎石压实后及成活中应适量洒水。

(2) 视压实碎石的缝隙撒布嵌缝料。

(3) 宜采用 12t 以上的压路机碾压成活，碾压至缝隙嵌挤应密实、稳定坚实、表面平整，轮迹小于 5mm。

(4) 未铺装上层前，对已成活的碎石基层应保持养护，不得开放交通。

八、检验标准

（一）石灰稳定土，石灰、粉煤灰稳定砂砾（碎石），石灰、粉煤灰稳定钢渣基层及底基层质量检验

1. 主控项目

(1) 原材料质量检验应符合相应规范要求。

检查数量：按不同材料进厂批次，每批检查 1 次。

检验方法：查检验报告、复验。

(2) 基层、底基层的压实度应符合下列要求：

① 城市快速路、主干路基层大于或等于 97%，底基层大于或等于 95%。

② 其他等级道路基层大于或等于 95%，底基层大于或等于 93%。

检查数量：每 $1000m^2$，每压实层抽检 1 组(1 点)。

检验方法：查检验报告(灌砂法或灌水法)。

③ 基层、底基层试件作 7d 无侧限抗压强度应符合设计要求。

检查数量：每 $2000m^2$ 抽检 1 组(6 块)。

检验方法：现场取样试验。

2. 一般项目

(1) 表面应平整、坚实、无粗细集料集中现象，无明显轮迹、推移、裂缝，接茬平顺，无贴皮、散料。

(2) 基层及底基层允许偏差应符合表 3-24 的规定。

表 3-24 石灰稳定土类基层及底基层允许偏差

<table>
<tr><th colspan="2" rowspan="2">项目</th><th rowspan="2">允许偏差</th><th colspan="3">检验频率</th><th rowspan="2">检验方法</th></tr>
<tr><th>范围</th><th colspan="2">点数</th></tr>
<tr><td colspan="2">中线偏位(mm)</td><td>≤20</td><td>100m</td><td colspan="2">1</td><td>用经纬仪测量</td></tr>
<tr><td rowspan="2">纵断高程(mm)</td><td>基层</td><td>±15</td><td rowspan="2">20m</td><td colspan="2" rowspan="2">1</td><td rowspan="2">用水准仪测量</td></tr>
<tr><td>底基层</td><td>±20</td></tr>
<tr><td rowspan="3">平整度(mm)</td><td>基层</td><td>≤10</td><td rowspan="3">20m</td><td rowspan="3">路宽(m)</td><td><9</td><td>1</td><td rowspan="3">用 3m 直尺和塞尺连续量两尺，取较大值</td></tr>
<tr><td rowspan="2">底基层</td><td rowspan="2">≤15</td><td>9～15</td><td>2</td></tr>
<tr><td>>15</td><td>3</td></tr>
<tr><td colspan="2">宽度(mm)</td><td>不小于设计规定+B</td><td>40m</td><td colspan="2">1</td><td>用钢尺量</td></tr>
<tr><td colspan="2" rowspan="3">横坡</td><td rowspan="3">±0.3%且不反坡</td><td rowspan="3">20m</td><td rowspan="3">路宽(m)</td><td><9</td><td>2</td><td rowspan="3">用水准仪测量</td></tr>
<tr><td>9～15</td><td>4</td></tr>
<tr><td>>15</td><td>6</td></tr>
<tr><td colspan="2">厚度(mm)</td><td>±10</td><td>1000m²</td><td colspan="2">1</td><td>用钢尺量</td></tr>
</table>

（二）水泥稳定土类基层及底基层质量检验

1. 主控项目

(1) 原材料质量检验应符合相应规范要求。

检查数量：按不同材料进厂批次，每批次抽查 1 次；

检查方法：查检验报告、复秤。

(2) 基层、底基层的压实度应符合下列要求：

① 城市快速路、主干路基层大于或等于 97%，底基层大于或等于 95%。

② 其他等级道路基层大于或等于 95%，底基层大于或等于 93%。

检查数量：每 $1000m^2$，每压实层抽查 1 组(1 点)。

检查方法：查检验报告(灌砂法或灌水法)。

③ 基层、底基层 7d 的无侧限抗压强度应符合设计要求。

检查数量：每 $2000m^2$ 抽检 1 组(6 块)。

检查方法：现场取样试验。

2. 一般项目

(1) 表面应平整、坚实、接缝平顺，无明显粗、细集料集中现象，无推移、裂缝、贴皮、松散、浮料现象。

(2) 基层及底基层的偏差应符合表 3-24 的规定。

（三）级配砂砾及级配砾石基层及底基层质量检验

1. 主控项目

(1) 集料质量及级配应符合相应规范规定。

检查数量：按砂石材料的进场批次，每批抽检 1 次。

检验方法：查检验报告。

(2) 基层压实度大于或等于 97%，底基层压实度大于或等于 95%。

检查数量：每压实层，每 $1000m^2$ 抽检 1 组(1 点)。

检验方法：查检验报告(灌砂法或灌水法)。

(3) 弯沉值，不应大于设计规定。

检查数量：每车道、每 20m，测 1 点。

检验方法：弯沉仪检测。

2. 一般项目

(1) 表面应平整、坚实，无松散和粗、细集料集中现象。

检查数量：全数检查。

检验方法：观察。

(2) 级配砂砾及级配砾石基层和底基层允许偏差应符合表 3-25 的有关规定。

表 3-25　级配砂砾及级配砾石基层和底基层允许偏差

<table>
<tr><th colspan="2" rowspan="2">项目</th><th colspan="2" rowspan="2">允许偏差</th><th colspan="4">检验频率</th><th rowspan="2">检验方法</th></tr>
<tr><th>范围</th><th colspan="3">点数</th></tr>
<tr><td colspan="2">中线偏位(mm)</td><td colspan="2">≤20</td><td>100m</td><td colspan="3">1</td><td>用经纬仪测量</td></tr>
<tr><td rowspan="2">纵断高程(mm)</td><td>基层</td><td colspan="2">±15</td><td rowspan="2">20m</td><td colspan="3" rowspan="2">1</td><td rowspan="2">用水准仪测量</td></tr>
<tr><td>底基层</td><td colspan="2">±20</td></tr>
<tr><td rowspan="3">平整度(mm)</td><td rowspan="2">基层</td><td colspan="2" rowspan="2">≤10</td><td rowspan="3">20m</td><td rowspan="3">路宽(m)</td><td><9</td><td>1</td><td rowspan="3">用 3m 直尺和塞尺连续量两尺，取较大值</td></tr>
<tr><td>9～15</td><td>2</td></tr>
<tr><td>底基层</td><td colspan="2">≤15</td><td>>15</td><td>3</td></tr>
<tr><td colspan="2">宽度(mm)</td><td colspan="2">不小于设计规定＋B</td><td>40m</td><td colspan="3">1</td><td>用钢尺量测</td></tr>
<tr><td colspan="2" rowspan="3">横坡</td><td colspan="2" rowspan="3">±0.3%且不反坡</td><td rowspan="3">20m</td><td rowspan="3">路宽(m)</td><td><9</td><td>2</td><td rowspan="3">用水准仪测量</td></tr>
<tr><td>9～15</td><td>4</td></tr>
<tr><td>>15</td><td>6</td></tr>
<tr><td colspan="2" rowspan="2">厚度(mm)</td><td>砂石</td><td>＋20
－10</td><td rowspan="2">$1000m^2$</td><td colspan="3" rowspan="2">1</td><td rowspan="2">用钢尺量</td></tr>
<tr><td>碎石</td><td>＋20
－10%层厚</td></tr>
</table>

(四) 级配碎石及级配碎砾石基层和底基层施工质量检验

1. 主控项目

(1) 碎石与嵌缝料质量及级配应符合相应规范规定。

检查数量：按不同材料进场批次，每批次抽检不得少于 1 次。

检验方法：查检验报告。

(2) 级配碎石压实度,基层不得小于 97%,底基层不得小于 95%。

检查数量:每 1000m^2 抽检 1 组(1 点)。

检验方法:查检验报告(灌砂法或灌水法)。

(3) 弯沉值,不应大于设计规定。

检查数量:每车道、每 20m,测 1 点。

检验方法:弯沉仪检测。

2. 一般项目

(1) 外观质量:表面应平整、坚实,无推移、松散、浮石现象。

检查数量:全数检查。

检验方法:观察。

(2) 级配碎石及级配碎砾石基层和底基层的偏差应符合表 3-25 的有关规定。

(五) 沥青混合料(沥青碎石)基层施工质量检验

1. 主控项目

(1) 用于沥青碎石各种原材料质量应符合相应规范规定。

(2) 压实度不得低于 95%(马歇尔击实试件密度)。

检查数量:每 1000m^2 检查 1 组(1 点)。

检验方法:检查试验记录(钻孔取样、蜡封法)。

(3) 弯沉值,不应大于设计规定。

检查数量:每车道、每 20m,测 1 点。

检验方法:弯沉仪检测。

2. 一般项目

(1) 表面应平整、坚实、接缝紧密,不得有明显轮迹、粗细集料集中、推挤、裂缝、脱落等现象。

检查数量:全数检查。

检验方法:观察。

(2) 沥青碎石基层允许偏差应符合表 3-26 的规定。

表 3-26　沥青碎石基层允许偏差

项目	允许偏差	检验频率				检验方法
		范围	点数			
中线偏位(mm)	≤20	100m	1			用经纬仪测量
纵断高程(mm)	±15	20m	1			用水准仪测量
平整度(mm)	≤10	20m	路宽(m)	<9	1	用 3m 直尺和塞尺连续量两尺,取较大值
				9~15	2	
				>15	3	
宽度(mm)	不小于设计规定+B	40m	1			用钢尺量

续表 3-26

项目	允许偏差	检验频率				检验方法
		范围	点数			
横坡	±0.3%且不反坡	20m	路宽（m）	<9	2	用水准仪测量
				9～15	4	
				>15	6	
厚度（mm）	±10	$1000m^2$	1			用钢尺量

（六）沥青贯入式基层施工质量检验

1. 主控项目

（1）沥青、集料、嵌缝料的质量应符合相应规范的规定。

（2）碎石的压实度不应小于95%。

检查数量：每$1000m^2$抽检1组(1点)。

检验方法：查检验报告(灌砂法或灌水法)。

（3）弯沉值，不应大于设计规定。

检查数量：每车道、每20m，测1点。

检验方法：弯沉仪检测。

2. 一般项目

（1）表面应平整、坚实、石料嵌锁稳定，无明显高低差；嵌缝料、沥青撒布应均匀，无花白、积油、漏浇等现象，且不得污染其他构筑物。

检查数量：全数检查。

检验方法：观察。

（2）沥青贯入式碎石基层和底基层允许偏差应符合表3-27的规定。

表3-27　沥青贯入式碎石基层和底基层允许偏差

项目		允许偏差	检验频率				检验方法
			范围	点数			
中线偏位（mm）		≤20	100	1			用经纬仪测量
纵断高程（mm）	基层	±15	20m	1			用水准仪测量
	底基层	±20					
平整度（mm）	基层	≤10	20m	路宽（m）	<9	1	用3m直尺和塞尺连续量两尺，取较大值
	底基层	≤15			9～15	2	
					>15	3	
宽度（mm）		不小于设计规定+*B*	40m	1			用钢尺量

续表 3-27

项目	允许偏差	检验频率				检验方法
		范围	点数			
横坡	±0.3%且不反坡	20m	路宽（m）	＜9	2	用水准仪测量
				9～15	4	
				＞15	6	
厚度（mm）	＋20 －10%层厚	1000m^2	1			刨挖，用钢尺量

第三节　沥青混合料面层

一、一般规定

(1) 施工中应根据面层厚度和沥青混合料的种类、组成及施工季节，确定铺筑层次及各分层厚度；沥青混合料面层不得在雨、雪天气及环境最高温度低于 5℃时施工；城镇道路不宜使用煤沥青，需使用时，应制定保护施工人员防止吸入煤沥青蒸气或皮肤直接接触煤沥青的措施。

(2) 当采用旧沥青路面作为基层加铺沥青混合料面层时，应对原有路面进行处理、整平或补强，符合设计要求，并应符合下列规定：

① 符合设计强度、基本无损坏的旧沥青路面经整平后可作基层使用。

② 旧路面有明显损坏，但强度能达到设计要求的，应对损坏部分进行处理。

③ 填补旧沥青路面，凹坑应按高程控制、分层铺筑，每层最大厚度不宜超过 10cm。

(3) 旧路面整治处理中刨除与铣刨产生的废旧沥青混合料应集中回收，再生利用。

(4) 当旧水泥混凝土路面作为基层加铺沥青混合料面层时，应对原水泥混凝土路面进行处理，整平或补强，符合设计要求，并应符合下列规定：

① 对原混凝土路面应作弯沉试验，符合设计要求，经表面处理后，可作基层使用。

② 对原混凝土路面层与基层间的空隙，应填充处理。

③ 对局部破损的原混凝土面层应剔除，并修补完好。

④ 对混凝土面层的胀缝、缩缝、裂缝应清理干净，并应采取防反射裂缝措施。

(5) 沥青混合料原材料的规定。

① 沥青应符合下列要求：

A. 宜优先采用 A 级沥青作为道路面层使用。B 级沥青可作为次干路及其以下道路面层使用。当缺乏所需标号的沥青时，可采用不同标号沥青掺配，掺配比应经试验确定。道路石油沥青的主要技术指标应符合有关规定要求。

B. 乳化沥青的质量应符合表 3-28 的规定。在高温条件下宜采用黏度较大的乳化沥青，寒冷条件下宜使用黏度较小的乳化沥青。

表 3-28 道路用乳化沥青技术要求

试验项目		单位	品种代号										试验方法
			阳离子				阴离子				非离子		
			喷洒用			搅拌用	喷洒用			搅拌用	喷洒用	搅拌用	
			PC-1	PC-2	PC-3	BC-1	PA-1	PA-2	PA-3	BA-1	PN-2	BN-1	
破乳速度		—	快裂	慢裂	快裂或中裂	慢裂或中裂	快裂	慢裂	快裂或中裂	慢裂或中裂	慢裂	慢裂	T0658
粒子电荷		—	阳离子(+)				阴离子(—)				非离子		T0653
筛上残留物(1.18mm 筛),≤		%	0.1				0.1				0.1		T0652
黏度	恩格拉黏度计 E_{25}	—	2~10	1~6	1~6	2~30	2~10	1~6	1~6	2~30	1~6	2~30	T0622
	道路标准黏度计 $C_{25.3}$	s	10~25	8~20	8~20	10~60	10~25	8~20	8~20	10~60	8~20	10~60	T0621
蒸发残留物	残留分含量,≥	%	50	50	50	55	50	50	50	55	50	55	T0651
	溶解度,≥	%	97.5				97.5				97.5		T0607
	针入度(25℃)	0.1mm	50~200	50~300	45~150		50~200	50~300	45~150		50~300	60~300	T0604
	延度(15℃),≥	cm	40				40				40		T0605
与粗集料的黏附性,裹附面积,≥		—	2/3			—	2/3			—	2/3	—	T0654
与粗、细粒式集料搅拌试验		—	—			均匀	—			均匀	—		T0659
水泥搅拌试验的筛上剩余,≤		%	—				—				—	3	T0657
常温贮存稳定性: 1d,≤ 5d,≤		%	 1 5				 1 5				 1 5		T0655

注：① P 为喷洒型，B 为搅拌型，C、A、N 分别表示阳离子、阴离子、非离子乳化沥青。

② 黏度可选用恩格拉黏度计或沥青标准黏度计之一测定。

③ 表中的破乳速度与集料的黏附性、搅拌试验的要求、所使用的石料品种有关，质量检验时应采用工程上实际的石料进行试验，进行乳化沥青产品质量评定时可不要求此三项指标。

④ 贮存稳定性根据施工实际情况选用试验时间，通常采用 5d，乳液生产后能在当天使用时，也可用 1d 的稳定性。

⑤ 当乳化沥青需要在低温冰冻条件下贮存或使用时，尚需按相关规范进行 −5℃ 低温贮存稳定性试验，要求没有粗颗粒、不结块。

⑥ 如果乳化沥青是将高浓度产品运到现场经稀释后使用时，表中的蒸发残留物等各项指标指稀释前乳化沥青的要求。

C. 用于透层、粘层、封层及拌制冷拌沥青混合料的液体石油沥青的技术要求应符合表 3-29 的规定。

表 3-29 道路用液体石油沥青技术要求

试验项目		单位	快凝		中凝						慢凝						试验方法
			AL(R)-1	AL(R)-2	AL(M)-1	AL(M)-2	AL(M)-3	AL(M)-4	AL(M)-5	AL(M)-6	AL(S)-1	AL(S)-2	AL(S)-3	AL(S)-4	AL(S)-5	AL(S)-6	
黏度	$C_{25.5}$	s	<20	—	<20	—	—	—	—	—	<20	—	—	—	—	—	T0621
	$C_{60.5}$	s	—	5~15	—	5~15	16~25	26~40	41~100	101~200	—	5~15	16~25	26~40	41~100	101~200	
蒸馏体积	225℃	%	>20	>15	<10	<7	<3	<2	0	0	—	—	—	—	—	—	T0632
	315℃	%	>35	>30	<35	<25	<17	<14	<8	<5	—	—	—	—	—	—	
	360℃	%	>45	>35	<50	<35	<30	<25	<20	<15	<40	<35	<25	<20	<15	<5	
蒸馏后残留物	针入度(25℃)	0.1mm	60~200	60~200	100~300	100~300	100~300	100~300	100~300	100~300	—	—	—	—	—	—	T0604
	延度(25℃)	cm	>60	>60	>60	>60	>60	>60	>60	>60	—	—	—	—	—	—	T0605
	浮漂度(5℃)	s	—	—	—	—	—	—	—	—	<20	>20	>30	>40	>45	>50	T0631
闪点(TOC法)		℃	>30	>30	>65	>65	>65	>65	>65	>65	>70	>70	>100	>100	>120	>120	T0633
含水量,≤		%	0.2	0.2	0.2	0.2	0.2	0.2	0.2	0.2	2.0	2.0	2.0	2.0	2.0	2.0	T0612

D. 当使用改性沥青时，改性沥青的基质沥青应与改性剂有良好的配伍性。聚合物改性沥青主要技术要求应符合表 3-30 的规定。

表 3-30　聚合物改性沥青技术要求

指标	单位	SBS 类(Ⅰ类)				SBS 类(Ⅱ类)			SBS 类(Ⅲ类)				试验方法
		Ⅰ-A	Ⅰ-B	Ⅰ-C	Ⅰ-D	Ⅱ-A	Ⅱ-B	Ⅱ-C	Ⅲ-A	Ⅲ-B	Ⅲ-C	Ⅲ-D	T0604
针入度(25℃，100g,5s)	0.1mm	＞100	80～100	60～80	30～60	＞100	80～100	60～80	＞80	60～80	40～60	30～40	T0604
针入度指数 PI,≥	—	−1.2	−0.8	−0.4	0	−1.0	−0.8	−0.6	−1.0	−0.8	−0.6	−0.4	T0604
延度(5℃，5cm/min),≥	cm	50	40	30	20	60	50	40	—				T0605
软化点 $T_{R\&B}$,≥	℃	45	50	55	60	45	48	50	48	52	56	60	T0606
运动黏度①(135℃)	Pa·s	3											T0625 T0619
闪点,≥	℃	230				230			230				T0611
溶解度,≥	%	99				99			—				T0607
弹性恢复(25℃),≥	%	55	60	65	75	—			—				T0662
黏韧性,≥	N·m	—				5			—				T0624
韧性,≥	N·m	—				2.5			—				T0624
贮存稳定性②(离析,48h,软化点差),≤	℃	2.5				—			无改性剂明显析出、凝聚				T0661
TFOT(或 RTFOT)后残留物													
质量变化,允许范围	%	±1.0											T0610 或 T0609
针入度比(25℃),≥	%	50	55	60	65	50	55	60	50	55	58	60	T0604
延度(5℃),≥	cm	30	25	20	15	30	20	10	—				T0605

注:① 表中 135℃运动黏度可采用国家现行标准《公路工程沥青及沥青混合料试验规程》(JTG E20)中的"沥青布氏旋转黏度试验方法(布洛克菲尔德黏度计法)"进行测定。若在不改变改性沥青物理力学性质并符合安全条件的温度下易于泵送和搅拌,或经证明适当提高泵送和搅拌温度时能保证改性沥青的质量,容易施工,可不要求测定。

② 贮存稳定性指标适用于工厂生产的成品改性沥青。现场制作的改性沥青对贮存稳定性指标可不作要求,但必须在制作后,保持不间断的搅拌或泵送循环,保证使用前没有明显的离析。

E. 改性乳化沥青技术要求应符合表 3-31 的规定。

表 3-31 改性乳化沥青技术要求

试验项目		单位	品种及代号		试验方法
			PCR	BCR	
破乳速度		—	快裂或中裂	慢裂	T0658
粒子电荷		—	阳离子(+)	阳离子(+)	T0653
筛上剩余量(1.18mm),≤		%	0.1	0.1	T0652
黏度	恩格拉黏度 E_{25}	—	1～10	3～30	T0622
	沥青标准黏度 $C_{25.3}$	s	8～25	12～60	T0621
蒸发残留物	含量,≥	%	50	60	T0651
	针入度(100g,25℃,5s)	0.1mm	40～120	40～100	T0604
	软化点,≥	℃	50	53	T0606
	延度(5℃),≥	cm	20	20	T0605
	溶解度(三氯乙烯),≥	%	97.5	97.5	T0607
与矿料的黏附性,裹覆面积,≥		—	2/3	—	T0654
贮存稳定性	1d,≤	%	1	1	T0655
	5d,≤	%	5	5	T0655

注:① 破乳速度与集料黏附性、搅拌试验、所使用的石料品种有关。工程上施工质量检验时应采用实际的石料试验,仅进行产品质量评定时可不对这些指标提出要求。

② 当用于填补车辙时,BCR 蒸发残留物的软化点宜提高至不低于 55℃。

③ 贮存稳定性根据施工实际情况选择试验天数,通常采用 5d,乳液生产后能在第二天使用完时也可选用 1d。个别情况下改性乳化沥青 5d 的贮存稳定性难以满足要求,如果经搅拌后能达到均匀一致并不影响正常使用,此时要求改性乳化沥青运至工地后存放在附有搅拌装置的贮存罐内,并不断地进行搅拌,否则不准使用。

④ 当改性乳化沥青或特种改性乳化沥青需要在低温冰冻条件下贮存或使用时,尚需按《公路工程沥青及沥青混合料试验规程》(JTG E20)进行－5℃低温贮存稳定性试验,要求没有粗颗粒、不结块。

② 粗集料应符合下列要求:

A. 粗集料应符合工程设计规定的级配范围。

B. 集料对沥青的黏附性,城市快速路、主干路应大于或等于 4 级;次干路及以下道路应大于或等于 3 级。集料具有一定的破碎面颗粒含量,具有 1 个破碎面宜大于 90%,2 个及以上的宜大于 80%。

C. 粗集料的质量技术要求应符合表 3-32 的规定。

表 3-32 沥青混合料用粗集料质量技术要求

指　　标	单位	城市快速路、主干路		其他等级道路	试验方法
		表面层	其他层次		
石料压碎值,≤	%	26	28	30	T0316
洛杉矶磨耗损失,≤	%	28	30	35	T0317

续表 3-32

指　　标	单位	城市快速路、主干路		其他等级道路	试验方法
		表面层	其他层次		
表观相对密度，≥	—	2.60	2.5	2.45	T0304
吸水率，≤	%	2.0	3.0	3.0	T0304
坚固性，≤	%	12	12	—	T0314
针片状颗粒含量(混合料)，≤	%	15	18	20	T0312
其中粒径大于 9.5mm，≤	%	12	15	—	
其中粒径小于 9.5mm，≤	%	18	20	—	
水洗法<0.075mm 颗粒含量，≤	%	1	1	1	T0310
软石含量，≤	%	3	5	5	T0320

注：① 坚固性试验可根据需要进行。

② 用于城市快速路、主干路时，多孔玄武岩的视密度可放宽至 $2.45t/m^3$，吸水率可放宽至 3%，但必须得到建设单位的批准，且不得用于 SMA 路面。

③ 对 S14 即 3～5 规格的粗集料，针片状颗粒含量可不予要求，小于 0.075mm 含量可放宽到 3%。

D. 粗集料的粒径规格应按表 3-33 的规定生产和使用。

表 3-33　沥青混合料用粗集料规格

规格名称	公称粒径(mm)	通过下列筛孔(mm)的质量百分率(%)												
		106	75	63	53	37.5	31.5	26.5	19.0	13.2	9.5	4.75	2.36	0.6
S1	40～75	100	90～100	—	—	0～15	—	0～5						
S2	40～60		100	90～100	—	0～15	—	0～5						
S3	30～60		100	90～100	—	—	0～15	—	0～5					
S4	25～50			100	90～100	—	—	0～15	—	0～5				
S5	20～40				100	90～100	—	—	0～15	—	0～5			
S6	15～30					100	90～100	—	—	0～15	—	0～5		
S7	10～30					100	90～100	—	—	—	0～15	0～5		
S8	10～25						100	90～100	—	0～15	—	0～5		
S9	10～20							100	90～100	—	0～15	0～5		
S10	10～15								100	90～100	0～15	0～5		
S11	5～15								100	90～100	40～70	0～15	0～5	
S12	5～10									100	90～100	0～15	0～5	
S13	3～10									100	90～100	40～70	0～20	0～5
S14	3～5										100	90～100	0～15	0～3

③ 细集料应符合下列要求：

A. 细集料应洁净、干燥，无风化、无杂质。

B. 热拌密级配沥青混合料中天然砂的用量不宜超过集料总量的 20%，SMA 和 OGFC 不宜使用天然砂。

C. 细集料的质量要求应符合表 3-34 的规定。

表 3-34　细集料质量要求

项　　目	单位	城市快速路、主干路	其他等级道路	试验方法
表观相对密度，≥	—	2.50	2.45	T0328
坚固性(>0.3mm 部分)，≥	%	12	—	T0340
含泥量(小于 0.075mm 的含量)，≤	%	3	5	T0333
砂当量，≥	%	60	50	T0334
亚甲蓝值，≤	g/kg	25	—	T0346
棱角性(流动时间)，≥	s	30	—	T0345

注：坚固性试验可根据需要进行。

D. 沥青混合料用天然砂规格见表 3-35。

表 3-35　沥青混合料用天然砂规格

筛孔尺寸(mm)	通过各孔筛的质量百分率(%)		
	粗砂	中砂	细砂
9.5	100	100	100
4.75	90～100	90～100	90～100
2.36	65～95	75～90	85～100
1.18	35～65	50～90	75～100
0.6	15～30	30～60	60～84
0.3	5～20	8～30	15～45
0.15	0～10	0～10	0～10
0.075	0～5	0～5	0～5

E. 沥青混合料用机制砂或石屑规格见表 3-36。

表 3-36　沥青混合料用机制砂或石屑规格

规格	公称粒径(mm)	水洗法通过各筛孔的质量百分数(%)							
		9.5	4.75	2.36	1.18	0.6	0.3	0.15	0.075
S15	0～5	100	90～100	60～90	40～75	20～55	7～40	2～20	0～10
S16	0～3	—	100	80～100	50～80	25～60	8～45	0～25	0～15

注：当生产石屑采用喷水抑制扬尘工艺时，应特别注意含粉量不得超过表中要求。

④ 矿粉应用石灰岩等憎水性石料磨制。当用粉煤灰作填料时，其用量不得超过填料总量50%。沥青混合料用矿粉质量要求应符合表3-37的规定。

表3-37　沥青混合料用矿粉质量要求

项目		单位	城市快速路、主干路	其他等级道路	试验方法
表观密度，≥		t/m^3	2.50	2.45	T0352
含水量，≥		%	1	1	T0103 烘干法
粒度范围	<0.6 mm	%	100	100	T0351
	<0.15 mm	%	90～100	90～100	
	<0.075 mm	%	75～100	70～100	
外观		—	无团粒结块		—
亲水系数		—	<1		T0353
塑性指数		%	<4		T0354
加热安定性		—	实测记录		T0355

⑤ 纤维稳定剂应在250℃条件下不变质。不宜使用石棉纤维。木质素纤维技术要求应符合表3-38的规定。

表3-38　木质素纤维技术要求

项目	单位	指标	试验方法
纤维长度，≤	mm	6	水溶液用显微镜观测
灰分含量	%	18±5	高温590～600℃燃烧后测定残留物
pH值	—	7.5±1.0	水溶液用pH试纸或pH计测定
吸油率，≥	—	纤维质量的5倍	用煤油浸泡后放在筛上经振敲后称量
含水率(以质量计)，≤	%	5	105℃烘箱烘2h后的冷却称量

⑦ 不同料源、品种、规格的原材料应分别存放，不得混存；基层施工透层油或下封层后，应及时铺筑面层。

(6) 沥青混合料配合比设计应符合国家现行标准《公路沥青路面施工技术规范》(JTG F40)的要求，并应遵守下列规定：

① 各地区应根据气候条件、道路等级、路面结构等情况，通过试验，确定适宜的沥青混合料技术指标。

② 开工前，应对当地同类道路的沥青混合料配合比及其使用情况进行调研，借鉴成功经验。

③ 各地区应结合当地自然条件，充分利用当地资源，选择合格的材料。

二、热拌沥青混合料面层

(1) 热拌沥青混合料(HMA)适用于各种等级道路的面层。其种类按集料公称最大粒径、矿料级配、空隙率划分，见表3-39。应按工程要求选择适宜的混合料规格、品种。

表3-39 热拌沥青混合料种类

混合料类型	密级配			开级配		半开级配	公称最大粒径(mm)	最大粒径(mm)
	连续级配		间断级配	间断级配		沥青碎石		
	沥青混凝土	沥青稳定碎石	沥青玛琋脂碎石	排水式沥青磨耗层	排水式沥青碎石基层			
特粗式	—	ATB-40	—	—	ATPB-40	—	37.5	53.0
粗粒式	—	ATB-30	—	—	ATPB-30	—	31.5	37.5
	AC-25	ATB-25	—	—	ATPB-25	—	26.5	31.5
中粒式	AC-20	—	SMA-20	—	—	AM-20	19.0	26.5
	AC-16	—	SMA-16	OGFC-16	—	AM-16	16.0	19.0
细粒式	AC-13	—	SMA-13	OGFC-13	—	AM-13	13.2	16.0
	AC-10	—	SMA-10	OGFC-10	—	AM-10	9.5	13.2
砂粒式	AC-5	—	—	—	—	—	4.75	9.5
设计空隙率(%)	3～5	3～6	3～4	＞18	＞18	6～12	—	—

注：设计空隙率可按配合比设计要求适当调整。

(2) 沥青混合料面层集料的最大粒径应与分层压实层厚度相匹配；密级配沥青混合料，每层的压实厚度不宜小于集料公称最大粒径的2.5～3倍；对SMA和OGFC等嵌挤型混合料不宜小于公称最大粒径的2～2.5倍。

沥青混合料面层类型应按表3-40确定。

表3-40 沥青混合料面层的类型

筛孔系列	结构层次	城市快速路、主干路		次干路及以下道路	
		三层式沥青混凝土	两层式沥青混凝土	沥青混凝土	沥青碎石
方孔筛系列	上面层	AC-13/SMA-13 AC-16/SMA-16 AC-20/SMA-20	AC-13 AC-16 —	AC-5 AC-10 AC-13	AM-5 AM-10 —
	中面层	AC-20 AC-25	— —	— —	— —
	下面层	AC-25 AC-30	AC-20 AC-25 AC-30	AC-25 AC-30 AM-25 AM-30	AM-25 AM-30 AM-40

(3) 热拌沥青混合料铺筑前，应复核基层和附属构筑物高程，确认符合要求，并对施工机

具设备进行检查，确认处于良好状态，沥青混合料搅拌及施工温度应根据沥青标号及黏度、气候条件、铺装层的厚度、下卧层温度确定(表 3-41)。

表 3-41　热拌沥青混合料的搅拌及施工温度(℃)

施工工序		石油沥青的标号			
		50 号	70 号	90 号	110 号
沥青加热温度		160～170	155～165	150～160	145～155
矿料加热温度	间隙式搅拌机	集料加热温度比沥青温度高 10～30			
	连续式搅拌机	矿料加热温度比沥青温度高 5～10			
沥青混合料出料温度[a]		150～170	145～165	140～160	135～155
混合料贮料仓贮存温度		贮料过程中温度降低不超过 10			
混合料废弃温度，高于		200	195	190	185
运输到现场温度[a]		145～165	140～155	135～145	130～140
混合料摊铺温度，不低于[a]		140～160	135～150	130～140	125～135
开始碾压的混合料内部温度，不低于[a]		135～150	130～145	125～135	120～130
碾压终了的表面温度，不低于[b]		75～85	70～80	65～75	55～70
		75	70	60	55
开放交通的路表面温度，不高于		50	50	50	45

注：① 沥青混合料的施工温度采用具有金属探测针的插入式数显温度计测量。表面温度可采用表面接触式温度计测定。当红外线温度计测量表面温度时，应进行标定。

② 表中未列入的 130 号、160 号及 30 号沥青的施工温度由试验确定。

③ a 常温下宜用低值，低温下宜用高值。

④ b 视压路机类型而定。轮胎压路机取高值，振动压路机取低值。

(4) 热拌沥青混合料宜由有资质的沥青混合料集中搅拌站供应；自行设置集中搅拌站应符合下列规定：

① 搅拌站的设置必须符合国家有关环境保护、消防、安全等规定。

② 搅拌站与工地现场距离应满足混合料运抵现场时，施工对温度的要求，且混合料不离析。

③ 搅拌站贮料场及场内道路应做硬化处理，具有完备的排水设施。

④ 各种集料(含外掺剂、混合料成品)必须分仓贮存，并有防雨设施。

⑤ 搅拌机必须设二级除尘装置。矿粉料仓应配置振动卸料装置。

⑥ 采用连续式搅拌机搅拌时，使用的集料料源应稳定不变。

⑦ 采用间歇式搅拌机搅拌时，搅拌能力应满足施工进度要求。冷料仓的数量应满足配合比需要，通常不宜少于 5～6 个。

⑧ 沥青混合料搅拌设备的各种传感器必须按规定周期检定。

⑨ 集料与沥青混合料取样应符合现行试验规程的要求。

搅拌机应配备计算机控制系统。生产过程中应逐盘采集材料用量和沥青混合料搅拌量、搅拌温度等各种参数指导生产。

沥青混合料搅拌时间应经试拌确定，以沥青均匀裹覆集料为度。间歇式搅拌机每盘的搅拌周期不宜少于45s，其中干拌时间不宜少于5～10s。改性沥青和SMA混合料的搅拌时间应适当延长。

用成品仓贮存沥青混合料，贮存期混合料降温不得大于10℃。贮存时间普通沥青混合料不得超过72h；改性沥青混合料不得超过24h；SMA混合料限当日使用；OGFC应随拌随用。

生产添加纤维的沥青混合料时，搅拌机应配备同步添加投料装置，搅拌时间宜延长5s以上。

(5) 沥青混合料出厂时，应逐车检测沥青混合料的质量和温度，并附带载有出厂时间的运料单。不合格品不得出厂；热拌沥青混合料的运输应符合下列规定：

① 热拌沥青混合料宜采用与摊铺机匹配的自卸汽车运输。

② 运料车装料时，应防止粗细集料离析。

③ 运料车应具有保温、防雨、防混合料遗撒与沥青滴漏等功能。

④ 沥青混合料运输车辆的总运力应比搅拌能力或摊铺能力有所富余。

⑤ 沥青混合料运至摊铺地点，应对搅拌质量与温度进行检查。合格后方可使用。

(6) 热拌沥青混合料的摊铺应符合下列规定：

① 热拌沥青混合料应采用机械摊铺。摊铺温度应符合有关的规定。城市快速路、主干路宜采用两台以上摊铺机联合摊铺。每台机器的摊铺宽度宜小于6m。表面层宜采用多机全幅摊铺，减少施工接缝。

② 摊铺机应具有自动或半自动方式调节摊铺厚度及找平的装置、可加热的振动熨平板或初步振动压实装置，摊铺宽度可调整等功能，且受料斗斗容应能保证更换运料车时连续摊铺。

③ 采用自动调平摊铺机摊铺最下层沥青混合料时，应使用钢丝或路缘石、平石控制高程与摊铺厚度，以上各层可用导梁引导高程控制，或采用声呐平衡梁控制方式。经摊铺机初步压实的摊铺层应符合平整度、横坡的要求。

④ 沥青混合料的最低摊铺温度应根据气温、下卧层表面温度、摊铺层厚度与沥青混合料种类经试验确定。城市快速路、主干路不宜在气温低于10℃条件下施工。

⑤ 沥青混合料的松铺系数应根据混合料类型、施工机械和施工工艺等应通过试验段确定，试验段长不宜小于100m。松铺系数可按照表3-42进行初选。

表3-42 沥青混合料的松铺系数

种类	机械摊铺	人工摊铺
沥青混凝土混合料	1.15～1.35	1.25～1.50
沥青碎石混合料	1.15～1.30	1.20～1.45

⑥ 摊铺沥青混合料应均匀、连续不间断，不得随意变换摊铺速度或中途停顿。摊铺速度宜为2～6m/min。摊铺时螺旋送料器应不停顿地转动，两侧应保持不少于送料器高度2/3的混合料，并保证在摊铺机全宽度断面上不发生离析。熨平板按所需厚度固定后不得随意调整。

⑦ 摊铺层发生缺陷应找补，并停机检查，排除故障。

⑧ 路面狭窄部分、平曲线半径过小的匝道小规模工程可采用人工摊铺。

(7) 热拌沥青混合料的压实应符合下列规定：

① 应选择合理的压路机组合方式及碾压步骤，以达到最佳碾压结果。沥青混合料压实宜采用钢筒式静态压路机与轮胎压路机或振动压路机组合的方式压实。

② 压实应按初压、复压、终压(包括成形)三个阶段进行。压路机应以慢而均匀的速度碾压，压路机的碾压速度宜符合表 3-43 的规定。

表 3-43　压路机碾压速度(km/h)

压路机类型	初压		复压		终压	
	适宜	最大	适宜	最大	适宜	最大
钢筒式压路机	1.5～2	3	2.5～3.5	5	2.5～3.5	5
轮胎压路机	—	—	3.5～4.5	6	4～6	8
振动压路机	1.5～2(静压)	5(静压)	1.5～2(振动)	1.5～2(振动)	2～3(静压)	5(静压)

③ 初压应符合下列要求：

A. 初压温度应符合表 3-41 的有关规定，以能稳定混合料，且不产生推移、发裂为度。

B. 碾压应从外侧向中心碾压，碾速稳定均匀。

C. 初压应采用轻型钢筒式压路机碾压 1～2 遍。初压后应检查平整度、路拱，必要时应修整。

④ 复压应紧跟初压连续进行，并应符合下列要求：

A. 复压应连续进行。碾压段长度宜为 60～80m。当采用不同型号的压路机组合碾压时，每一台压路机均应做全幅碾压。

B. 密级配沥青混凝土宜优先采用重型的轮胎压路机进行碾压，碾压到要求的压实度为止。

C. 对大粒径沥青稳定碎石类的基层，宜优先采用振动压路机复压。厚度小于 30mm 的沥青碎石基层不宜采用振动压路机碾压。相邻碾压带重叠宽度宜为 10～20cm。振动压路机折返时应先停止振动。

D. 采用三轮钢筒式压路机时，总质量不宜小于 12t。

E. 大型压路机难碾压的部位，宜采用小型压实工具进行压实。

⑤ 终压温度应符合表 3-41 的有关规定。终压宜选用双轮钢筒式压路机，碾压至无明显轮迹为止。

(8) SMA 混合料的压实应符合下列规定：

① SMA 混合料宜采用振动压路机或钢筒式压路机碾压。

② SMA 混合料不宜采用轮胎压路机碾压。

③ OGFC 混合料宜用 12t 以上的钢筒式压路机碾压。

④ 碾压过程中碾压轮应保持清洁，可对钢轮涂刷隔离剂或防黏剂，严禁刷柴油。当采用

向碾压轮喷水(可添加少量表面活性剂)的方式时,必须严格控制喷水量且应成雾状,不得漫流。

⑤ 压路机不得在未碾压成形路段上转向、调头、加水或停留。在当天成形的路面上,不得停放各种机械设备或车辆,不得散落矿料、油料等杂物。

(9) 接缝应符合下列规定:

① 沥青混合料面层的施工接缝应紧密、平顺。

② 上、下层的纵向热接缝应错开 15cm;冷接缝应错开 30～40cm。相邻两幅及上、下层的横向接缝均应错开 1m 以上。

③ 表面层接缝应采用直茬,以下各层可采用斜茬,层较厚时也可做阶梯形接茬。

④ 对冷接茬施作前,应对茬面涂少量沥青并预热。

(10) 热拌沥青混合料路面应待摊铺层自然降温至表面温度低于 50℃后,方可开放交通。沥青混合料面层完成后应加强保护,控制交通,不得在面层上堆土或拌制砂浆。

三、冷拌沥青混合料面层

冷拌沥青混合料适用于支路及其以下道路的面层、支路的表面层,以及各级道路沥青路面的基层、连接层或整平层。冷拌改性沥青混合料可用于沥青路面的坑槽冷补。

冷拌沥青混合料宜采用乳化沥青或液体沥青拌制,也可采用改性乳化沥青。各原材料类型及规格应符合有关规定。

冷拌沥青混合料宜采用密级配,当采用半开级配的冷拌沥青碎石混合料路面时,应铺筑上封层;冷拌沥青混合料宜采用厂拌,机械摊铺时,应采取防止混合料离析措施。

当采用阳离子乳化沥青搅拌时,宜先用水湿润集料;混合料的搅拌时间应通过试拌确定。机械搅拌时间不宜超过 30s,人工搅拌时间不宜超过 60s。已拌好的混合料应立即运至现场摊铺,并在乳液破乳前结束。在搅拌与摊铺过程中已破乳的混合料,应予废弃。冷拌沥青混合料摊铺后宜采用 6t 压路机初压初步稳定,再用中型压路机碾压。当乳化沥青开始破乳,混合料由褐色转变成黑色时,改用 12～15t 轮胎压路机复压,将水分挤出后暂停碾压,待水分基本蒸发后继续碾压至轮迹小于 5mm,表面平整,压实度符合要求为止。

冷拌沥青混合料路面的上封层应在混合料压实成型,且水分完全蒸发后施工,冷沥青混合料路面施工结束后宜封闭交通 2～6h,并应做好早期养护。开放交通初期车速不得超过 20km/h,不得在其上刹车或掉头。

四、透层、粘层、封层

(1) 透层施工应符合下列规定:

① 沥青混合料面层的基层表面应喷洒透层油,在透层油完全渗透入基层后方可铺筑面层。

② 施工中应根据基层类型选择渗透性好的液体沥青、乳化沥青做透层油。透层油的规格应符合表 3-44 的规定。

表 3-44　沥青路面透层材料的规格和用量

用途	液体沥青		乳化沥青	
	规格	用量(L/m²)	规格	用量(L/m²)
无机结合料粒料基层	AL(M)-1、2 或 3 AL(S)-1、2 或 3	1.0～2.3	PC-2 PA-2	1.0～2.0
半刚性基层	AL(M)-1 或 2 AL(S)-1 或 2	0.6～1.5	PC-2 PA-2	0.7～1.5

注：表中用量是指包括稀释剂和水分等在内的液体沥青、乳化沥青的总量，乳化沥青中的残留物含量是以 50%为基准。

③ 用作透层油的基质沥青的针入度不宜小于 100（0.1mm）。液体沥青的黏度应通过调节稀释剂的品种和掺量经试验确定。

④ 透层油的用量与渗透深度宜通过试洒确定，不宜超出表 3-44 的规定。

⑤ 用于石灰稳定土类或水泥稳定土类基层的透层油宜紧接在基层碾压成形后表面稍变干燥但尚未硬化的情况下喷洒，且宜在透层油撒布后 1～2d 铺筑沥青混合料。洒布透层油后，应封闭各种交通。

⑥ 透层油宜采用沥青洒布车或手动沥青洒布机喷洒。洒布设备喷嘴应与透层沥青匹配，喷洒应呈雾状，洒布管高度应使同一地点接受 2～3 个喷油嘴喷洒的沥青。

⑦ 透层油应洒布均匀，有花白遗漏应人工补洒，喷洒过量的应立即撒布石屑或砂吸油，必要时作适当碾压。

⑧ 透层油洒布后的养护时间应根据透层油的品种和气候条件由试验确定。液体沥青中的稀释剂全部挥发或乳化沥青水分蒸发后，应及时铺筑沥青混合料面层。

(2) 粘层施工应符合下列规定：

① 双层式或多层式热拌热铺沥青混合料面层之间应喷洒粘层油，或在水泥混凝土路面、沥青稳定碎石基层、旧沥青路面层上加铺沥青混合料层时，应在既有结构和路缘石、检查井等构筑物与沥青混合料层连接面喷洒粘层油。

② 粘层油宜采用快裂或中裂乳化沥青、改性乳化沥青，也可采用快、中凝液体石油沥青，其规格和用量应符合表 3-45 的规定。所使用的基质沥青标号宜与主层沥青混合料相同。

表 3-45　沥青路面粘层材料的规格和用量

下卧层类型	液体沥青		乳化沥青	
	规格	用量(L/m²)	规格	用量(L/m²)
新建沥青层或旧沥青路面	AL(R)-3～AL(R)-6 AL(M)-3～AL(M)-6	0.3～0.5	PC-3 PA-3	0.3～0.6
水泥混凝土	AL(M)-3～AL(M)-6 AL(S)-3～AL(S)-6	0.2～0.4	PC-3 PA-3	0.3～0.5

注：表中用量是指包括稀释剂和水分等在内的液体沥青、乳化沥青的总量，乳化沥青中的残留物含量是以 50%为基准。

③ 粘层油品种和用量应根据下卧层的类型通过试洒确定，并应符合表 3-45 的规定。当粘层油上铺筑薄层大孔隙排水路面时，粘层油的用量宜增加到 0.6～1.0L/m^2。沥青层间兼做封层的粘层油宜采用改性沥青或改性乳化沥青，其用量不宜少于 1.0L/m^2。

④ 粘层油宜在摊铺面层当天洒布。

(3) 封层施工应符合下列规定：

① 封层油宜采用改性沥青或改性乳化沥青。集料应质地坚硬、耐磨、洁净，粒径级配应符合要求。

② 用于稀浆封层的混合料其配比应经设计、试验，符合要求后方可使用。

③ 下封层宜采用层铺法表面处治或稀浆封层法施工。沥青(乳化沥青)和集料用量应根据配合比设计确定。

④ 沥青应撒布均匀、不露白，封层应不透水。

(4) 当气温在 10℃及以下，风力大于 5 级及以上时，不得喷洒透层、粘层、封层油。

五、检验标准

(一) 热拌沥青混合料面层质量检验

(1) 热拌沥青混合料质量应符合下列要求(主控项目)：

① 道路用沥青的品种、标号应符合国家现行有关标准的有关规定。

检查数量：按同一生产厂家、同一品种、同一标号、同一批号连续进场的沥青(石油沥青每 100t 为 1 批，改性沥青每 50t 为 1 批)每批次抽检 1 次。

检验方法：查出厂合格证、检验报告并进场复检。

② 沥青混合料所选用的粗集料、细集料、矿粉、纤维稳定剂等的质量及规格应符合有关规定。

检查数量：按不同品种产品进场批次和产品抽样检验方案确定。

检验方法：观察、检查进场检验报告。

③ 热拌沥青混合料、热拌改性沥青混合料、SMA 混合料，查出厂合格证、检验报告并进场复检，拌合温度、出厂温度应符合有关规定。

检查数量：全数检查。

检验方法：查测温记录，现场检测温度。

④ 沥青混合料品质应符合马歇尔试验配合比技术要求。

检查数量：每日、每品种检查 1 次。

检验方法：现场取样试验。

(2) 热拌沥青混合料面层质量检验应符合下列规定：

① 主控项目

A. 沥青混合料面层压实度，对城市快速路、主干路不得小于 96%；对次干路及以下道路不得小于 95%。

检查数量：每 1000m^2 测 1 点。

检验方法：查试验记录(马歇尔击实试件密度，试验室标准密度)。

B. 面层厚度应符合设计规定，允许偏差为＋10mm～－5mm。

检查数量：每 1000m^2 测 1 点。

检验方法：钻孔或刨挖，用钢尺量。

C. 弯沉值，不得大于设计规定。

检查数量：每车道、每 20m，测 1 点。

检验方法：弯沉仪检测。

② 一般项目

A. 表面应平整、坚实，接缝紧密，无枯焦；不得有明显轮迹、推挤裂缝、脱落、烂边、油斑、掉渣等现象，不得污染其他构筑物。面层与路缘石、平石及其他构筑物应接顺，不得有积水现象。

检查数量：全数检查。

检验方法：观察。

B. 热拌沥青混合料面层允许偏差应符合表 3-46 的规定。

表 3-46　热拌沥青混合料面层允许偏差

<table>
<tr><th colspan="2" rowspan="2">项目</th><th colspan="2" rowspan="2">允许偏差</th><th colspan="4">检验频率</th><th rowspan="2">检验方法</th></tr>
<tr><th>范围</th><th colspan="3">点数</th></tr>
<tr><td colspan="2">纵断高程(mm)</td><td colspan="2">±15</td><td>20m</td><td colspan="3">1</td><td>用水准仪测量</td></tr>
<tr><td colspan="2">中线偏位(mm)</td><td colspan="2">≤20</td><td>100m</td><td colspan="3">1</td><td>用经纬仪测量</td></tr>
<tr><td rowspan="6">平整度(mm)</td><td rowspan="3">标准差σ值</td><td rowspan="2">快速路、主干路</td><td rowspan="2">1.5</td><td rowspan="3">100m</td><td rowspan="3">路宽(m)</td><td><9</td><td>1</td><td rowspan="3">用测平仪检测，见注①</td></tr>
<tr><td>9～15</td><td>2</td></tr>
<tr><td>次干路、支路</td><td>2.4</td><td>>15</td><td>3</td></tr>
<tr><td rowspan="3">最大间隙</td><td rowspan="3">次干路、支路</td><td rowspan="3">5</td><td rowspan="3">20m</td><td rowspan="3">路宽(m)</td><td><9</td><td>1</td><td rowspan="3">用 3m 直尺和塞尺连续量取两尺，取最大值</td></tr>
<tr><td>9～15</td><td>2</td></tr>
<tr><td>>15</td><td>3</td></tr>
<tr><td colspan="2">宽度(mm)</td><td colspan="2">不小于设计值</td><td>40m</td><td colspan="3">1</td><td>用钢尺量</td></tr>
<tr><td colspan="2" rowspan="3">横坡</td><td colspan="2" rowspan="3">±0.3%且不反坡</td><td rowspan="3">20m</td><td rowspan="3">路宽(m)</td><td><9</td><td>2</td><td rowspan="3">用水准仪测量</td></tr>
<tr><td>9～15</td><td>4</td></tr>
<tr><td>>15</td><td>6</td></tr>
<tr><td colspan="2">井框与路面高差(mm)</td><td colspan="2">≤5</td><td>每座</td><td colspan="3">1</td><td>十字法，用直尺、塞尺量取最大值</td></tr>
<tr><td rowspan="4">抗滑</td><td rowspan="2">摩擦系数</td><td colspan="2" rowspan="2">符合设计要求</td><td rowspan="2">200m</td><td colspan="3">1</td><td>摆式仪</td></tr>
<tr><td colspan="3">全线连续</td><td>横向力系数车</td></tr>
<tr><td rowspan="2">构造深度</td><td colspan="2" rowspan="2">符合设计要求</td><td rowspan="2">200m</td><td colspan="3" rowspan="2">1</td><td>砂铺法</td></tr>
<tr><td>激光构造深度仪</td></tr>
</table>

注：① 测平仪为全线每车道连续检测每 100m 计算标准差 σ；无测平仪时可采用 3m 直尺检测；表中检验频率点数为测线数。

② 平整度、抗滑性能也可采用自动检测设备进行检测。
③ 底基层表面、下面层应按设计规定用量撒泼透层油、粘层油。
④ 中面层、底面层仅进行中线偏位、平整度、宽度、横坡的检测。
⑤ 改性(再生)沥青混凝土路面可采用此表进行检验。
⑥ 十字法检查井框与路面高差,每座检查井均应检查。十字法检查中,以平行于道路中线,过检查井盖中心的直线做基线,另一条线与基线垂直,构成检查用十字线。

(二) 冷拌沥青混合料面层质量检验

1. 主控项目

(1) 面层所用乳化沥青的品种、性能和集料的规格、质量应符合规范的有关规定。

检查数量:按产品进场批次和产品抽样检验方案确定。

检验方法:检查进场复查报告。

(2) 冷拌沥青混合料的压实度不得小于95%。

检查数量:每1000m^2测1点。

检验方法:检查配合比设计资料,复测。

(3) 面层厚度应符合设计规定,允许偏差为+15～-5 mm 。

检查数量:每1000m^2测1点。

检验方法:钻孔或刨挖,用钢尺量。

2. 一般项目

(1) 表面应平整、坚实,接缝紧密,不得有明显轮迹、粗细集料集中、推挤、裂缝、脱落等现象。

检查数量:全数检查。

检验方法:观察。

(2) 冷拌沥青混合料面层允许偏差应符合表3-47的规定。

表3-47 冷拌沥青混合料面层允许偏差

项目	允许偏差	检验频率			检验方法
		范围	点数		
纵断高程(mm)	±20	20m	1		用水准仪测量
中线偏位(mm)	≤20	100m	1		用经纬仪测量
平整度(mm)	≤10	20m	路宽(m) <9	1	用3m直尺、塞尺连续量两尺,取较大值
			路宽(m) 9～15	2	
			路宽(m) >15	3	
宽度(mm)	不小于设计值	40m	1		用钢尺量
横坡	±0.3%且不反坡	20m	路宽(m) <9	2	用水准仪测量
			路宽(m) 9～15	4	
			路宽(m) >15	6	

续表 3-47

项目		允许偏差	检验频率		检验方法
			范围	点数	
井框与路面高差(mm)		≤5	每座	1	十字法，用直尺、塞尺量，取最大值
抗滑	摩擦系数	符合设计要求	200m	1	摆式仪
				全线连续	横向力系数车
	构造深度	符合设计要求	200m	1	砂铺法
					激光构造深度仪

(三) 透层、粘层与封层质量检验

1. 主控项目

透层、粘层、封层所采用沥青的品种、标号和封层粒料质量、规格应符合有关规定。

检查数量：按进场品种、批次，同品种、同批次检查不应少于 1 次。

检验方法：检查产品出厂合格证、出厂检验报告和进场复检报告。

2. 一般项目

(1) 透层、粘层、封层的宽度不应小于设计规定值。

检查数量：每 40m 抽检 1 处。

检验方法：用尺量。

(2) 封层油层与粒料洒布应均匀，不得有松散、裂缝、油丁、泛油、波浪、花白、漏洒、堆积、污染其他构筑物等现象。

检查数量：全数检查。

检验方法：观察。

第四节　水泥混凝土面层

一、原材料

(1) 水泥应符合下列规定：

① 重交通以上等级道路、城市快速路、主干路应采用 42.5 级以上的道路硅酸盐水泥或硅酸盐水泥、普通硅酸盐水泥；中轻交通等级的道路可采用矿渣水泥，其强度等级宜不低于 32.5 级。水泥应有出厂合格证(含化学成分、物理指标)，并经复验合格，方可使用。

② 不同等级、厂牌、品种、出厂日期的水泥不得混存、混用。出厂期超过三个月或受潮的水泥，必须经过试验，合格后方可使用。

③ 用于不同交通等级道路面层水泥的弯拉强度、抗压强度最小值应符合表 3-47 的规定。

表 3-47　道路面层水泥的弯拉强度、抗压强度最小值

道路等级	特重交通		重交通		中、轻交通	
龄期(d)	3	28	3	28	3	28
抗压强度(MPa)	25.5	57.5	22.0	52.5	16.0	42.5
弯拉强度(MPa)	4.5	7.5	4.0	7.0	3.5	6.5

④ 水泥的化学成分、物理指标应符合表 3-48 的规定。

表 3-48　各交通等级路面用水泥的化学成分和物理指标

水泥性能	交通等级	
	特重、重交通	中、轻交通
铝酸三钙	不宜>7.0%	不宜>9.0%
铁铝酸三钙	不宜<15.0%	不宜<12.0%
游离氧化钙	不得>1.0%	不得>1.5%
氧化镁	不得>5.0%	不得>6.0%
三氧化硫	不得>3.5%	不得>4.0%
碱含量 ($Na_2O+0.658K_2O$)	≤0.6%	怀疑有碱活性集料时，≤0.6%； 无碱活性集料时，≤1.0%
混合材种类	不得掺窑灰、煤矸石、火山灰和黏土，有抗(盐)冻要求时不得掺石灰、石粉	
出磨时安定性	雷氏夹或蒸煮法检验必须合格	蒸煮法检验必须合格
标准稠度需水量	不宜>28%	不宜>30%
烧失量	不得>3.0%	不得>5.0%
比表面积	宜在 300～450m^2/kg	
细度(80μm)	筛余量≤10%	
初凝时间	≥1.5h	
终凝时间	≤10h	
28d 干缩率①	不得>0.09%	不得>0.10%
耐磨性①	≤3.6kg/m^2	

注：① 28d 干缩率和耐磨性试验方法采用现行国家标准《道路硅酸盐水泥》(GB 13693)。

(2) 粗集料应符合下列规定：

① 粗集料应采用质地坚硬、耐久、洁净的碎石、砾石、破碎砾石，并应符合表 3-49 的规定。城市快速路、主干路、次干路及有抗(盐)冻要求的次干路、支路混凝土路面使用的粗集料级别应不低于Ⅰ级。Ⅰ级集料吸水率不应大于 1.0%，Ⅱ级集料吸水率不应大于 2.0%。

表 3-49 粗集料技术指标

项目	技术要求	
	Ⅰ级	Ⅱ级
碎石压碎指标(%)	<10	<15
砾石压碎指标(%)	<12	<14
坚固性(按质量损失计,%)	<5	<8
针片状颗粒含量(按质量计,%)	<5	<15
含泥量(按质量计,%)	<0.5	<1.0
泥块含量(按质量计,%)	<0	<0.2
有机物含量(比色法)	合格	合格
硫化物及硫酸盐(按 SO_3 质量计,%)	<0.5	<1.0
空隙率(%)	<47	
碱集料反应	经碱集料反应试验后无裂缝、酥缝、胶体外溢等现象,在规定试验龄期的膨胀率小于 0.10%	
抗压强度(MPa)	火成岩≥100,变质岩≥80,水成岩≥60	

② 粗集料宜采用人工级配。其级配范围宜符合表 3-50 的规定。

表 3-50 人工合成级配范围

粒径级配	方筛孔尺寸(mm)							
	2.36	4.75	9.50	16.0	19.0	26.5	31.5	37.5
	累计筛余(以质量计)(%)							
4.75~16	95~100	85~100	40~60	0~10	—	—	—	—
4.75~19	95~100	85~95	60~75	30~45	0~5	0	—	—
4.75~26.5	95~100	90~100	70~90	50~70	25~40	0~5	0	—
4.75~31.5	95~100	90~100	75~90	60~75	40~60	20~35	0~5	0

③ 粗集料的最大公称粒径,碎砾石不得大于 26.5mm,碎石不得大于 31.5mm,砾石不宜大于 19.0mm;钢纤维混凝土粗集料最大粒径不宜大于 19.0mm。

(3) 细集料应符合下列规定:

① 宜采用质地坚硬、细度模数在 2.5 以上、符合级配规定的洁净粗中砂。

② 砂的技术要求应符合表 3-51 的规定。

表 3-51 砂的技术指标

<table>
<tr><td colspan="3">项目</td><td colspan="6">技术要求</td></tr>
<tr><td rowspan="5">颗粒级配</td><td colspan="2" rowspan="2">筛孔尺寸(mm)</td><td colspan="6">粒径</td></tr>
<tr><td>0.15</td><td>0.30</td><td>0.60</td><td>1.18</td><td>2.36</td><td>4.75</td></tr>
<tr><td rowspan="3">累计筛余量(%)</td><td>粗砂</td><td>90～100</td><td>80～95</td><td>71～85</td><td>35～65</td><td>5～35</td><td>0～10</td></tr>
<tr><td>中砂</td><td>90～100</td><td>70～92</td><td>41～70</td><td>10～50</td><td>0～25</td><td>0～10</td></tr>
<tr><td>细砂</td><td>90～100</td><td>55～85</td><td>16～40</td><td>10～25</td><td>0～15</td><td>0～10</td></tr>
<tr><td colspan="3" rowspan="2">泥土杂物含量(冲洗法)(%)</td><td colspan="2">一级</td><td colspan="2">二级</td><td colspan="2">三级</td></tr>
<tr><td colspan="2"><1</td><td colspan="2"><2</td><td colspan="2"><3</td></tr>
<tr><td colspan="3">硫化物和硫酸盐含量(折算为 SO_3,%)</td><td colspan="6"><0.5</td></tr>
<tr><td colspan="3">氯化物(氯离子质量计,%)</td><td colspan="2">≤0.01</td><td colspan="2">≤0.02</td><td colspan="2">≤0.06</td></tr>
<tr><td colspan="3">有机物含量(比色法)</td><td colspan="6">颜色不应深于标准溶液的颜色</td></tr>
<tr><td colspan="3">其他杂物</td><td colspan="6">不得混有石灰、煤渣、草根等其他杂物</td></tr>
</table>

③ 使用机制砂时,除应满足表 3-51 的规定外,还应检验砂磨光值,其值宜大于 35,不宜使用抗磨性较差的水成岩类机制砂。

④ 城市快速路、主干路宜采用一级砂和二级砂。

⑤ 海砂不得直接用于混凝土面层。淡化海砂不得用于城市快速路、主干路、次干路,可用于支路。

(4) 水应符合国家现行标准《混凝土用水标准》(JGJ 63)的规定。宜使用饮用水及不含油类等杂质的清洁中性水,pH 值为 6～8。

(5) 外加剂应符合下列规定:

① 外加剂宜使用无氯盐类的防冻剂、引气剂、减水剂等。

② 外加剂应符合现行国家标准《混凝土外加剂》(GB 8076)的有关规定,并应有合格证。

③ 使用外加剂应经掺配试验,并应符合现行国家标准《混凝土外加剂应用技术规范》(GB 50119)的有关规定。

(6) 钢筋应符合下列规定:

① 钢筋的品种、规格、成分,应符合设计和国家现行标准规定,应具有生产厂的牌号、炉号,检验报告和合格证,并经复试(含见证取样)合格。

② 钢筋不得有锈蚀、裂纹、断伤和刻痕等缺陷。

③ 钢筋应按类型、直径、钢号、批号等分别堆放,并应避免油污、锈蚀。

(7) 用于混凝土路面的钢纤维应符合下列规定:

① 单丝钢纤维抗拉强度不宜小于 600MPa。

② 钢纤维长度应与混凝土粗集料最大公称粒径相匹配,最短长度宜大于粗集料最大公称粒径的 1/3;最大长度不宜大于粗集料最大公称粒径的 2 倍,钢纤维长度与标称值的偏差不得超过±10%。

③ 宜使用经防蚀处理的钢纤维，严禁使用带尖刺的钢纤维。

④ 应符合国家现行标准《混凝土用钢纤维》(YB/T 151)的有关要求。

(8) 传力杆(拉杆)、滑动套材质、规格应符合规定。可用镀锌铁皮管、硬塑料管等制作滑动套。

(9) 胀缝板宜采用厚20mm、水稳定性好、具有一定柔性的板材制作，且经防腐处理。

(10) 填缝材料宜用树脂类、橡胶类、聚氯乙烯胶泥类、改性沥青类填缝材料，并宜加入耐老化剂。

二、混凝土配合比设计

混凝土面层的配合比应满足弯拉强度、工作性、耐久性三项技术要求。

(一) 普通混凝土配合比设计

(1) 混凝土弯拉强度应符合下列要求：

① 各交通等级路面板的设计28d弯拉强度标准值(f_r)应符合表3-52的规定。

表3-52　混凝土弯拉强度标准值(f_r)

交通等级	特重	重	中等	轻
弯拉强度标准值(MPa)	5.0	5.0	4.5	4.0

② 应按下式计算配制28d弯拉强度的均值。

$$f_c=\frac{f_r}{1-1.04c_v}+t\times s \tag{3-2}$$

式中　f_c——配制28d弯拉强度的均值(MPa)；

f_r——设计弯拉强度标准值(MPa)；

s——弯拉强度试验样本的标准差(MPa)；

t——保证率系数，应按表3-53确定；

c_v——弯拉强度变异系数，应按统计数据在表3-54的规定范围内取值；在无统计数据时，弯拉强度变异系数应按设计取值；如果施工配制弯拉强度超出设计给定的弯拉强度变异系数上限，则必须改进机械装备和提高施工控制水平。

表3-53　保证率系数(t)

道路等级	判别概率 p	样本数 n(组)				
		3	6	9	15	20
城市快速路	0.05	1.36	0.79	0.61	0.45	0.39
主干路	0.10	0.95	0.59	0.46	0.35	0.30
次干路	0.15	0.72	0.46	0.37	0.28	0.24
其他	0.20	0.56	0.37	0.29	0.22	0.19

表 3-54 各级道路混凝土路面弯拉强度变异系数(c_v)

道路技术等级	城市快速路	主干路		次干路	其他路	
混凝土弯拉强度变异水平等级	低	低	中	中	中	高
弯拉强度变异系数(c_v)允许变化范围	0.05～0.10	0.05～0.10	0.10～0.15	0.10～0.15	0.10～0.15	0.15～0.20

(2) 不同摊铺方式混凝土最佳工作性范围及最大用水量应符合表 3-55 的规定。

表 3-55 不同摊铺方式混凝土工作性及用水量要求

混凝土类型	项目	摊铺方式			
		滑模摊铺机	轨道摊铺机	三轴机组摊铺机	小型机具摊铺机
砾石混凝土	出机坍落度(mm)	20～40①	40～60	30～50	10～40
	摊铺坍落度(mm)	5～55②	20～40	10～30	0～20
	最大用水量(kg/m³)	155	153	148	145
碎石混凝土	出机坍落度(mm)	25～50①	40～60	30～50	10～40
	摊铺坍落度(mm)	10～65②	20～40	10～30	0～20
	最大用水量(kg/m³)	160	156	153	150

注:① 为设超铺角的摊铺机的最佳工作性。不设超铺角的摊铺机最佳坍落度砾石为 10～40mm,碎石为 10～30mm。
② 为最佳工作性允许波动范围。

(3) 混凝土耐久性应符合下列要求:

① 路面混凝土含气量及允许偏差宜符合表 3-56 的规定。

表 3-56 路面混凝土含气量及允许偏差(%)

最大粒径(mm)	无抗冻性要求	有抗冻性要求	有抗(盐)冻要求
19.0	4.0±1.0	5.0±0.5	6.0±0.5
26.5	3.5±1.0	4.5±0.5	5.5±0.5
31.5	3.5±1.0	4.0±0.5	5.0±0.5

② 混凝土最大水灰比和最小单位水泥用量宜符合表 3-57 的规定。最大单位水泥用量不宜大于 400kg/m³。

表 3-57 路面混凝土的最大水灰比和最小单位水泥用量

道路等级	城市快速路、主干路	次干路	其他道路
最大水灰比	0.44	0.46	0.48

续表 3-57

道路等级		城市快速路、主干路	次干路	其他道路
抗冰冻要求最大水灰比		0.42	0.44	0.46
抗(盐)冻要求最大水灰比		0.40	0.42	0.44
最小单位水泥用量(kg/m³)	42.5 级水泥	300	300	290
	32.5 级水泥	310	310	305
抗冰(盐)冻时最小单位水泥用量(kg/m³)	42.5 级水泥	320	320	315
	32.5 级水泥	330	330	325

注:① 水灰比计算以砂石料的自然风干状态计(砂含水量≤1.0%;石子含水量≤0.5%);

② 水灰比、最小单位水泥用量宜经试验确定。

③ 严寒地区路面混凝土抗冻等级不宜小于 F250,寒冷地区不宜小于 F200。

(4) 路面混凝土外加剂的使用应符合下列要求:

① 高温施工时,混凝土搅拌物的初凝时间不得小于 3h,低温施工时,终凝时间不得大于 10h。

② 外加剂的掺量应由混凝土试配试验确定。

③ 引气剂与减水剂或高效减水剂等外加剂复配在同一水溶液中时,不得发生絮凝现象。

(5) 配合比参数的计算应符合下列要求:

① 水灰比应按下列公式计算。

碎石或碎砾石混凝土

$$\frac{W}{C}=\frac{1.5684}{f_c+1.0097-0.3595f_s} \tag{3-3}$$

砾石混凝土

$$\frac{W}{C}=\frac{1.2618}{f_c+1.5492-0.4709f_s} \tag{3-4}$$

式中 $\frac{W}{C}$——水灰比;

f_s——水泥实测 28d 弯拉强度(MPa);

f_c——配制 28d 弯拉强度的均值(MPa)。

水灰比应在满足弯拉强度计算值和耐久性(表 3-57)两者要求的水灰比中取小值。

② 砂率应根据砂的细度模数和粗集料种类,查表 3-58 取值。

表 3-58 砂的细度模数与最优砂率关系

砂的细度模数		2.2～2.5	2.5～2.8	2.8～3.1	3.1～3.4	3.4～3.7
砂率 S_P(%)	碎石	30～40	32～36	34～38	36～40	38～42
	砾石	28～32	30～34	32～36	34～38	36～40

注:碎砾石可在碎石和砾石之间内插取值。

③ 根据粗集料种类和表 3-55 适宜的坍落度，分别按下列经验公式计算单位用水量（砂石料以自然风干状态计）。

A. 不掺外加剂与掺合料的混凝土单位用水量应按以下公式计算。

碎石： $$W_0=104.97+0.309S_L+11.27C/W+0.61S_P \quad (3\text{-}5)$$

砾石： $$W_0=86.89+0.370S_L+11.24C/W+1.00S_P \quad (3\text{-}6)$$

式中 W_0——不掺外加剂与掺合料的混凝土单位用水量（kg/m^3）；

S_L——坍落度（mm）；

S_P——砂率（%）；

C/W——灰水比，水灰比之倒数。

B. 掺外加剂的混凝土单位用水量应按下列公式计算。

$$W_{0W}=W_0(1-\beta/100) \quad (3\text{-}7)$$

式中 W_{0W}——掺外加剂混凝土的单位用水量（kg/m^3）；

β——所用外加剂剂量的实测减水率。

单位用水量应取计算值和表 3-55 的规定值两者中的小值。

④ 单位水泥用量应由式（3-8）计算，并取计算值与表 3-57 规定值的大值。

$$C_0=(C/W)\times W_0 \quad (3\text{-}8)$$

式中 C_0——单位用水泥量（kg/m^3）。

⑤ 砂石料用量可按密度法或体积法计算。按密度法计算时，混凝土单位质量可取 2400～2450 kg/m^3；按体积法计算时，应计入设计含气量。

⑥ 重要路面应采用正交试验法进行配合比优选。

（6）采用真空脱水工艺时，可采用比经验公式（3-5）和式（3-6）计算值略大的单位用水量；在真空脱水后，扣除每立方米混凝土实际吸除的水量，剩余单位用水量和剩余水灰比分别不宜超过表 3-55 最大单位用水量和表 3-57 最大水灰比的规定。

（二）钢纤维混凝土的配合比设计

（1）弯拉强度应符合下列要求：

① 各交通等级道路面板 28d 设计弯拉强度标准值（f_{cf}）应符合表 3-59 的规定。

表 3-59 混凝土弯拉强度标准值（f_{cf}）

交通等级	特重	重	中等	轻
弯拉强度标准值（MPa）	6.0	6.0	5.5	5.0

② 配制 28d 弯拉强度的均值应按式（3-2）计算，以 f_{cf} 和 f_{rf} 代替 f_c 和 f_r。

（2）混凝土工作性应符合下列要求：

① 坍落度可比表 3-55 的规定值小 20mm。

② 掺高效减水剂时的单位用水量可按表 3-60 初选，再由搅拌物实测坍落度确定。

表 3-60　钢纤维混凝土单位用水量

搅拌物条件	粗集料种类	粗集料最大公称粒径 D_m(mm)	单位用水量(kg/m³)
长径比 $L_f/d_f=50$ $\rho_f=0.6\%$	碎石	9.5、16.0	215
		19.0、26.5	200
坍落度 20mm 中砂，细度模数 2.5 水灰比 0.42～0.50	砾石	9.5、16.0	208
		19.0、26.5	190

注：① 钢纤维长径比每增减 10，单位用水量相应增减 10kg/m³；

② 钢纤维体积率每增减 0.5%，单位用水量相应增减 8kg/m³；

③ 坍落度为 10～50mm 变化范围内，相对于坍落度 20mm 每增减 10mm，单位用水量相应增减 7 kg/m³；

④ 细度模数在 2.0～3.5 范围内，砂的细度模数每增减 0.1，单位用水量相应减增 1kg/m³；

⑤ ρ_f为钢纤维掺量体积率。

(3) 混凝土耐久性应符合下列要求：

① 最大水灰比和最小单位水泥用量应符合表 3-61 的规定。

表 3-61　路面钢纤维混凝土的最大水灰比和最小单位水泥用量

道路等级		城市快速路、主干路	次干路及其他道路
最大水灰比		0.47	0.49
抗冰冻要求最大水灰比		0.45	0.46
抗(盐)冻要求最大水灰比		0.42	0.43
最小单位水泥用量(kg/m³)	42.5 级水泥	360	360
	32.5 级水泥	370	370
抗冰(盐)冻要求最小单位水泥用量(kg/m³)	42.5 级水泥	380	380
	32.5 级水泥	390	390

② 严禁采用海水、海砂，不得掺加氯盐及氯盐类早强剂、防冻剂等外加剂。

(4) 配合比设计步骤应符合下列要求：

① 计算和确定水灰比应符合下列要求：

A. 以钢纤维混凝土配制 28d 弯拉强度 f_{cf}替换 f_c，按式(3-3)或式(3-4)计算出基体混凝土的水灰比。

B. 取钢纤维混凝土基体的水灰比计算值与表 3-61 规定值两者中的小值。

② 钢纤维掺量体积率宜在 0.60%～1.00%范围内初选，当板厚折减系数小时，体积率宜取上限；当长径比大时，宜取较小值；有锚固端者宜取较小值。

③ 查表 3-61，初选单位用水量 W_{0f}。

④ 钢纤维混凝土的单位水泥用量应按式(3-9)计算。

$$C_{0f}=(C/W)W_{0f} \tag{3-9}$$

式中　C_{0f}——钢纤维混凝土的单位水泥用量(kg/m³)；

W_{0f}——钢纤维混凝土的单位用水量(kg/m^3)。

取计算值与表 3-60 规定值两者中的大值,但不宜大于 $500kg/m^3$。

⑤ 砂率可按式(3-10)计算,也可按表 3-62 初选。钢纤维混凝土砂率宜在 38%～50%之间。

$$S_{\rho_f} = S_p + 10\rho_f \tag{3-10}$$

式中 S_{ρ_f}——钢纤维混凝土砂率(%);

ρ_f——钢纤维掺量体积率(%)。

表 3-62 钢纤维混凝土砂率选用值(%)

搅拌物条件	最大公称粒径 19mm 碎石	最大公称粒径 19mm 砾石
$L_f/d_f=50$;$\rho_f=1.0\%$; $W/C=0.5$;砂的细度模数 $M_x=3.0$	45	40
L_f/d_f增减 10	±5	±3
ρ_f增减 0.10%	±2	±2
W/C 增减 0.1	±2	±2
砂的细度模数 M_x增减 0.1	±1	±1

⑥ 砂石料用量可采用密度法或体积法计算。按密度法计算时,钢纤维混凝土单位质量可取 2450～$2580kg/m^3$;按体积法计算时,应计入设计含气量。

⑦ 重要路面应采用正交试验法进行配合比优选。

(三) 混凝土配合比确定与调整

(1) 计算的普通混凝土、钢纤维混凝土配合比,应在实验室内经试配检验抗弯强度、坍落度、含气量等配合比设计的各项指标,并根据结果进行配合比调整。

(2) 实验室的基准配合比应通过搅拌机实际搅拌检验,并经试验段的验证。

(3) 配合比调整时,水灰比不得增大,单位水泥用量、钢纤维体积率不得减小。

(4) 施工期间应根据气温和运距等的变化,微调外加剂掺量,微调加水量与砂石料称量。

(5) 当需要掺加粉煤灰时,对粉煤灰原材料及配合比设计的其他相关要求应参照国家现行标准《公路水泥混凝土路面施工技术规范》(JTG F30)的有关规定执行。

三、检验标准

(1) 原材料质量应符合下列要求(主控项目):

① 水泥品种、级别、质量、包装、贮存,应符合国家现行有关标准的规定。

检查数量:按同一生产厂家、同一等级、同一品种、同一批号且连续进场的水泥,袋装水泥不超过 200t 为一批,散装水泥不超过 500t 为一批,每批抽样 1 次。

水泥出厂超过三个月(快硬硅酸盐水泥超过一个月)时,应进行复验,复验合格后方可使用。

检验方法:检查产品合格证、出厂检验报告,进场复验。

② 混凝土中掺加外加剂的质量符合现行国家标准《混凝土外加剂》(GB 8076)和《混凝土

外加剂应用技术规范》(GB 50119)的规定。

检查数量:按进场批次和产品抽样检验方法确定。每批不少于1次。

检验方法:检查产品合格证、出厂检验报告和进场复验报告。

③ 钢筋品种、规格、数量和下料尺寸应符合设计要求。

检查数量:全数检查。

检验方法:观察,用钢尺量,检查出厂检验报告和进场复验报告。

④ 钢纤维的规格质量应符合设计要求和有关规定。

检查数量:按进场批次,每批抽检1次。

检验方法:现场取样、试验。

⑤ 粗集料、细集料应符合有关规定。

检查数量:同产地、同品种、同规格且连续进场的集料,每400m^3或600t为一批,不足400m^3或600t按一批计,每批抽检1次。

检验方法:检查出厂合格证和抽检报告。

⑥ 水应符合有关规范的规定。

检查数量:同水源检查1次。

检验方法:检查水质分析报告。

(2) 混凝土面层质量检验应符合以下要求:

① 主控项目

A. 混凝土弯拉强度应符合设计规定。

检查数量:每100m^3的同配合比的混凝土,取样1次;不足100m^3时也按1次计。每次取样应至少留置1组标准养护试件。同条件养护试件的留置组数应根据实际需要确定。

检验方法:检查试件强度试验报告。

B. 混凝土面层厚度应符合设计规定,允许误差为±5mm。

检查数量;每1000m^2抽测1组(1点)。

检验方法:检查试验报告,复测。

C. 抗滑构造深度应符合设计要求。

检查数量:每1000m^2抽测1点。

检验方法:铺砂法。

② 一般项目

A. 水泥混凝土面层应板面平整、密实,边角应整齐、无裂缝,并不得有石子外露和浮浆、脱皮、踏痕、积水等现象,蜂窝麻面面积不得大于总面积的0.5%。

检查数量:全数检查。

检验方法:观察,检查技术处理方案。

B. 伸缩缝应垂直、直顺,缝内不得有杂物。伸缩缝在规定的深度和宽度范围内应全部贯通,传力杆应与缝面垂直。

检查数量:全数检查。

检验方法:观察。

C. 混凝土路面允许偏差应符合表3-63的规定。

表 3-63　混凝土路面允许偏差

项目	允许偏差或规定值		检验频率		检验方法
	城市快速路、主干路	次干路、支路	范围	点数	
纵断高程(mm)	±15		20m	1	用水准仪测量
中线偏位(mm)	≤20		100m	1	用经纬仪测量
平整度 标准差σ(mm)	1.2	2	100m	1	用测平仪检测
平整度 最大间隙(mm)	3	5	20m	1	用 3m 直尺和塞尺连续量两尺,取较大值
宽度(mm)	0 −20		40m	1	用钢尺量
横坡(%)	±0.30%且不反坡		20m	1	用水准仪测量
井框与路面高差(mm)	≤3		每座	1	十字法,用直尺和塞尺量,取最大值
相邻板高差(mm)	≤3		20m	1	用钢板尺和塞尺量
纵缝直顺度(mm)	≤10		100m		
横缝直顺度	≤10		40m	1	用 20m 线和钢尺量
蜂窝麻面面积①(%)	≤2		20m	1	观察和用钢板尺量

注:①每 20m 查 1 块板的侧面。

本章小结

本章介绍了市政道路工程路基、基层、沥青混凝土面层、水泥混凝土面层质量检验标准,详细讲述了市政道路工程项目质量检验应符合的允许偏差以及实际操作的检验频率、检验方法。

复习思考题

1. 路基土石方压实度的允许值有哪些?
2. 二灰稳定基层检查项目有哪些?
3. 沥青混凝土面层沥青混合料原材料中沥青应符合的规定有哪些?
4. 混凝土中细集料应符合的规定有哪些?

第四章 路基路面压实度检测

【教学要求】

1. 用灌砂法、环刀法测定路基或路面基层的压实度，并对测试结果进行计算与评定；
2. 用钻芯法测定沥青面层压实度。

第一节 概 述

大量的室内试验和工程实践表明，压实可使路基土和路面材料的强度大大增加，可减少路基路面在行车荷载作用下产生的形变，可增加路基和路面材料的抗透水性和强度稳定性等，从而保证其使用质量。若压实不足，路面则容易产生车辙、裂缝、沉陷及整个路面被剪切破坏。

现场压实质量用压实度来表示。土基和路面基层的压实度是指压实层材料压实后的干密度与该材料的标准最大干密度之比，用百分数表示；沥青混凝土面层的压实度是指按规定方法采取的混合料试件毛体积密度与标准密度之比，也用百分数表示。

路基和路面结构层的压实度以重型击实标准为准，沥青混凝土面层压实度以马歇尔稳定度击实成型标准或试验路密实度为准。对于路基和路面基层，准确检测压实度要注意以下几个方面：

(1) 准确检测现场湿密度。

(2) 准确检测含水量。取样测定含水量时，应防止水分散失，取出的土样应混合均匀再从中采取试样测定含水量。

(3) 密切注意土质性状，当土质发生变化时，应及时取样测定最大干密度，确保计算采用的最大干密度准确。

在压实度检测过程中，现场密实度主要检测方法及各方法的适用范围见表 4-1。

表 4-1 现场密实度检测方法及适用范围比较

试验方法	适用范围
灌砂法	适用于在现场测定基层(或底基层)、砂石路面及路基土的各种材料压实层的密度和压实度。也适用于沥青表面处治、沥青贯入式面层的密度和压实度检测，但不适用于填石路堤等有大孔洞或大孔隙材料的压实度检测
环刀法	适用于细粒土及无机结合料稳定细粒土的密度测试。但对无机结合料稳定细粒土，其龄期不宜超过 2d，且适用于施工过程中的压实度检测

续表 4-1

试验方法	适用范围
核子法	适用于现场用核子密度仪以散射法或直接透射法测定路基或路面材料的密度和含水量，并计算施工压实度。适用于施工质量的现场快速评定，不宜用作仲裁试验或评定验收试验
钻芯法	适用于检验从压实的沥青路面上钻取的沥青混合料芯样试件的密实度，以评定沥青面层的施工压实度，同时适用于龄期较长的无机结合料稳定类基层和底基层的密度检测

一、路基土的最大干密度和最佳含水量的确定

由于土的性质、颗粒的差别，确定最大干密度的方法也有区别，除了一般土的“击实法”以外，还有粗粒土和巨粒土最大干密度的确定方法。

不同性质的土的最大干密度确定方法及各方法的适用范围见表 4-2。各试验方法的仪器设备、试验步骤等详见《公路土工试验规程》(JTG E40)。

表 4-2　土的最大干密度确定方法比较

<table>
<tr><th>试验方法</th><th>适用范围</th><th>土的粒组</th></tr>
<tr><td>轻型、重型击实法</td><td>小试筒适用于粒径不大于 25mm 的土
大试筒适用于粒径不大于 38mm 的土</td><td>细粒土
粗粒土</td></tr>
<tr><td>振动台法</td><td rowspan="2">① 采用振动台法测定无黏性自由排水粗粒土和巨粒土(包括堆石料)的最大干密度；
② 适用于通过 0.075mm 标准筛的干颗粒质量百分数不大于 15%的无黏性自由排水粗粒土和巨粒土；
③ 对于最大颗粒大于 60mm 的巨粒土，因受试筒容许最大粒径的限制，宜按相似级配法的规定处理</td><td rowspan="2">粗粒土
巨粒土</td></tr>
<tr><td>表面振动压实仪法</td></tr>
</table>

二、路面基层混合料最大干密度及最佳含水量的确定

常见的路面基层材料有半刚性基层及粒料类基层，粒料类基层最大干密度的确定可参照粗粒土和巨粒土的振动法。半刚性基层材料按照《公路工程无机结合料稳定材料试验规程》(JTG E51)执行，用标准击实法求得。但当粒料含量大于 50%时，需采用理论计算法按以下方法求得：

1. 石灰土、二灰稳定粒料

根据室内试验测得结合料的最大干密度 ρ_1 和集料的相对密度 γ，把已确定的结合料与集料的质量比换算为体积比 $V_1:V_2$，则混合料的最大干密度 ρ_0 为：

$$\rho_0 = V_1 \cdot \rho_1 + V_2 \cdot \gamma \tag{4-1}$$

石灰土、二灰稳定粒料的最佳含水量 w_0 是结合料的最佳含水量 w_1 和集料饱水裹覆含水量 w_2 的加权值，可按下式计算：

$$w_0 = w_1 A + w_2 B \tag{4-2}$$

式中　A,B——结合料和集料的质量百分比,以小数计。

饱水裹覆含水量是指把集料浸水饱和后取出,不擦去表面裹覆水时的含水量。除吸水率特大的集料外,此值对于砾石可以取3%,碎石可取4%。

2. 水泥稳定粒料

此类材料的最大干密度ρ_0与集料的最大干密度ρ_G和水泥硬化后的水泥质量有关,即:

$$\rho_0 = \frac{\rho_G}{1 - \frac{(1+K)\alpha}{100}} \tag{4-3}$$

式中　ρ_0——集料在振动台上加载振动而得到的最大干密度(g/cm³);

α——水泥含量(%);

K——水泥水化时水的增量,视水泥品种不同而异,一般为水泥质量的10%~25%,以小数计。

水泥加水拌匀后,在105℃烘箱中烘干,称试验前水泥质量和烘干后硬化的水泥质量,即可求得水泥水化的水增量。

因水泥中含有水化水,故用烘箱法不能正确测出水泥稳定粒料的最佳含水量。根据对比试验,水泥稳定粒料的最佳含水量w_0由水泥的水化水、集料的饱水裹覆含水量和拌和水泥所需要的水(水灰比为0.5)三者组成,即:

$$w_0 = (0.5+K)\alpha + w_2\left(1 - \frac{\alpha}{100}\right) \tag{4-4}$$

式中　w_2——集料饱水裹覆含水量(%),同上述规定;

其余符号意义同上。

三、沥青混合料标准密度确定方法

沥青混合料标准密度,以沥青拌和厂取样试验的马歇尔密度或者试验段密度为准,当采用前者方法时,无论用哪种方法,均存在对试件(马氏试件或芯样试件)测密度的问题,在进行密度试验时应根据混合料本身的特点,可采用下列方法之一:

(1) 水中重法:此法仅适用于密实的Ⅰ型沥青混凝土试件,不适用于采用了吸水性大的集料的沥青混合料试件。

(2) 表干法:此法适用于表面较粗但较密实的Ⅰ型或Ⅱ型沥青混凝土试件,但不适用于吸水率大于2%的沥青混合料试件。

(3) 蜡封法:此法适用于吸水率大于2%的Ⅰ型或Ⅱ型沥青混凝土试件以及沥青碎石混合料试件,不能用水中重法或表干法测密度时,应用蜡封法测定。

(4) 体积法:此法适用于空隙率较大的沥青碎石混合料及大空隙透水性开级配沥青混合料试件。

具体的试验方法见现行《公路工程沥青及沥青混合料试验规程》(JTG E20)。

第二节 灌砂法现场压实度检测

灌砂法适用于在现场测定基层(或底基层)、砂石路面及路基上的各种材料压实层的密度和压实度,也适用于沥青表面处治、沥青贯入或路面的密度检测,但不适用于填石路堤等有大孔洞或大孔隙材料压实度检测。用挖坑灌砂法测定密度和压实度时,应符合下列规定:

(1) 当集料的最大粒径小于13.2mm,测定层的厚度不超过150mm时,宜采用ϕ100mm的小型灌砂筒测试。

(2) 当集料的最大粒径大于13.2mm,但不大于31.5mm,测定层的厚度超过150mm,但不超过200mm时,应用ϕ150mm的中型灌砂筒测试。

(3) 当集料的最大粒径大于31.5mm,则应相应地增大灌砂筒和标定罐的尺寸。

(4) 当集料的最大粒径大于53mm,灌砂筒和现场试洞的直径应为200mm。

一、检测器具与材料

(1) 灌砂筒:有大小两种,根据需要采用,形式见图4-1,主要尺寸见表4-3。储砂筒筒底中心有一圆孔,下部是一倒置的圆锥形漏斗,上端开口,直径与储砂筒的圆孔相同。

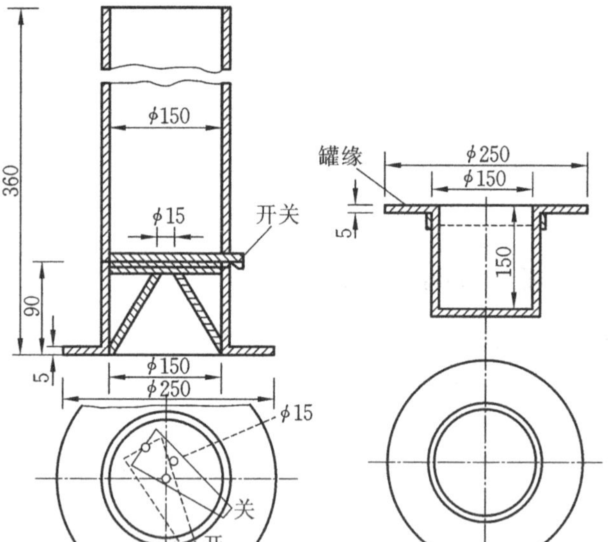

图4-1 灌砂筒和标定罐(尺寸单位:mm)

漏斗焊接在一块铁板上,铁板中心有一圆孔与漏斗上开口相接,在储砂筒筒底与漏斗顶端铁板之间设有开关,开关为一薄铁板,一端与筒底及漏斗铁板铰接在一起,另一端伸出筒身外,开关铁板上也有一个相同直径的圆孔。

(2) 金属标定罐:用薄铁板制作的金属罐,上端周围有一罐缘。

(3) 基板:用薄铁板制作的金属方盘,盘的中心有一圆孔。

(4) 玻璃板:边长为500~600mm的方形板。

表 4-3　灌砂设备的主要尺寸

结构		小型灌砂筒	中型灌砂筒
储砂筒	直径(mm)	100	150
	容积(mL)	2121	4771
流砂孔	直径(mm)	10	15
金属标定罐	内径(mm)	100	150
	外径(mm)	150	200
金属方盘基板	边长(mm)	350	400
	深(mm)	40	50
	中心孔径(mm)	100	150

(5) 试样盘：小筒挖出的试样可用饭盒存放，大筒挖出的试样可用 300mm×500mm×40mm 的搪瓷盘存放。

(6) 天平或台秤：称量 10～15kg，感量不大于 1g，用于含水量测定的天平精度，对细粒土、中粒土、粗粒土宜分别为 0.01g、0.1g、1.0g。

(7) 含水量测定器具：如铝盒、烘箱等。

(8) 量砂：粒径 0.3～0.60mm 或 0.25～0.50mm 清洁干燥的均匀砂，为 20～40kg，使用前须洗净、烘干，并放置足够的时间，使其与空气的湿度达到平衡。

(9) 盛砂的容器：塑料桶等。

(10) 其他：凿子、螺丝刀、铁锤、长把勺、长把小簸箕、毛刷等。

二、方法与步骤

(1) 检测对象的试样用同种材料进行击实试验，得到最大干密度(ρ_0)及最佳含水量。

(2) 选用适宜的灌砂筒。

(3) 按下列步骤标定灌砂筒下部圆锥体砂的质量：

① 在灌砂筒筒口高度上，向灌砂筒内装砂至距筒顶 15mm 左右为止。称取装入筒内砂的质量 m_1，准确至 1g。以后每次标定及试验都应该维持装砂高度与质量不变。

② 将开关打开，使灌砂筒筒底的流砂孔、圆锥形漏斗上端开口的圆孔及开关铁板中心的圆孔上下对准，让砂自由流出，并使流出砂的体积与工地所挖试坑内的体积相当(或等于标定罐的容积)，然后关上开关，称灌砂筒内剩余质量 m_3。

③ 不晃动储砂筒的砂，轻轻地将罐砂筒移至玻璃板上，将开关打开，让砂流出，直到筒内砂不再下流时，将开关关上，并细心地取走灌砂筒。

④ 收集并称量留在玻璃板上的砂或称量筒内的砂，准确至 1g。玻璃板上的砂就是填满筒下部圆锥体的砂 m_2。

⑤ 重复上述测量三次，取其平均值。

(4) 按下列步骤标定量砂的密度 ρ_s(g/cm^3)：

①用水确定标定罐的容积V，准确至1mL。

②储砂筒中装入质量为m_1的砂，并将灌砂筒放在标定罐上，将开关打开，让砂流出。在整个流砂过程中，不要碰到灌砂筒，直到储砂筒内的砂不再下流时，将开关关闭，取下灌砂筒，称取筒内剩余砂的质量m_3，准确至1g。

③按下式计算填满标定罐所需砂的质量m_a(g)：

$$m_a = m_1 - m_2 - m_3 \tag{4-5}$$

式中 m_a——标定罐中砂的质量(g)；

m_1——装入灌砂筒内的砂的总质量(g)；

m_2——灌砂筒下部圆锥体内砂的质量(g)；

m_3——灌砂入标定罐后，筒内剩余砂的质量(g)。

④ 重复上述测量三次，取其平均值。

⑤ 按下式计算量砂的密度ρ_s：

$$\rho_s = \frac{m_a}{V} \tag{4-6}$$

式中 ρ_s——量砂的密度(g/cm^3)；

V——标定罐的容积(cm^3)。

(5) 检测步骤

① 在测试地点，选一块约40cm×40cm的平坦表面，并将其清扫干净，其面积不得小于基板面积。

② 将基板放在平坦表面上，当表面的粗糙度较大时，则将盛有量砂(m_1)的灌砂筒放在基板中间的圆孔上，将灌砂筒的开关打开，让砂流入基板的中孔内，直到储砂筒内的砂不再下流时关闭开关。取下灌砂筒，并称量筒内砂的质量(m_5)，准确至1g。

当需要检测厚度时，应先测量厚度后再进行这一步骤。

③ 取走基板，并将留在试验地点的量砂收回，重新将表面清扫干净。

④ 将基板放回清扫干净的表面上(尽量放在原处)，沿基板中孔凿洞(洞的直径与灌砂筒一致)。在凿洞过程中，应注意不使凿出的材料丢失，并随时将凿松的材料取出装入塑料袋中，不使水分蒸发。也可放在大试样盒内，试洞的深度应等于测定层厚度，但不得有下层材料混入，最后将洞内的全部凿松材料取出。对土基或基层，为防止试样盘内材料的水分蒸发，可分几次称取材料的质量。全部取出材料的总质量为m_w，准确至1g。

⑤ 从挖出的全部材料中取出有代表性的样品，放在铝盒或洁净的搪瓷盘中，测定其含水量(w，以%计)。样品的数量如下：用小灌砂筒测定时，对于细粒土，不少于100g；对于各种中粒土，不少于500g。用大灌砂筒测定时，对于细粒土，不少于200g；对于各种中粒土，不少于1000g；对于粗粒土或水泥、石灰、粉煤灰等无机结合料稳定材料，宜将取出的全部材料烘干，且不少于2000g，称其质量m_d，准确至1g。

当为沥青表面处治或为沥青贯入式结构类材料时，则省去测定含水量步骤。

⑥ 将基板安放在试坑上，将灌砂筒安放在基板中间(储砂筒内放满砂到要求质量m_1)，使灌砂筒的下口对准基板的中孔及试洞，打开灌砂筒的开关，让砂流入试坑内。在此期间，应注意勿碰动灌砂筒；直到储砂筒内的砂不再下流时，关闭开关，仔细取走灌砂筒，并称量筒内剩余

砂的质量 m_4，准确至 1g 。

⑦ 如清扫干净的平坦表面粗糙度不大，可省去步骤②和③的操作。在试洞挖好后，将灌砂筒直接对准放在试坑上，中间不需要放基板，打开筒的开关，让砂流入试坑内。在此期间，应注意勿碰动灌砂筒。直到储砂筒内的砂不再下流时，关闭开关，仔细取走灌砂筒，并称量剩余砂的质量 m_4'，准确至 1g。

⑧ 仔细取出试洞内的量砂，以备下次试验时再用。若量砂的湿度已发生变化或量砂中混有杂质，则应该重新烘干、过筛，并放置一段时间，使其与空气的湿度达到平衡后再用。

三、检测结果计算

(1) 按下面各式分别计算填满试坑所用砂的质量(g)：

① 灌砂时，试坑上放有基板时：

$$m_b = m_1 - m_4 - (m_1 - m_5) \tag{4-7}$$

② 灌砂时，试坑上不放基板时：

$$m_b = m_1 - m_4' - m_2 \tag{4-8}$$

式中　m_b——填满试坑所用砂的质量(g)；

m_1——灌砂前灌砂筒内砂的质量(g)；

m_2——灌砂筒下部圆锥体内砂的质量(g)；

m_4, m_4'——灌砂后，灌砂筒内剩余砂的质量(g)；

$(m_1 - m_5)$——灌砂筒下部锥体内及基板和粗糙表面砂的合计质量(g)。

(2) 按下式计算试坑材料的湿密度 ρ_w(g/cm³)：

$$\rho_w = \frac{m_w}{m_b} \times \rho_s \tag{4-9}$$

式中　m_w——试坑中取出的全部材料的质量(g)；

ρ_s——量砂松方密度(g/cm³)。

(3) 按下式计算试坑材料的干密度 ρ_d(g/cm³)：

$$\rho_d = \frac{\rho_w}{1 + 0.01w} \tag{4-10}$$

式中　w——试坑材料的含水量(%)。

(4) 当为水泥、石灰、粉煤灰等无机结合料稳定土的场合，可按下式计算干密度 ρ_d(g/cm³)：

$$\rho_d = \frac{m_d}{m_b} \times \rho_s \tag{4-11}$$

式中　m_d——试坑中取出的稳定土的烘干质量(g)。

(5) 按下式计算施工压实度：

$$K = \frac{\rho_d}{\rho_0} \times 100\% \tag{4-12}$$

式中　K——测试地点的施工压实度(%)；

ρ_d——试样的干密度(g/cm³)；

ρ_0——由击实试验得到的试样的最大干密度(g/cm³)。

当试坑材料与击实试验的材料有较大差异时，可以试坑材料做标准击实，求取实际的最大干密度。

四、操作注意事项

(1) 灌砂筒内的量砂在重复使用时应晾干，处理一致，否则会影响量砂的松方密度。若更换量砂，必须重测其松方密度。

(2) 在进行罐容积标定时，罐外的水一定要擦干。

(3) 在挖坑时试坑壁应垂直，避免出现上大下小或上小下大的情形，且不得使凿出的试样丢失，以免检测密度偏大或偏小。

五、检测报告

各种材料的干密度均应准确至 $0.01g/cm^3$，其记录格式见表 4-4。

表 4-4 压实度检测表（灌砂法）

工程名称________ 结构层次 土方路基 路段桩号 K18+000～K19+000 最大干密度 $1.85g/cm^3$

检验者________ 计算者________ 校核者________ 检验日期________

测点位置	K18+023 右 2.5m	K18+051 右 0.72m	K18+112 左 0.5m	K18+175 左 2.7m
灌入试洞前筒内砂质量 m_1(g)	2560	2560	2560	2560
灌砂筒下部圆锥体内砂的平均质量 m_2(g)	353	353	353	353
灌砂入试洞后筒内剩余砂质量 m_4、m_4'(g)	799	863	767	735
灌砂筒下部圆锥体及基板和地面粗糙表面间的合计质量(m_5-m_6)(g)	—	—	—	—
填满试洞所需砂的质量 m_b(g)	1408	1344	1440	1472
量砂密度 ρ_s(g/cm³)	1.28	1.28	1.28	1.28
试洞容积 V(cm³)	1100	1049	1125	1150
试洞中湿土质量 m_w(g)	2200	2137	2188	2305
湿密度 ρ_w(g/cm³)	2.00	2.04	1.94	2.00
现场土样含水量(%)	11.8	11.7	11.5	12.0
干密度 ρ_d(g/cm³)	1.79	1.83	1.74	1.79
压实度 K(%)	96.8	98.9	94.9	96.8

注：该报告为试洞不放基板。

第三节 环刀法现场压实度检测

环刀法适用于市政工程现场测定细粒土及无机结合料稳定细粒土的密度。但对无机结合料稳定细粒土，其龄期不宜超过 2d，且宜于施工过程中的压实度检验。由于取样深度较浅，故检测值偏大。

一、检测器具与材料

(1) 人工取土器(图 4-2)。包括环刀、环盖、定向筒和击实锤系统(导杆、落锤、手柄)。环刀内径 6～8cm，高 2～3cm，壁厚 1.5～2mm。

(2) 电动取土器，如图 4-3 所示，电动取土器由底座、行走轮、立柱、齿轮箱、升降机构，取芯头等组成。

① 底座：由底座平台(16)、定位销(15)、行走轮(14)组成。平台是整个仪器支撑基础；定位销供操作时仪器定位用；行走轮供换点取芯时仪器近距离移动用。

② 立柱：由立柱(1)与立柱套(11)组成，装在底座平台上，作为升降机构、取芯机构、动力和传动机构的支架。

③ 升降机构：由升降手轮(9)、锁紧手柄(8)组成，供调整取芯机构高低用。松开锁紧手柄，转动升降手轮，取芯机构即可升降，到所需位置时拧紧手柄定位。

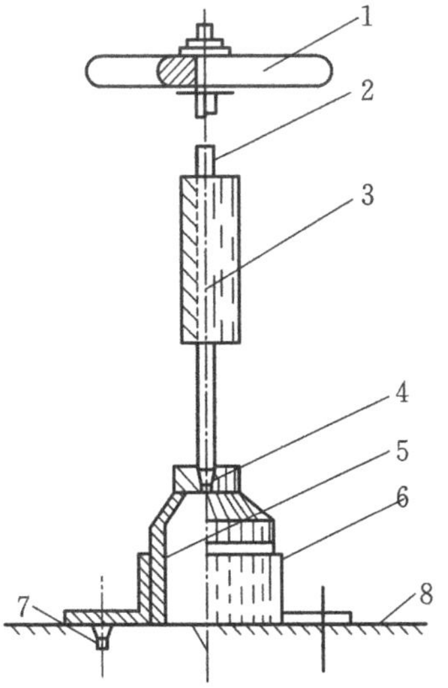

图 4-2　人工取土器

1—手柄；2—导杆；3—落锤；4—环盖；5—环刀；6—定向筒；7—定向筒齿钉；8—试验地面

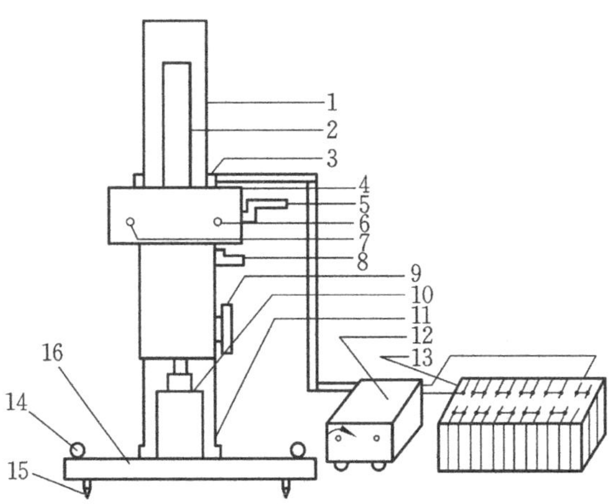

图 4-3　电动取土器

1—立柱；2—升降轴；3—电源输入；4—直流电机；5—升降手柄；6，7—电源指示；8—锁紧手柄；9—升降手轮；10—取芯头；11—立柱套；12—调速器；13—电瓶；14—行走轮；15—定位销；16—底座平台

④ 取芯机构：由取芯头(10)、升降轴(2)组成，取芯头为金属圆筒，下口对称焊接两合金钢切削刀头，上端面焊有平盖，其上焊螺母，靠螺旋接于升降轴上。取芯头为可换式，有三种规格，即 50mm×50mm、70mm×70mm、100mm×100mm，另配有相应的取芯套筒、扳手、铅盒等。

⑤ 动力和传动机构：主要由直流电机、调速器、齿轮箱组成，另配蓄电池和充电器。当电机工作时，通过齿轮箱的齿轮将动力传给取芯机，升降轴旋转，取芯头进入旋切工作状态。

⑥ 电动取土器主要技术参数为：

工作电压　DC 24V(36A·h)；

转速　50～70r/min，无级调速；

整机质量　约35kg。

(3) 天平。感量0.1g(用于取芯头内径小于70mm样品的称量)，或1.0g(用于取芯头内径100mm样品的称量)。

(4) 其他。镐、小铁锹、修土刀、毛刷、直尺、钢丝锯、凡士林、木板及测定含水量设备等。

二、检测步骤

(1) 对检测试样用同种材料进行击实试验，得到最大干密度及最佳含水量。

(2) 用人工取土器测定黏性土及无机结合料稳定细粒土密度的步骤：

① 擦净环刀，称取环刀质量 m_2，准确至0.1g。

② 在试验地点，将面积约30cm×30cm的地面清扫干净，并将压实层铲去表面浮动及不平整的部分，达一定深度，使环刀垂直打下后能达到要求的取土深度，但不得将下层扰动。

③ 将定向筒齿钉固定于铲平的地面上，依次将环刀、环盖放入定向筒内与地面垂直。

④ 将导杆保持垂直状态，用取土器落锤将环刀打入压实层中，至环盖顶面与定向筒上口齐平为止。

⑤ 去掉击实锤和定向筒，用镐将环刀及试样挖出。

⑥ 轻轻取下环盖，用修土刀从边至中削去环刀两端余土，用直尺检测直至修平为止。

⑦ 擦净环刀外壁，用天平称取环刀及试样合计质量 m_1，准确至0.1g。

⑧ 从环刀中取出具有代表性的试样，测定其含水量 w。

(3) 用人工取土器测定砂性土或砂层密度时的步骤：

① 如为湿润的砂土，试验时不需使用击实锤和定向筒。在铲平的地面上，细心挖出一个直径较环刀外径略大的砂土柱，将环刀刃口向下，平置于砂土柱上，用两手平稳地将环刀垂直压下，直至砂土柱突出环刀上端约2cm为止。

② 削掉环刀口上多余砂土，并用直尺刮平。

③ 在环刀上口盖一块平滑的木板，一手按住木板，另一手用小铁锹将试样从环刀底部切断，然后将装满试样的环刀反转过来，削去环刀刃口上部的多余砂土，并用直尺刮平。

④ 擦净环刀外壁，称环刀与试样合计质量 m_1，准确至0.1g。

⑤ 从环刀中取具有代表性的试样测定其含水量。

⑥ 干燥的砂土不能挖成砂土柱时，可直接将环刀压入或打入土中。

(4) 用电动取土器测定无机结合料稳定细粒土和硬塑土密度的步骤：

① 装上所需规格的取芯头，在施工现场取芯前，选择一块平整的路段，将四只车轮打起，四根定位销钉采用人工加压的办法，压入路基土层中，松开锁紧手柄，旋动升降手轮，使取芯头刚好与土层接触，锁紧手柄。

② 将电瓶与调速器接通，调速器的输出端接入取芯机电源插口。指示灯亮，显示电路已通，启动开关，电动机工作，带动取芯机构转动。根据土层含水量调节转速，操作升降手柄，上提取芯机构，停机，移开机器。由于取芯头圆筒外表有几条螺旋状突起，切下的土屑排在筒外顺螺纹上旋抛出地表。因此，将取芯套筒套在切削好的土芯立柱上，摇动即可取出样品。

③ 取出样品，立即按取芯套筒长度用修土刀或钢丝锯修平两端，制成所需规格土芯，如拟

进行其他试验项目，需装入铝盒，送试验室外备用。

④ 用天平称量土芯加套筒质量 m_1，从土芯中心部分取试样测定含水量。

(5) 本试验须进行两次平行测定，其平行差值不得大于 0.03g/cm³，求其算术平均值。

三、检测结果计算

(1) 按下列各式分别计算试样的湿密度及干密度：

$$\rho_w = \frac{4(m_1 - m_2)}{\pi \cdot d^2 \cdot h} \tag{4-13}$$

$$\rho_d = \frac{\rho_w}{1 + 0.01w} \tag{4-14}$$

式中 ρ_w——试样的湿密度(g/cm³)；

ρ_d——试样的干密度(g/cm³)；

m_1——环刀或取芯套筒与试样合计质量(g)；

m_2——环刀或取芯套筒质量(g)；

d——环刀或取芯套筒直径(定期校正)(cm)；

h——环刀或取芯套筒高度(定期校正)(cm)；

w——试样的含水量(%)。

(2) 按下式计算施工压实度：

$$K = \frac{\rho_d}{\rho_0} \times 100\% \tag{4-15}$$

式中 K——测试地点的施工压实度(%)；

ρ_d——试样的干密度(g/cm³)；

ρ_0——由击实试验得到的试样的最大干密度(g/cm³)。

四、检测报告

检测报告内容应包括：土的鉴别分类、土的含水量、湿密度、最大干密度、压实度等。记录格式见表 4-5。

表 4-5 压实度检测表(环刀法)

工程名称________ 结构层次土方路基 路段桩号 K8+000～K9+000 最大干密度 1.80g/cm³

检验者________ 计算者________ 校核者________ 检验日期________

测点位置	K8+124 右 3.45m		K8+525 左 0.75m		K8+620 左 2.80m		…	
环刀号或取芯筒编号	1	2	1	2	1	2	1	2
环刀容积 V(cm³)	100	100	100	100	100	100		
环刀或取芯套筒与试样合计质量 m_1(g)	273.4	276.2	269.6	270.5	274.2	272.0		
环刀或取芯套筒质量 m_2(g)	76	76	76	76	76	76		
试样质量(g)	197.4	200.2	193.6	194.5	198.2	196.0		

续表 4-5

测点位置	K8+124 右 3.45m		K8+525 左 0.75m		K8+620 左 2.80m		…	
试样的湿密度 ρ_w(g/cm³)	1.97	2.00	1.94	1.95	1.98	1.96		
试样的含水量 w(%)	13.6	14.0	13.5	13.8	13.4	13.8		
试样干密度 ρ_d(g/cm³)	1.73	1.75	1.71	1.71	1.74	1.72		
平均干密度(g/cm³)	1.74		1.71		1.73			
压实度 K(%)	96.7		95.0		96.1			

第四节　核子仪现场压实度检测

在施工现场用核子密度湿度仪以散射法或直接透射法可以快速测定路基或路面材料的密度和含水量，并计算施工压实度。

核子密度湿度仪内部有一个含铯-137γ源和镅-241-铍中子源的复合源。其中，γ源用来测量密度，中子源用来测量含水量。工作原理如下：

密度测量的原理：铯-137γ源或其他射线源发出γ射线进入被测材料中与物质原子的外围电子发生碰撞而产生康普顿散射，散射后的γ射线能量将减少，方向会改变。若物质的密度越大，康普顿散射的γ射线越多，于是通过测量散射后的γ射线的数量，即可判断被测物质的密度。

含水量测量的原理：由镅-241-铍中子源产生的快中子射入被测材料中，与料层内物质发生碰撞散射，减速、扩散，使快中子最后变成热中子，热中子被探测器探测，这个作用主要是由物质中的含氢量决定，而氢主要在水中，若被测材料中含水量大，热中子数就多，反之就少。因此探测热中子数的多少即反映其含水量的大小。

用于测定土或基层材料的压实度及含水量时，打洞后用直接透射法测定，测定层的厚度不宜大于 20cm。由于核子仪测定的结果误差较大，不宜用作仲裁试验或评定验收的依据。

一、检测器具与材料

(1) 核子密度湿度仪(简称核子仪)：符合国家规定的关于健康保护和安全使用标准，密度的测定范围为 1.12～2.73g/cm³，测定误差不大于±0.03 g/cm³。含水量测量范围为 0～0.64 g/cm³，测定误差不大于±0.015g/cm³。它主要包括下列部件：

① γ射线源：双层密封的同位素放射源，如铯-137、钴-60 或镭-226 等。

② 中子源：如镅-241-铍等。

③ 探测器：γ射线探测器(如 G-M 计数管)、热中子探测器(如氦-3 管)等。

④ 读数显示设备：如液晶显示器、脉冲计数器、数率表或直接读数表。

⑤ 标准计数块：密度和含氢量都均匀不变的材料块，用于检验仪器运行状况和提供散射计数参考标准用。

⑥ 安全防护设备：符合国家规定要求的设备。

⑦ 刮平板:钻杆、接线等。
(2) 细砂:粒径 0.15～0.3mm;
(3) 天平或台秤。
(4) 其他:毛刷等。

二、方法与步骤

1. 准备工作

(1) 每天使用前按下列步骤用标准板测定仪器的标准值:

① 进行标准值测定时的地点至少离开其他放射源 10m 的距离,地面必须经压实而且平整。

② 接通电源,按照仪器使用说明书建议的预热时间,预热测定仪。

③ 在测定前,应检查仪器性能是否正常。将仪器在标准计数块上放置平稳,按照仪器使用说明书的要求进行标准化计数并判断仪器标准化计数值必须符合要求。如标准化计数值超过规定的限值时,应确认标准计数的方法和环境是否符合要求,并重复进行标准化计数;若第二次标准化计数值仍超出规定的限值时,需视作故障并进行仪器检查。

(2) 在进行沥青混合料压实层密度测定前,应用核子仪对钻孔取样的试件进行标定;测定其他材料密度时,宜与挖坑灌砂法的结果进行标定。标定的步骤如下:

① 选择压实的路表面,与试验段测定时的条件一致,对纹理较大的路面必须用细砂填平,然后将仪器放置在测试点上转动几下,或者在测试点上用刮平板平刮几下,以达到测试条件。按要求的测定步骤用核子仪测定密度,读数。

② 在测定的同一位置用钻芯法或灌砂法取样,量测厚度,按规定的标准方法测定材料的密度。

③ 对同一种路面厚度及材料类型,在使用前至少测定 15 处,求取两种不同方法测定的密度的相关关系,其相关系数 R 应不小于 0.95。

(3) 测试位置的选择:

① 按照随机取样的方法确定测试位置,但距路面边缘或其他物体的最小距离不得小于 30cm。核子仪距其他的射线源不得少于 10m。

② 当用散射法测定时,应按图 4-4 的方法用细砂填平测试位置路表结构凸凹不平的空隙,使路表面平整,能与仪器紧密接触。

③ 当使用直接透射法测定时,应按图 4-5 的方法在表面上用钻杆打孔,孔深略深于要求测定的深度,孔应竖直圆滑并稍大于射线源探头。

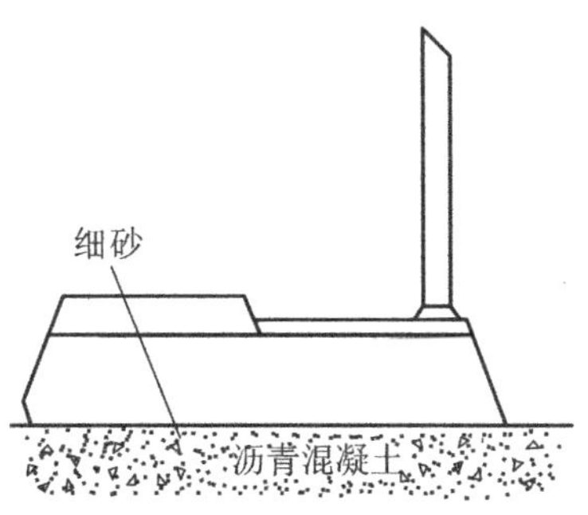

图 4-4　用砂填平测试位置的方法

(4) 按照规定的时间,预热仪器。

2. 检测步骤

(1) 如用散射法测定时,应按图 4-6 的方法将核子仪平稳地置于测试位置上。

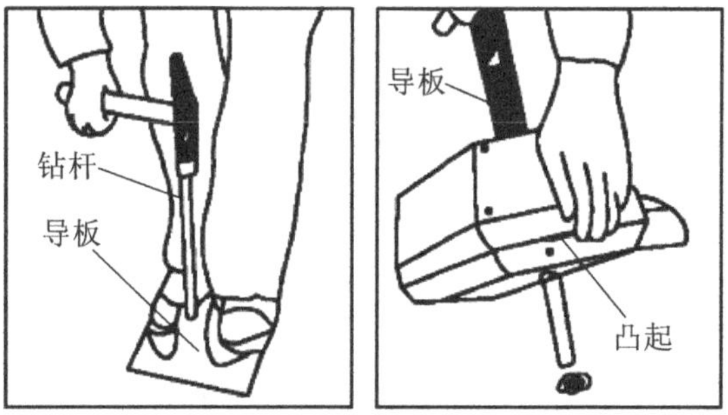

图 4-5　在路表上打孔的方法

(2) 如用直接透射法测定时，应按图 4-7 的方法将放射源棒放下插入已预先打好的孔内。

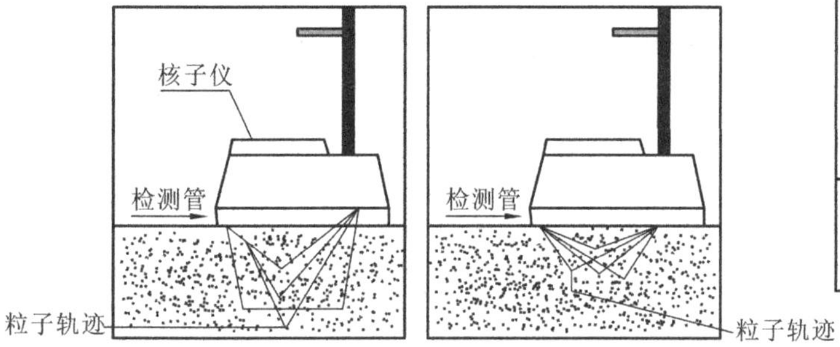

图 4-6　用散射法测定的方法

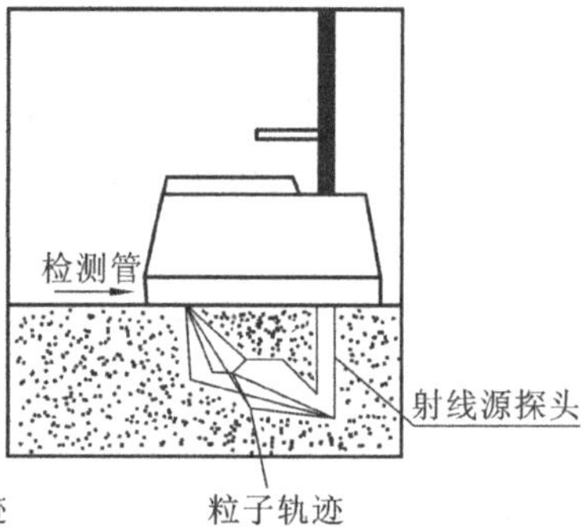

图 4-7　用直接透射法测定的方法

(3) 打开仪器，测试员退出仪器 2m 以外，按照选定的测定时间进行测量，到达测定时间后，读取显示的各项数值，并迅速关机。

各种型号的仪器在具体操作步骤上略有不同，可按照仪器使用说明书进行。

三、检测结果计算

按下式计算干密度及施工压实度：

$$\rho_d=\frac{\rho_w}{1+0.01w} \tag{4-16}$$

$$K=\frac{\rho_d}{\rho_0}\times 100\% \tag{4-17}$$

式中 K——测试地点的施工压实度(%)；

w——含水量(%)；

ρ_w——试样的湿密度(g/cm^3)；

ρ_d——试样的干密度(g/cm^3)；

ρ_0——由击实试验得到的试样的最大干密度(g/cm^3)。

四、检测报告

测定路面密度及压实度的同时，应记录气温、路面的结构深度、沥青混合料类型、面层结构及测定厚度等数据和资料。记录格式见表4-6。

表4-6 压实度检测表(核子仪法)

工程名称＿＿＿＿＿ 结构层次＿＿＿＿＿ 路段桩号＿＿＿＿＿ 最大干密度＿＿＿＿＿

试验者＿＿＿＿＿ 计算者＿＿＿＿＿ 校核者＿＿＿＿＿ 试验日期＿＿＿＿＿

测点位置	结构层厚(cm)	测定深度(cm)	湿密度 ρ_w (g/cm^3)	含水量 w (%)	干密度 ρ_d (g/cm^3)	压实度 K (%)	备注(气温、路面类型)

五、使用核子仪测定密度及含水量的注意事项

(1) 在操作过程中和存放核子仪时要注意防护放射性。仪器工作时，所有人员均应退至距离仪器2m以外的地方，等工作完成后再读数。

(2) 土质变化大，被测结构层厚度、材料有变化时进行灌砂法与核子仪的校正标定，标定时，用灌砂法挖的试坑深度要标准。

(3) 核子仪与灌砂法配合使用，才能收到较好效果。

(4) 仪器应由经有关部门审查合格的专人保管，专人使用，对从事仪器保管及使用的人员，应遵照有关核辐射检测的规定，不符合核防护规定的人员，不宜从事此项工作。

第五节 钻芯法测定沥青面层压实度

钻芯法适用于检验从压实的沥青路面上钻取芯样试件的密度，以评定沥青混凝土面层的施工压实度。

一、检测器具与材料

(1) 路面取芯钻机。

(2) 天平：感量不大于0.1g。

(3) 溢流水槽。

(4) 吊篮。

(5) 石蜡。

(6) 其他：卡尺、毛刷、小勺、取样袋(容器)、电风扇。

二、方法与步骤

1. 钻取芯样

按现行《公路路基路面现场测试规程》(JTG 3450)，“路面钻孔及切割取样方法”钻取路面芯样，芯样直径不宜小于 ϕ100mm。当一次钻孔取得的芯样包含有不同层位的沥青混合料时，应根据结构组合情况用切割机将芯样沿各层结合面锯开分层进行测定。

2. 测定试件密度

(1) 将钻取的试件在水中用毛刷轻轻刷净黏附的粉尘。如试件边角有浮松颗粒，应仔细清除。

(2) 将试件晾干或用电风扇吹干不少于 24h，直至恒重。

(3) 测定试件的视密度或毛体积密度 ρ_s。

① 当试件的吸水率小于 2%时，采用水中重法或表干法测定。

水中重法：
$$V=\frac{m_a-m_w}{\rho_w} \tag{4-18}$$

表干法：
$$V=\frac{m_f-m_w}{\rho_w} \tag{4-19}$$

② 当吸水率大于 2%时，用蜡封法测定[计算公式略，详见《公路工程沥青及沥青混合料试验规程》(JTG E20)]。

③ 对空隙率很大的透水性混合料及开级配混合料用体积法测定。

圆柱体试件的毛体积：
$$V=\frac{\pi d^2}{4}h \tag{4-20}$$

棱柱体试件的毛体积：
$$V=L\cdot b\cdot h \tag{4-21}$$

试件的视密度或毛体积密度：

$$\rho_s=\frac{m_a}{V} \tag{4-22}$$

式中 ρ_s——试件的视密度或毛体积密度(g/cm^3)；

m_a——试件在空气中的质量(g)；

m_f——试件的表干质量(g)；

m_w——试件的水中质量(g)；

ρ_w——常温水的密度，约为 1.0 g/cm^3；

d——圆柱体试件的直径(cm)；

h——试件的高度(cm)；

L——试件的长度(cm)；

b——试件的宽度(cm)。

3. 确定标准密度

根据现行的《公路沥青路面施工技术规范》(JTG F40)的规定，确定计算压实度下的沥青混合料标准密度。

三、检测结果计算

(1) 当计算压实度的沥青混合料的标准密度采用马歇尔击实试件成型密度或试验路段钻孔取样密度时，沥青面层的压实度按下式计算：

$$K=\frac{\rho_s}{\rho_0}\times 100\% \tag{4-23}$$

式中　K——沥青面层的压实度(%)；

ρ_s——沥青混合料芯样试件的视密度或毛体积密度(g/cm^3)；

ρ_0——沥青混合料标准密度(g/cm^3)。

(2) 由沥青混合料实测最大密度计算压实度时，应按下式进行空隙率折算，作为标准密度，再按压实度公式计算压实度：

$$\rho_0=\rho_t\times\frac{100-VV}{100} \tag{4-24}$$

式中　ρ_t——沥青混合料实测最大密度(g/cm^3)；

ρ_0——沥青混合料标准密度(g/cm^3)；

VV——试样的空隙率，%。

(3) 计算一个评定路段检测的压实度的平均值、标准差、变异系数，并计算代表压实度。

四、检测报告

钻芯法压实度检测报告的记录格式见表 4-7。

表 4-7　压实度检测表(钻芯法)

工程名称________　混合料类型沥青混凝土面层　路段桩号 K6+000～K7+000　标准密度 $2.48g/cm^3$

试 验 者________　计 算 者________　校 核 者________　试验日期________

取样位置	试样编号	试样空气中质量 m_a(g)	试样水中质量 m_w(g)	试样体积 $V(cm^3)$	毛体积密度或视密度 $\rho_s(g/cm^3)$	压实度 K (%)
K6+085 左 2.50m	1	1194.7	695.7	499.0	2.39	96.4
K6+155 左 0.50m	2	1220.3	707.6	512.7	2.38	96.0
K6+205 右 2.32m	3	1183.3	685.1	498.2	2.38	96.0
K6+432 左 1.80m	4	1210.4	704.4	506.0	2.39	96.4
K6+682 右 1.42m	5	1235.5	719.6	515.9	2.40	96.8
K6+733 右 0.85m	6	1209.3	703.1	506.2	2.39	96.4
…						

注：此表为某路段用水中重法测定压实度数据记录表，仅供参考。

第六节 压实度评定方法

一、压实度检验评定要求及要点

路基、路面压实度以 1～3km 长的路段为检验评定单元，按要求的检测频率（参见第三章）及方法进行现场压实度抽样检查，求算每一测点的压实度 K_i。

(1) 控制平均压实度的置信下限，以保证总体水平。

(2) 规定单点极限值不得超出给定值，防止局部隐患。

(3) 规定扣分界限以区分质量优劣。

二、检测路段压实度代表值计算及评定方法

检验评定段的压实度代表值 K（算术平均值的下置信界限）为：

$$K=\overline{K}-S\cdot t_\alpha/\sqrt{n}\geqslant K_0 \tag{4-25}$$

式中 $\overline{K}$——检验评定段内各测点压实度的平均值。

$t_\alpha/\sqrt{n}$——t 分布表中随测点数和保证率（或置信度 β）而变的系数。保证率：高速公路、一级公路，基层、底基层为 99%，路基、路面面层为 95%；其他公路，基层、底基层为 95%，路基、路面面层为 90%。

S——检测值的均方差。

n——检测点数。

K_0——压实度标准值。

1. 路基、基层和底基层

当 $K\geqslant K_0$，且单点压实度 K_i 全部大于或等于规定值减 2 个百分点时，评定路段的压实度可得规定满分；当 $K\geqslant K_0$，且单点压实度全部大于或等于规定极值时，对于测定值低于规定值减 2 个百分点的测点，按其占总检查点数的百分率计算扣分值；当 $K<K_0$，或某一单点压实度 K_i 小于规定极值时，该评定路段压实度为不合格，得零分。

路堤施工段较短时，分层压实度要点点符合要求，且实际样本数不小于 6 个。

2. 沥青混合料面层

当 $K\geqslant K_0$，且全部测点大于或等于规定值减 1 个百分点时，评定路段的压实度可得规定的满分；当 $K\geqslant K_0$ 时，对测定值低于规定值减 1 个百分点的测点，按其占总检查点数的百分率计算扣分值；$K<K_0$ 时，评定路段的压实度为不合格，得零分。

【例 4-1】 某新建市政道路石灰土基层，对其中的一段压实质量进行检查，压实度检测结果如表 4-8 所示，压实度标准 K_0=95%，极值为 91%。请按保证率 95%计算该路段的压实度代表值并进行质量评定（规定分为 30 分）。

表 4-8　压实度检测结果

序　号	1	2	3	4	5	6	7	8	9	10
压实度(%)	96.4	95.4	92.8	97.3	96.3	95.8	95.9	96.7	95.3	95.6
序　号	11	12	13	14	15	16	17	18	19	20
压实度(%)	97.6	95.8	96.8	95.7	96.1	96.3	95.1	95.5	97.0	95.3

【解】 经计算：$\overline{K}=95.94\%$，$S=1.02$，$n=20$，保证率为95%，查表知$t_\alpha/\sqrt{n}=0.387$。

压实度代表值K取置信下限：

$$K=\overline{K}-S\cdot t_\alpha/\sqrt{n}=95.94-1.02\times0.387=95.54\%$$

$K>K_0=95\%$，且单点压实度均大于极值91%，故该路段符合要求。但由于有一点压实度为92.8%，小于规定值95%减2个百分点，所以该路段压实质量评分为$(19\div20)\times30=28.5$分。

本章小结

路基路面压实质量是市政道路工程施工质量管理最重要的指标之一，在许多分项工程的质量验收评定中都占最大的权重。本章主要介绍了挖坑灌砂法、环刀法、核子仪法、钻芯法等常用路基路面现场压实度的检测方法，以及压实度的评定。

挖坑灌砂法是施工及验收过程中最常见的方法，测定结果较为准确。但由于试验环节多，在实际操作中如果掌握不好，也会引起较大的误差。因此试验时应严格遵循试验规程的每个细节，以提高试验精度。

环刀法操作简单，但由于取样深度较浅，测定结果一般会偏大。

核子仪法是一种快速测定现场湿密度和含水量的方法，具有速度快、效率高的特点。但由于测定结果误差较大，不宜用作仲裁试验或评定验收的依据。在试验中一定要注意用钻孔取样法和挖坑灌砂法做对比试验进行标定。

钻芯法适用于检验从压实的沥青路面上钻取芯样试件的密度，以评定沥青混凝土面层的施工压实度。试验必须严格按照规范规定的方法测定试件密度及标准密度才能得到可靠的压实度。

我国压实度评价采用代表值和单点极值同时控制的方法，压实度代表值和单点极值均作为否定指标，即：代表值不符合要求或者有任一点压实度达不到极值要求，均判定为不合格。

复习思考题

1. 压实的作用是什么？现场压实质量用什么指标来衡量？
2. 何谓压实度？路基路面压实度有哪些常用检测方法？在什么情况下选择这些方法？
3. 简述用核子仪测定压实度的步骤。
4. 沥青混凝土面层施工压实质量采用什么方法检测？

5. 简述用灌砂法测现场压实度的要点。

6. 用灌砂法检测压实度，测得灌砂筒内量砂质量为5820g，填满标定罐所需砂的质量为3885g，测定砂锥的质量为615g，标定罐的容积$3035cm^3$，灌砂后称灌砂筒内剩余砂质量为1314g，试坑挖出的湿土质量为5867g，烘干土质量为5036g，室内击实试验得最大干密度为$1.68g/cm^3$。试求该点的压实度。

7. 某二级公路石灰土基层交工验收，现测得某段的压实度数值如下(%)：94.0、97.2、93.3、97.1、96.3、90.4、98.6、97.8、96.2、95.5、95.9、96.8。请对检测结果进行评定，并计算得分(已知K_0=93%，规定极值为89%，规定分为30分，保证率取90%)。

8. 某路段土方路堤通过室内击实试验，测得该土最大干密度为$1.82g/cm^3$，最佳含水量为15.2%，其测定结果如表4-9所示，并按95%的保证率评定路段的压实质量是否符合要求(K_0=95%)。

表4-9　某路段土方路堤检测结果

测点编号	湿密度(g/cm^3)	含水量(%)	干密度(g/cm^3)	压实度(%)
1	1.98	14.8		
2	1.94	14.6		
3	1.97	14.7		
4	2.03	15.6		
5	2.07	16.2		
6	2.05	16.3		
7	1.94	15.8		

第五章 路面平整度检测

【教学要求】

1. 用 3m 直尺进行路面平整度的检测；
2. 用连续式平整度仪测定平整度；
3. 计算 3m 直尺法和连续式平整度仪法的测试结果，并对测试结果进行评定。

第一节 概 述

路面平整度是评定路面使用质量、施工质量及现有路面破坏程度的重要指标之一。它直接关系到行车安全性、舒适性以及营运经济性，并影响路面使用年限。

路面平整度的检测设备分为断面类及反应类两大类：断面类检测设备是测定路面表面凹凸情况的一种仪器，如最常用的 3m 直尺及连续式平整度仪，国际平整度指数便是以此为基准建立的，这是平整度最基本的指标；反应类检测设备是测定由于路面凹凸不平引起车辆颠簸的情况，这是司机和乘客直接感受到的平整度指标，因此，它实际上是舒适性能指标，最常用的是车载式颠簸累积仪。现已有更新的自动测试设备，如纵断面分析仪、路面平整度数据采集系统测定车等。本章仅介绍 3m 直尺的平整度测定方法。

水泥混凝土路面和沥青路面平整度测试方法的比较见表 5-1；有关规范对路基、面层、基层、底基层的平整度的要求见第三章规定。

表 5-1 平整度测试方法比较

测试方法	特 点	技术指标
3m 直尺法	设备简单，结果直观，间断测试，工作效率低，反映凹凸程度	最大间隙 h(mm)
连续式平整度仪法	设备较复杂，连续测试，工作效率高，反映凹凸程度	标准差 σ(mm)
颠簸累积仪	设备复杂，工作效率高，连续测试，反映舒适性	单向累计值 VBI(cm/km)

第二节 3m 直尺测定平整度

3m 直尺法有单尺测定最大间隙和等距离(1.5m)连续测定两种。单尺测定最大间隙常用于施工时质量控制和检查验收，测定时要计算出测定段的合格率；等距离连续测定也同样可用于施工质量检查验收，但要算出标准差，用标准差来表示平整度。

3m 直尺法用 3m 直尺测定尺底面距离路表面的最大间隙来表示路面的平整度，以 mm

计。它适用于测定压实成型的路面各层表面的平整度,以此评定路面的施工质量及使用质量;也可用于路基表面成型后的施工平整度检测。

一、检测器具与材料

(1) 3m 直尺。硬木或铝合金钢等材料制成,底面平直,长 3m,如图 5-1 所示。

(2) 楔形塞尺。木或金属制的三角形塞尺,有手柄。塞尺的长度与高度之比不小于 10,宽度不大于 15mm,边部有高度标记,刻度精度不小于 0.2mm。如图 5-2 所示。

(3) 其他。皮尺或钢尺、粉笔、扫帚等。

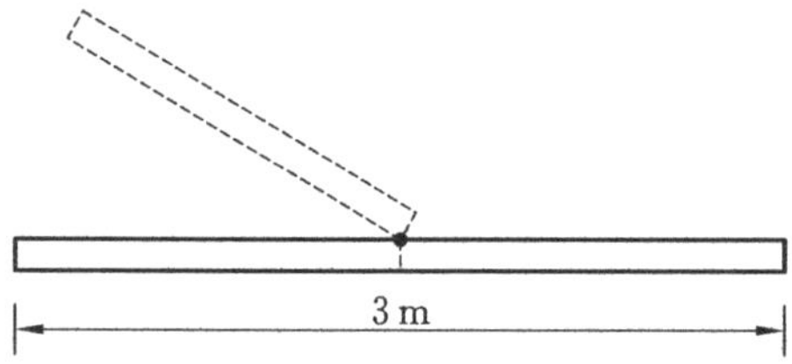

图 5-1 3m 直尺

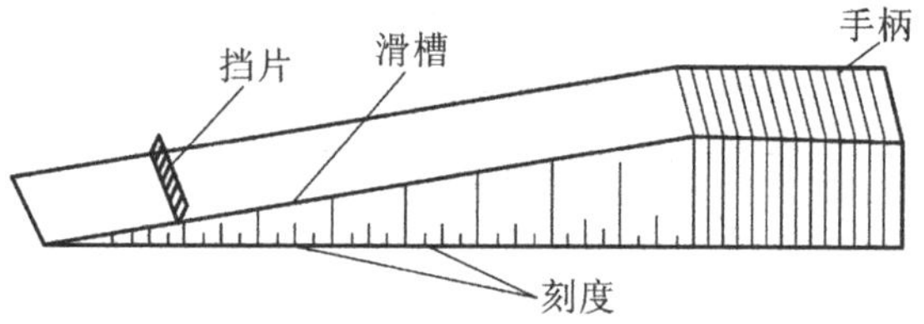

图 5-2 塞尺示意图

二、方法与步骤

1. 准备工作

(1) 按要求选择测试路段。

(2) 在测试路段路面上选择测试地点:当施工过程中质量检测需要时,测试地点根据需要确定,可以单尺检测;当路基路面工程质量检查验收或进行路况评定需要时,应连续测量 10 尺。除特殊需要外,应以行车道一侧车轮轮迹(距车道标线 80~100cm)作为连续测定的标准位置,如图 5-3 所示。对旧路已形成车辙的路面,应取车辙中间位置为测定位置,用粉笔在路面上做好标记。

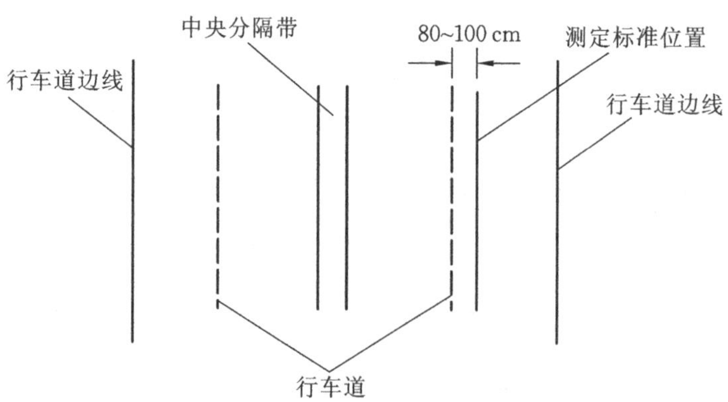

图 5-3 测点位置示意图

(3) 清扫路面测定位置处的污物。

2. 测试步骤

(1) 在施工过程中检测时,根据需要确定的方向,将 3m 直尺摆在测试地点的路面上。

(2) 目测 3m 直尺底面与路面之间隙情况，确定间隙为最大的位置。

(3) 用有高度标线的塞尺塞进最大间隙处，量记其最大间隙的高度(mm)。准确到 0.2mm，见图 5-4。

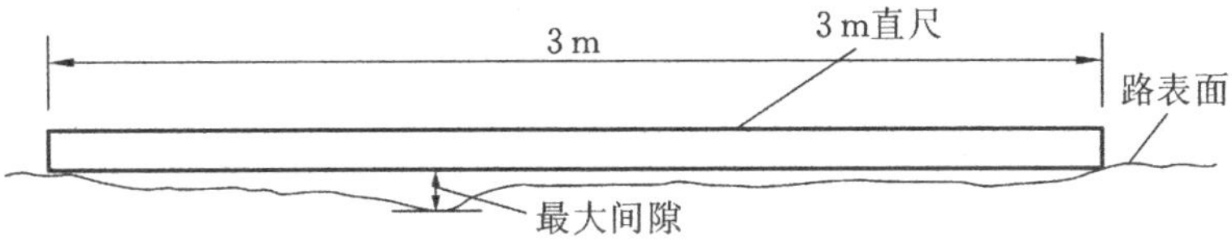

图 5-4　3m 直尺测平整度示意

(4) 施工结束后检测时，每 1 处连续检测 10 尺，按上述(1)～(3)的步骤测记 10 个最大间隙。

三、数据处理与评定

1. 数据处理

单尺检测路面的平整度计算，以 3m 直尺与路面的最大间隙为测定结果，连续测定 10 尺时，判断每个测定值是否合格，根据要求计算合格率，并计算 10 个最大间隙的平均值。

$$合格率(\%)=\frac{合格尺数}{总测尺数}\times 100\% \tag{5-1}$$

单尺检测时应随时记录测试位置及检测结果。连续测定 10 尺时，应报告平均值、不合格尺数、合格率。记录格式见表 5-3 和表 5-4。

表 5-3　平整度检测记录表

工程名称　××市政道路　　　施工单位××工程公司

结构层类型沥青混凝土面层　　　检测日期______

桩　号	读数(mm)										最大值(mm)
K154＋200	1	2	1	2	1	2	3	1	2	1	3
K154＋300	1	1	1	2	1	3	1	2	1	1	3

本段检测点数 20 个，合格点数 20 个，合格率 100%。

表 5-4　平整度检测汇总表(3m 直尺法)

工程名称____________　结构名称____________　规定值____________　路段桩号__________

检验者____________　计算者____________　校核者____________　检测日期____________

测定区间桩号	测尺序号或桩号	最大间隙(mm)	合格尺数	合格率(%)	平均值(mm)

2. 结果评定

对于采用 3m 直尺法作为平整度检验评定指标的公路,按尺数的合格率计分。

本章小结

本章从路面平整度检测的重要性出发阐明了平整度检测在路面施工、运营阶段的实际价值,并着重介绍了用 3m 直尺测定平整度的试验方法和数据的评定。

复习思考题

1. 简述路面平整度测试方法及其特点。
2. 简述 3m 直尺测定路面平整度的主要步骤。

第六章 路面抗滑性能检测

【教学要求】

1. 利用摆式摩擦仪测定路面摩擦系数；
2. 介绍用手工铺砂法测定路面构造深度的方法与步骤；
3. 计算摆值和构造深度，并对计算结果进行评定。

第一节 概 述

通常抗滑性能被看作是路面的表面特性，并用轮胎与路面间的摩阻系数来表示。表面特性包括路表面细观构造（路表面细观构造是指集料表面的粗糙度，它随车轮的反复磨耗而逐渐被磨光，通常用石料磨光值 *PSV* 表征抗磨光的性能）和宏观构造（用构造深度表示）。影响抗滑性能的因素有路面表面特性、路面潮湿程度和行车速度。

细观构造在低速（50km/h 以下）时对路表抗滑性能起决定作用。而高速时起主要作用的是宏观构造，它是由路表外露集料间形成的构造，功能是使车轮下的路表水迅速排除，以免形成水膜。

抗滑性能测试方法有：构造深度测试法（手工铺砂法、电动铺砂法、激光构造深度仪法）、摆式仪法、制动距离法和偏转轮拖车法（横向力系数测试）等。各方法的特点和测试指标如表 6-1 所示。

表 6-1 路面抗滑性能测试方法比较

测试方法	测试指标	原 理	特点及适用范围
制动距离法	摩阻系数 f	以一定速度在潮湿路面上行驶的 4 轮小客车或轻货车，当 4 个车轮被制动时，测试出车辆减速滑移到停止的距离，运用动力学原理，算出摩阻系数	测试速度快，必须中断交通
摆式仪法	摩阻摆值 F_B (BPN)	摆式仪的摆锤底面装一橡胶滑块，当摆锤从一定高度自由下摆时，滑块面同试验表面接触。由于两者间的摩阻而损耗部分能量，使摆锤只能回摆到一定高度。表面摩阻力越大，回摆高度越小（即摆值越大）	定点测量，原理简单，不仅可以用于室内，而且可用于野外测试沥青路面及水泥混凝土路面的抗滑值

续表 6-1

测试方法	测试指标	原　　理	特点及适用范围
手工铺砂法 电动铺砂法	构造深度 TD (mm)	将已知体积的砂摊铺在所要测试路表的测点上，量取摊平覆盖的面积。砂的体积与所覆盖平均面积的比值，即为构造深度	定点测量，原理简单，便于携带，结果直观。适用于测定沥青路面及水泥混凝土路面表面构造深度，用以评定路面表面的宏观粗糙度、排水性能及抗滑性能
激光构造深度仪法	构造深度 TD (mm)	中子源发射的许多束光线，照射到路表面的不同深度处，用 200 多个二极管接收返回的光束，利用二极管被点亮的时间差算出所测路面的构造深度	测试速度快，适用于测定沥青路面干燥表面的构造深度，用以评价路面抗滑及排水能力，但不适用于许多坑槽、显著不平整或裂缝过多的路段
摩阻系数测试车测定路面横向力系数	横向力系数 SFC	测试车安装有两只标准试验轮胎，它们对车辆行驶方向偏转一定的角度。汽车以一定速度在潮湿路面上行驶时，试验轮胎受到侧向摩阻作用。此摩阻力除以试验轮上的载重，即为横向力系数	测试速度快，用于标准的摩阻系数测试车测定沥青或水泥混凝土路面的横向力系数，结果作为竣工验收或使用期评定路面抗滑能力的依据

现行《公路沥青路面设计规范》(JTG D50)中规定，沥青路面面层抗滑性能指标有：

(1) 摩阻系数。高速、一级公路、城市快速路宜在竣工后第一个夏季采用摩阻系数测定车，以 60km/h±1km/h 的车速测定横向力系数 SFC。

(2) 路面宏观构造深度。在路面竣工后第一个夏季用铺砂法或激光构造深度仪测定构造深度 TD。

沥青路面抗滑性能应符合表 6-2 的要求。

表 6-2　沥青路面抗滑性能标准

年平均降雨量(mm)	交工检测指标值	
	横向力系数 SFC	构造深度 TD(mm)
>1000	≥54	≥0.55
500～1000	≥50	≥0.50
250～500	≥45	≥0.45

水泥混凝土路面抗滑性能符合表 6-3 的要求。

表 6-3　水泥混凝土路面抗滑性能标准

检查项目		规定值或允许偏差		检查方法及频率
		高速公路、一级公路、城市快速路	其他公路	
抗滑构造深度(mm)	一般路段	0.7～1.1	0.5～1.0	铺砂法:每 200m 测 1 处
	特殊路段	0.8～1.2	0.6～1.1	
横向力系数 *SFC*	一般路段	≥50	—	每 20m 测 1 点
	特殊路段	≥55	≥50	

路面抗滑性能检测方法较多,本章仅介绍几种常见的检测方法。

第二节　路面构造深度检测

一、手工铺砂法

路面的宏观构造深度是指一定面积的路表面凹凸不平的开口孔隙的平均深度。它是影响抗滑性能的重要因素之一。本方法适用于测定沥青路面及水泥混凝土路面表面构造深度,用以评定路面的宏观粗糙度、路面表面的排水性能及抗滑性能。构造深度的检测频率为每 200m 测 1 处。

1. 仪器与材料

(1) 人工铺砂仪。人工铺砂仪由量砂筒、推平板组成。

① 量砂筒:一端是封闭的,内径 20mm,外径 26mm,总高 90mm,容积为 25mL±0.15mL。可通过称量砂筒中水的质量以确定其容积 V,并调整其高度,使其容积符合规定,见图 6-1。

② 推平板:推平板应为木制或铝制,直径 50mm,底面粘一层厚 1.5mm 的橡胶片,上面有一圆把手,见图 6-2。

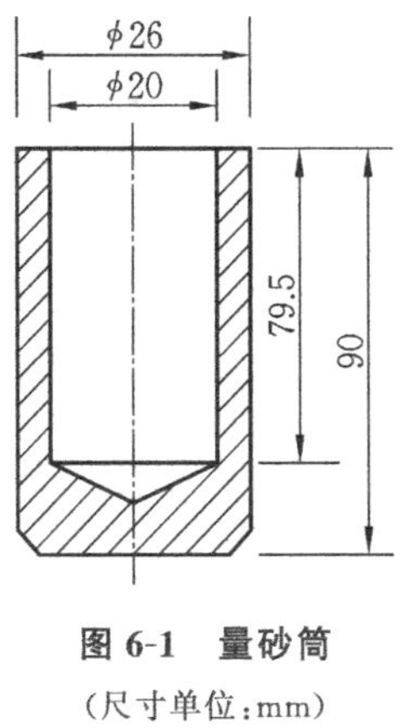

图 6-1　量砂筒

(尺寸单位:mm)

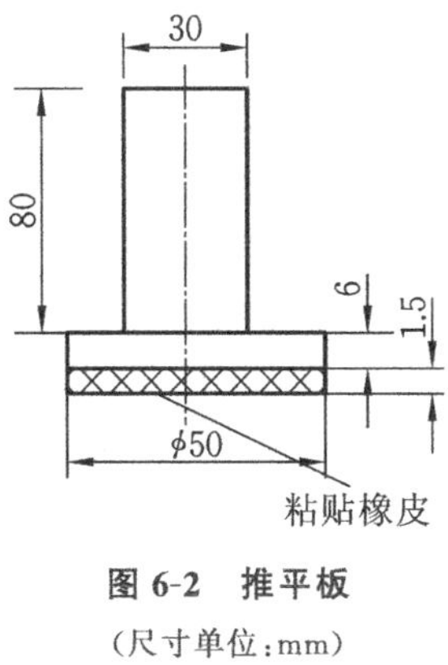

图 6-2　推平板

(尺寸单位:mm)

③ 刮平尺:可用 30cm 钢板尺代替。

(2) 量砂。量砂即足够数量的干燥洁净的匀质砂,粒径 0.15～0.3mm。

(3) 量尺。量尺即钢板尺、钢卷尺,或采用专门的构造深度尺。

(4) 其他。包括装砂容器、小铲、扫帚或毛刷、挡风板等。

2. 方法与步骤

(1) 准备工作

① 量砂准备:将洁净的细砂晾干、过筛,取0.15～0.3mm的砂置于适当的容器中备用。量砂只能在路面上使用一次,不宜重复使用。回收砂必须经干燥、过筛处理后方可使用。

② 确定测点:对测试路段按随机取样选点的方法,决定测点所在横断面位置。测点应选在行车道的轮迹带上,距路面边缘不应小于1m。

(2) 测试步骤

① 用扫帚或毛刷将测点附近的路面清扫干净,面积不小于30cm×30cm。

② 用小铲装砂,沿筒向圆筒中注满砂,手提圆筒上方,在硬质路上轻轻叩打3次,使砂密实,补足砂面,用钢尺一次刮平。注意不可直接用量筒装砂,以免影响量砂密度的均匀性。

③ 将砂倒在路面,用底面粘有橡胶片的推平板由里向外重复做摊铺运动。稍稍用力将砂细心地尽可能地向外摊开,使砂填入凹凸不平的路表面孔隙中。尽可能将砂摊成圆形,并不得在表面上留有浮动的余砂。注意摊铺时不可用力过大或向外推挤。

④ 用钢板尺测量所构成圆的两个垂直方向的直径,取其平均值,准确至5mm。

⑤ 按上述方法,同一处平行测定不少于3次,3个测点均位于轮迹带上,测点间距3～5m。该处的测定位置以中间测点的位置表示。

路面表面构造深度测定结果按下式计算:

$$TD=\frac{1000V}{\pi D^2/4}=\frac{31831}{D^2} \tag{6-1}$$

式中 TD——路面构造深度(mm);

V——砂的体积,取25cm^3;

D——摊平砂的平均直径(mm)。

每一处均取3次路面构造深度的测定结果的平均值作为测试结果,准确至0.01mm。

3. 试验记录

试验记录格式见表6-4。

表6-4 手工铺砂路面构造深度试验记录

工程名称＿＿＿＿＿ 结构层次＿＿＿＿＿ 路段桩号＿＿＿＿＿

检验者＿＿＿＿＿ 计算者＿＿＿＿＿ 校核者＿＿＿＿＿ 检验日期＿＿＿＿＿

测试地点			构造深度 TD(mm)		路况描述	备注
桩号	横距(m)	摊砂直径(mm)	表面构造深度(mm)	平均值		

测点数		规定值		平均值		标准差		变异系数		合格率	

当平均值小于 0.2mm 时，试验结果以"<0.2mm"表示。同时还要计算每个评定路段路面构造深度的平均值、标准差、变异系数等。

一般来说，手工铺砂法误差较大，其原因很多，例如装砂的方法无标准，致使量筒中的砂紧密程度不一样，影响砂量；还有摊砂用摊平板无标准，更主要的是砂摊开到多大程度为止，无明确规定，故各人掌握不一样。为了克服手工铺砂法掌握不统一、测量不准的缺点，可采用电动铺砂法和激光法。

表 6-5 为某公路中粒式沥青混凝土路面用铺砂法测定路面构造深度的原始记录，仅供参考。

表 6-5　某公路构造深度原始记录表

桩　　号	编号	砂体积 V (cm^3)	摊平砂平均直径 D (mm)	构造深度 TD (mm)	TD 平均值 (mm)	备　　注
K0+290～+400	1	25	200	0.8	0.8	匝道 2
	2	25	205	0.8		
	3	25	195	0.8		
K0+400～+550	1	25	210	0.7	0.8	
	2	25	195	0.8		
	3	25	205	0.8		
K0+550～+650	1	25	200	0.8	0.8	
	2	25	195	0.8		
	3	25	210	0.7		

二、车载式激光构造深度仪测定路面构造深度

车载式激光构造深度仪适用于在新建、改建路面工程质量验收和无严重病害及无积雪、泥浆等正常行车条件下测定，连续采集路面构造深度，不适用于带有沟槽的水泥混凝土路面构造深度的测定。

1. 检测器具及技术要求

(1) 测试系统构成：测试系统由承载车辆、距离传感器、激光传感器和主控制系统组成。主控制系统对于测试装置的操作实时控制，完成数据采集、传输、储存与计算过程。

(2) 测试系统基本技术要求和参数：

① 最大测试速度：50km/h。

② 采样间隔：≤10mm。

③ 传感器测试精度：0.1mm。

④ 距离标定误差：<0.1%。

⑤ 系统工作环境温度：0～60℃。

2. 准备工作

(1) 设备安装到承载车上以后应按照下文第 4 点进行相关标定试验。

(2) 根据设备操作手册的要求对测试系统各传感器进行校准。

(3) 测距装置需要现场安装的,根据设备手册说明进行安装,确保机械紧固装置安装牢固。

(4) 测试系统各部分应符合测试要求,不应有明显的可视性破损。

(5) 打开系统电源,启动控制程序,检查各部分的工作状态。

3. 试验步骤

(1) 按照设备使用说明规定的预热时间对测试系统进行加热。

(2) 测试车停在测试起点前 50～100m 处,启动测试系统程序,按照设备操作手册的规定和测试路段的现场技术要求设置完毕所需的测试状态。

(3) 驾驶员应按照设备操作手册要求的测试速度范围驾驶测试车,避免急加速和急减速,急弯路段应放慢车速,沿正常行车轨迹驶入测试路段。

(4) 进入测试路段后,测试人员启动系统的采集和记录程序,在测试过程中必须及时准确地将测试路段的起终点和其他需要特殊标记的位置输入测试数据记录中。

(5) 当测试车辆驶出测试路段后,测试人员停止数据采集和记录,并恢复仪器各部分至初始状态。

(6) 检查:测试数据文件应完整,内容应正常,否则需要重新测试。

(7) 关闭测试系统电源,结束测试。

4. 激光构造深度仪测值与铺砂法构造深度值相关关系比对试验

(1) 选择构造深度分别在 0～0.3mm、0.3～0.5mm、0.55～0.8、0.8～1.2mm 范围的 4 个各长 100m 的试验路段。试验前将路面清扫干净,并在起终点做上标记。

(2) 在每个试验路段上沿一侧行车轮迹用铺砂法测试至少 10 点的构造深度值,并计算平均值。

(3) 驾驶测试车以 30～50km/h 速度驶过试验路段,并且保证激光构造深度仪的激光传感器探头沿铺砂法所测构造深度的行车轮迹运行,计算试验路段的构造深度平均值。

(4) 建立两种方法的相关关系式,要求相关系数 R 不小于 0.97。

5. 检测报告

构造深度检测报告应包括以下内容:

(1) 路段构造深度平均值、标准差。

(2) 提供激光构造深度仪测值与铺砂法构造深度值在选定测试条件下的相关关系式及相关系数。

三、电动铺砂仪测定路面构造深度

本方法适用于测定沥青路面及水泥混凝土路面表面构造深度,用以评定路面表面的宏观粗糙度、路面表面的排水性能和抗滑性能。

1. 检测器具及材料

(1) 电动铺砂仪。利用可充电直流电源,将量砂通过砂漏铺设成宽度 5cm、厚度均匀一致的器具,如图 6-4 所示。

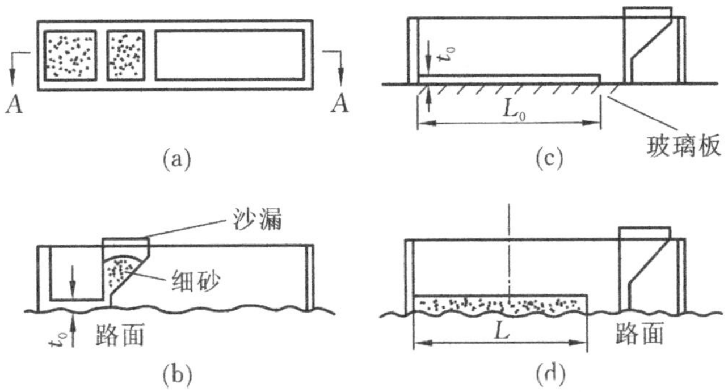

图 6-4　电动铺砂仪

(a) 平面图;(b) A—A 断面;(c) 标定;(d) 测定

(2) 量砂。足够数量的干燥洁净的匀质砂,粒径为 0.15～0.3mm。

(3) 标准量筒。容积 50mL。

(4) 玻璃板。面积大于铺砂器,厚 5mm。

(5) 其他。直尺、扫帚、毛刷等。

2. 准备工作

(1) 量砂准备

取洁净的细砂晾干,过筛。取 0.15～0.3mm 的砂置于适当的容器中备用。已在路面上使用过的砂若回收重复使用时,应重新过筛并晾干。

(2) 确定测点

对测试路段按随机取样选点的方法,决定测点所在的横断面的位置。测点应选在行车道的轮迹带上,距路边缘不小于 1m。

(3) 电动铺砂器标定

① 将铺砂器平放在玻璃板上,将砂漏移至铺砂器端部。

② 使灌砂漏斗口和量筒大致齐平,通过漏斗向量筒中缓缓注入准备好的量砂至高出量筒成尖顶状,用直尺沿筒口一次刮平,其容积为 50mL。

③ 使漏斗口与铺砂器砂漏斗上口大致齐平。将砂通过漏斗均匀倒入砂漏,漏斗前后移动,使砂的表面大致齐平,但不得用任何其他工具刮动砂。

④ 开动电动机,使砂漏向另一端缓缓运动,量砂沿砂漏底部成图 6-5 所示的宽度 5cm 的带状,待砂全部漏完后停止。

⑤ 按图 6-5 由 L_1 及 L_2 的平均值决定量砂的摊铺长度 L_0,准确至 1mm。

$$L_0=(L_1+L_2)/2 \tag{6-2}$$

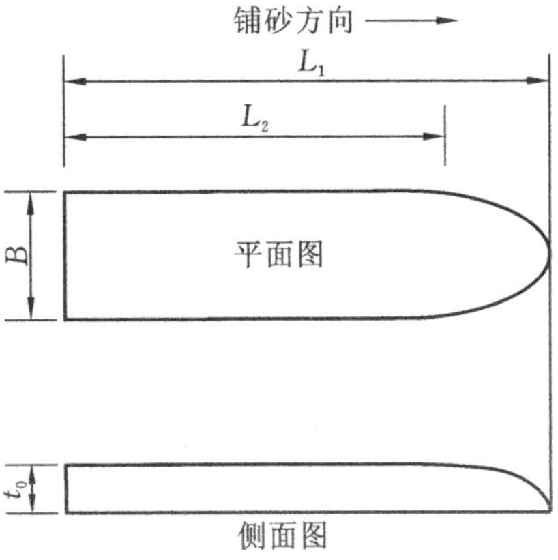

图 6-5　决定 L_0 及 L 的方法

⑥ 重复标定 3 次，取平均值决定 L_0，准确至 1mm。标定应在每次测试前进行，用同一种量砂，由承担测试的同一试验员进行。

铺砂仪在玻璃板上摊铺的量砂厚度 t_0(mm)为：

$$t_0=\frac{V}{B\,L_0}\times 1000=\frac{1000}{L_0} \tag{6-3}$$

式中 V——量砂体积，取 50cm^3；

B——铺砂仪铺砂宽度，取 50mm。

3. 测试步骤

(1) 将测试地点用毛刷刷净，面积大于铺砂仪。

(2) 将铺砂仪沿道路纵向平稳地放在路面上，将砂漏移至端部。

(3) 按电动铺砂器标定步骤(2)～(5)相同步骤，在测试地点摊铺 50cm^3 量砂，按图 6-5 方法量取摊铺长度 L_1 及 L_2，计算摊铺长度 L 和摊铺厚度 t，准确至 1mm。

$$L=(L_1+L_2)/2 \tag{6-4}$$

$$t=1000/L \tag{6-5}$$

(4) 按以上方法，同一处平行测定不少于 3 次，3 个测点均位于轮迹带上，测点间距 3～5m。该处的测定位置以中间测点的位置表示。

路面构造深度按式(6-6)计算：

$$TD=t-t_0=1000/L-1000/L_0=\frac{L_0-L}{L\times L_0}\times 1000 \tag{6-6}$$

式中 TD——路面的构造深度(mm)；

L——路面上 50cm^3 量砂摊铺的长度(mm)；

t_0——铺砂仪在玻璃板上摊铺的量砂厚度(mm)；

L_0——量砂的标定摊铺长度(mm)，按式(6-2)计算。

每一处均取 3 次路面构造深度的测定结果平均值作为试验结果，准确至 0.1mm。其他要求同手工铺砂法，详细试验记录见表 6-6。

表 6-6 电动铺砂法路面构造深度试验记录

工程名称________ 结构层次________ 路段桩号________

检验者________ 计算者________ 校核者________ 检验日期________

测试地点		L_0 (mm)	t_0 (mm)	L_1 (mm)	L_2 (mm)	L (mm)	TD (mm)	TD 平均值 (mm)
桩号	横距(m)							

续表 6-6

测试地点		L_0 (mm)	t_0 (mm)	L_1 (mm)	L_2 (mm)	L (mm)	TD (mm)	TD 平均值 (mm)
桩号	横距(m)							

测点数		规定值		平均值		标准差		变异系数		合格率	

应当注意，我国公路路面构造深度以铺砂法为标准测试方法。利用车载式激光构造深度仪测出的构造深度与铺砂法测试结果不同，但两者具有良好的相关关系。因此车载式激光构造深度仪所测出的构造深度不能直接用来评定路面的抗滑性能，必须换算成铺砂法的构造深度后，才能判断路面抗滑性能是否满足要求。

第三节 路面摩擦系数测定

一、摆式仪测定路面摩擦系数

摆式仪法的测试指标是摆值 F_B，以 BPN 为单位。路面的抗滑摆值，是指标准的手提式摆式摩阻系数测定仪(摆式仪)测定路面在潮湿条件下对摆的摩擦阻力的一个指标。

摆式仪属于轻便型测量仪器，它具有结构简单、操作方便、数据稳定的优点。但它毕竟是一种比照试验法，其试验条件与路面实际行车条件没有直接关系，故有一定的局限性。本方法适用于测定沥青路面及水泥混凝土路面的抗滑值，用以评定路面在潮湿状态下的抗滑能力。

1. 检测器具及材料

(1) 摆式仪。形状及结构如图 6-6 所示，摆及摆的连接部分总质量为 1500g±30g，摆动中心至摆的重心距离为 410mm±5mm，测定时摆在路面上滑动长度为 126mm±1mm，摆上橡胶片端部距摆动中心的距离为 510mm，橡胶片对路面的正向静压力为 22.2N±0.5N。

(2) 橡胶片。尺寸为 6.35mm×25.4mm×76.2mm，橡胶质量符合规定要求，新橡胶片应先在干燥路面上测试 10 次后再用于正式测试。橡胶片的有效使用期从出厂日期起算为 12 个月。

(3) 标准量尺，其长为 126mm。

(4) 洒水壶。

(5) 橡胶刮板。

(6) 路表温度计，其分度不大于 1℃。

(7) 其他。包括皮尺或钢卷尺、扫帚、粉笔等。

2. 准备工作

(1)检查摆式仪的调零灵敏情况，并定期进行仪器的标定。当用于路面工程检查验收时，

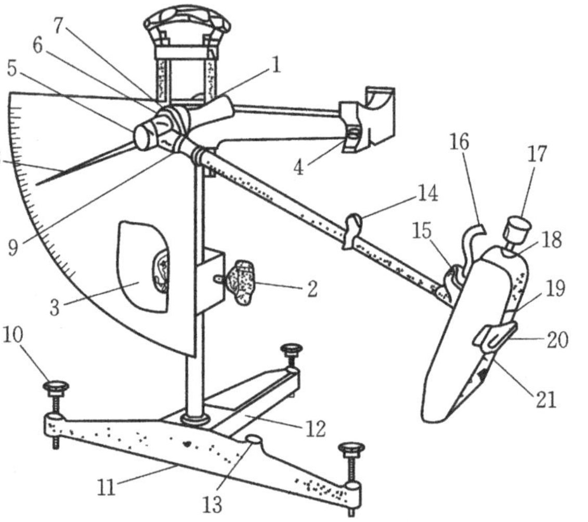

图 6-6　摆式仪的构造

1,2—紧固把手;3—升降把手;4—释放开关;5—转向节螺盖;6—调节螺母;7—针簧片或毡垫;8—指针;9—连接螺母;10—调平螺栓;11—底座;12—垫块;13—水准泡;14—卡环;15—定位螺丝;16—举升柄;17—平衡锤;18—并紧螺母;19—滑溜块;20—橡胶片;21—止滑螺丝

必须重新标定。

(2) 对测试路段按随机取样选点的方法选定测点。测点应选在行车道的轮迹带上,距路面边缘不应小于 1m,并用粉笔做出标记。

3. 测试步骤

(1) 仪器调平

① 将仪器置于路面测点上,并使摆的摆动方向与行车方向一致。

② 转动底板上的调平螺栓,使水准泡居中。

(2) 调零

① 放松上、下两个紧固把手,转动升降把手使摆升高,并能自由摆动,然后旋紧紧固把手。

② 将摆向右运动,按下安装于悬臂上的释放开关,使摆上的卡环进入开关槽,放开释放开关,摆即处于水平释放位置,并把指针抬至与摆杆平行处。

③ 按下释放开关,使摆向左带动指针摆动,当摆达到最高位置下落时,用左手将摆杆接住,此时指针应指零。若不指零时,可稍旋紧或放松摆的调节螺母,重复本项操作,直至指针指零。调零允许误差为±1BPN。

(3) 校核滑动长度

① 用扫帚扫净路面表面,并用橡胶刮板清除摆动范围内路面上松散粒料。

② 让摆自由悬挂,提起摆头上的举升柄,将底座上垫块置于定位螺丝下面,使摆头上滑溜块升高。并放松紧固把手,转动立柱上的升降把手,使摆缓缓下降。当滑溜块上的橡胶片刚刚接触路面时,即将紧固把手旋紧,使摆头固定。

③ 提起举升柄,取下垫块,使摆向右运动,然后,手提举升柄使摆向左运动,直至橡胶片的

边缘刚刚接触路面。在橡胶片的外边摆动向设置标准量尺，尺的一端正对该点。再用手提起举升柄，使滑溜块向上抬起，并使摆继续移动至左边，使橡胶片返回落下再一次接触路面。橡胶片两次同路面接触点的距离应在126mm(即滑动长度)左右。若滑动长度不符合标准时，用升高或降低仪器底正面的调平螺栓来校正。但需调平水准泡，重复此项校核直至使滑动长度符合要求，而后将摆和指针置于水平位置。应注意在校核滑动长度时，以橡胶片长边刚刚接触路面为准，不可借摆的力量向前滑动，以免标定的滑动长度过长。

④ 用洒水壶的水浇洒测试路面，并用橡胶刮板刮除表面泥浆杂质。

⑤ 再次洒水，并按下释放开关，使摆在路面滑过，指针即可指示出路面的摆值。但第一次测定不作记录。当摆杆回落时，用左手接住摆，右手提起举升柄使滑块升高，将摆向右运动，并使摆杆和指针重新置于水平释放位置。

⑥ 重复⑤的操作测定5次，并读取每次测定的摆值，单位BPN。5次数值中最大值与最小值的差值不得大于3BPN。如差数大于3BPN，应检查产生的原因，并再次重复上述各项操作，直至符合规定为止。取5次测定的平均值作为每个测点路面的抗滑值(即摆值F_B)，取整数，以BPN为单位。

⑦ 在测点位置上用路表温度计测记潮湿路面的温度，准确至1℃。

⑧ 按以上方法，同一处平行测定不少于3次，3个测点均位于轮迹带上，测点间距3～5m。该处的测点位置以中间测点的位置表示。每一处均取3次测定结果的平均值作为试验结果，准确至1BPN。

4. 抗滑值的温度修正

当路面温度为T(℃)时测得的摆值为F_{BT}，必须按下式换算成标准温度20℃的摆值F_{B20}：

$$F_{B20}=F_{BT}+\Delta F \tag{6-7}$$

式中　F_{B20}——换算成标准温度20℃的摆值(BPN)；

F_{BT}——路面温度T时测得的摆值(BPN)；

T——测定的路面潮湿状态下的温度(℃)；

ΔF——温度修正值，按表6-7采用(非表列温度时，采用内插法求)。

表6-7　温度修正值

温度T(℃)	0	5	10	15	20	25	30	35	40
温度修正值ΔF	−6	−4	−3	−1	0	+2	+3	+5	+7

5. 检测报告

(1) 填写测试日期、测点位置、天气情况、洒水后潮湿路面的温度，并描述路面类型、外观、结构类型等(表6-8)。

(2) 列表逐点报告路面抗滑值的测定值F_{BT}及3次测定的平均值，经温度修正后的F_{B20}。

(3) 每一个评定路段(不小于5个测点)路面抗滑值的平均值、标准值、变异系数。

(4) 精度要求是同一个测点，重复5次测定的差值不大于3BPN。

表 6-8　路面摩擦系数检测记录

工程名称＿＿＿＿＿　路面类型＿＿＿＿＿　路段桩号＿＿＿＿＿　检查日期＿＿＿＿＿

检验者＿＿＿＿　计算者＿＿＿＿　校核者＿＿＿＿　路面温度＿＿＿＿＿

测点位置		测点序号	路况描述	摆值(BPN)						测点摆值(BPN)	修正后摆值(BPN)
桩号	横距(m)			1	2	3	4	5	平均值		
测点数		规定值(BPN)		平均值(BPN)		标准差		变异系数(%)		合格率(%)	

表 6-9 为某公路中粒式沥青混凝土路面用摆式仪测定抗滑值的原始记录，仅供参考。

表 6-9　某公路抗滑值原始记录

桩号	编号	摆值(BPN)			温度修正值	平均值	备注
左幅 K0＋425	1	44	43	47	2	47.2	检测温度:25℃;中粒式
		46	45	46			
	2	47	45	48	2	48.8	
		47	46	48			
	3	47	49	46	2	49.2	
		46	47	48			
左幅 K1＋275	1	45	47	46	2	48.3	
		45	48	47			
	2	49	47	43	2	47.8	
		43	45	48			
	3	45	48	48	2	48.5	
		46	45	47			

续表 6-9

桩号	编号	摆值(BPN)			温度修正值	平均值	备注
左幅 K2+520	1	47	49	46	2	49.2	
		48	46	47			
	2	48	45	48	2	48.5	
		47	45	46			
	3	48	47	45	2	48.5	
		47	46	46			

二、路面横向力系数检测

用标准的摩擦系数测定车，当测定轮与行车方向成一定角度且以一定速度行驶时，轮胎与潮湿路面之间摩擦阻力与接触面积的比值，称为路面横向力系数，代号 *SFC*，无量纲。

用标准的摩擦系数测定车测定沥青路面或水泥混凝土路面的横向力系数，其测试结果可作为竣工验收或使用期评定路面抗滑能力的依据。

1. 检测设备

(1) 摩擦系数测定车：SCRIM 型，主要组成如图 6-7 所示，由车辆底盘、测量机构、供水系统、荷载传感器、仪表及操作记录系统、标定装置等组成。

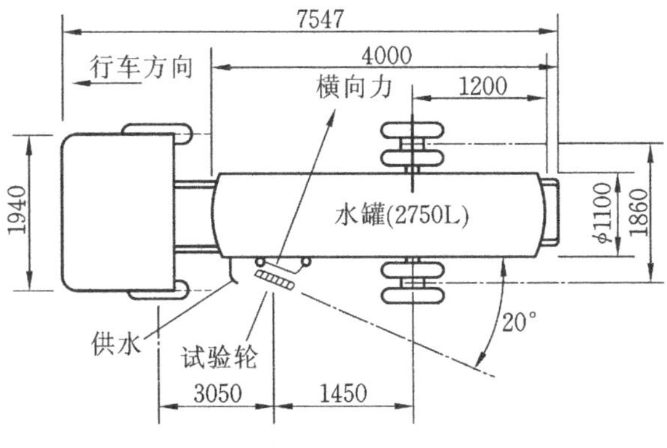

图 6-7　横向摩擦系数测定车机构(尺寸单位：mm)

摩擦系数测定车应符合下列要求：

① 测量机构：可以为单侧或双侧各安装一套，测试轮与车辆行驶方向成 20°角，作用于测试轮上的静态标准载荷为 2kN。测试轮胎应为规格 3.00-20-4PR 的光面轮胎，其标准气压为 (0.35±0.02)MPa。当轮胎直径减少 6mm 时(每个测试轮测 350～400km)，需更换新轮胎。

② 测定车辆轮胎气压应符合所使用汽车规定的标准气压范围。能控制洒水量，使路面水膜厚度不小于 1mm。通常测量速度为 50km/h 时，水阀开启量宜为 50%；测量速度为 70km/h 时，宜为 70%；依此类推。

(2) 其他备件：备用轮胎等。

2. 准备工作

(1) 按照仪器设备技术手册或使用说明书对测定系统进行标定。对仪器设备进行标定、检查时,必须在关闭发动机的情况下进行。标定按 *SFC* 值 10、20、30、…、100 的不同档次进行,满量程为 100 时的示数误差范围为±2。

(2) 检查横向摩擦系数测定车系统的各项参数是否符合要求,检查外部警告标志是否正常。

(3) 贮水罐灌水。

(4) 将测试轮安装紧固,且保持在升起的位置上。

(5) 将记录装置置于正常使用状态,安装足够的打印纸。

(6) 根据需要确定采用连续测定或断续测定,以及每千米测定的长度。选择并设定"计算区间",即输出一个测定数据的长度。标准的计算区间为 20m,根据要求也可选择为 5m 或 10m。

(7) 根据要求设定为单轮测试或双轮测试。

(8) 输入所需的说明性预设数据,如测试日期、路段编号、里程桩号等。

(9) 发动车辆驶向测试地段。

3. 检测步骤

(1) 在测试路段起点前约 500m 处停住,开机预热不少于 10min。

(2) 降下测试轮,打开水阀检查水流情况是否正常及水流是否符合需要,检查仪表各项指数是否正常,然后升起测试轮。

(3) 将车辆驶向测试路段前 100～200m 处降下测试轮。测定车的车速可根据公路等级的需要选择。除特殊情况外,标准车速为 50km/h,测试过程中必须保持匀速。

(4) 进入测试路段后,按开始键,开始测试。在显示器上监视测试运行变化,检查速度、距离有无反常波动,当需要标明特征(如桥位、路面变化等)时,操作功能键插入到数据流中,整公里里程桩上也应做相应的记录。

4. 检测数据处理

测定的摩擦系数数据存储在存储器中,摩擦系数测定车 SCRIM 系统配有专用的数据处理程序软件,可计算和打印出每一个计算区间的摩擦系数值、行驶速度、统计个数、平均值及标准差,同时还可打印出摩擦系数的变化图。根据要求将摩擦系数在 0～100 范围内分成若干区间,作出各区间的路段长度占总测试里程百分比的统计表。

5. 测试报告

(1) 填写测试路段名称及桩号、公路等级、测试日期、天气情况,路面在潮湿状态下的路表湿度,描述路面结构类型及外观等。

(2) 测试过程中交叉口、转弯等特殊路段及里程桩号的记录。

(3) 数据处理打印结果,包括各测点路面摩擦系数值、行程距离、行驶速度,每一个评定路段路面摩擦系数值统计个数、平均值、标准差、变异系数。

(4) 公路沿线摩擦系数的变化图,不同摩擦系数区间的路段长度占总测试里程百分比的统计表。

6. 路面横向力系数评定

(1) 评定路段内的路面横向力系数按 SFC 的设计或验收标准值进行。

(2) SFC 代表值为 SFC 算术平均值的下置信界限值，即：

$$SFC_r = \overline{SFC} - \frac{t_\alpha}{\sqrt{n}} \times S \tag{6-8}$$

式中 SFC_r——SFC 代表值；

$\overline{SFC}$——SFC 的平均值；

S——标准差；

n——检测点数；

t_α——t 分布表中随点数和保证率(或置信度)而变化的系数，采用的保证率：高速公路、一级公路为 95%，其他公路为 90%。

(3) 当 SFC 代表值大于设计或验收标准值时，按单个 SFC 值计算合格率；当 SFC 代表值小于设计或验收标准值时，相应分项工程评为不合格。

本 章 小 结

本章从路面抗滑性能检测的重要性出发阐明了抗滑性能检测在道路运营阶段的重要性，并着重介绍了路面构造深度检测和路面摩擦系数检测方法以及数据的处理，重点应让学生学会电动铺砂仪和摆式仪的应用和数据的整理。

复习思考题

1. 测试路面抗滑性能的常用方法有哪几种？各方法的测试指标、测试原理、特点及适用范围是什么？

2. 为什么要测试路面横向力系数？需采用哪些检测器具？其检测报告应填写哪些内容？

3. 如何采用摆式仪、电动铺砂仪检测路面抗滑性能？

第七章 路基路面强度指标检测

【教学要求】

1.利用贝克曼梁式弯沉仪测定路基路面回弹弯沉值；

2. 计算代表回弹弯沉值，并对结果进行评定。

第一节 路基路面回弹弯沉检测

一、概述

国内外普遍采用回弹弯沉值来表示路基路面的承载能力，回弹弯沉值越大，承载能力越小，反之则越大。回弹弯沉值在我国已广泛使用且有很多试验和研究成果，它不仅用于路面结构的设计（设计弯沉值）和施工控制及施工验收中（竣工验收弯沉值），同时还用在旧路补强设计中。它是公路工程的一个基本参数。

弯沉值是指在规定的标准轴载作用下，路基或路面表面轮隙中心处产生的总垂直变形值（总弯沉），或垂直回弹变形值（回弹弯沉），以 0.01mm 为单位。通常所说的回弹弯沉值是指后轴载轮隙中心处的最大回弹弯沉值。

设计弯沉值是指根据设计年限内一个车道上预测通过的累计当量轴次、公路等级、面层和基层类型而确定的路面弯沉设计值。

当路面厚度计算以设计弯沉值为控制指标时，则验收弯沉值应小于或等于设计弯沉值；当厚度计算以层底拉应力为控制指标时，应根据拉应力计算所得的结构厚度，重新计算路面弯沉值，该弯沉值即为竣工验收弯沉值。

弯沉值的测试方法较多，目前用得最多的是贝克曼梁法。此法在我国已有成熟的经验，但由于受测试速度等因素的限制，各国都对快速连续或动态测定进行了研究。现在我国引进的有法国洛克鲁瓦式自动弯沉仪，丹麦等国家发明并几经改进形成的落锤式弯沉仪，美国的振动弯沉仪等。现将常用的几种弯沉值测试方法的特点作简单的比较，见表 7-1。

表 7-1 几种弯沉值测试方式比较

方法	特 点
贝克曼梁法	传统方法，速度慢，静态测试，比较成熟，目前属于标准方法
自动弯沉仪法	利用贝克曼梁原理，快速连续，属于静态测试范畴，但测定的是总弯沉值，因此使用时应用贝克曼梁进行标定换算

续表 7-1

方　法	特　点
落锤式弯沉仪法	利用重锤自由落下的瞬间产生的冲击荷载测定弯沉值，属于动态弯沉，并能反算路面的回弹模量，快速连续，使用时应用贝克曼梁法进行标定换算

二、贝克曼梁测定路基路面回弹弯沉

本方法利用杠杆原理制成杠杆式弯沉仪测定轮隙弯沉。适用于测定各类路基路面的回弹弯沉，用以评定其整体承载能力，供路面结构设计使用。沥青路面的弯沉以路表温度 20℃时为准，在其他温度测试时，对厚度大于 5cm 的沥青路面，弯沉值应予温度修正。

1. 检测器具与材料

(1) 标准车：双轴、后轴双侧 4 轮的载重车，其标准轴荷载、轮胎尺寸、轮胎间隙及轮胎气压等主要参数应符合表 7-2 的要求。测试车应采用后轴 100kN 的 BZZ-100 标准车。

表 7-2　测定弯沉用的标准车参数

标准轴载等级	BZZ-100
后轴标准轴载 P(kN)	100±1
一侧双轮荷载(kN)	50±0.5
轮胎充气压力(MPa)	0.70±0.05
单轮传压面当量圆直径(cm)	21.30±0.5
轮隙宽度	应能满足自由插入弯沉仪测头的测试要求

(2) 路面弯沉仪：由贝克曼梁、百分表及表架组成。贝克曼梁由合金铝制成，上有水准泡，其前臂(接触路面)与后臂(装百分表)长度比 2∶1。弯沉仪长度有两种：一种长 3.6m，前后臂分别为 2.4m 和 1.2m；另一种加长的弯沉仪长 5.4m，前后臂分别为 3.6m 和 1.8m，其构造如图 7-1 所示。当在半刚性基层沥青路面或水泥混凝土路面上测定时，宜采用长度为 5.4m 的贝克曼梁弯沉仪，并采用 BZZ-100 标准车。弯沉值采用百分表量得，也可用自动记录装置进行测量。

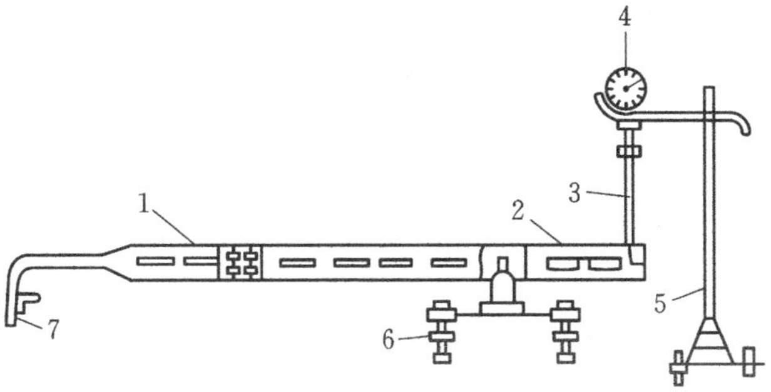

图 7-1　路面弯沉仪的构造

1,2—前后杠杆；3—立杆；4—百分表；5—表架；6—支座；7—测头

(3) 接触式路表温度计：端部为平头，分度不大于1℃。

(4) 其他：皮尺、口哨、白油漆或粉笔、指挥旗等。

2. 检测方法

(1) 准备工作

① 检查并保持测定用标准车的车况及刹车性能良好，轮胎的压力符合规定充气压力。

② 向汽车车槽中装载铁块或集料，并在地磅上称量后轴质量，使之符合要求的轴重规定。汽车行驶及测定过程中，轴重不得变化。

③ 测定轮胎接地面积：在平整光滑的硬质路面上用千斤顶将汽车后轴顶起，在轮胎下方铺一张新的复写纸，轻轻落下千斤顶，即在方格纸上印上轮胎印痕，用求积仪或数方格的方法测算轮胎接地面积，准确至0.1cm^2。

④ 检查弯沉仪百分表测量灵敏情况。

⑤ 当在沥青路面上测定时，用路表温度计测定试验时气温及路表温度(一天中气温不断变化，应随时测定)，并通过气象台了解前5d的平均气温(日最高气温与最低气温的平均值)。

⑥ 记录沥青路面修建或改建时材料、结构、厚度、施工及养护等情况。

(2) 测试步骤

① 在测试路段布置测点，其距离随测试需要而定。测点应在路面行车车道的轮迹带上，并用白漆或粉笔画上标记。

② 将试验车后轮轮隙对准测点后3～5cm处的位置上。

③ 将弯沉仪插入汽车后轮之间的缝隙处，与汽车方向一致，梁臂不得碰到轮胎，弯沉仪测头置于测点上(轮隙中心前方3～5cm处)，并安装百分表于弯沉仪的测定杆上。百分表调零，用手指轻轻叩打弯沉仪，检查百分表是否稳定回零。弯沉仪可以是单侧测定，也可以是双侧同时测定。

④ 测定者吹哨发令指挥汽车缓缓前进，百分表随路面变形的增加而持续向前转动。当表针转动到最大值时，迅速读取初读数L_1。汽车仍在继续前进，表针反向回转，待汽车驶出弯沉影响半径(约3m以上)后，吹口哨或挥动指挥红旗，汽车停止。待表针回转稳定后，再次读取终读数L_2。汽车前进的速度宜为5km/h左右。

(3) 弯沉仪的支点变形修正

① 当采用长度为3.6m的弯沉仪对半刚性基层沥青路面、水泥混凝土路面等进行弯沉测定时，有可能引起弯沉仪支座处变形，因此测定时应检验支点有无变形。此时应用另一台检验用的弯沉仪安装在测定用弯沉仪的后方，其测点架于测定用弯沉仪的支点旁。当汽车开出时，同时测定两台弯沉仪的弯沉读数，如检验用弯沉百分表有读数，即应该记录并进行支点变形修正。当在同一结构层上测定时，可在不同位置测定5次，求取平均值，以后每次测定时以此作为修正值。支点变形修正的原理如图7-2所示。

② 当采用长度为5.4m的弯沉仪测定时，可不进行支点变形修正。

3. 结果计算及温度修正

(1) 路面测点的回弹弯沉值依下式计算：

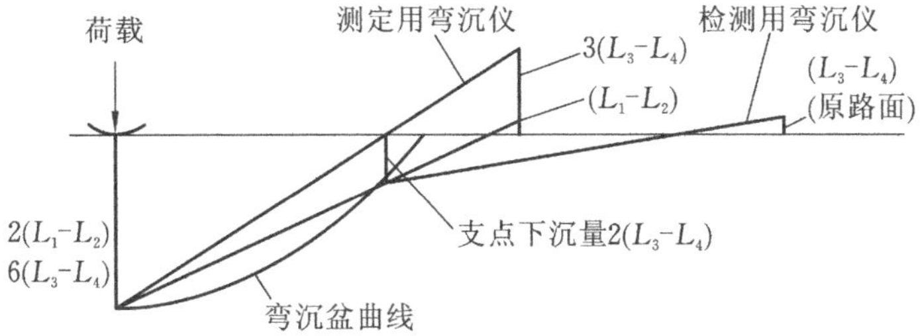

图 7-2 弯沉仪支点变形修正原理

$$L_T=(L_1-L_2)\times 2 \tag{7-1}$$

式中 L_T——在路面温度 T 时的回弹弯沉值(0.01mm)；

L_1——车轮中心临近弯沉仪测头时百分表的最大读数(0.01mm)；

L_2——汽车驶出弯沉影响半径后百分表的终读数(0.01mm)。

(2) 当需要进行弯沉仪支点变形修正时，路面测点的回弹弯沉值按式(7-2)计算(适用于测定弯沉仪支座处有变形，但百分表架处路面已无变形的情况)：

$$L_T=(L_1-L_2)\times 2+(L_3-L_4)\times 6 \tag{7-2}$$

式中 L_3——车轮中心临近弯沉仪测头时检验用弯沉仪的最大读数(0.01mm)；

L_4——汽车驶出弯沉影响半径后检验用弯沉仪的最终读数(0.01mm)。

(3) 沥青面层厚度大于 5cm 的沥青路面，对回弹弯沉值应进行温度修正，当沥青层厚度小于或等于 50mm 时，或路表温度在 20℃±2℃范围内可不进行温度修正。温度修正及回弹弯沉值的计算宜按下列步骤进行。

①测定时的沥青层平均温度按下式计算：

$$T=(T_{25}+T_m+T_e)/3 \tag{7-3}$$

式中 T——测定时沥青层平均温度(℃)；

T_{25}——根据 T_0 由图 7-3 决定的路表下 25mm 处的温度(℃)；

T_m——根据 T_0 由图 7-3 决定的沥青中间深度的温度(℃)；

T_e——根据 T_0 由图 7-3 决定的沥青层底面处的温度(℃)。

图 7-3 中 T_0 为测定时路表温度与测定前 5d 日平均气温的平均值之和(℃)，日平均气温为日最高气温与最低气温的平均值。

② 采用不同基层的沥青路面弯沉值的温度修正系数 K，根据沥青层平均温度 T 及沥青层厚度，分别由图 7-4 及图 7-5 求取。

③ 沥青路面回弹弯沉按下式计算：

$$L_{20}=L_T\times K \tag{7-4}$$

式中 K——温度修正系数；

L_{20}——换算为 20℃的沥青路面回弹弯沉值(0.01mm)；

L_T——测定时沥青面层平均温度为 T 时的回弹弯沉值(0.01mm)。

(4) 结果评定

① 按下式计算每一个评定路段的代表弯沉值：

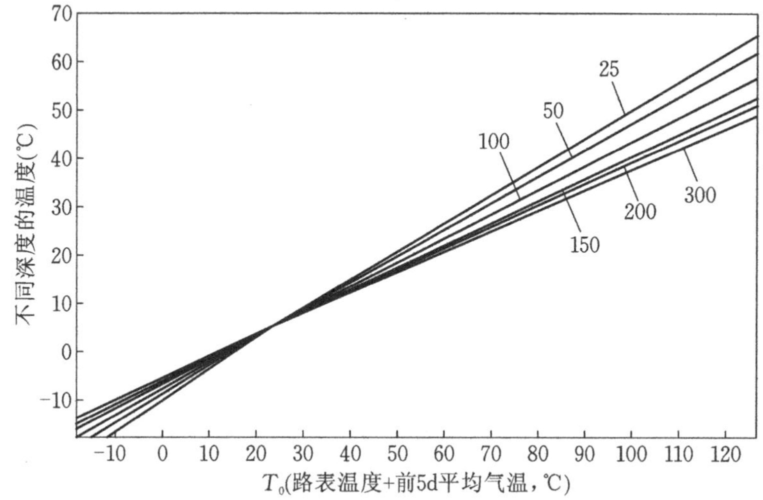

图 7-3　沥青层平均温度的决定

注:线上的数字为从路表向下的不同深度(mm)

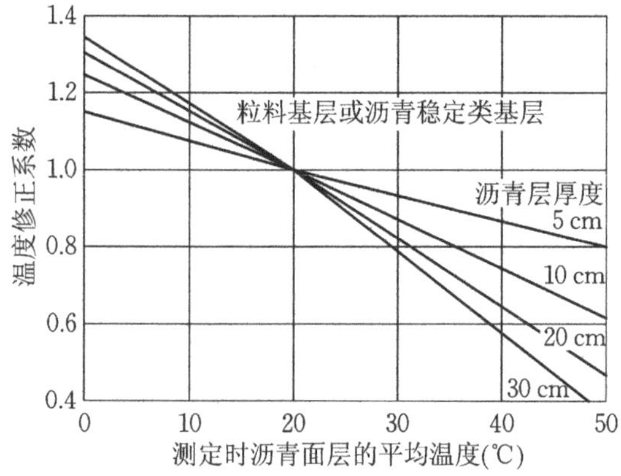

图 7-4　路面弯沉温度修正系数曲线

(适用于粒料基层及沥青稳定基层)

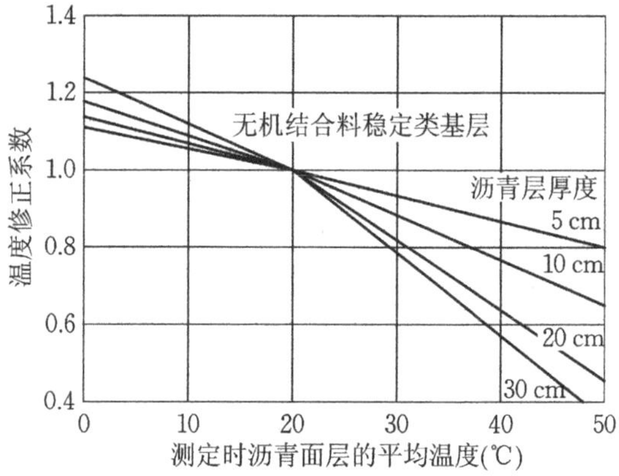

图 7-5　路面弯沉温度修正系数曲线

(适用于无机结合料稳定的半刚性基层)

$$L_r = \overline{L} + Z_a \cdot S \tag{7-5}$$

式中　L_r——一个评定路段的代表弯沉值(0.01mm);

$\overline{L}$——一个评定路段经各项修正后的各测点弯沉值的平均值(0.01mm);

S——一个评定路段经各项修正后全部测点弯沉值的标准差(0.01mm);

Z_a——与保证率有关的系数,高速、一级公路,对于基层采用 $Z_a=2.0$;对于沥青混凝土面层采用 $Z_a=1.645$;二、三级公路,对于路基采用 $Z_a=1.645$;一般市政道路,二灰、灰土路基采用 $Z_a=1.645$,沥青混凝土面层采用 $Z_a=1.5$。

② 计算平均值和标准差时,应将超出$\overline{L}\pm(2\sim3)S$ 的弯沉特异值舍弃。对舍弃的弯沉值过大的点,应找出其周围界限,进行局部处理。

③ 代表弯沉值不大于设计要求的弯沉值时得满分;当代表弯沉值大于设计要求的弯沉

值，相应分项工程为不合格。

若在非不利季节测定时，应考虑季节影响系数；若用两台弯沉仪同时进行左右轮弯沉值测定时，应按两个独立测点计，不能采用左右两点的平均值。

4. 检测报告

检测报告应包括下列内容：

(1) 弯沉测定表、支点变形修正值、测试时的路面温度及温度修正系数。

(2) 每一个评定路段的各测点弯沉的平均值、标准差及代表弯沉值。记录格式如表 7-3 所示。

表 7-3 回弹弯沉试验记录

路线名称________ 试验车型号________ 气温________ 路面温度________

单轮当量圆直径________ 后轴重________ 车轮单位压力________

检验者______ 计算者________ 校核者________ 检验日期________

编号	测点桩号	百分表读数(0.01mm)				支点变形修正值(0.01mm) $(L_3-L_4)\times 6$	温度修正系数 K	回弹弯沉值(0.01mm)	路况情况	计算结果
		初读数 L_1		终读数 L_2						
		左	右	左	右					
										$\overline{L}=$ $S=$ $L_r=$

【例 7-1】 某公路，其沥青混凝土面沉的结构形式为下面层 6cm、中面层 5cm、上面层 4cm，基层为二灰碎石材料。现对其上面层进行了弯沉测定，测量记录如表 7-4 所示。测量时，路表平均温度为 25℃，由当地气象台了解到前 5d 的日平均气温分别为 18℃、22℃、23℃、26℃、27℃，试计算弯沉代表值。并判断该路段的弯沉值是否符合要求？设计弯沉值为 15(0.01mm)。

【解】 (1)计算路表实测温度下该路段的代表弯沉值

① 由式(7-1)计算出各测点的回弹弯沉值，如表 7-4 中所列。

表 7-4 某公路回弹弯沉试验记录

路线名称：×××公路 试验日期：__________ 试验车型号：黄河 JN151 后轴重：100kN

车轮相当圆半径：10.65cm 车轮单位压力：0.7MPa

编号	检测桩号	左车轮迹百分表读数(0.01mm)		回弹弯沉值 L_T(0.01mm)	右车轮迹百分表读数(0.01mm)		回弹弯沉值 L_T(0.01mm)	土基干湿类型	路况描述
		初	终						
1		18	12	12					
2		18	12	12					

续表 7-4

编号	检测桩号	左车轮迹百分表读数(0.01mm)		回弹弯沉值 L_T (0.01mm)	右车轮迹百分表读数(0.01mm)		回弹弯沉值 L_T (0.01mm)	土基干湿类型	路况描述
		初	终						
3		21	14	14					
4		18	13	10					
5		16	11	10					
6		17	12	10					
7		15	11	8					
8		18	11	14					
9		19	13	12					
10		15	10	10					
11		13	9	8					
12		15	10	10					
13		17	11	12					
14		18	13	10					
15		16	12	8					
16		20	13	14					

② 计算出各测点弯沉的平均值、标准差：

$$\overline{L}=10.9(0.01\text{mm}),S=2.1(0.01\text{mm})$$

③ 由式(7-5)计算出实际温度下该路段的代表弯沉值，已知沥青混凝土面层保证率系数 $Z_a=1.645$，则：

$$L_r'=\overline{L}+Z_a\cdot S=10.9+1.645\times2.1=14.4(0.01\text{mm})$$

(2) 查图求温度修正系数

① 计算沥青层平均温度：

$$T_0=25+(18+22+23+26+27)/5=48.2℃$$

由图 7-3 查得：$T_{25}=20℃$、$T_m=18℃$、$T_e=16℃$，则：

$$T=(T_{25}+T_m+T_e)/3=18℃$$

②查取温度修正系数 K。

由 $T=18℃$ 及图 7-5 查得 $K=1.02$。

(3) 计算该路段的代表弯沉值

由式(7-4)得：

$$L_r=L_r'\times K=14.4\times1.02=14.7(0.01\text{mm})$$

因 $L_r=14.7(0.01\text{mm})<L_d=15(0.01\text{mm})$，故该路段弯沉值符合要求。

三、自动弯沉仪测定路面弯沉

用自动弯沉仪在标准条件下每隔一定距离连续测试路面的总弯沉值，并计算总弯沉值的平均值。以此作为尚无坑洞等严重破坏的道路验收检查及旧路面强度的评价指标，可为路面养护管理系统提供数据，经过与贝克曼梁测定值进行换算后，也可以进行路面结构设计。

1. 检测器具

自动弯沉仪的承载车辆应为单后轴、单侧双轮组的载重车(图 7-6)，其标准条件参考贝克曼梁测定路基路面回弹弯沉试验方法(T0951)中 BZZ-100 车型的标准参数。

测试系统基本技术要求和参数：

(1) 位移传感器分辨率：0.01mm。

(2) 位移传感器有效量程：≥3mm。

(3) 设备工作环境温度：0～60℃。

(4) 距离标定误差：≤1%。

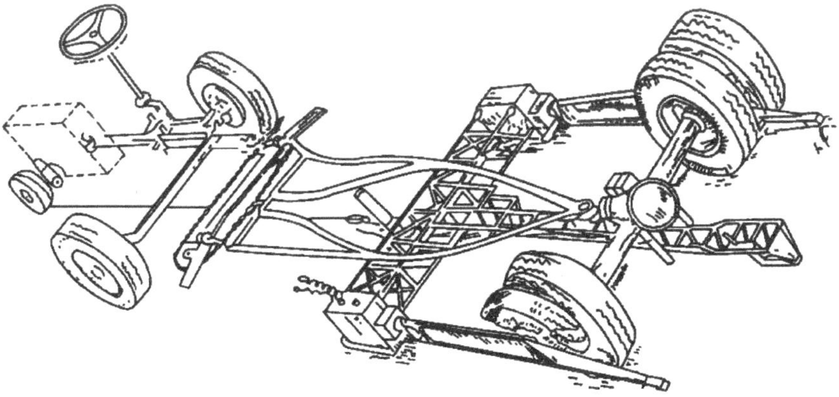

图 7-6　自动弯沉仪的测量机构

2. 方法与步骤

(1) 方法

① 位移传感器标定。每次测试之前必须按照设备使用手册规定的方法进行位移传感器的标定，记录标定数据并存档。

② 检查承载车轮胎气压。每次测试之前都必须检查后轴轮胎气压，应满足 0.70MPa±0.05MPa的要求。

③ 检查承载车轮载。一般每年检查一次，如果承载车因改装原因改变了后轴载，也必须进行此项工作，后轴载应满足 100kN±1kN 的要求。

④ 检查测量架的易损部件情况，及时更换损坏部件。

⑤ 打开设备电源进行检查，控制面板功能键、指示灯、显示器等应正常。

⑥ 开动承载车试测 2～3 个步距，观察测试机构，测试机构应正常，否则需要调整。

(2) 测试步骤

① 测试系统在开始测试前需要通电预热，时间应符合设备操作手册要求，并开启工程警

灯和导向标等警告标志。

② 在测试路段前 20m 处将测量架放落在路面上，并检查各机构的部件情况。

③ 操作人员按照设备使用手册的规定和测试路段的现场技术要求设置完毕所需的测试状态。

④ 驾驶员缓慢加速承载车到正常测试速度，沿正常行车轨迹驶入测试路段。

⑤ 操作人员将测试路段起终点、桥涵等特殊位置的桩号输入到记录数据中。

⑥ 当测试车辆驶出测试路段后，操作人员停止数据采集和记录，并恢复仪器各部分至初始状态，驾驶员缓慢停止承载车，提起测量架。

⑦ 操作人员检查数据文件，文件应完整，内容应正常，否则需要重新测试。

⑧ 关闭测试系统电源，结束测试。

3. 数据处理

(1) 采用自动弯沉仪采集路面弯沉盆峰值数据。

(2) 数据组中左臂测值、右臂测值按单独弯沉处理。

(3) 对原始弯沉测试数据进行温度、坡度、相关性等修正。

(4) 弯沉值的横坡修正：

当路面横坡坡度不超过 4%时，不进行超高影响修正；当横坡坡度超过 4%时，超高影响的修正参照有关规定进行。

4. 自动弯沉仪与贝克曼梁弯沉测值对比试验步骤

(1) 试验条件

① 按弯沉值不同水平范围选择不少于 4 段路面结构相似的路段。路段长度可为 300～500m，标记好起终点位置。

② 对比试验路段的路面应清洁干燥，温度应在 10～35℃范围内，并且选择温度变化不大的时间，宜选择晴天无风的天气条件，试验路段附近没有重型交通和振动。

(2) 试验步骤

① 按照上述的测试步骤，令自动弯沉仪按照正常测试车速测试选定路段，工作人员仔细用油漆每隔三个测试步距或约 20m 标记测点位置。

② 自动弯沉仪测试完毕后，等待 30min；然后，在每个标记位置用贝克曼梁按照贝克曼梁测定路基路面回弹弯沉试验方法测定各点回弹弯沉值。

(3) 试验数据处理

从自动弯沉仪的记录数据中按照路面标记点的相应桩号提出各试点测值，并与贝克曼梁测值一一对应，用数据统计的回归分析方法得到贝克曼梁测值和自动弯沉仪测值之间的相关关系方程，相关系数 R 不得小于 0.95。

5. 检测报告内容

测试报告中应包括以下内容：

(1) 弯沉平均值、标准差、代表值、测试时的路面温度及温度修正系数。

(2) 自动弯沉仪测值与贝克曼梁测值的相关关系式及相关系数。

四、落锤式弯沉仪测定路面弯沉

用落锤式弯沉仪(FWD)在标准质量的重锤落下一定高度发生的冲击荷载的作用下,测定路基或路面表面所产生的瞬时变形,即测定在动态荷载作用下产生的动态弯沉及弯沉盆,由此反算路基路面各层材料的动态弹性模量,作为设计参数使用。所测结果也可用于评定道路承载能力、调查水泥混凝土路面接缝的传力效果和探查路面板下的空洞等。

1. 检测器具

落锤式弯沉仪,简称 FWD,由荷载发生装置、弯沉检测装置、控制系统与车辆牵引系统等组成。其结构示意如图 7-7 所示。

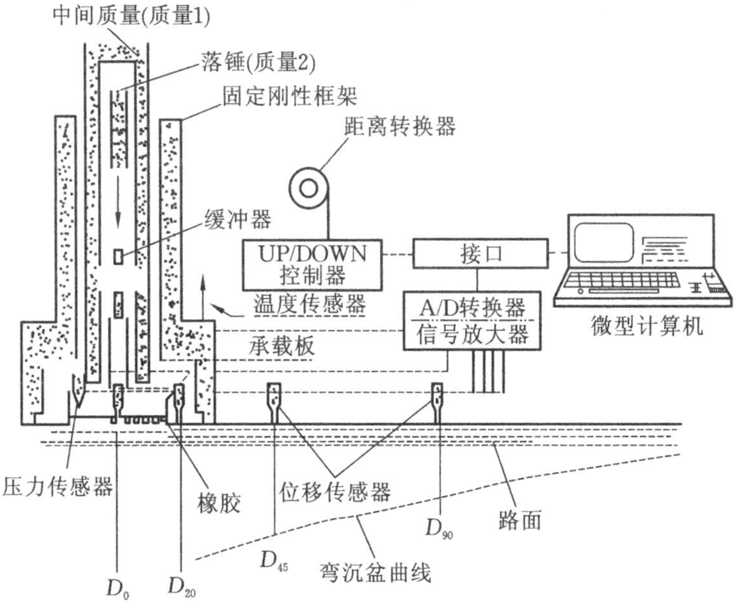

图 7-7 落锤式弯沉仪测量系统示意图

(1) 荷载发生装置:重锤的质量及落高根据使用目的与道路等级选择,荷载由传感器测定,如无特殊需要,重锤的质量为 200kg±10kg,可采用产生 50kN±2.5kN 的冲击荷载。承载板宜为十字对称分开成 4 部分且底部固定有橡胶片的承载板。承载板的直径为 300mm。

(2) 弯沉检测装置:由一组高精度位移传感器组成,如图 7-8 所示,传感器可为差动变压器式位移计(LVDT)。自中心开始,承载板沿道路纵向设置,隔开一定距离布设一组传感器,传感总数不少于 7 个,建议布置在 0～250cm 范围内,必须包括 0、30、60、90(cm)四点,其他根据需要及设备性能决定。

(3) 控制装置:能在冲击荷载作用的瞬间内,记录冲击荷载及各个传感器所在位置测点的动态变形。

(4) 牵引装置:牵引 FWD 并安装有运算及控制装置的车辆。

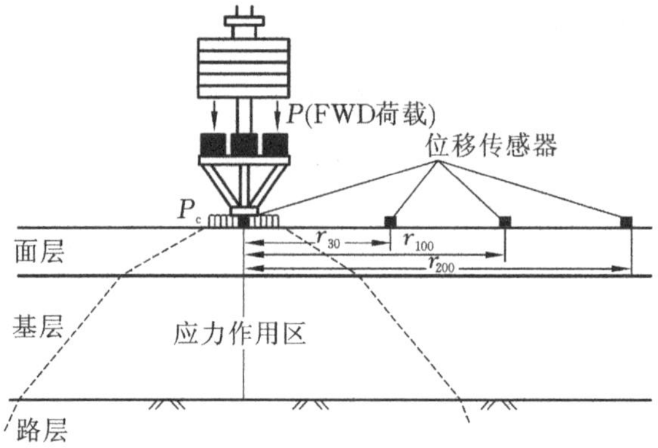

图 7-8　落锤式弯沉仪传感器布置及应力作用范围示例

2. 评定道路承载能力的方法与步骤

(1) 准备工作

① 调整重锤的质量及落高，使重锤的质量及产生的冲击荷载符合前述仪器的要求。

② 在测试路段的路基或路面各层表面布置测点，其位置或距离随测试需要而定。当在路面表面测定时，测点宜布置在行车车道的轮迹带上。测试时，还可利用距离传感器定位。

③ 检查 FWD 的车况及使用性能，用手动操作检查，各项标准符合仪器规定要求。

④ 将 FWD 牵引至测定地点，并将仪器打开，进入工作状态。牵引 FWD 行驶的速度不宜超过 50km/h。

⑤ 对位移传感器按仪器使用说明书进行标定，使之达到规定精度要求。

(2) 测定方法

① 承载板中心位置对准测点，承载板自动落下，放下弯沉装置的各个传感器。

② 启动落锤装置，落锤瞬间自由落下，冲击力作用于承载板上，又立即自动提升至原来位置固定。同时，各个传感器检测结构层表面变形，记录系统将位移信号输入计算机，并得到路面弯沉峰值，同时得到弯沉盆。每一测点重复测定应不少于 3 次，除去第一个测定值，取以后几次测定值的平均值作为计算依据。

③ 提起传感器及承载板，牵引车向前移动至下一个测点，重复上述步骤，进行测定。

3. 落锤式弯沉仪与贝克曼梁弯沉仪对比试验步骤

(1) 路段选择

选择结构类型完全相同的路段，针对不同地区选择某种路面结构的代表性路段，进行两种测定方法的对比试验，以便将落锤式弯沉仪测定的动弯沉值换算成贝克曼梁测定的回弹弯沉值。选择的对比路段长度 300～500m，弯沉值应有一定的变化幅度。

(2) 对比试验步骤

① 采用与实际使用相同且符合要求的落锤式弯沉仪及贝克曼梁弯沉仪测定车。落锤式弯沉仪的冲击荷载应与贝克曼梁弯沉仪测定车的后轴双轮荷载相同。

② 用油漆标记对比路段起点位置。

③ 布置测点位置，用贝克曼梁定点测定回弹弯沉值，测定车开走后，以测点为圆心，用粉

笔在周围画一个半径为 15cm 的圆，标明测点位置。

④ 将落锤式弯沉仪的承载板对准圆圈，位置偏差不超过 30mm，按前述方法进行测定。两种仪器对同一点弯沉测试的时间间隔不应超过 10min。

⑤ 逐点对应计算两者的相关关系。

通过对比试验得出回归方程式 $L_B = a + bL_{FWD}$，式中 L_{FWD}、L_B分别为落锤式弯沉仪及贝克曼梁弯沉仪测定的弯沉值。回归方程式的相关系数应不小于 0.95。

由于不同路面结构的材料、路基状况、温度、水文条件、路面使用状况不同，对比关系也有所不同，为了提高数据的准确性，应分各种情况做此项对比试验。

4. 水泥混凝土路面板调查的方法与步骤

(1) 在测试路段的水泥混凝土路面板表面布置测点，当调查水泥混凝土路面接缝的传力效果时，测点布置在接缝的一侧，位移传感器分开布置在接缝两边。当探查路面板下的空洞时，测点布置位置随测试需要而定，应在不同位置测定。

(2) 按前述方法进行测定。

5. 数据处理

(1) 按桩号记录各测点的弯沉及弯沉盆数据，计算一个评定路段平均值、标准差、变异系数。

(2) 当调查水泥混凝土路面接缝的传力效果时，利用分开布置在接缝两边的位移传感器测定值的差异及弯沉盆的形状，进行判断。

(3) 当探查路面板下的空洞时，利用在不同位置测定的测值差异及弯沉盆的形状，进行判断。

6. 检测报告

(1) 各测点的最大弯沉值及弯沉盆测定数据。

(2) 每一个评定路段全部测点弯沉的平均值、标准差、变异系数及代表弯沉值。

(3) 如与贝克曼梁弯沉仪进行了对比试验，尚应列出相关关系式、相关系数和换算的回弹弯沉值。

第二节　路基路面回弹模量检测

一、贝克曼梁测定路基路面回弹模量

贝克曼梁测定路基路面回弹模量是用弯沉仪测试各点的回弹弯沉值，通过计算求得该材料的回弹模量值的试验。该法适用于土基和厚度不小于 1m 的粒料整层表面，也适用于在旧路表面测定路基路面的综合回弹模量。

1. 检测器具与材料

(1) 标准车：按前述规定选用。

(2) 路面弯沉仪：由贝克曼梁、百分表及表架组成。弯沉值采用百分表量得。

(3) 路表温度计：分度不大于1℃。

(4) 接长杆：直径16mm，长500mm。

(5) 其他：皮尺、口哨、粉笔、指挥旗等。

2. 方法与步骤

(1) 准备工作

① 选择洁净的路面表面作为测点，要在测点处做好标记并编号。

② 无机结合料粒料基层的整层试验段(试槽)应符合下列要求：

A. 整层试槽可修筑在行车带范围内或路肩及其他合适处，也可在室内修筑，但均应适用于用汽车测定弯沉值。

B. 试槽应选择在干燥或中湿路段处，不得铺筑在软土基上。

C. 试槽面积不小于3m×2m，厚度不宜小于1m。铺筑时，先挖3m×2m×1m(长×宽×深)的坑，然后用欲测定的同一种路面材料按有关施工规范规定的压实度分层铺筑并压实。直至顶面，使其达到要求的压实度标准。同时应严格控制材料组成，配比均匀一致，符合施工质量要求。

D. 试槽表面的测点间距可按图7-9布置在中间2m×1m的范围内，可测定23点。

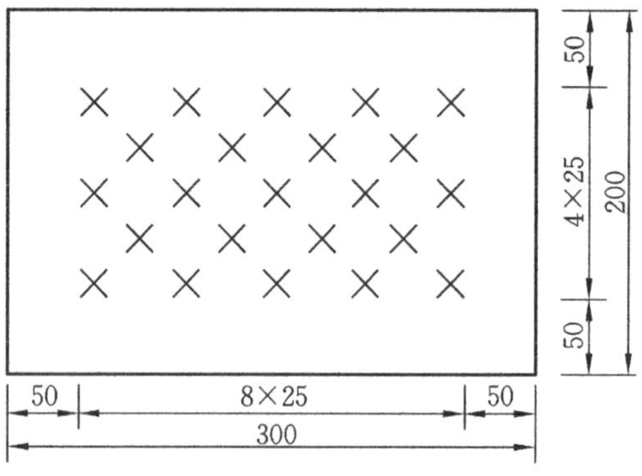

图7-9 试槽表面的测点布置(尺寸单位：cm)

(2) 测试步骤

选择适当的标准车，实测各测点处路面回弹弯沉值 L_i。如在旧沥青路面上测定时，应读取温度，并按规定进行测定弯沉值的温度修正，得到标准温度20℃时的弯沉值。

3. 计算

(1) 分别计算全部测定值的算术平均值 $\overline{L}$、单次测量的标准差 S 和自然误差 r_0：

$$\overline{L} = \sum L_i / n \tag{7-6}$$

$$S = \sqrt{\frac{(L_i - \overline{L})^2}{n-1}} \tag{7-7}$$

$$r_0 = 0.675 \times S \tag{7-8}$$

式中 $\overline{L}$——回弹弯沉的算术平均值(0.01mm)；

S——回弹弯沉值的标准差(0.01mm)；

r_0——回弹弯沉值的自然误差(0.01mm)；

L_i——各测点的回弹弯沉值(0.01mm)；

n——测点总数。

(2) 计算各测定值与算术平均值的偏差值 $d_i=L_i-\overline{L}$，并计算较大的偏差与自然误差之比 d_i/r_0。当某个测点观测值的 d_i/r_0 值大于表 7-5 中 d/r 极限值时，则应舍弃该测点，然后重复上述的步骤计算所余各测点算术平均值($\overline{L}$)及标准差(S)。

表 7-5　相应于不同观测次数的 d/r 极限值

n	5	10	15	20	50
d/r	2.5	2.9	3.2	3.3	3.8

(3) 按下式计算代表弯沉值：

$$L_r=\overline{L}+S \tag{7-9}$$

式中　L_r——计算的代表弯沉值(0.01mm)；

$\overline{L}$——舍弃不合要求的测点后所余各测点弯沉的算术平均值(0.01mm)；

S——舍弃不符合要求的测点后所余各测点弯沉的标准差(0.01mm)。

(4) 按下式计算土基、整层材料的回弹模量或旧路的综合回弹模量：

$$E_1=\frac{2p\delta}{L_r}(1-\mu^2)\alpha \tag{7-10}$$

式中　E_1——计算的土基、整层材料的回弹模量或旧路的综合回弹模量(MPa)；

p——测定车轮的平均垂直荷载(MPa)；

δ——测定用标准车双圆荷载单轮传压面当量圆的半径(cm)；

μ——测定层材料的泊松比，根据相关路面设计规范的规定取用，土基通常采用 0.35，沥青材料通常采用 0.25；

α——弯沉系数，为 0.712。

4. 检测报告

检测报告应包括弯沉测定表、计算代表弯沉值、采用的泊松比及计算得到的材料回弹模量 E_1 等，对沥青路面应报告测试时的路面温度。

二、承载板测定土基回弹模量

在现场土基表面用承载板对土基逐级加载、卸载的方法，测出每级荷载下相应的土基回弹变形值，经过计算求得土基回弹模量，作为路面设计参数使用。

1. 检测器具与材料

(1) 加载设施：载有铁块或集料等重物、后轴重不小于 60kN 载货汽车一辆，作为加载设备，在汽车大梁的后轴之后约 80cm 处，附设加劲横梁一根作反力架，汽车轮胎充气压力 0.50MPa。

(2) 现场测试装置，如图 7-10 所示，由千斤顶、测力计(测力环或压力表)及球座组成。

(3) 刚性承载板一块，板厚 20mm，直径为 30cm，直径两端设有立柱和可以调整高度的支座，供安放弯沉仪测头。承载板安放在土基表面上。

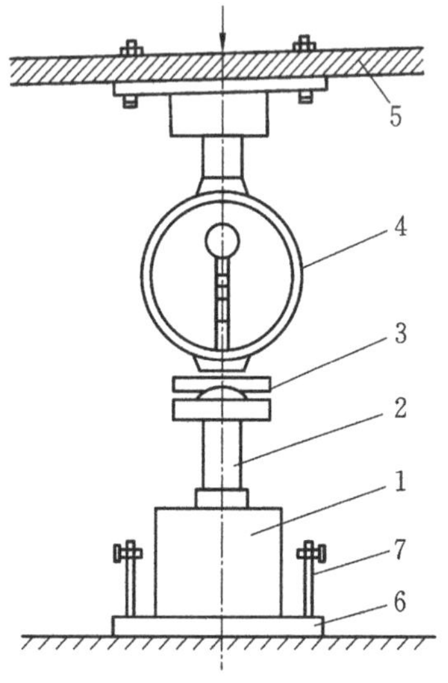

图 7-10 承载板试验现场测试装置

1—加载千斤顶；2—钢圆筒；3—钢板球座；4—测力计；5—加劲横梁；6—承载板；7—立柱及支座

(4) 路面弯沉仪两台，由贝克曼梁、百分表及其支架组成。

(5) 液压千斤顶一台(80～100kN)，装有经过标定的压力表或测力环，其容量不小于土基强度，测定精度不小于测力计量程的 1/100。

(6) 其他：秒表、水平尺、细砂、毛刷、垂球、镐、铁锹、铲等。

2. 方法与步骤

(1) 准备工作

① 根据需要选择有代表性的测点，测点应位于水平的路基上，路基土质均匀，不含杂物。

② 仔细平整土基表面，撒干燥洁净的细砂填平凹处，砂子不可覆盖全部土基表面，避免形成夹层。

③ 安置承载板，并用水平尺进行校正，使承载板处于水平状态。

④ 将试验车置于测点上，在加劲横梁中部悬挂垂球测试，使之恰好对准承载板中心，然后收起垂球。

⑤ 在承载板上安装千斤顶，上面衬垫钢圆筒、钢板，并将球座置于顶部与加劲横梁接触，如用测力环时，应将测力环置于千斤顶与横梁中间，千斤顶及衬垫物必须保持垂直，以免加压时千斤顶倾倒发生事故并影响测试数据的准确性。

⑥ 安放弯沉仪，将两台弯沉仪的测头分别置于承载板立柱的支座上，百分表对零或对准在其他合适的初始位置上。

(2) 测试步骤

① 用千斤顶开始加载，注视测力环或压力表，至预压 0.05MPa，稳定 1min，使承载板与土基紧密接触，同时检查百分表的工作情况是否正常；然后放松千斤顶油门卸载，稳压 1min 后，将指针对零或记录初始读数。

② 测定土基的压力-变形曲线。用千斤顶加载，采用逐级加载卸载法，用压力表或测力环控制加载量。荷载小于 0.1MPa 时，每级增加 0.02MPa，以后每级增加 0.04MPa 左右。为了使加载和计算方便，加载数值可适当调整为整数，每次加载至预定荷载(P)后，稳定 1min，立即读记两台弯沉仪百分表数值；然后轻轻放开千斤顶油门卸载至零，待卸载稳定 1min 后再次读数。每次卸载后百分表不再对零。当两台弯沉仪百分表读数之差小于平均值的 30%时，取平均值，如超过 30%则应重测。当回弹变形值超过 1mm 时，即可停止加载。

③ 各级荷载的回弹变形和总变形，按以下方法计算：

回弹变形 L ＝(加载后读数平均值－卸载后读数平均值)×弯沉仪杠杆比

总变形 L'＝(加载后读数平均值－加载初始前读数平均值)×弯沉仪杠杆比

④ 测定总影响量 α。总影响量是汽车后轴荷载对施测点的回弹变形。当最后一次加载卸载循环结束后，取走千斤顶，重新读取百分表初读数，然后将汽车开出 10m 以外，读取终读数，两只百分表的初、终读数差之平均值即为总影响量 α。

⑤ 在试验点下取样，测定材料含水量，取样数量如下：

最大粒径不大于 5mm，试样数量约 120g；
最大粒径不大于 25mm，试样数量约 250g；
最大粒径不大于 40mm，试样数量约 500g。

⑥ 在紧靠试验点旁边的适当位置，用灌砂法或环刀法等测定土基的密度。

3. 计算

(1) 各级压力的回弹变形值加上该级的影响量后，则为计算回弹变形值。表 7-6 是后轴重 60kN 的标准车为测试车的各级荷载影响量的计算值。当使用其他类型的测试车时，各级压力下的影响量 α_i 按下式计算：

$$\alpha_i = \frac{(T_1 + T_2)\pi D^2 p_i}{4 T_1 Q} \times \alpha \tag{7-11}$$

式中 T_1——测试车前后轴距(m)；
T_2——加劲横梁中点距后轴距离(m)；
D——承载板直径(m)；
Q——测试车后轴重(N)；
p_i——各级荷载下的承载板压力(Pa)；
α_i——各级荷载下的影响量(0.01mm)；
α——总影响量(0.01mm)。

表 7-6 各级荷载影响量(后轴 60kN 车)

承载板压力(MPa)	0.05	0.10	0.15	0.20	0.30	0.40	0.50
影响量	0.06α	0.12α	0.18α	0.24α	0.36α	0.48α	0.60α

(2) 将各级计算回弹变形值点绘于标准计算纸上，排除显著偏离的异常点并绘出顺滑的 p-L 曲线，如曲线起始部分出现反弯，应按图 7-11 所示修正原点 O，O'则是修正后的原点。

(3) 按下式计算相当于各级荷载下的土基回弹模量 E_i 值：

$$E_i = \frac{\pi D}{4} \cdot \frac{p_i}{L_i}(1-\mu_0^2) \tag{7-12}$$

式中 E_i——相应于各级荷载下土基回弹模量(MPa)；
μ_0——土的泊松比，根据相关路面设计规范规定选用，当无规定时，非黏性土可取 0.3，高黏性土取 0.5，一般可取 0.35 或 0.4；
D——承载板直径(cm)，取 30cm；
p_i——各级荷载下承载板压力(MPa)；
L_i——相对于荷载 p_i时的计算回弹变形值(cm)。

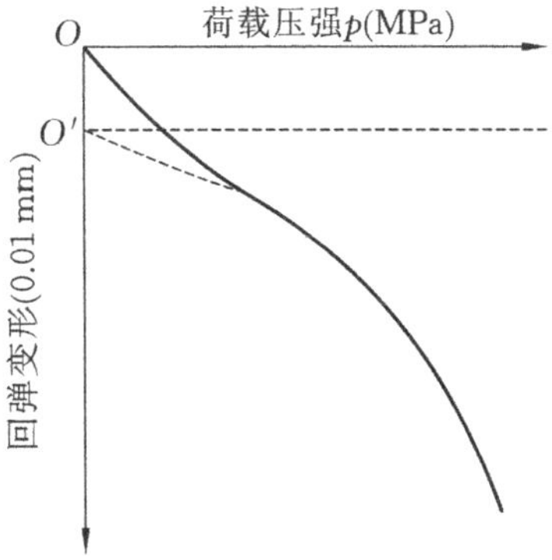

图 7-11 修正原点示意图

(4) 取结束试验前的各回弹变形值按线性回归方法由下式计算土基回弹模量 E_0 值：

$$E_0 = \frac{\pi D}{4} \cdot \frac{\sum p_i}{\sum L_i}(1-\mu_0^2) \tag{7-13}$$

式中 E_0——土基回弹模量(MPa)；

μ_0——土的泊松比，根据相关设计规范取用；

L_i——结束各级荷载的实测弯沉值(cm)；

p_i——对应 L_i 的各级压力值(MPa)。

4. 检测报告

应记录下列结果：

(1) 试验时所采用的汽车类型。

(2) 近期天气情况。

(3) 试验时土基的含水量(%)。

(4) 土基密度和压实度。

(5) 相应于各级荷载下的土基回弹模量 E_i 值。

(6) 土基回弹模量 E_0 值(MPa)。

记录格式见表 7-7。

表 7-7　承载板测定土基回弹模量记录

路线和编号＿＿＿＿＿＿　测定层位＿＿＿＿＿＿　承载板直径＿＿＿＿＿＿

路面结构＿＿＿＿＿＿　测定用汽车型号＿＿＿＿＿＿　测定日期＿＿＿＿＿＿

千斤顶读数	荷载 P(kN)	承载板压力 p (MPa)	百分表读数 (0.01mm)			总变形 (0.01mm)	回弹变形 (0.01mm)	分级影响量 (0.01mm)	计算回弹变形 (0.01mm)	E_i (MPa)
			加载前	加载后	卸载后					
总影响量 α(0.01mm)										
土基回弹模量 E_0(MPa)										

本章小结

本章着重从回弹弯沉值、回弹模量的检测出发，了解路基路面在设计、施工中强度指标的选用和强度检测的具体方法。重点应让学生掌握强度检测的工作原理、数据的收集和数据的整理，并能够根据检测数据对工程质量作出正确的评定。

复习思考题

1. 何谓弯沉值？常用哪几种方法进行测定？各测定方法有何特点？

2. 常用哪几种方法对路基、路面的回弹模量进行检测？

3. 某路段路基施工质量检查中，标准轴载测得10个点的弯沉值分别为100、101、102、110、95、98、93、96、103、104(0.01mm)，该路段的弯沉值是否满足要求[保证率系数 $Z_a=2.0$，设计弯沉值为115(0.01mm)]。

第八章 混凝土钻(挖)孔灌注桩完整性检测

【教学要求】

1. 说明混凝土钻(挖)孔灌注桩施工过程的检测内容及成孔质量检测标准;
2. 描述混凝土钻(挖)孔灌注桩检测方法;
3. 描述用低应变应力反射波法检测桩完整性的步骤。

第一节 概 述

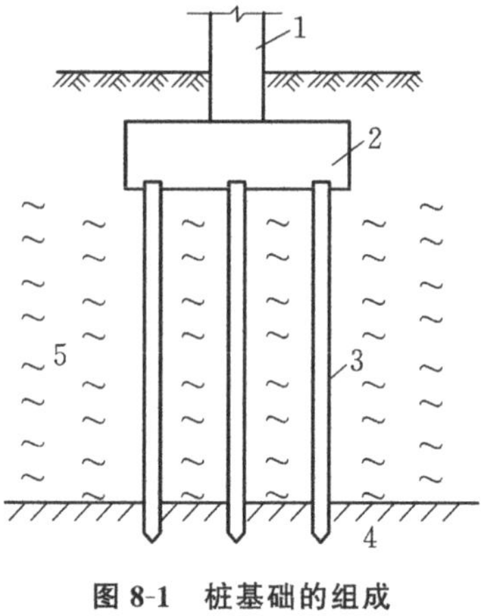

图 8-1 桩基础的组成

1—上部结构(墙或柱);2—承台(盖梁);3—桩身;4—坚硬土层;5—软弱土层

桩基础是由埋于地基中的若干根桩及将所有桩连成一个整体的承台(或盖梁)两部分所组成的一种基础形式(图8-1)。桩基础的作用是将承台(或盖梁)以上结构物传来的外力,通过承台(或盖梁)由桩传到较深的地基持力层中去。

桩基础按桩的承载类别分为竖向抗压桩、竖向抗拔桩、水平受荷桩和复合受荷桩;按桩的受力状态分为摩擦型桩、端承型桩;按桩对土体的影响程度分为非挤土桩、部分挤土桩和挤土桩(排土桩);按桩的承台高低分为低承台桩和高承台桩;按桩的施工方法分为预制桩和灌注桩等。

灌注桩是指在建筑工地现场通过机械钻孔、钢管挤土或人力挖掘等手段在地基土中形成桩孔,并在其内放置钢筋笼、灌注混凝土而制成的桩。依照成孔方法不同,灌注桩可分为泥浆护壁钻(冲)孔灌注桩、沉管灌注桩和挖孔灌注桩等。

钻(挖)孔灌注桩的检验,主要包括三个方面:一是施工前的检验(原材料检验、配合比检验、施工机具检验),二是施工过程检验,三是桩完整性、承载力检验。原材料与配合比检验在《道路建筑材料》书中讲述,本章重点介绍施工过程的一些检测项目及其方法及桩完整性检测。

第二节 施工过程检测

由于钻(挖)孔灌注桩是采用不同的钻孔(或挖孔)方法,在土中形成一定直径的井孔,达到设计标高后,将钢筋骨架吊入井孔中,灌注混凝土(或水下混凝土)成为桩基础的一种施工工艺。目前虽然有比较成熟的施工方法,但是,由于地质复杂或其他原因,容易出现质量事故,因

此,根据现行《公路工程质量检验评定标准》(JTG F80/1)对钻(挖)孔灌注桩的要求如下:

一、钻(挖)孔灌注桩施工要求

(一) 基本要求

1. 钻孔灌注桩的基本要求

(1) 成孔后必须清孔,测量孔径、孔深、孔位和沉淀层厚度,确认满足设计和施工技术规范要求后,方可灌注水下混凝土。

(2) 水下混凝土应连续灌注,灌注时钢筋笼不应上浮。

(3) 嵌入承台的锚固钢筋长度不得小于设计要求的锚固长度。

2. 挖孔灌注桩的基本要求

(1) 挖孔达到设计深度后,应及时进行孔底处理,应无松渣、淤泥等扰动软土层,孔底地质状况满足设计要求。

(2) 灌注混凝土时钢筋笼不应上浮。水下灌注时应连续灌注,干灌时应进行振捣。

(3) 嵌入承台的锚固钢筋长度不得小于设计要求的锚固长度。

(二) 实测项目

钻孔灌注桩实测项目有混凝土强度、桩位、孔深、孔径、钻孔倾斜度、沉渣厚度。挖孔灌注桩实测项目有混凝土强度、桩位、孔深、孔径或边长、孔的倾斜度、桩身完整性。

此外,《公路桥涵施工技术规范》(JTG/T F50)还要求施工过程检验筑岛、护筒、泥浆性能、灌注混凝土质量、钢筋笼与导管等项目。

(三) 外观质量规定

钻(挖)孔灌注桩外观质量应符合下列规定:

(1) 凿除桩头预留混凝土后,桩顶应无残余的松散混凝土。

(2) 外露混凝土表面不应存在缺陷。

本节重点介绍成孔质量检验及质量标准,清孔质量要求和检查方法,泥浆性能指标检测以及钻(挖)孔灌注桩质量评定。

二、成孔质量检验及质量标准

钻(挖)孔在终孔和清孔后,应进行孔位、孔深、孔径、孔形和倾斜度等检查。

混凝土灌注桩的成孔施工分为干作业(如人工挖孔)和湿作业(钻孔、冲孔等)。由于干作业施工的成孔桩成孔后,人可以接近孔壁、孔底,桩孔的孔深、孔径、垂直度、沉渣厚度等可通过钢尺等简单方法测量。因此,本节主要介绍的是湿作业施工的灌注桩的成孔质量检测。

(一) 桩位偏差检查

桩位偏差,即实际成桩位置偏离设计位置的距离。桩偏位后将导致桩的可靠性降低、工程造价增加与工期延长等。

施工中,由于各种因素的影响(如测量放线误差、护筒埋设时的偏差、钻机对位不正、钢筋笼下设时的偏差等),都会造成桩位偏离设计位置。因此,要保证桩位的正确性,首先在施工中就应将每一个环节的偏差控制在最小范围内。

在桩基施工前按设计桩位平面图放出桩的中心位置,施工后对全部桩位进行复测,检查桩中心位置并在复测平面图上标明实际桩位坐标。复测桩位时，桩位测点选在新鲜桩头面的中心点（基坑开挖前测量护筒中心），然后测量该点偏移设计桩位的距离，并按坐标位置，在桩位复测平面图上分别标明。测量仪器主要有精密经纬仪、红外测距仪和全站仪等。

桩位中心位置的偏差要求，应满足桩的设计规定或相关的规范标准。

（二）桩孔径、垂直度检测

桩孔径、垂直度检测是成孔质量检测中的两项重要内容。目前，用于孔径检测的仪器大多可同时测量桩的垂直度。桩孔径、垂直度检测的方法大致分为简易法检测、伞形孔径仪检测和声波法检测。

1. 简易法检测

工程技术人员在多年的灌注桩施工、检测中，研究总结出了一些简易的孔径、垂直度的检测方法和手段。它们适合在没有专用孔径垂直度仪条件下的成孔质量检测。检测设备为制作简单的器具，如钢筋笼式、圆球式、六边木条铰链式、卡尺式等类型的检孔器。其中钢筋笼式是简易法检测中使用较广泛的一种检孔器具，其设备制作简单，检测方法方便、可行。

（1）检孔器

钢筋笼检孔器形似小型钢筋笼（图 8-2），其尺寸根据检测桩的设计桩径大小设计，外径 D 可参照表 8-1 设计（外径不大于钻头直径），长度 L 为 3.0～5.0m（桩径较大时 L 取大值，还可适当加长）。检孔器采用钢筋制作，有一定的刚度，防止在使用过程中发生变形；同时，检孔器必须规则，减少周壁突出，防止在检孔过程中对孔壁造成破坏。

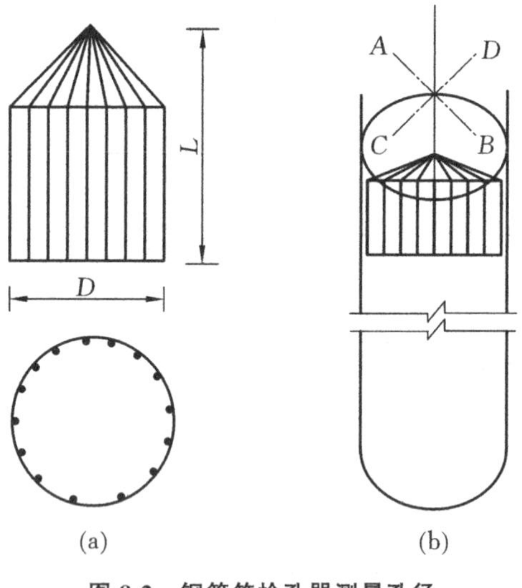

图 8-2　钢筋笼检孔器测量孔径

（a）检孔器；（b）孔径测量

表 8-1　检孔器外径尺寸

设计桩径（cm）	100	120	150	200	250	280	300
检孔器外径 D（cm）	98	118	148	197	246	276	296

(2) 孔径、垂直度检测

① 孔径检测

在钻孔成孔后，当孔深、清孔泥浆指标合格后，钻机移位，利用钻孔三脚架或吊车、龙门架等设备将检孔器放入孔内，检孔器进入孔内后，在护筒顶放样十字线，通过吊绳进行检孔器对中，如图 8-2(b)所示。检孔器对中后，上吊点(吊车、三脚架、龙门架下落钢丝绳点)位置必须固定且在整个检孔过程中不能变位，否则须重新对中。检孔器在孔内下落时，靠自重下沉，不得借助其他外力。如果检孔器能在自重作用下顺利下至孔底(检孔器系有测绳)，则表明孔径能满足设计桩径要求。如果检孔器在自重作用下不能下至孔底，则表明孔径小于设计桩径，应重新扫孔或重钻至设计孔径。

② 垂直度检测

当孔径器在孔顶对中下落后，通过在护筒顶观测吊绳相对于放样中心点的偏移情况，可计算成孔后的倾斜度，如图 8-3 所示。

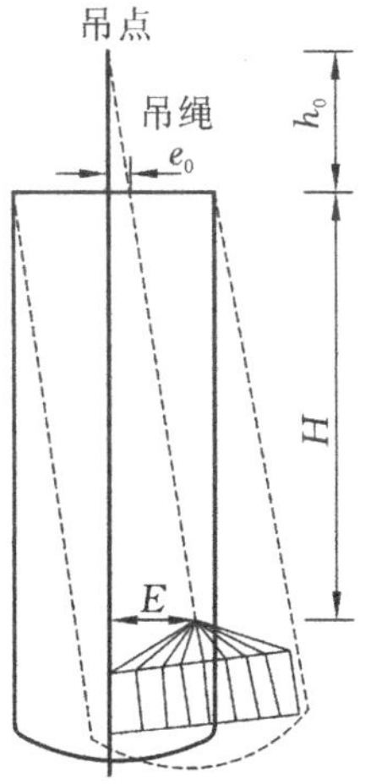

图 8-3　钢筋笼检孔器测量孔斜

桩孔垂直度：

$$K=\frac{E}{H}\times 100\% \tag{8-1}$$

式中　K——桩孔垂直度(%)；

E——桩孔偏心距(m)；

H——孔径器下落深度(m)。

由图 8-3 及几何关系得到：

$$\frac{e_0}{E}=\frac{h_0}{h_0+H} \tag{8-2}$$

$$E=\frac{e_0(h_0+H)}{h_0} \tag{8-3}$$

$$K=\frac{e_0(h_0+H)}{h_0\times H}\times 100\% \tag{8-4}$$

式中　e_0——护筒放样中心点与吊绳偏差值(m)；

h_0——吊点到护筒顶高度(m)；

其余符号意义同前。

由以上公式可很方便地测得桩孔垂直度，为保证检测的准确性，可视情况对 $H/2$、$H/4$ 等处进行检测，计算相应孔深垂直度。

类似钢筋笼式的另一种方法是圆球式检孔器检测，如图 8-4 所示。孔径器为一钢筋弯制的圆球，直径比孔径略小。检测孔径时，若圆球可以顺利放入孔底，表明孔径正常。当检测桩孔有倾斜度时，在孔口沿钻孔直径方向设一标尺，标尺上 0 点与钻孔中心重合，并使滑轮、标尺 0 点和钻孔中心在同一铅垂线上，滑轮到标尺中点距离为 H。穿过滑轮的测绳一端连接圆球，另一端通过转向滑轮用手拉住。将圆球慢慢放入钻孔中，并测读测绳在标尺上的偏距 e，则倾斜角 $\alpha=\arctan(e/H)$。该方法工具简单，操作方便。

2. 伞形孔径仪检测

伞形孔径仪是由孔径仪、孔斜仪、沉渣厚度测定仪三部分组成的一个测试系统。由于系统中孔径仪的孔中探测头部分形似伞形.并且它也是系统中的主要部分，因此常俗称该系统为伞形孔径仪。伞形孔径仪中测量孔径、孔斜、沉渣的孔中仪器部分是独立的，地面仪器为共用。

(1) 孔径测量

伞形孔径仪也称井径仪，如图 8-5 所示是国内目前采用较多的一种孔径测量仪器。仪器通过放入到桩孔中的一专用测头测得孔径的大小，通过在测头上安装的电路将孔径值转化为电信号，由电缆将电信号送到地面被仪器接收、记录，根据接收、记录的电信号值可计算或直接绘出孔径。

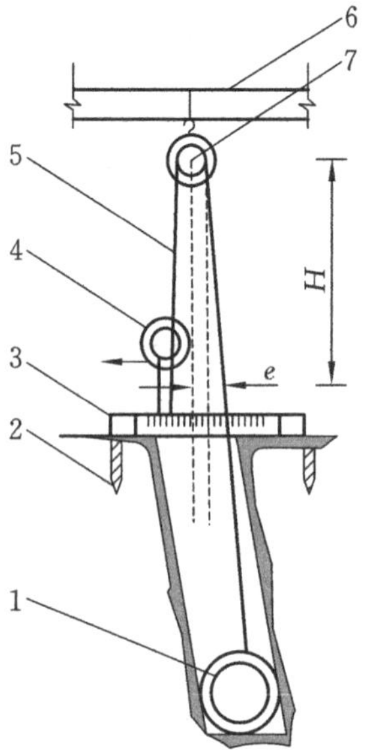

图 8-4 圆球式检孔器测量孔径、孔斜

1—圆球；2—定位桩；3—标尺；4—转向滑轮；5—钢丝绳；6—横梁；7—滑轮

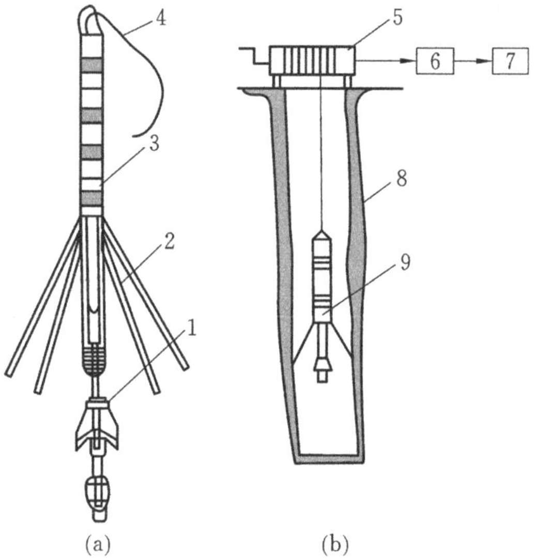

图 8-5 伞形孔径仪

(a) 测头；(b) 测量原理

1—锁腿架；2—测腿；3—密封筒；4—电缆；5—电缆绞车；6—放大器；7—记录仪；8—桩孔；9—测头

伞形孔径仪的工作原理如下：

① 孔径丈量。如图 8-5 所示，孔径仪测头前端有四条测腿，测腿可在弹簧和外力的作用下自动张开、合拢，如同一把自动伞。测头放入孔中后，弹簧力使测腿自然张开并以一定的压力与孔壁接触，孔径变大则测腿张开角也变大，孔径缩小则孔壁压迫测腿收拢，测腿的张开角变小，四条测腿成两组正交分别测量两个方向的孔径值，取平均值作为某测点的孔径。当将测腿从孔底提升至孔口时，随着孔径的变化，测腿犹如一把尺子可量出孔中各点高程的孔径。

② 电信号转换。在孔径仪测头密封筒内安装有串联滑动电阻(测量电位器)，测腿随孔径的变化张开、合拢，电位器上的触点位置也发生相应滑动导致电阻值的改变，当供给滑动电阻以恒定的电流时，孔径的改变则转化为电压值的变化。用数字电压表读出测量系统的电压，就可求出供电电流。测量孔径时，只要测得电压，利用式(8-5)就可计算出实际的孔径值。

$$\phi=\phi_0+K\frac{\Delta V}{I} \tag{8-5}$$

式中 ϕ——被测孔径(m)；

ϕ_0——起始孔径(m)；

ΔV——电压变化(V);

I——电流(A);

K——率定系数(m/Ω)。

采用自动记录仪记录孔径信号。记录仪在绘出孔径大小的同时,通过控制记录仪的走纸系统来实现深度的同步测量。

(2) 检测仪器

常用的伞形孔径仪的主要型号有 JJC-1A 型孔径仪和 JJY-5 型大口径孔径仪。仪器的主要技术指标见表 8-2。

表 8-2 伞形孔径仪型号、主要技术指标

项目	仪器型号	
	JJC-1A	JJY-5
孔径测量范围(mm)	ϕ500～ϕ1200	ϕ800～ϕ1500 ϕ1300～ϕ2200
孔径测量误差(mm)	±15	≤±20
电缆长度(m)	100	100
仪器耐压(MPa)	20	300
最大工作电流(mA)	5	10
工作电源(V)	220	220
总质量(孔径仪、记录仪、绞车、电缆、孔口滑轮)(kg)	77	80

上述两种仪器的工作原理基本相同。为了适应测量的要求,JJY-5 型大口径孔径仪在测头、测腿构造上进行了特殊处理。测头仪器内注满变压器油,其下端装有压力平衡装置且与密封筒贯通,从而使仪器在深桩孔中不致因外压力不平衡而损坏。为了测量直径 1500mm 以上桩孔,四条测腿的前端装有扩展腿,扩展腿还可以伸长。仪器的电缆长度也可根据测量桩孔深度要求厂家进行特殊定制。JJC-1A、JJY-5 型孔径仪的一个特点是在检测的同时,可打印绘出检测的结果图。

(3) 孔径测量及操作方法

测量之前,需对仪器进行全面的刻度校正。校正方法可采用与仪器配套的校正架。因校正架携带不方便,在工地现场一般使用仪器所附的"现场刻度器"进行校正。将"现场刻度器"套在孔径仪张开的四条测腿上,用尺量出刻度值,调整记录仪的记录笔到相应的刻度位置。如记录仪"测程"为 10mV/cm,测腿量出的刻度值为 800mm,则可把记录幅度调节为 80mm,此时记录的横向比例为 1∶10,由于桩的孔口尺寸是可以丈量的,有时检测人员也将孔口尺寸作为校正刻度值。

仪器校正后将测头的四条测腿合拢套上开腿盒锁定,开动绞车将测头放入孔内,当电缆上特殊标志下到钻进深度的起算面时停住,将深度显示值预置为 5.00m,并在对应电缆上的某一深度记号处，在地面上钉下标志杆作为标准点，此后直接显示仪器在孔中的测点位置。

测头到达孔底后电缆就会松弛，在孔口快速上提电缆，泥浆的反力将使开腿盒与测腿脱开，测腿随即自动弹开并贴住孔壁，记录笔也随之右移。开动绞车上提电缆开始孔径测量。测量过程中，记录纸随电缆走动，记录笔随孔径大小变化左右移动。当电缆上的每一个深度记号经过标准点时，都要按动仪器的深度记号器，直到测头被提到孔口为止，这样带有深度标志的孔径曲线就会被自动描绘下来。

如果需做孔径的点测，可将测头提到每一预定的测点深度，在仪器上读出对应的孔径电压值，按照仪器厂家提供的电流值 I 和率定系数 K，根据式(8-5)计算出实际的孔径值。

测量时如孔底泥浆密度过大，会阻碍测腿顺利弹到位，孔底测量值会偏小；如孔底冲刷时间过长，则孔径将偏大。测量时要结合桩孔施工情况对测量结果加以判断。

(4) 垂直度测量

① 测量原理与方法

采用伞形孔径仪测试系统中配套的专用测斜仪，在孔内不同深度连续多点测量其顶角和方位角[图 8-6(a)]，根据所测得的顶角、方位角可计算孔的倾斜度。

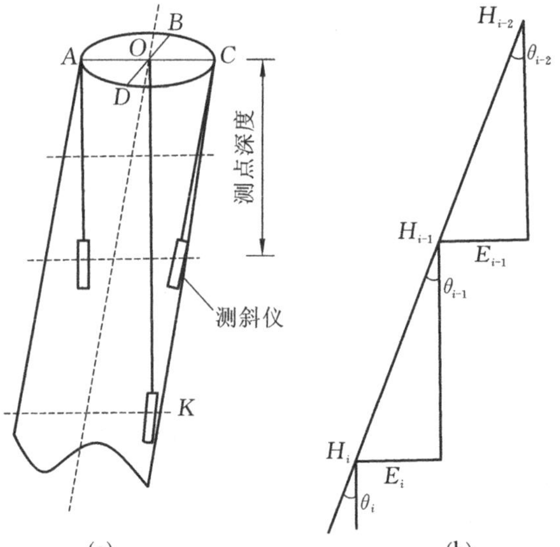

图 8-6 测斜仪测量垂直度

(a) 测斜方法；(b) 测斜计算

测斜仪的顶角测量利用铅垂原理，测量系统由顶角电阻(电阻值已知)、顶角测量杆组成。顶角测量杆上装有一重块可自由摆动，并使重块始终垂直于水平面。当钻孔倾斜时，顶角电阻和测量杆间就有一角度，仪器内部机构使得测量杆和顶角电阻接触，一部分电阻短路了，剩下的电阻值就是被测点的顶角。方位角测量依靠磁定向机构系统完成，系统中有定位电阻、接触片等，接触片始终保持指北状态，方位角变化时，接触片一部分电阻短路了，剩下的电阻值就是被测点的方位角。

桩孔垂直度主要取决于桩孔在垂直方向上的偏移量。在实际工程检测中，一般以测量桩孔的顶角参数值为主，通过顶角值计算得到桩孔的垂直度。桩孔的垂直度计算方法如图 8-6(b)所示，其计算公式如下：

$$E_1=\sum_{i=1}^{n}E_i=\sum_{i=1}^{n}(H_i-H_{i-1})\sin\left(\frac{\theta_i-\theta_{i-1}}{2}\right) \tag{8-6}$$

$$K=\frac{E_1}{H}\times 100\% \tag{8-7}$$

式中　E_1——桩孔总偏移量(m)；

K——桩孔垂直度(%)；

H——桩孔深度(m)；

i——第 i 个测点；

n——测点总数；

H_i——测头在第 i 点的读尺深度(m)；

E_i——桩孔在读尺深度 H_{i-1} 至 H_i 的偏移量(m)；

θ_i——第 i 测点的顶角值(°)。

工程中桩孔的倾斜并非如图 8-6(b)所示为一条平直的倾斜线，而常常是弯曲线，要求得 H 的真实值较为复杂，因此式(8-6)采用以相邻测点 i 和 $i-1$ 的顶角值 θ_i 和 θ_{i-1} 的平均值推算偏移量 E_i，这是一种较为简便、实用的方法。当然，假如将测点间距缩小，则两测点之间可近似为一条直线，计算的偏移量也会更准确，但测量的工作量将增大。

测量中，测斜仪测头可沿孔壁或孔的中心向下逐点测量[图 8-6(a)]，测点深度可等间距也可为任意间距。假设测头是沿孔中心向下测量，若测量至孔底顶角值均为 0°，则表示桩孔的偏移量小于孔的直径(或半径)；反之，则表示桩孔的偏移量大于桩孔的直径(或半径)。若测头沿孔壁向下测量，测斜仪一开始就发生非零的顶角读数，则表示孔已经偏移了某个距离。

测斜仪一般外加扶正器放入孔中测量，如果要求更准确的测量，可在成孔刚结束而钻杆尚未提起时，将专用高精度测斜仪放入钻杆内分点测斜，并将各点数值在坐标纸上描点作图，得到桩孔偏斜情况。

② 检测仪器

根据用途、测量精度要求的不同，测斜仪有多种型号。如 JJM-1 型高精度测斜仪是采用高分辨率传感器并配以计算机进行数据处理的精密测斜系统。使用时将仪器放入钻杆中逐点测量，并要求钻杆与孔壁的斜度保持一致。该仪器顶角测量精度优于一般测斜仪，但不用作方位测量。

(三) 成孔质量标准

钻(挖)孔灌注桩成孔质量标准见表 8-3。

表 8-3　钻(挖)孔灌注桩成孔质量标准

项　目		规定值或允许偏差
钻(挖)孔桩	孔的中心位置(mm)	群桩：100；单排桩：50
	孔径(mm)	不小于设计孔径
	倾斜度(%)	钻孔：小于 1；挖孔：小于 0.5
	孔深(m)	摩擦桩：不小于设计规定 端承桩：比设计深度超深不小于 0.05

续表 8-3

项　　目		规定值或允许偏差
钻孔桩	沉淀厚度(mm)	摩擦桩:符合设计要求,设计未规定时,对直径≤1.5m 的桩,≤200mm;对桩径>1.5m 或桩长>40m 或土质较差的桩,≤300mm。 端承桩:不大于设计规定;设计未规定时,≤50mm
	清孔后泥浆指标	相对密度:1.03～1.10;黏度:17～20Pa·s;含砂率<2%;胶体率>98%

注:清孔后的泥浆指标,是从桩孔的顶、中、底部分别取样检验的平均值。本项指标的测定,限指大直径桩或有特定要求的钻孔桩。

三、清孔的质量要求和检查方法

(一) 清孔的质量要求

摩擦桩:孔底沉淀土的厚度不大于设计规定;清孔后的泥浆性能指标满足表 8-4 中的规定。

端承桩:灌注混凝土前,孔底沉淀土的厚度不大于设计规定。

(二) 孔底沉渣厚度检测原理与方法

在钻孔灌注桩成孔过程中,采用循环泥浆液清洗孔底、护壁,将钻渣携带回到地面。泥浆液携带钻渣的能力与其黏度、胶体率、含砂量等指标有关。桩成孔后总有一部分钻渣未带上地面而沉淀于孔底,成孔后至灌注混凝土的间隙过长以及可能产生的孔壁坍塌等也会造成孔底沉淀。孔底沉渣的厚度直接影响桩端承载能力,沉渣太厚将使桩的承载能力大大降低。因此,在灌注混凝土之前必须对沉渣厚度进行检测,必要时须进行再次清孔,直到沉渣厚度满足要求。目前,测量沉渣厚度的方法大致有测锤法、电阻率法、电容法、声波法等。

1. 测锤法

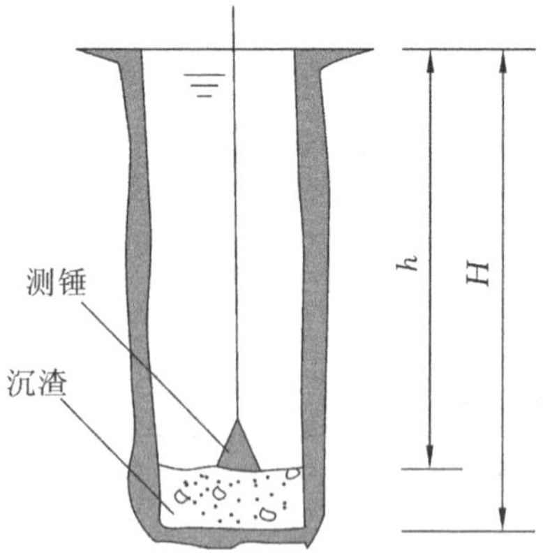

图 8-7　测锤法测量沉渣厚度

(1) 测量方法。测锤法原理如图 8-7 所示,测量工具为一锥形锤,锤底直径约为 15cm,高度约为 22cm,质量约为 5kg。测锤顶端系上测绳,把测锤慢慢沉入孔内,凭人的手感判断沉渣的顶面位置,此时,读出测绳上的深度值 h,则桩孔的深度 H 与测锤测量深度 h 之差即为沉渣厚度值。测锤法因其设备简单、操作容易、成本低,在沉渣厚度监测中一直被广泛采用。

由于测锤法测量需要靠人的手感来判断沉渣的顶面位置,易产生人为误差。另外沉渣位置深度值是通过测绳量取,而测绳的长短、松紧以及读数等也都会产生误差。因此,使用测锤法测量沉渣厚度的精确度较低、误差较大。

(2) 检测仪器。有一种通过报警装置来判断沉渣顶面的仪器,这种仪器的名称为 X-1 型孔底沉渣厚度测定仪。该测定仪通过测定沉渣表面位置和孔底深度,测得孔底沉渣厚度。探头接触沉渣时具有报警功能,可以消除人为误差。探头内装有振动装置,可穿透 1m 厚较坚硬的沉渣层到达孔底。仪器操作简便，测试误差小于 1cm，能在施工现场恶劣环境下作业。使用时，将探头沉入孔中，接近孔底缓缓下落。当探头接触到沉渣时，蜂鸣器响起、红灯发亮以确定沉渣表面位置，再启动振动装置，使探头边振动边沉入沉渣底部，从而测出沉渣厚度。

2. 电阻率法

电阻率法测量沉渣厚度的原理是根据不同介质的导电性差异(如水、泥浆和沉渣颗粒具有不同的导电性能)，通过测量介质的电阻值变化判断沉渣厚度。

电阻率法测量沉渣厚度有两种方式。

(1) 第一种方式是利用介质电阻率不同所产生的电压值的改变，通过测量电压值的变化来判断沉渣厚度(图 8-8)。

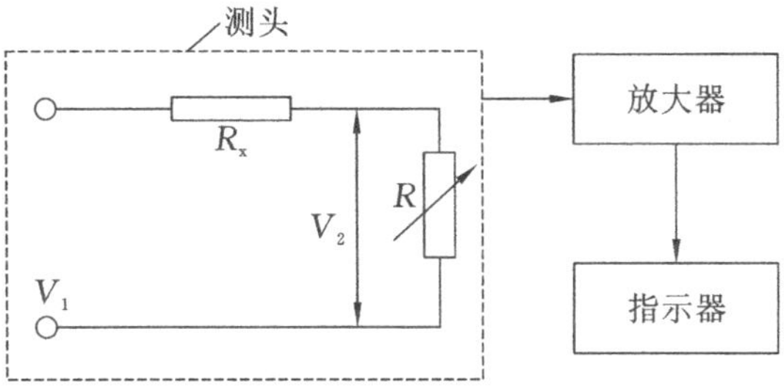

图 8-8　电阻率法测量沉渣厚度

由欧姆定律：

$$V_2=\frac{V_1R}{R_x+R} \tag{8-8}$$

式中　V_1——恒定交流电压(V)；

V_2——量测电压(V)；

R——可调电阻(Ω)；

R_x——反映延性电阻值(Ω)。

电阻 R_x 随不同介质而变化，不同 R_x 具有不同电压值 V_2，V_2 经放大后由记录仪或表头显示。

测量时将测头放入孔中，在接近孔底位置处将测头慢慢下沉，观察记录仪(或表头)读数的变化。当出现突变时记录深度 h_1，然后继续下沉测头；当再次突变时记录深度 h_2，直到测头不能下沉为止，记录深度 h_3。设施工深度为 H，则各沉淀层厚度为 h_2-h_1、h_3-h_2 和 $H-h_3$，沉渣厚度的确定需根据测量结果、钻孔地质及施工等情况分析后判断。

(2) 另一种方式是直接测量介质的电阻率，根据所测介质的电阻率变化曲线确定沉渣厚度。

由介质电阻：

$$R=\frac{\rho l}{S} \tag{8-9}$$

得到介质电阻率：

$$\rho=\frac{RS}{l} \tag{8-10}$$

式中 ρ——介质电阻率(Ω·m)；

R——介质电阻值(Ω)；

S——介质横截面面积(m^2)；

l——介质长度(m)。

测量时将测头放至孔底，通过绞盘，将测头匀速慢慢地往上提，记录仪记录下孔底不同深度的介质电阻率值，并在记录纸上绘出电阻率变化曲线。图 8-9 为沉渣厚度测量的电阻率变化曲线，图中 P 点为曲线的拐点，它为两种介质的分界点，拐点以下的部分为沉渣，其厚度可由记录纸上的深度坐标量得。

3. *电容法*

电容法测定沉渣厚度是利用水、泥浆和沉渣等介质电常数的差异，导致测头电容的改变，根据测头电容值的变化量测定沉渣厚度。

电容法测量沉渣厚度如图 8-10 所示，测量仪器由测头、放大器、指示器和电机驱动源等组成。测头装有电容极板和小型电机，电机带动偏心轮可产生水平振动。一旦测头极板接触到沉渣表面，蜂鸣器会发出响声，同时面板上的红灯亮；当依靠测头重力不能继续往下沉入沉渣深部时，可开启电机使水平激振器产生振动，把测头沉入更深部位。

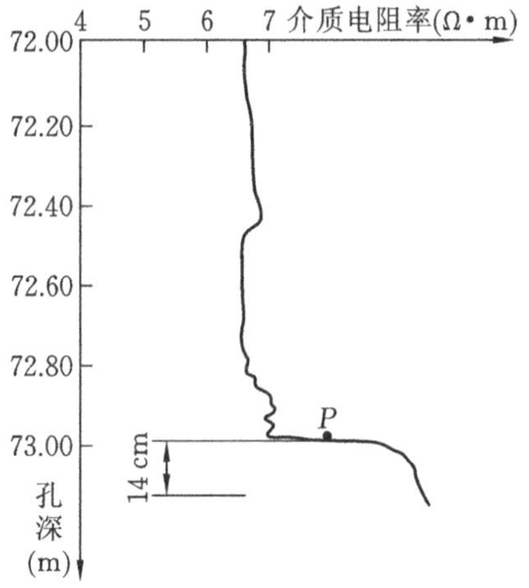

图 8-9 介质电阻率曲线

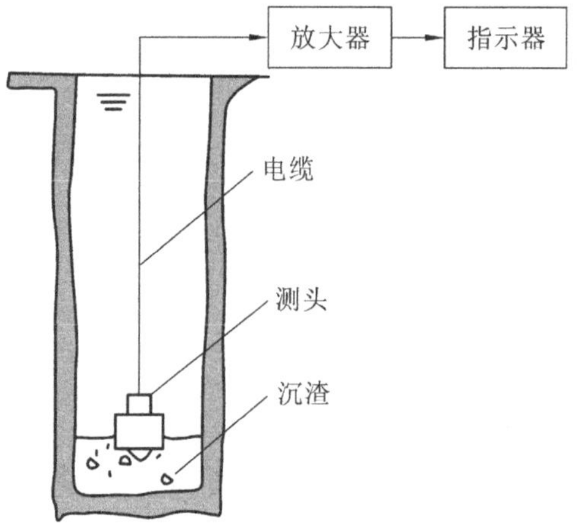

图 8-10 电容法测量沉渣厚度

例如，一泥浆护壁钻孔，孔深 13m，测头在泥浆中时其电容值为 19μF，测头进入沉渣时，电容降为 5μF，开启电机使测头继续下沉，电容显示为 4～6μF 变化，则沉渣厚度为施工深度和电容突然减小时的孔深之差。

4. *声波法*

声波法测定沉渣厚度的仪器是利用声波在传播中遇到不同界面产生反射而制成的测定仪。测头向桩底发射声波，当声波遇到沉渣表面时，一部分声波反射回来被测头接收，另一部分声波穿过沉渣继续向孔底传播，当遇到孔底持力层原状土后，声波再次被反射回来。测头从发射至接收到第一次反射波的相隔时间为 t_1，测头从发射至接收到第二次反射波的相隔时间为 t_2，那么沉渣厚度为：

$$h=\frac{(t_2-t_1)\cdot c}{2} \tag{8-11}$$

式中 h——沉渣厚度(m);

c——沉渣声波波速(m/s)。

四、泥浆性能指标检测

(一) 灌注桩泥浆性能指标

钻孔灌注桩施工时不同阶段的泥浆性能指标可参照表 8-4 选用。

表 8-4 钻孔灌注桩施工时不同阶段的泥浆性能指标

性能	基浆	鲜浆	钻进	回流	清孔	弃用
	膨润土＋碱	基浆＋PHP	鲜浆与钻屑混合	钻屑净化＋鲜浆	回流＋鲜浆	回流沉淀中
相对密度	<1.05	<1.04	<1.2	<1.08	<1.06	>1.3
黏度(Pa·s)	20～22	26～35	25～28	24～26	22～24	>42
含砂率(%)	<0.3	<0.3	<4	0.5～1.0	<0.3	>10
胶体率(%)	>98	100	96	98	100	<90
失水率(mL/30min)	15	<10	<18	<15	<10	>25
泥皮厚(mm/min)	1.5	≤1	2	1.5	≤1	>5
酸碱度(pH)	9～10	10～12	9～10	9～10	8～9	<7,>14
静切力(Pa)	2～4	4～6	3～5	3～5	3～5	<1
说明	可少量掺用 CMC 改善性能	要用专门的制浆设备及储存设备,用泵运输	钻进中出口泥浆指标不宜在回流泥浆中调整	通过除砂器后在循环池中沉淀,再加新浆回流孔内	清孔后用正循环法在桩底注入 5m 高鲜浆作隔离层	在循环池中清除固相沉淀物

直径大于 2.5m 的大直径钻孔灌注桩对泥浆的要求较高,泥浆的选择应根据钻孔的工程地质情况、孔位、钻机性能、泥浆材料条件等确定。在地质复杂、覆盖层较厚、护筒下沉不到岩层的情况下,宜使用丙烯酰胺(即 PHP)泥浆。此泥浆的特点是不分散、低固相、高黏度。

(二) 泥浆原料性能及外加剂剂量计算

1. 泥浆原料黏土的性能要求

泥浆原料宜尽可能使用膨润土。使用黏土时应符合下列要求:

(1) 自然风干后,用手不易掰开、捏碎。

(2) 干土破碎时,断面有坚硬的尖锐棱角。

(3) 用力切开后,切面光滑,颜色较深。

(4) 水浸湿后有黏滑感,加水和成泥膏后,容易搓成 1mm 的细长泥条,用手指揉捻,感觉砂粒不多,浸水后能大量膨胀。

(5) 胶体率不低于 95%。

(6) 含砂率不大于 4%。

(7) 制浆能力不低于 2.5L/kg。

一般可选用塑性指数大于 25、粒径小于 0.005mm、黏粒含量大于 50%的黏土制浆。略差的黏土,可掺入 30%的塑性指数大于 25 的黏土。若用亚黏土,其塑性指数不宜小于 15,粒径大于 0.1mm 的颗粒不宜超过 6%。所选黏土中不应含有石膏、石灰或钙盐类化合物。

若采用较差的黏土或亚黏土调剂泥浆,其性能指标不符合要求时,可在泥浆中掺入碳酸钠(Na_2CO_3,通称碱粉或纯碱)、氢氧化钠(NaOH)或膨润土粉末,以提高泥浆性能指标。掺量与原泥浆情况有关,最好由试验确定。一般碳酸钠的掺入量为孔中泥浆质量的 0.1%～0.4%。

2. 泥浆原料膨润土的性能和用量

膨润土有钠质和钙质两种。钠质膨润土较钙质为优,大量用于炼钢、铸造中,钻孔泥浆中用量也很大。膨润土泥浆具有相对密度低、黏度好、含砂量大、失水量少、泥浆薄、稳定性强、固壁能力高、钻具回转阻力小、钻进率高、造浆能力大等优点。

膨润土作为泥浆原料的一般用量为水的 8% ,即 8kg 膨润土可掺 100L 的水。对于黏土地层,可降低到 3%～5%。较差的膨润土用量为水的 12%左右。

3. 泥浆外加剂及其掺量

(1) 泥浆外加剂及其掺量见表 8-5。

表 8-5　泥浆外加剂及其掺量

序号	外加剂名称	作　　用	掺入量
1	CMC,全名为羟基纤维素	具有使地基土表面形成薄膜而使之强化和降低失水量的作用	普遍在 0.1%以下
2	FCI,又称铬铁木质素磺酸钠盐	是一种分散剂,可改善因混杂有土、粉砂、混凝土及盐分等而变质的稳定液性能,可使钻渣颗粒聚集而加速沉淀,使稳定液重复使用仍具有高质量性能	0.1%～0.3%
3	硝基腐殖酸钠盐(简称煤碱剂)	是由褐煤中提炼出来的腐殖酸,用硝酸和氢氧化钠处理后的产物。其作用与 FCI 相似,具有很强的吸附能力,在黏土颗粒表面形成结构性溶剂水化膜,阻止自由水渗透,使失水量降低,而黏度增加。若掺入量少,可使黏度不上升,具有部分稀释作用	0.1%～0.3%,FCl 和煤碱剂可任选一种
4	碳酸钠(Na_2CO_3,又称碱粉或纯碱)	可使酸碱度 pH 值增大,使黏土颗粒分散,使黏粒表面负电荷增加,为黏土吸收外界的正离子颗粒提供条件,可增加水化膜厚度,提供泥浆的胶体率和稳定性,降低失水量	掺入量为孔中泥浆的 0.1%～0.4%
5	PHP,聚丙烯酰胺絮凝剂	在泥浆循环中能清除劣质钻屑,保存造浆的膨润土粒,具有低固相、低相对密度、低失水、低矿化、泥浆触变性能强等特点	掺入量为孔中泥浆的 0.003%
6	重晶石细粉($BaSO_4$)	可将泥浆的相对密度增加到 2.0～2.22,提高泥浆护壁作用,为提高掺入重晶粉后泥浆的稳定性,降低其失水性,可同时掺入 0.1%～0.3%的氢氧化钠和 0.2%～0.3%的橡胶粉。掺入上述两种外加剂后,泥浆最适用于膨胀的黏质塑性土层和泥质页岩土层	重晶石粉掺量根据原泥浆相对密度和土质情况而定

上列各种外加剂用量，最好先做试配，试验其配合液各项性能指标是否符合要求。

各种外加剂宜先制成小剂量溶剂，按循环周期均匀加入，并及时测定泥浆指标，防止掺入外加剂过量。每循环周期相对密度差不宜超过 0.01。

(2) 泥浆原料性能要求及用量计算方法

在黏质土中钻孔时，事先只要调制不多的泥浆，以后可在钻进过程中利用地层黏土造浆补浆。

在砂土、砂砾或卵石中钻孔，事先须备足黏土，其数量可按下列公式和原则计算每立方米泥浆所需黏土质量为：

$$q=V\cdot\rho_1=\frac{\rho_2-\rho_3}{\rho_1-\rho_2}-\rho_1 \tag{8-12}$$

式中　V——每立方米泥浆所需黏土体积(m^3)；

ρ_1——黏土的密度(t/m^3)；

ρ_2——要求的泥浆密度(t/m^3)；

$$\rho_2=V\cdot\rho_1+(1-V)\cdot\rho_3 \tag{8-13}$$

ρ_3——水的密度，$\rho_3=1t/m^3$。

若造成的泥浆的黏度为 20～22Pa·s，则各种黏土的造浆能力为：黄土胶泥 1～3t/m^3，白土、陶土、高岭土 3.5～8t/m^3，次膨润土 9t/m^3，膨润土为 15t/m^3，可见膨润土的造浆能力较黄土胶泥高 3～4 倍，准备原料数量只需要普通黏土的 1/4～1/5。

(三) 泥浆性能检测

1. 相对密度

泥浆的相对密度是指泥浆与 4℃时同体积水的质量之比。相对密度可用泥浆相对密度计测定。将泥浆装满泥浆杯，加盖并洗净从小孔溢出的泥浆，然后置于支架上，移动游码，使杠杆呈水平状态(即气泡处于中央)，读出游码左侧所示刻度，即为泥浆的相对密度。

如工地无以上仪器，可用一个口杯先称其质量，设为 m_1，再装满清水称其质量为 m_2，再倒出清水、装满泥浆并擦去杯周溢出的泥浆，称其质量为 m_3，则泥浆相对密度 $\rho_x=(m_3-m_1)/(m_2-m_1)$。

2. 黏度 η

黏度是液体或混合液体运动时各分子或颗粒之间产生的内摩阻力。工地用标准漏斗黏度计测定，黏度计如图 8-11 所示。用两端开口量杯分别量取 200mL 和 500mL 泥浆，通过滤网滤去大砂砾后，将 700mL 泥浆均匀注入漏斗，然后使泥浆从漏斗流出，流满 500mL 量杯所需时间即为所测泥浆的黏度。

校正方法：漏斗中注入 700mL 清水，流出 500mL，所需时间应是 15s，其偏差如超过±1s，测泥浆黏度时应校正。

3. 含砂率(%)

含砂率是泥浆内所含砂和黏土颗粒的体积百分比。工地用含砂计(图 8-12)测定。量测时，把调制好的泥浆 50mL 倒进含砂率计，然后再倒 450mL 清水，使总体积为 500mL，将仪器口塞紧，摇动 1min 使泥浆与水混合均匀，再将仪器竖直静放 3min，仪器下端沉淀物的体积(由仪器上刻度读出)乘 2 即为含砂率(%)(有一种大型的含砂率计，容积 1000mL，从刻度读出的数即为含砂率，不用乘以 2)。

图 8-11　黏度计

图 8-12　含砂率计

4. 胶体率(%)

胶体率是泥浆静止后其中悬浮状态的黏土颗粒与水分离的程度，以百分比表示，它反映泥浆中土粒保持悬浮状态的性能。测定方法是将 100mL 的泥浆放入干净的量杯中，用玻璃板盖上，静置 24h 后，若量杯上部的泥浆澄清为透明的水，量杯底部有沉淀物，以 100 减去水和沉淀物体积即等于胶体率。

5. 失水量和泥皮厚

失水量是泥浆在钻孔内受内外水头作用在一定时间内渗入地层的水量，以 mL/30min 为单位。

测定方法：滤纸法。用一张 120mm×120mm 的滤纸，置于水平玻璃板上，中央画一直径 30mm 的圆，将 2mL 的泥浆滴入圆圈内，30min 后，量算润湿圆圈的平均半径减去泥浆摊平成为泥饼的平均半径(mm)，即为失水量。在滤纸上量出泥浆皮的厚度(mm)即为泥皮厚度。泥皮愈平坦、愈薄则泥浆质量愈高，一般泥厚不宜厚于 3mm。

五、钻(挖)孔灌注桩的混凝土质量检测

(1) 桩身混凝土抗压强度应符合设计规定；每根桩取混凝土抗压强度试件组数为 2～4 组，检验结果应满足质量检验要求。

(2) 检验方法和数量应符合设计要求。

六、钻(挖)孔灌注桩质量评定实测项目

钻(挖)孔灌注桩质量评定实测项目见表 8-6 和表 8-7。

表 8-6　钻孔灌注桩实测项目

项次	检查项目			规定值或允许偏差	检查方法和频率
1	混凝土强度(MPa)			在合格标准内	见《公路工程质量检验评定标准》(JTG F80/1)
2	桩位(mm)	裙桩		≤100	全站仪:每桩中心坐标
		排架桩	允许	≤50	
			极值	≤100	
3	孔深(m)			≥设计值	测绳:每桩测量
4	孔径(mm)			≥设计值	探孔器或超声波孔检测仪:每桩测量
5	钻孔倾斜度(mm)			≤1%S,且≤500	钻杆垂线法或超声波成孔检测仪:每桩测量
6	沉淀厚度(mm)			满足设计要求	沉淀盒或测渣仪:每桩测量
7	桩身完整性			满足设计要求;设计未要求时,每桩不低于Ⅱ类	满足设计要求;设计未要求时,采用低应变法或超声法;每桩检测

注:S 为桩长,计算规定值或允许偏差时以 mm 计。

表 8-7　挖孔灌注桩实测项目

项次	检查项目			规定值或允许偏差	检查方法和频率
1	混凝土强度(MPa)			在合格标准内	见《公路工程质量检验评定标准》(JTG F80/1)
2	桩位(mm)	群桩		≤100	全站仪:每桩测中心坐标
		排架桩	允许	≤50	
			极值	≤100	
3	孔深(m)			≥设计值	测绳量:每桩测量
4	孔径或边长(mm)			≥设计值	井测仪:每桩测量
5	钻孔倾斜度(mm)			≤0.5%S,且≤200	铅锤法:每桩测量
6	桩身完整性			满足设计要求;设计未要求时,每桩不低于Ⅱ类	满足设计要求;设计未要求时,采用低应变法或超声法;每桩检测

第三节　混凝土钻(挖)孔灌注桩检测

混凝土钻(挖)孔灌注桩是桥梁及建筑结构物常用的基础形式之一,这主要是由于桩能将上部结构的荷载传递到深层稳定的土层上去,从而大大减少基础沉降和建筑物的不均匀沉降,实践也证明它的确是一种极为有效、安全可靠的基础形式。但是,灌注桩的成桩过程是在桩位处的地面下或水下完成，施工工序多，质量控制难度大，稍有不慎极易产生断桩等严重缺陷。据统计国内外钻(挖)孔灌注桩的事故率高达5%～10%，因此，灌注桩的质量检测就显得格外重要。

随着钻(挖)孔灌注桩设计和施工技术的发展，其使用越来越广泛，由于灌注桩的成桩过程是在桩位处的地面下或水下完成，施工工序多，质量控制难度大，极易出现事故。因此《公路桥涵施工技术规范》(JTG/T F50)中规定：钻(挖)孔灌注桩一般选有代表性的桩用无破损法进行检测，重要工程或重要部位的桩宜逐根进行检测。

《公路工程基桩动测技术规程》(JTG/T F81-01)中所涉及的检测方法包括低应变反射波法、高应变动测法、超声波法(包括透射法和折射法)，检测方法应根据工程需要和检测项目按表8-8规定的检测内容确定。

表8-8　基桩检验方法一览表

检测方法		检测内容
低应变反射波法		检测桩身缺陷位置及影响程度，判定桩身完整性类别
高应变动测法		分析桩侧和桩端土阻力，推荐单桩轴向抗压极限承载力，检测桩身缺陷位置、类型及影响程度，判定桩身完整性类别；试打桩及打桩应力监测
超声波法	透射法	检验灌注桩中声测管之间混凝土缺陷位置及影响程度，判定桩身完整性类别
	折射法	检测灌注桩钻芯孔周围混凝土缺陷位置及影响程度

为保证检测结论的可靠性，可根据被检测对象和检测要求的不同，选用多种测试方法进行综合分析判断。

结合桩身完整性检测方法在工程中的应用情况，本节只介绍低应变反射波法和超声波法。

一、完整性检测基本要求

(一) 桩的检测数量规定

公路工程基桩应进行100%的完整性检测，各种方法的选定应具有代表性并满足工程检测的特定要求，重要工程的钻孔灌注应埋设声测管检测的桩数不少于50%。高应变动测法的抽检率可由工程设计或监理单位酌情决定，但不宜少于相近条件下总桩数的5%且不少于5根。

(二) 检测仪器与设备

基桩检测所用仪器设备的主要技术性能和工作环境条件，应符合《基桩动测仪》(JG/T 518)中的规定，并具有良好的波形现场显示、记录和储存功能。

检测仪器设备必须由法定计量单位定期对其进行标定和年检，合格后方能使用。

所有仪器设备在检测前后必须进行自检确认仪器正常工作。

(三) 检测前的准备

被检工程应进行现场调查，搜索其工程地质资料、基桩设计图纸和施工记录、监理日志等，了解施工工艺及施工过程中出现的异常情况。

检测方法和制订检测方案应根据调查结果和检测目的合理选用。

检测时间应满足拟用检测方法对混凝土强度(或龄期)和地基土休止期的规定。

(四) 检测报告及桩身完整性类别评定

检测报告应用词规范,结论明确。其内容应包括工程概况,岩土工程勘察、检测技术及方法,桩位平面布置图,测试曲线,检测结果汇总表,结论及评价等。

检测报告格式应符合《公路工程基桩动测技术规程》(JTG/T F81-01)附录 A 的规定。

依据各桩声速深度、缺陷深度、PSD 曲线、完整性瀑布图,结合现场工程地质、施工具体情况,综合判定桩身是否存在缺陷以及缺陷的严重程度,参考《建筑基桩检测技术规范》(JGJ 106)和《公路工程基桩动测技术规程》(JTG/T F81-01),将桩身的完整性按四类划分,见表 8-9。

表 8-9　桩身完整性类别划分

桩身完整性类别	特　　征
Ⅰ类桩	桩身完整,可正常使用
Ⅱ类桩	桩身基本完整,有轻度缺陷,不影响正常使用
Ⅲ类桩	桩身有明显缺陷,对桩身结构承载力有影响
Ⅳ类桩	桩身有严重缺陷,对桩身结构承载力有影响

二、动力检测法测量系统简介

测量系统往往由许多功能不同的器件组成,典型的系统可用图 8-13 所示的三个框图来表示。三个方框代表如下三个功能器件。

图 8-13　基本测量系统方框图

(1) 传感器。传感器是一个能量变换器,它接收被测量(常称其为被测物理量),并将其变换成便于测量的其他量。例如,将速度变成电压,将应变变换成电阻等。

(2) 信号调节器。信号调节器又称中间转换器,它将传感器输出信号进行再转换放大(或衰减)、阻抗匹配等处理,使其转换成合乎需要、容易记录和显示的信号。

(3) 记录装置。有些记录器或显示装置本身附有一些信号变换器件,对其输入量有变换作用。例如,电磁或电压表把输入电压变换成指针相对刻度表盘的位移。

如果用方框图来分析体温表可叙述为:温度“变换”成水银球的体膨胀,毛细管“调节”膨胀的水银,刻度使温度测量能折合为长度的测量。

(一) 传感器

传感器的组成环节为敏感元件和变换器或控制元件。

敏感元件的作用是将被测非电量预先变换为另一种易于被变换器感受并能转换成电量的非电量。由于敏感元件直接感受到被测量并加以变换,所以也常称为传感器。有些敏感元件(如应变片、热电偶)输出的是电量,即兼有变换元件的作用,这样的敏感元件本质上同传感器毫无差别。

变换器是将感受到非电量直接变换成电量的器件。有些变换器可直接感受被测量,所以变换器有时也称为传感器。

传感器的灵敏度是选择传感器的主要指标。传感器灵敏度是指在稳态情况下，传感器输出变化对于相应的输入变化的比值，用 K_t 表示。

$$K_t = \frac{\text{输出量的变化}}{\text{输入量的变化}}$$

通常，传感器灵敏度由制造单位给定，是已知的，在实际测量中则可用测量输出量的办法来获得被测的输入量。对于输出与输入之间具有线性关系的线性传感器，输入量＝输出量/K_t。

传感器有许多种类，常见的分类方法是按传感原理和被测量形式进行分类。以传感原理分类时，对传感器的工作原理比较清楚，按被测量形式分类时，对被测量对象较为明确，习惯上将两者结合起来称呼。动力检测常用的传感器有电容式传感器、电感式传感器、电磁感应式传感器、压电式传感器等。

（二）信号调节器

传感器输出信号，往往难以直接被显示或记录，需要进行再转换、放大（或衰减）、阻抗匹配等处理，才能输入记录与显示装置。对信号在显示或记录前所进行的这种预处理称为信号调节，也称为中间转换，所用的器件则称为信号调节器（中间转换器）。信号调节器的功能主要有放大、信号转换及抗阻匹配（可能具备一种或几种）。

放大器是一种对输入信号值进行放大的装置，有机械式放大机构（如杠杆机构）与电子放大器等。

许多电传感器输出的电信号太小，不能直接输入显示记录装置，因此常利用电子放大器来增大传感器输出信号的幅值。测试用的电子放大器可分为交流放大器与直流放大器。交流放大器不能放大稳态（频率为零）信号或频率很低的信号，而直流放大器既能放大较高频率的信号，又能放大稳态信号或频率很低的信号。

信号转换器用于对传感器输出的信号或已经放大过的信号在输入到记录与显示装置前在形式上再作转换。常见的信号转换器有齿轮齿条、传动装置、电荷放大器、调制系统与桥接电路等。

（三）记录与显示装置

记录与显示装置是测量系统中的最后一个环节。记录装置与显示装置的差别在于前者的输出信号可永久记录下来，而后者却不能。

目前最常用的是光线示波器、模拟磁带记录器及打印机。各种记录器的工作原理请参阅有关书籍。

三、低应变反射波法

（一）反射波法基本原理

反射波法源于应力波理论，基本原理是在桩顶进行竖向激振，弹性波沿着桩身向下传播，在桩身存在明显波阻抗界面（如桩底、断桩或严重离析等部位）或桩身截面积变化（如缩径或扩径）部位，将产生反射波。经接收、放大滤波和数据处理，可识别来自桩身不同部位的反射信号。据此计算桩身波速，判断桩身完整性和混凝土强度等级。

当桩嵌入土体中，将受到桩周土的阻尼影响，桩的动力特性满足一维波动方程，即：

$$\frac{\partial^2 V}{\partial^2 X}-\frac{1}{v_p^2}\times\frac{\partial^2 V}{\partial t}-\frac{n}{EA}\times\frac{\partial V}{\partial t}=0 \tag{8-14}$$

式中 V——质点振动位移；

X——振动质点到振源的距离；

t——质点振动的时间；

n——阻尼系数；

A——桩的截面面积；

v_p——纵波在桩中的传播速度，$v_p=E/\rho$；

ρ——桩的质量密度；

E——杨氏弹性模量。

当纵波在无限长直杆内传播时，它将沿某一方向前进，把能量输送到无限远处，见图 8-14。若杆长有限，当波和杆端面相遇时，根据边界条件，能量将在端部边界产生反射或透射。

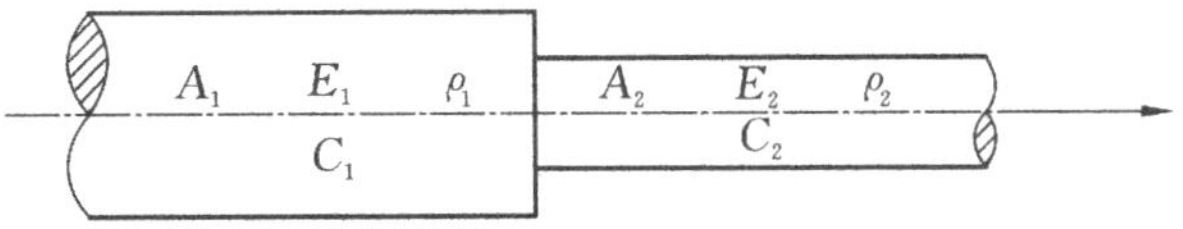

图 8-14 弹性波在两个共轴半无限长直杆中传播的交界

单桩动测的应力波法中典型的端面边界是固定端边界和自由端边界。通过对方程式(8-14)求解，可分析边界的波场情况。

在固定端边界，入射波和反射波的位移大小相等、方向相反，叠加的结果互相抵消，总波场在固定端处的位移恒为零。由此可知，固定端使入射波的正向位移转为负向位移。而对于应力波，情况恰恰相反，入射应力波和反射应力波传播方向相反，在固定端处反射应力与入射应力的大小和方向均相同，总应力为入射应力的两倍。

自由端边界和固定端边界相反。位移波在边界处大小和方向相同，总位移为入射位移的两倍；应力波在边界处大小和方向相反，即在自由端的反射形成拉压互变。

基桩检测中常会遇到桩几何尺寸为扩径或缩径现象。可以假设为两个物理性质不同的半无限直杆在交界处共轴密接。

桩身各种桩状以及桩底不同的支承条件均可归纳成以下三种波阻抗变化类型：

1. 波阻抗近似不变

桩底支承介质与桩身阻抗近似，桩身完整、均匀、无缺陷都属于这种类型。应力波为全透射，无反射信号产生。因此，若桩底岩石与桩身混凝土阻抗接近时，将无法得到桩底反射信号。

2. 波阻抗减小

桩底支承介质较桩身材料软以及桩身断裂、缩径、离析、疏松、裂缝、裂纹等缺陷都属于这种类型。

用传感器在桩顶检测出的反射波速度和初始入射波速度符号相同，即反射波速度、应力均与入射波信号极性一致。

当桩底支承介质的阻抗远小于桩身抗阻或桩身完全断裂时，由于透射波为零，桩身完全断裂处发生全反射，应力波仅在断裂位置以上多次反射，无法检测断裂部位以下的桩身质量。

3. 波阻抗增大

桩底支承介质较桩身材料硬以及桩身扩径、鼓肚都属于这种类型。

在桩顶检测出的反射波速度、应力均与入射波信号极性相反。当桩底支承介质的阻抗远大于桩阻抗，桩底近似为固定时，桩底处的速度为零，而应力加倍。

图 8-15 给出了三组塑料模型桩的速度波形曲线，分别代表完整桩、局部缩径桩和局部扩径桩，与上述三种波阻抗变化类型相对应。由于材料特性均匀，且无土阻抗，因此这些曲线非常容易从理论上加以解释。

图 8-15(a)所示为完整桩。在 $t=0$ 的时刻，锤击桩头产生压缩波，在曲线 0.0m 处出现下凹。该波不间断地沿桩长向下传播至桩底，桩底反射一个上行拉力反射波，与入射波同向，在 5.0m 处出现下凹。

图 8-15(b)所示为局部缩径桩，在 $t=0$ 时刻为起始压缩波，在曲线 0.0m 处出现下凹，应力波通过 3.0m 处的缩径位置时，桩阻抗减小，产生上行拉力反射波，与入射波极性一致，曲线出现下凹，下凹程度取决于阻抗下降幅度。接着，由于应力波通过缩径后回到原截面，阻抗相对增加，曲线又上凸至零线水平，最后在 5.0m 处测得桩底的响应。

图 8-15(c)所示为局部扩径桩，在 $t=0$ 时刻为起始压缩波，在曲线 0.0m 处出现下凹。应力波通过 3.0m 处的扩径位置时，桩抗阻增加，产生上行压缩反射波，与入射波极性相反，曲线出现上凸，上凸程度取决于阻抗增加的幅度。接着，由于应力波通过扩径后回到原截面，阻抗相对减小，曲线下凹至零线水平，最后在 5.0m 处测得桩底的响应。

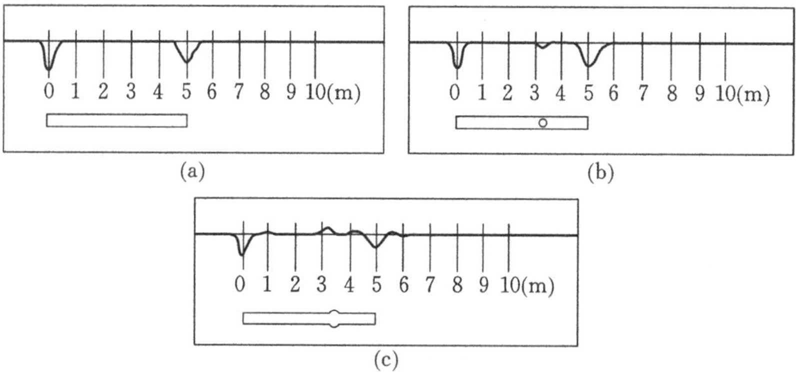

图 8-15 塑料模型桩的速度波形曲线

(a) 完整桩；(b) 缩径桩；(c) 扩径桩

(二) 适用范围

本方法是通过分析实测桩顶速度响应信号的特征来检测桩身的完整性，判定桩身缺陷位置及影响程度，判断桩端的嵌固情况。

本方法适用于混凝土灌注桩和预制桩等刚性材料桩的桩身完整性检测。

使用本方法时，被检桩的桩端反射信号应能有效识别。

(三) 检测仪器与设备

检测系统包括信号采集及处理仪、传感器、激振设备和专用附件。反射波法检测系统基本组成见图 8-16。

1. 信号采集及处理仪

信号采集及处理仪应符合下列规定：

(1) 数据采集装置的模-数转换器不得低于 12bit。

(2) 采样间隔宜为 10～500μs,可调。

(3) 单通道采样点不少于 1024 个。

(4) 放大器增益宜大于 60dB,可调,线性度良好,其频响范围应为 5～5000Hz。

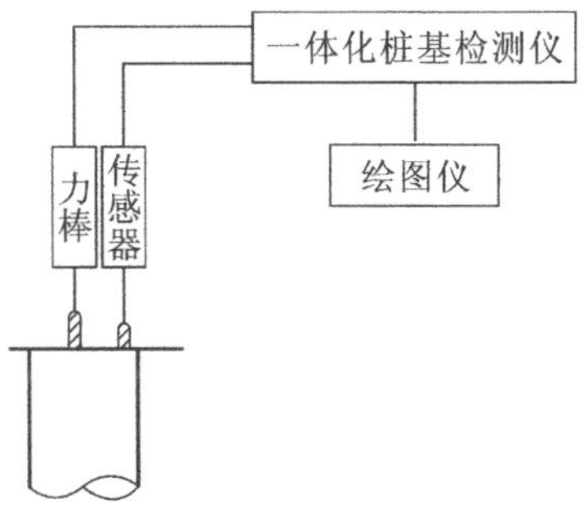

图 8-16　反射波法检测系统组成

2. 传感器的性能

传感器的性能应符合下列规定：

(1) 传感器宜选用压电式加速度传感器或磁电式速度传感器,频响曲线的有效范围应覆盖整个测试信号的频带范围。

(2) 加速度传感器的电压灵敏度应大于 100mV/g,电荷灵敏度应大于 20PC/g,上限频率不应小于 5kHz,安装谐振频率不应小于 6kHz,量程应大于 100g。

(3) 速度传感器的固有谐振频率不应大于 30Hz,灵敏度应大于 200mV/(cm · s^{-1}),上限频率不应小于 1.5kHz,安装谐振频率不应小于 1.5kHz。

3. 力锤或力棒

根据桩型和检测目的,宜选择不同材料和质量的力锤或力棒,以获得所需的激振频率和能量。

(四) 现场检测技术

1. 检测前,准备工作的有关规定

(1) 检测前应按规定搜集有关技术资料。

(2) 根据现场实际情况选择合适的激振设备、传感器及检测仪,检查测试系统各部分之间是否连接良好,确认整个测试系统处于正常工作状态。

(3) 桩顶应凿至新鲜混凝土面,并用打磨机将测点和激振点磨平。

(4) 应测量并记录桩顶截面尺寸。

(5) 混凝土灌注桩的检测宜在成桩 14d 以后进行。

(6) 打入或静压式预制桩的检测应在相邻桩打完后进行。

2. 传感器安装要求

(1) 传感器的安装可采用石膏、黄油、橡皮泥等耦合剂,黏结应牢固,并与桩顶面垂直。

(2) 对混凝土灌注桩,传感器宜安装在距桩中心 1/2～2/3 半径处,且距离桩的主筋不宜小于 50mm。当桩径不大于 1000mm 时,不宜少于 2 个测点;当桩径大于 1000mm 时,不宜少于 4 个测点。

(3) 对混凝土预制桩,当边长不大于 600mm 时,不宜少于 2 个测点;当边长大于 600mm 时,不宜少于 3 个测点。

(4) 对预应力混凝土管桩不应少于 2 个测点。

3. 激振规定

激振时应符合下列规定：

(1) 混凝土灌注桩、混凝土预制桩的激振点宜在桩顶中心部位；预应力混凝土管桩的激振点和传感器安装点与桩中心连线的夹角不应小于45°。

(2) 激振锤和激振参数宜通过现场对比试验选定。短桩或浅部缺陷桩的检测宜采用轻锤短脉冲激振；长桩、大直径桩或深部缺陷桩的检测宜采用重锤宽脉冲激振，也可采用不同的锤垫来调整激振脉冲宽度。

(3) 采用力棒激振时，应自由下落；采用力锤敲击时，应使其作用力方向与桩顶面垂直。

4. 检测工作要求

检测工作应遵守下列规定：

(1) 采样频率和最小的采样长度应根据桩长和波形分析确定。

(2) 各测点的重复检测次数不应少于3次，且检测波形具有良好的一致性。

(3) 当干扰较大时，可采用信号增大技术进行重复激振，提高信噪比；当信号一致性差时，应分析原因，排除人为和检测仪器等干扰因素，重新检测。

(4) 对存在缺陷的桩应改变检测条件重复检测，相互验证。

5. 检测数据分析与判定

桩身完整性分析宜以时域曲线为主，辅以频域分析，并结合施工情况、岩土工程勘察资料和波形特征等因素进行综合分析判定。

桩身波速平均值的确定如下：

(1) 当桩长已知、桩端反射信号明显时，选取相同条件下不少于5根Ⅰ类桩的桩身波速按下列公式计算其平均值：

$$c_m=\frac{1}{n}\sum_{i=1}^{n}c_i \tag{8-15}$$

$$c_i=\frac{2L\times1000}{\Delta T}=2L\cdot\Delta f \tag{8-16}$$

式中 c_m——桩身波速平均值(m/s)；

c_i——第i根桩的桩身波速计算值(m/s)；

L——完整桩桩长(m)；

ΔT——时域信号第一峰与桩端反射波峰间的时间差(ms)；

Δf——幅频曲线桩端相邻谐振峰间的频差(Hz)，计算时不宜取第一与第二峰；

n——基桩数量($n\geqslant5$)。

(2) 当桩身波速平均值无法按上述要求确定时，可根据本地区相同桩型及施工工艺的其他桩基工程的测试结果，并结合桩身混凝土强度等级与实践经验综合确定。

(3) 桩身缺陷位置应按下式计算：

$$x=\frac{1}{2000}\Delta t_x\cdot c=\frac{1}{2}\frac{1}{\Delta f_x} \tag{8-17}$$

式中 x——测点至桩身缺陷之间的距离(m)；

Δt_x——时域信号第一峰与缺陷反射波峰间的时间差(ms)；

Δf_x——幅频曲线所对应缺陷的相邻谐振峰间的频差(Hz);

c——桩身波速(m/s),无法确定时用c_m值替代。

(4) 混凝土灌注桩采用时域信号分析时,应结合有关施工和岩土工程勘察资料,正确区分由扩径处产生的二次同相反射与因桩身截面渐扩后急速恢复至原桩径处的一次同相反射,以避免对桩身完整性的误判。

(5) 对于嵌岩桩,当桩端反射信号为单一反射且与锤击脉冲信号同相时,应结合岩土工程勘察和设计等有关资料以及桩端同相反射波幅的相对高低来推断嵌岩质量,必要时采取其他合适方法进行核验。

(6) 对桩身完整性的分析,当出现下列情况之一时,宜结合其他检测方法进行。

① 超过有效检测长度范围的超长桩,其测试信号不能明确反映桩身下部和桩身端情况。

② 桩身截面渐变或多变,且变化幅度较大的混凝土灌注桩。

③ 桩长的推算值与实际桩长明显不符,且又缺乏相关资料加以解释或验证。

④ 实测信号复杂、无规律,无法对其进行准确的桩身完整性分析和评价。

⑤ 对于预制桩,时域曲线在接头处有明显反射,但又难以判定是断裂错位还是接桩不良。

(7) 桩身完整性类别应按下列原则判定:

Ⅰ类桩:桩端反射较明显,无缺陷反射波,振幅谱线分布正常,混凝土波速处于正常范围。

Ⅱ类桩:桩端反射较明显,但有局部缺陷所产生的反射信号,混凝土波速处于正常范围。

Ⅲ类桩:桩端反射不明显,可见缺陷二次反射波信号,或有桩端反射但波速明显偏低。

Ⅳ类桩:无桩端反射信号,可见因缺陷引起的多次强反射信号,或按平均波速计算的桩长明显短于设计桩长。

(8) 检测报告格式应符合《公路工程基桩动测技术规程》(JTG/T F81-01)附录 A 的规定,并应包括下列内容:

① 桩身混凝土波速值。

② 桩身完整性描述,包括缺陷位置、性质及类别。

③ 时域曲线图,并注明桩底反射位置。

④ 桩位编号及平面布置示意图,地质柱状图。

四、超声波法

钻(挖)孔灌注桩超声波检测法要在桩内预埋几根声测管作为检测通道,将超声脉冲发射换能器(又称发射探头)和超声脉冲接收换能器(又称接收探头)置于声测管中,管中需充满清水,作为耦合剂。由仪器中的脉冲信号发生器发生一系列周期性电脉冲,加在发射换能器的压电体上,转换成超声脉冲。该脉冲穿过待测的桩体混凝土,被接收换能器所接收,再转换成电信号。由仪器中的测量系统测出超声脉冲穿过混凝土所需的时间、接收波幅值(或衰减值)、接收脉冲主频率、接收波波形和频谱等参数,然后由数据处理系统按判断软件对接收信号的各种参数进行综合判断和分析,即可对混凝土各种内部缺陷的性质、大小、位置作出判断,并给出混凝土总体均匀性和强度等级的评价指标。

(一) 适用范围

本方法适用于直径不小于 800mm 的混凝土灌注桩的完整性检测,它包括跨孔透射法和单孔折射法。

(二)检测仪器和设备

(1) 检测仪系统包括信号放大器、数据采集及处理存储器、径向振动换能器等。

(2) 检测仪应具有一发双收功能。

(3) 声波发射应采用高压阶跃脉冲或矩形脉冲,其电压最大值不应小于 1000V,且分档可调。

(4) 接收放大器和数据采集器应符合下列规定:

① 接收放大器的频带宽度为 5～200kHz,增益不应小于 100dB,放大器的噪声有效值不大于 2μV,波幅测量范围不小于 80dB,测量误差小于 1dB。

② 计时显示范围应大于 2000μs,精度优于 0.5μs,计时误差不应大于 2%。

③ 采集器模数转换精度不应低于 8bit,采样频率不应小于 10MHz,最大采样长度不应小于 32kB。

(5) 径向振动换能器应符合下列规定:

径向水平面无指向性;谐振频率宜大于 25kHz;在 1MPa 水压下能正常工作;收、发换能器的导线均应有长度标注,其标注允许偏差不应小于 10mm;接收换能器宜带有前置放大器,频带宽度宜为 5～60kHz;单孔检测采用一发双收一体型换能器,其发射换能器至接收换能器的最近距离不应小于 30cm,两接收换能器的间距宜为 20cm。

(三)现场检测技术

1. 声测管的埋设规定

声测管的埋设应符合下列规定:

(1) 当桩径不大于 1500mm 时,应埋设三根管;当桩径大于 1500mm 时,应埋设四根管。

声测管的埋置见图 8-17。

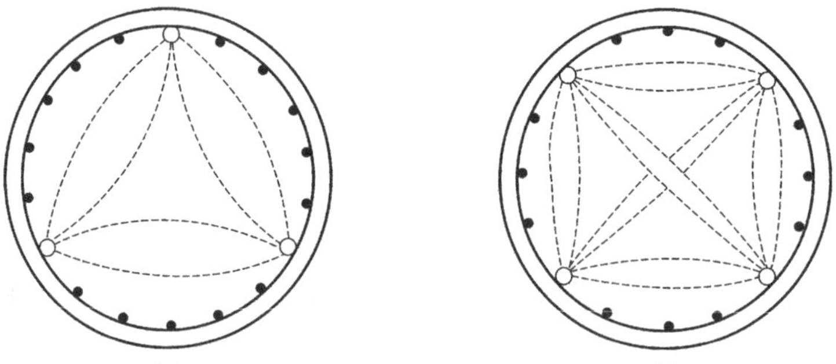

(a)　　　　(b)

图 8-17　声测管的埋置

(a) 三管;(b) 四管

(2) 声测管宜采用金属管,其内径应比换能器外径大 15mm,管的连接宜采用螺纹连接,且不漏水。

(3) 声测管应牢固焊接或绑扎在钢筋笼的内侧,且互相平行、定位准确,并埋设至桩底;管口宜高出桩顶面 300mm 以上。

(4) 声测管管底应封闭,管口应加盖。

(5) 声测管的布置以路线前进方向的顶点为起始点,按顺时针方向进行编号和分组,每两根编为一组。

2. 检测前的准备

(1) 被检桩的混凝土龄期应大于 14d。

(2) 声测管内应灌满清水,且保证畅通。

(3) 标定超声检测仪发射至接收的系统延迟时间为 t_0。

(4) 准确量测声测管的内、外径和两相邻声测管外壁间的距离,量测精度为±1mm。

(5) 取芯孔的垂直度误差不应大于 0.5%,检测前应进行孔内清洗。

3. 检测方法

根据声测管埋置的不同情况,可以有如下 3 种检测方法。

(1) 双孔检测

在桩内预埋两根以上的管道,把发射探头和接收探头分别置于两根管道中(图 8-18),检测时超声脉冲穿过两管道之间的混凝土。这种检测方法的实际有效范围为超声脉冲从发射换能器到接收换能器所穿过的范围。

随着两换能器沿桩的纵轴方向同步升降,使超声脉冲扫过桩的整个纵剖面,从而得到各项声参数沿桩的纵剖面的变化数据。为了扩大在桩横截面上的有效检测控制面积,必须使声测管的布置合理。双孔测量时,根据两探头相对高程的变化,可分为平测、斜测、扇形扫测等方式,如图 8-18 所示,在检测时视实际需要灵活掌握。

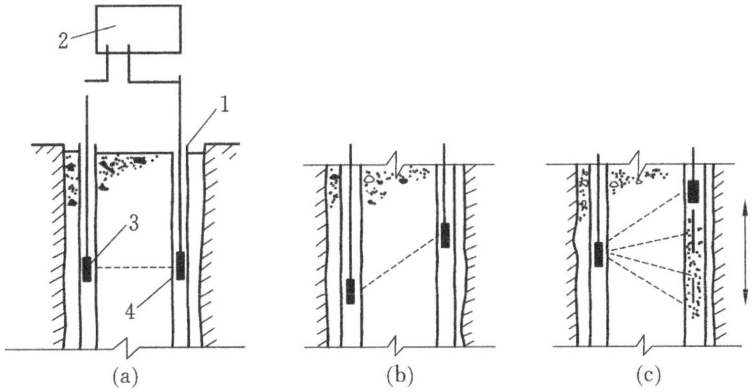

图 8-18 双孔检测方法

(a) 双孔平测;(b) 双孔斜测;(c) 扇形扫测

1—声测管;2—超声仪;3,4—发射和接收换能器

(2) 单孔检测

在某种特殊情况下,只有一个孔道可供检测使用,例如在钻孔取芯后需进一步了解芯样周围混凝土的质量,以扩大取芯检测后的观察范围,这时可利用单孔检测法图[8-19(a)]。换能器放置在一个孔中,中间以隔声材料隔离。这时声波从水中及混凝土中分别绕射到接收换能器,接收信号为从水及混凝土等不同声通路传播而来的信号的叠加,分析这一叠加信号,测出

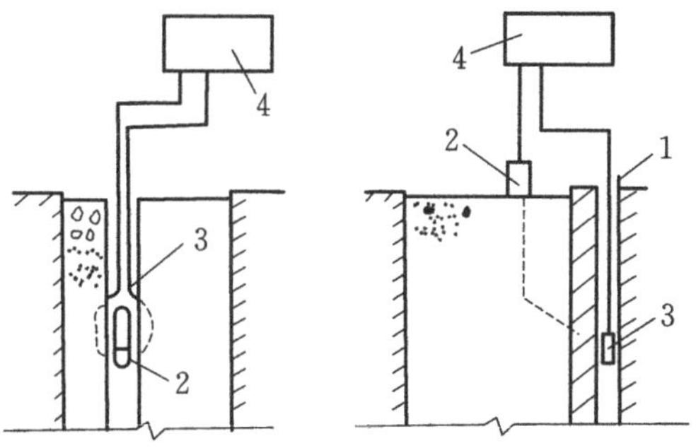

图 8-19 单孔检测与桩外孔检测

(a) 单孔；(b) 桩外孔

1—声测管；2—发射探头；3—接收探头；4—超声波检测仪

不同声通路的声参数，即可分析孔道周围混凝土的质量。

运用这一检测方法时，必须运用信号分析技术，排除管中的混响干扰。当孔道中有钢质套管时，不能用此法检测。

(3) 桩外孔检测

当桩的上部结构已施工，或桩内未预埋管道时，可在桩外的土基中钻孔作为检测通道。检测时，在桩顶上放置一较强功率的低频探头，向下沿桩身发射超声脉冲，接收探头从桩外孔中慢慢放下，超声脉冲沿桩身混凝土向下传播，并穿过桩与测孔之间的土层，进入接收探头，逐点测出声时、波高等数据作为判断依据[图 8-19(b)]。这种方式的可测深度受仪器发射功率的限制，一般只能测到 10m 左右。

以上 3 种方式中，双孔检测是桩基超声脉冲检测的基本形式，其他两种方法在检测和结果分析上都比较困难，只能作为特殊情况下的补救措施。

4. 检测要求

检测方法应符合下列要求：

(1) 测点间距不宜大于 250mm。发射与接收换能器应以相同高程同步升降，其累计相对高差不应大于 20mm，并随时校正。

(2) 在对同一根桩的检测过程中，声波发射电压应保持不变。

(3) 对于声时值和波幅值出现异常的部位，应采用水平加密、等差同步或扇形扫测等方法进行细测，结合波形分析确定桩身混凝土缺陷的位置及其严重程度。

5. 检测参数计算

声时即超声脉冲穿过混凝土所需的时间。如果两声测管基本平行，则当混凝土质量均匀，没有内部缺陷时，各横截面所测得的声时值基本相同。当存在缺陷时，由于缺陷区的泥、水、空气等内含物的声速远小于完好混凝土的声速，所以使穿越时间明显增大，而且当缺陷中的物质与混凝土的声阻抗不同时，界面透过率很小，声波将绕过缺陷继续传播，波线呈折线状。由于绕行声程比直达声程长，因此，声时值也相应增大，所以声时值是缺陷的重要判断参数。

(1) 计算声时修正值

由于埋置声测管影响声时值，应按下式计算声时修正值：

$$t'=\frac{D-d}{v_t}+\frac{d-d'}{v_w} \tag{8-18}$$

式中 t'——声时修正值(μs)；

D——声测管外径(mm)；

d——声测管内径(mm)；

d'——换能器外径(mm)；

v_t——声测管壁厚度方向声速值(km/s)；

v_w——水的声速值(km/s)。

(2) 计算声时、声速和声速平均值

声时、声速和声速平均值应按下列公式计算，并绘制声速-深度曲线、波幅-深度曲线。

$$t=t_i-t_0-t' \tag{8-19}$$

$$v_i=\frac{l}{t} \tag{8-20}$$

$$v_m=\sum_{i=1}^{n}\frac{v_i}{n} \tag{8-21}$$

式中　t——声时值(μs)；

t_i——超声波第 i 测点声时值(μs)；

t_0——声波检测系统延迟时间(μs)；

t'——声时修正值(μs)；

v_i——第 i 个测点声速值(km/s)；

l——两根检测管外壁间的距离(mm)；

v_m——混凝土声速平均值(km/s)；

n——测点数。

(3) 单孔折射法的声时、声速计算

单孔折射法的声时、声速应按下列公式计算：

$$\Delta t=t_2-t_1 \tag{8-22}$$

$$v_i=\frac{h}{\Delta t} \tag{8-23}$$

式中　Δt——两个接收换能器的声时差(μs)；

t_1——近道接收换能器声时值(μs)；

t_2——远道接收换能器声时值(μs)；

v_i——第 i 测点的声速值(km/s)；

h——两个接收换能器间的距离(mm)。

6. 检测结果分析和判定

桩身混凝土缺陷应根据下列方法综合判定：

(1) 声速判据

当实测混凝土声速值低于声速临界值时，应将其作为可疑缺陷区。

$$v_i<v_D \tag{8-24}$$

式中　v_i——第 i 个测点声速值(km/s)；

v_D——声速临界值(km/s)。

声速临界值采用正常混凝土声速平均值与 2 倍声速标准差之差，即

$$v_D=\overline{v}-2\sigma_v \tag{8-25}$$

$$\overline{v}=\sum_{i=1}^{n}\frac{v_i}{n} \tag{8-26}$$

$$\sigma_v=\sqrt{\sum_{i=1}^{n}\frac{(v_i-\overline{v})^2}{n-1}} \tag{8-27}$$

式中 $\overline{v}$——正常混凝土声速平均值(km/s);

σ_v——正常混凝土声速标准差;

v_i——第 i 个测点声速值(km/s);

n——测点数。

当检测剖面 n 个测点的声速值普遍偏低且离散性很小时,宜采用声速低限值判据。即实测混凝土声速值低于声速低限值时,可直接判定为异常。

$$v_i < v_L \tag{8-28}$$

式中 v_i——第 i 个测点声速值(km/s);

v_L——声速低限值(km/s)。

声速低限值应由预留同条件混凝土试件的抗压强度与声速对比试验结果,结合本地区实际经验确定。

(2) 波幅判据

用波幅平均值减 6dB 作为波幅临界值。当实测波幅值低于波幅临界值时,应将其作为可疑缺陷区。

$$A_D = A_m - 6 \tag{8-29}$$

$$A_m = \sum_{i=1}^{n} \frac{A_i}{n} \tag{8-30}$$

式中 A_D——波幅临界值(dB);

A_m——波幅平均值(dB);

A_i——第 i 个测点相对波幅值(dB);

n——测点数。

(3) *PSD* 判据

PSD 判据是以声参数-深度曲线相邻两点之间的斜率与声时差值之积作为判据。显然,当 i 点处相邻两点的声时值没有变化或变化很小时,*PSD* 等于或接近于零。当声时值有明显变化时,由于 *PSD* 和$(t_i - t_{i-1})^2$成正比,因而 *PSD* 将大幅度变化。

实践证明,*PSD* 判据对缺陷十分敏感,而对因声测管不平行,或因混凝土不均匀等非缺陷原因所引起的声时变化基本上反映不出来。这是因为非缺陷因素所引起的声时变化都是渐变过程,虽然总的声时变化量可能很大,但相邻两测点间的声时差值却很小,因而 *PSD* 很小。所以,运用 *PSD* 判据基本上消除了声测管不平行或混凝土不均匀等因素所造成的声时变化对缺陷判断的影响。

采用斜率法作为辅助异常判据,当 *PSD* 值在某测点附近变化明显时,应将其作为可疑缺陷区。

$$PSD = \frac{(t_i - t_{i-1})^2}{z_i - z_{i-1}} \tag{8-31}$$

式中 t_i——第 i 个测点声时值(μs);

t_{i-1}——第 $i-1$ 个测点声时值(μs);

z_i——第 i 个测点深度(m);

z_{i-1}——第 $i-1$ 个测点深度(m)。

对于混凝土声速值和波幅值出现异常并判为可疑缺陷区的部位，应采用水平加密、等差同步或扇形扫测等方法进行细测，结合波形分析确定桩身混凝土缺陷的位置及其严重程度。

对支承桩或嵌岩桩，宜同时采用低应变反射波法检测桩段的支撑情况。

(4) 桩身完整性类别判定

Ⅰ类桩：各声测剖面每个测点的声速、波幅均大于临界值，波形正常。

Ⅱ类桩：某一声测剖面个别测点的声速、波幅均小于临界值，但波形基本正常。

Ⅲ类桩：某一声测剖面连续多个测点或某一深度桩截面处的声速、波幅小于临界值，*PSD* 值变大，波形畸变。

Ⅳ类桩：某一声测剖面连续多个测点或某一深度桩截面处的声速、波幅明显小于临界值，*PSD* 值突变，波形严重畸变。

检测报告应符合《公路工程基桩动测技术规程》(JTG/T F81-01)附录 A 的规定，并应包括每根被检桩各剖面的声速-深度曲线、波幅-深度曲线及各自的临界值，声速、波幅的平均值，桩身缺陷位置及程度的分析说明。

本章小结

本章着重介绍钻(挖)孔灌注桩施工过程的检测内容及成孔质量检测技术的具体检测方法。重点应让学生掌握其工作原理、数据的收集和检测技术。

复习思考题

1. 钻(挖)孔灌注桩施工过程检测项目有哪些?
2. 泥浆性能指标及检测方法有哪些?
3. 钻(挖)孔灌注桩桩位偏差的检测方法有哪些?
4. 钻(挖)孔灌注桩质量评定实测项目有哪些?
4. 简述电阻率法、电容法、声波法测沉渣厚度的原理和方法。
5. 简述常用的泥浆外加剂名称、作用及掺量。
6. 用低应变法判定桩身完整性类别的原则是什么?
7. 超声波法对声测管的埋设有哪些规定?

第九章 结构混凝土强度检测

【教学要求】

1. 用回弹法测定水泥混凝土抗压强度的原理；
2. 用回弹法测定结构混凝土的回弹值；
3. 计算结构物的抗压强度，并对测试结果进行评定；
4. 用超声回弹综合法测定水泥混凝土的抗折强度。

第一节 概 述

为了加强对混凝土质量的监测与控制，结构工程质量检测其中主要的内容之一就是现场检测混凝土的强度。桥涵混凝土结构、钢筋混凝土结构或预应力混凝土结构或构件的检验，依据有关标准，主要包括内容有三个方向：一是施工阶段的质量控制，包括原材料的试验检测、混凝土浇筑前的检查等；二是外观质量检测，主要是在构件成型达到一定强度后检测结构实物的尺寸和位置偏差，混凝土表面平整度、蜂窝、麻面、露筋及裂缝等；三是构件混凝土的强度等级，通常以立方体试件的抗压强度来反映，当对某一方面的检验内容产生怀疑时，如构件的强度离散大、强度不足或振捣不密实时，还需要采用其他测定强度的技术方法来判定。

混凝土测定强度的技术按其对混凝土结构的影响程度分为破损法和非破损法。破损法以不影响结构或构件的承载能力为前提，在结构或构件上直接进行局部破坏性试验，或直接钻取芯样进行破坏性试验。主要方法有钻芯法、拔出法、射击法等。此类方法较直观可靠，测试结果易为人们接受，但对混凝土结构造成局部破坏，不宜大范围检测且费用较高，因而受到种种限制。本节只介绍钻孔取芯法。非破损(无损)法以混凝土强度与某些物理量之间的相关性为基础，检测时在不影响结构或构件混凝土任何性能的前提下测试这些物理量，然后根据相关关系推算被测混凝土的强度推定值。其主要方法有回弹法、超声法、超声回弹综合法、射线法等。此类方法所用仪器简单、操作方便、费用低廉，同时便于大范围检测，在测强曲线严格的条件下，其测试精度较高(表 9-1)。

表 9-1 结构混凝土质量常用检测方法

方法	测定要点	检测范围	特点	缺点
钻芯法	从混凝土中钻取一定尺寸的芯样	混凝土抗压强度、劈裂强度、内部缺陷	测试结果直观可靠	设备笨重，成本较高，对混凝土有损伤，测试后需修补

续表 9-1

方法	测定要点	检测范围	特点	缺点
回弹法	测定混凝土表面硬度	混凝土抗压强度及均质性	测试简单、快速，被测物的形状尺寸一般不受限制	测定部位仅限于混凝土表面，同一处不能再次弹击
超声法	超声波传播速度、波幅和频率	混凝土抗压强度及内部缺陷	被测构件与尺寸不限，同一处可反复测试	探头频率较高时，声波衰减大，测定精度差
超声回弹综合法	混凝土表面硬度值和超声波传播速度	混凝土抗压强度	测试较简单，精度比单一方法高	比单一方法费事
拔出法	预埋或后装于混凝土中锚固件，测定拔出力	混凝土抗压强度	测试精度高	对混凝土有损伤，测试后需修补

第二节　回弹法检测水泥混凝土抗压强度

一、回弹法检测混凝土强度的原理

回弹法是采用回弹仪的弹簧驱动重锤，通过弹击混凝土表面，并以重锤被反弹回来的距离（称回弹值，指反弹距离与弹簧初始长度之比）作为强度相关指标来推算混凝土强度的一种方法。所检测的水泥混凝土厚度不得小于 100mm，温度不应低于 10℃。检测结果可作为试块强度的参考，不宜作为仲裁试验或工程验收的最终依据。

水泥混凝土的回弹值是用回弹仪（图 9-1）在混凝土表面测得，并经碳化深度修正后的回弹值，无量纲。

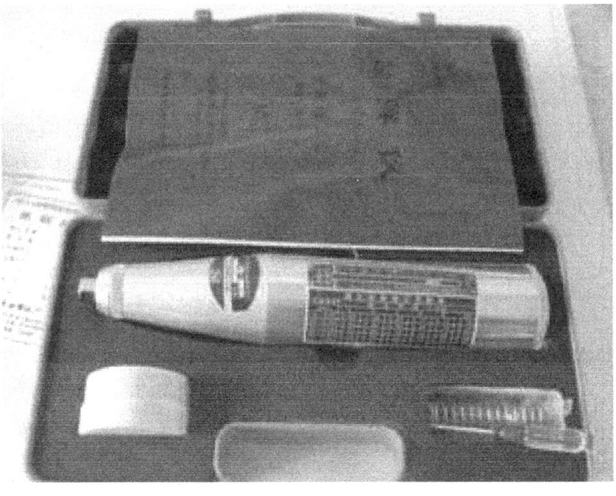

图 9-1　ZC3-A 型回弹仪

二、技术规定和一般要求

(1) 只有当在下列情况之一时,方可用回弹法评定混凝土强度:

① 缺乏同条件试块或标准试块数量不足。

② 试块的质量缺乏代表性。

③ 试块的试压结果不符合现行标准、规范、规程所规定的要求,并对该结果持有怀疑态度。

(2) 混凝土只有满足下列条件之一时,方可按回弹法评定其强度:

① 测试前表层遭受短期湿润的混凝土,应经风干后测试。

② 遭受冻结的混凝土,应待解冻后测试。

③ 蒸气养护的混凝土,应在构件出池经自然养护 14d 后测试。

④ 体积小、刚度差或测试部位厚度<100mm 的构件,当测试中不能确保其无颤动时,均应设置支撑加以可靠的固定后测试。

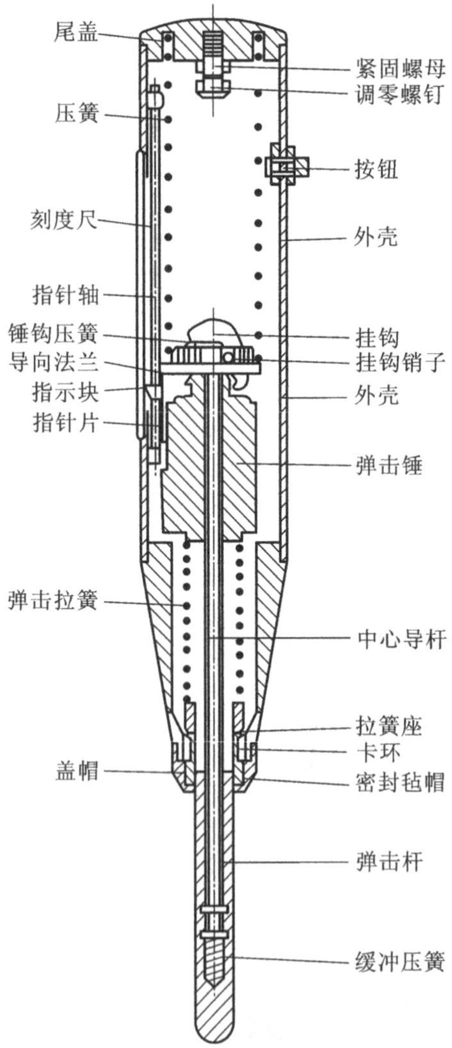

图 9-2 回弹仪的构造

三、主要检测器具

(1) 混凝土回弹仪:指针直读式的混凝土回弹仪,构造和主要零件见图 9-2,也可采用数字显示仪或自动记录式的回弹仪。以 N 型(中型)应用最广泛。

(2) 酚酞酒精溶液,浓度为 1%。

(3) 钢砧。

(4) 手提式砂轮。

(5) 其他:卷尺、钢尺、凿子、锤、毛刷等。

四、回弹仪的检定与保养

(1) 回弹仪有下列情况之一时,应进行常规保养:

① 弹击超过 2000 次。

② 对检测值有怀疑时。

③ 在钢砧上的率定值不合格。

(2) 回弹仪有下列情况之一时,应送检定单位校检:

① 新回弹仪启用前。

② 超过检定有效期限(有效期为半年)。

③ 累计弹击次数超过 6000 次。

④ 经常规保养后钢砧率定值不合格。

⑤ 遭受严重撞击或其他损害。

(3) 回弹仪有下列情况之一时,应在钢砧上进行率定试验:

① 进行构件测试前后，如连续数天测试，可在每天测试完毕后率定一次。

② 测定过程中对回弹值有怀疑时。

率定试验宜在室温 25℃±5℃条件下进行。率定时，钢砧应稳定地平放在刚度大的混凝土地坪上。回弹仪向下弹击时，弹击杆应分四次旋转 90°，取连续弹击三次的稳定回弹值进行平均作为率定值。

(4) 常规养护应符合下列要求：

使弹击锤脱钩后，取出机芯，然后卸下弹击杆、缓冲压簧、弹击锤(连同弹击拉簧和拉簧座)、刻度尺、指针轴和指针。

用清洗剂清洗机芯的中心导杆、弹击拉簧、拉簧座弹击杆及其内孔、缓冲压簧、弹击锤及其内孔和冲击面、指针块及其内孔、指针片、指针轴、刻度尺、卡环，以及机壳的内壁和指针导槽等。经过清洗后的零部件，除中心导杆薄薄地抹上一层钟表油或其他无腐蚀性的轻油外，其他零部件均不得抹油。应保持弹击拉簧前端钩入拉簧座的孔位。不得旋转尾盖上已定位紧固的调零螺钉。不得自制或更换机芯部位的零件和指针轴、指针片、指针块挂钩及调零螺钉等。

五、测试技术

1. 资料准备

需进行非破损法测试的结构或构件，在检测前应具备下列有关资料：

(1) 工程名称及设计、施工、监理和建设单位名称。

(2) 结构或构件名称、编号、施工图(或平面图)及混凝土强度等级。

(3) 水泥品种、强度等级、用量、出厂厂名，砂石品种、粒径，外加剂或掺合料品种、掺量，以及混凝土配合比等。

(4) 模板类型，混凝土灌注和养护情况，以及成型日期。

(5) 结构或构件存在的质量问题，混凝土试块抗压强度试验报告等。

2. 被测结构或构件准备

(1) 按单个构件测试时，应在构件上均匀布置测区，且不少于 10 个。

(2) 当对同批构件抽样检测时，构件抽样数不少于同批构件的 30%，且不少于 10 件；每个构件测区数不少于 10 个。

(3) 对长度小于 3m 且高度低于 0.6m 的构件，其测区数量可适当减少，但不应少于 5 个。

(4) 当按批抽样检测时，凡符合下列条件的构件，才可作为同批构件：

① 混凝土强度等级相同。

② 混凝土原材料、配合比、成型工艺、养护条件及龄期基本相同。

③ 构件种类相同。

④ 在施工阶段所处状态相同。

(5) 每一构件的测区，应符合下列要求：

① 测区的布置应在构件混凝土浇筑方向的侧面。

② 测区应均匀分布，相邻两测区的间距不宜大于 2m，测区离构件边缘的距离宜大于 0.5m。

③ 测区宜避开钢筋密集区和预埋铁件。

④ 测区尺寸宜为 20cm×20cm，每一测区宜测 16 个测点，相邻两测点间距离不宜小于 20mm，测点距外露钢筋、预埋件的距离不宜小于 30mm，测点不应在气孔或外露石子上。

⑤ 测试面应清洁、平整、干燥，不应有接缝、饰面层、粉刷层、浮浆、油垢、蜂窝和麻面等。必要时，可用砂轮片清除杂物和磨平不平整处，并擦净残留粉尘。

结构或构件上的测区应注明编号并记录测区所处的位置和外观质量情况。梁、柱、墙测区布置示意图如图 9-3 所示。

3. 回弹值的测试

用回弹仪测试时，宜使仪器处于水平方向测试混凝土浇筑的侧面，该情况下测试修正值为 0。如不能满足这一要求，也可以非水平状态测试或测试混凝土的浇筑顶面或底面，但其回弹值应进行修正。修正角度的确定见图 9-4。

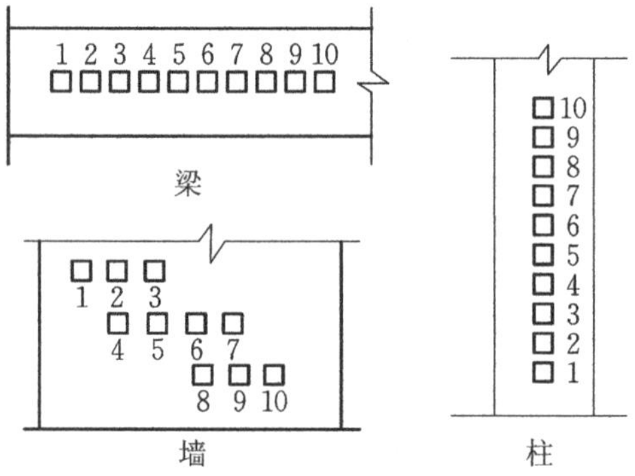

图 9-3　梁、柱、墙测区布置示意图

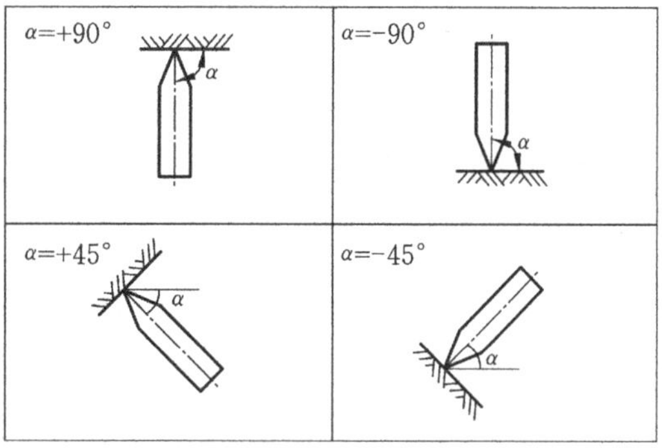

图 9-4　回弹仪与测试面的修正角度

仪器工作时，随着对回弹仪施压，弹击杆徐徐向机壳内推进，弹击拉簧被拉伸，使连接弹击拉簧的弹击锤获得恒定的冲击能量(图 9-5)。当挂钩与调零螺钉互相挤压时，使弹击锤脱钩(图 9-6)，弹击的冲击面与弹击杆的后端平面相碰撞。此时，弹击锤释放出来的能量借助弹击杆传递给混凝土构件，混凝土弹性反应的能量再通过弹击杆传递给弹击锤，使弹击锤获得回弹的能量向后弹回，计算弹击锤回弹的距离之比，即得回弹值。它由仪器外壳上的刻度尺示出。使用时，将弹击杆顶住混凝土的表面，轻压仪器，松开按钮，弹击杆徐徐伸出，使仪器对混凝土表面缓慢均匀施压，待弹击锤脱钩冲击弹杆后即回弹，带动指针向后移动并停留在某一位置上，即为回弹值，如图 9-7 所示。继续顶住混凝土表面并在读取和记录回弹值后，逐渐对仪器减压，使弹击杆自仪器内伸出，改变测点重复上述操作，即可测得被测构件或结构的若干回弹值。操作中注意仪器的轴线应始终垂直于构件混凝土表面。

同一测区的两个测面用回弹仪弹击 8 点；若一个测区只有一个测面，则需要测 16 点，每一测点的回弹值读数准确至 1 个单位。同一测点只允许弹击一次。

4. 混凝土碳化深度的测试

(1) 回弹值测量完毕后，应在有代表性的位置上测量碳化深度值，测点数不应少于构件测区数的 30%，取其平均值为该构件每测区的碳化深度值。当碳化深度值极差大于 2.0mm 时，应在每一测区测量碳化深度值。

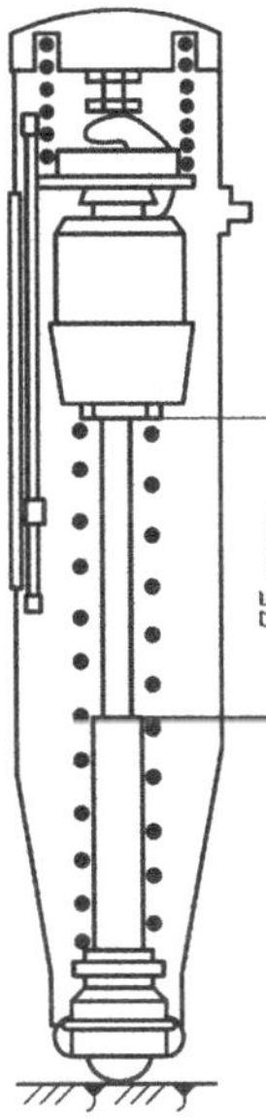

图 9-5　弹击锤脱钩前的状态

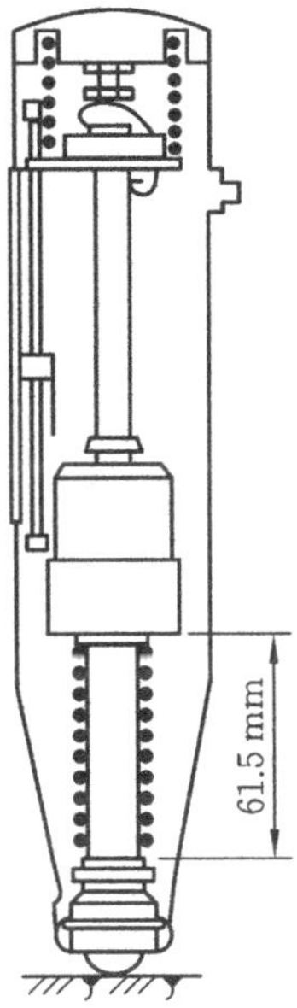

图 9-6　弹击锤脱钩后的状态

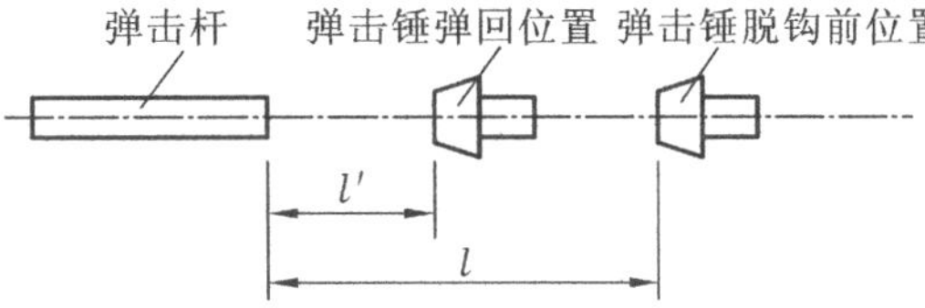

图 9-7　回弹仪位置示意图

(2) 回弹后即测量构件的碳化深度，用合适的工具在测区的表面形成直径约为 15mm 的孔洞(其深度略大于混凝土的碳化深度)，清除洞中粉末和碎屑后(注意不能用液体冲洗孔洞)立即用酚酞酒精溶液滴在混凝土孔洞内壁的边缘处，垂直测量变色部分的深度(碳化部分变成玫瑰红色)，该距离即为混凝土的碳化深度值，准确至 0.5mm。

一个测区选择 1～3 处测量混凝土的碳化深度值。当相邻测区的混凝土质量或回弹值与该区的基本相同时，该区的碳化深度值也可以代表相邻测区的碳化深度值。

5. 检测数据的处理

(1) 测区回弹值的计算

当回弹仪水平方向测试混凝土浇筑侧面时，应从每个测区的 16 个回弹值中剔除其中 3 个最大值和 3 个最小值，取余下的 10 个回弹值的平均值作为该测区的平均回弹值，取一位小数。计算公式为：

$$\overline{N}_s = \sum_{i=1}^{n} N_i/10 \tag{9-1}$$

式中　$\overline{N}_s$——测区平均回弹值，计算至 0.1；

N_i——第 i 个测点的回弹值。

(2) 测试角度修正

当回弹仪非水平方向测试混凝土浇筑侧面时，应将测得数据按式(9-2)修正，计算非水平方向测定的修正回弹值。

$$\overline{N} = \overline{N}_s + \Delta N \tag{9-2}$$

式中　$\overline{N}$——经非水平测定修正的测区平均回弹值；

$\overline{N}_s$——回弹仪实测的测区平均回弹值；

ΔN——由表 9-2 查出的不同测试角度的回弹修正值，准确至 0.1。

表 9-2　非水平方向测定的回弹修正值

N_s	回弹仪与水平方向所成的角度							
	+90°	+60°	+45°	+30°	−30°	−45°	−60°	−90°
20	−6.0	−5.0	−4.0	−3.0	+2.5	+3.0	+3.5	+4.0
30	−5.0	−4.0	−3.5	−2.5	+2.0	+2.5	+3.0	+3.5
40	−4.0	−3.5	−3.0	−2.0	+1.5	+1.5	+2.5	+3.0
50	−3.5	−3.0	−2.5	−1.5	+1.0	+1.0	2.0	+2.5

注：表中未列入的 N_s 可用内插法求得。

(3) 碳化深度的计算

每一测区的平均碳化深度值，按下式计算：

$$L=\sum_{i=1}^{n}\frac{L_i}{n} \tag{9-3}$$

式中　L——测区的平均碳化深度值(mm)，计算至 0.5mm；

L_i——第 i 次测量的碳化深度值(mm)；

n——测区的碳化深度值次数。

当平均碳化深度值小于或等于 0.4mm 时，按无碳化深度处理(即平均碳化深度为 0)；当平均碳化深度值大于或等于 6mm 时，取 6mm；对于新浇筑混凝土龄期不超过 3 个月者，可视为无碳化。

(4) 混凝土强度推算

当需要将回弹值换算为混凝土强度时，宜采用下列方法：

① 有试验条件时，宜通过试验建立实际的测强曲线，但测强曲线仅适用于材料质量、成型、养护和龄期等条件基本相同的混凝土。混凝土标准试块为 150mm×150mm×150mm，采用 1.5、1.75、2.0、2.25、2.50 五个灰水比，以便得到不少于 30 对数据。试件与被测对象有相同的养护条件，到达龄期后，将试块用压力机加压至 30～50kN 稳住，用回弹仪在两侧面分别测定 8 个测点，按式(9-1)计算平均回弹值，然后进行抗压强度试验，建立两者关系的推定式，推定式可为直线式或其他适当的形式，但相关系数不得小于 0.90。然后根据测区平均回弹值，利用测强曲线推定混凝土抗压强度。

② 当无足够的试验数据或相关关系的推定式不够满意时，可按式(9-4)推算混凝土抗压强度：

$$R_n=0.025\overline{N}^2 \tag{9-4}$$

式中　R_n——测区混凝土强度推定值(MPa)，精确至 0.1MPa；

$\overline{N}$——测区混凝土平均回弹值。

③ 在没有条件通过试验建立实际的测强曲线时，每个测区混凝土的抗压强度 R_{ni} 可按平均回弹值 $\overline{N}$ 及平均碳化深度 L 由表 9-3 查出。

(5) 结构(或构件)混凝土抗压强度的推定

① 结构(或构件)混凝土的平均强度按式(9-5)计算：

$$\overline{R}_n=\sum R_{ni}/n \tag{9-5}$$

式中　$\overline{R}_n$——结构(或构件)混凝土强度的平均值(MPa),精确至0.1MPa;

R_{ni}——第 i 个测区结构混凝土的抗压强度(MPa);

n——测区数,对于单个评定的结构或构件,取一个试件的测区数;对于抽样评定的结构或构件,取抽检试样测区数之和。

② 当测区数 $n\geqslant10$ 时,按式(9-6)计算标准差:

$$S_n=\sqrt{\frac{\sum_{i=1}^{n}(R_{ni}-\overline{R}_n)^2}{n-1}} \tag{9-6}$$

式中　S_n——构件混凝土强度标准差(MPa),精确至0.01MPa。

(6) 结构(或构件)混凝土强度的评定

用回弹法检测的混凝土结构(或构件)多属于重要结构,应用数理统计方法评定其强度。

评定混凝土强度的结构(或构件)的数量应遵守下列规定:

当该结构或构件的测区数 $n<10$ 时

$$R_n=(R_{ni})_{min} \tag{9-7}$$

式中　$(R_{ni})_{min}$——构件中最小的测区混凝土强度值(MPa)。

当该结构或构件的测区强度值中出现小于10.0MPa时

$$R_n<10.0\text{MPa} \tag{9-8}$$

当结构或构件测区数 $n\geqslant10$ 或按批量检测时,应按下列公式计算

$$R_n=\overline{R}_n-1.645S_n \tag{9-9}$$

对于按批量检测的构件,当该批构件混凝土强度标准差出现下列情况之一时,则该批构件应全部按单个构件检测:

① 当该批构件混凝土强度平均值小于25MPa时,$S_n>4.5$MPa;

② 当该批构件混凝土强度平均值不小于25MPa且不大于60MPa时,$S_n>5.5$MPa。

(7) 检测报告

检测报告应包括:测区混凝土平均回弹值,测强曲线、回弹值与抗压强度的相关关系式、相关系数,各测区的抗压强度推定结果,推定的混凝土抗压强度平均值、标准差、变异系数。

表9-3　测区混凝土强度换算表

平均回弹值 $\overline{N}$	测区混凝土强度换算值 R_{ni}(MPa)												
	平均碳化深度值 $\overline{L}$(mm)												
	0	0.5	1.0	1.5	2.0	2.5	3.0	3.5	4.0	4.5	5.0	5.5	≥6.0
20	10.3	10.1											
21	11.4	11.2	10.8	10.5	10.0								
22	12.5	12.2	11.9	11.5	11.0	10.6	10.2						
23	13.7	13.4	13.0	12.6	12.1	11.6	11.2	10.8	10.5	10.1			

续表 9-3

平均回弹值 $\overline{N}$	测区混凝土强度换算值 R_{ni}（MPa）												
	平均碳化深度值 $\overline{L}$（mm）												
	0	0.5	1.0	1.5	2.0	2.5	3.0	3.5	4.0	4.5	5.0	5.5	≥6.0
24	14.9	14.6	14.2	13.7	13.1	12.7	12.2	11.8	11.5	11.0	10.7	10.4	10.1
25	16.2	15.9	15.4	14.9	14.3	13.8	13.3	12.8	12.5	12.0	11.7	11.3	10.9
26	17.5	17.2	16.6	16.1	15.4	14.9	14.4	13.8	13.5	13.0	12.6	12.2	11.6
27	18.9	18.5	18.0	17.4	16.6	16.1	15.5	14.8	14.6	14.0	13.6	13.1	12.4
28	20.3	19.7	19.2	18.4	17.6	17.0	16.5	15.8	15.4	14.8	14.4	13.9	13.2
29	21.8	21.1	20.5	19.6	18.7	18.1	17.5	16.8	16.4	15.8	15.4	14.6	13.9
30	23.3	22.6	21.9	1.0	20.0	19.3	18.6	17.9	17.4	16.8	16.4	15.4	14.7
31	24.9	24.2	23.4	22.4	21.4	20.7	19.9	19.2	18.4	17.9	17.4	16.4	15.5
32	26.5	25.7	24.9	23.9	22.8	22.0	21.2	20.4	19.6	19.1	18.4	17.5	16.4
33	28.2	27.4	26.5	25.4	24.3	23.4	22.6	21.7	20.9	20.3	19.4	18.5	17.4
34	30.0	29.1	28.0	26.8	25.6	24.6	23.7	23.0	22.1	21.3	20.4	19.5	18.3
35	31.8	30.8	29.6	28.0	26.7	25.8	24.8	24.0	23.2	22.3	21.4	20.4	19.2
36	33.6	32.6	31.2	29.6	28.2	27.2	26.2	25.2	24.5	23.5	22.4	21.4	20.2
37	35.5	34.4	33.0	31.2	29.8	28.8	27.7	26.6	25.9	24.8	23.4	22.4	21.3
38	37.5	36.4	34.9	33.0	31.5	30.3	29.2	28.1	27.4	26.2	24.8	23.6	22.5
39	39.5	38.2	36.7	34.7	33.0	31.8	30.6	29.6	28.8	27.4	26.0	24.8	23.7
40	41.6	39.9	38.3	36.2	34.5	33.3	31.7	30.8	30.0	28.4	27.0	25.8	25.0
41	43.7	42.0	40.2	38.0	36.0	34.8	33.2	32.3	31.5	29.7	28.4	27.1	26.2
42	45.9	44.1	42.2	39.9	37.6	36.3	34.9	34.0	33.0	31.2	29.8	28.5	27.5
43	48.1	46.2	44.2	41.8	39.4	38.0	36.6	35.6	34.6	32.7	31.3	29.8	28.9
44	50.4	48.4	46.4	43.8	41.3	39.8	38.3	37.3	36.3	34.3	32.8	31.2	30.2
45	52.7	50.6	48.5	45.8	43.2	41.6	40.1	39.0	37.9	35.8	34.3	32.7	31.6
46	55.0	52.8	50.6	47.9	45.2	43.5	41.9	40.8	39.7	37.5	35.8	34.2	33.1
47	57.5	55.2	52.9	50.0	47.2	45.2	43.7	42.6	41.4	39.1	37.4	35.6	34.5
48	60.0	57.6	55.2	52.2	49.2	47.4	45.6	44.4	43.2	40.8	39.0	37.2	36.0
49		60.0	57.5	54.4	51.3	49.4	47.5	46.2	45.0	42.5	40.6	38.8	37.5
50			59.9	56.7	53.4	51.4	49.5	48.2	46.9	44.3	42.3	40.4	39.1
51				59.0	55.6	53.5	51.5	50.1	48.8	46.1	44.1	42.0	40.7
52					57.8	55.7	53.6	52.1	50.7	47.9	45.8	43.7	42.3

续表 9-3

平均回弹值 $\overline{N}$	测区混凝土强度换算值 R_{ni}（MPa）												
	平均碳化深度值 $\overline{L}$（mm）												
	0	0.5	1.0	1.5	2.0	2.5	3.0	3.5	4.0	4.5	5.0	5.5	≥6.0
53					60.0	57.8	55.6	54.2	52.7	49.8	47.6	45.4	43.9
54							57.8	56.3	54.7	51.7	49.4	47.1	45.6
55							59.9	58.4	56.8	53.6	51.3	48.9	47.3
56									58.9	55.6	53.2	50.7	49.1
57										57.6	55.1	52.5	50.8
58										59.7	57.0	54.4	52.7
59											59.0	56.3	54.5
60												58.3	56.4

回弹法检测混凝土抗压强度记录格式见表 9-4。

表 9-4　回弹法检测混凝土强度记录表

工程名称__________　　结构名称__________　　设计强度____C35____　　成型日期__________

检验者________　　计算者________　　校核者________　　检验日期__________

测点编号	测区位置									
	1	2	3	4	5	6	7	8	9	10
	回弹值									
1	36	40	38	36	40	42	36	38	34	37
2	42	36	39	42	43	33	39	40	42	42
3	43	39	40	39	36	38	40	46	41	36
4	35	38	38	39	41	32	39	37	43	40
5	42	37	41	38	36	35	31	40	36	37
6	41	42	39	43	36	38	43	36	40	45
7	42	39	40	40	39	35	45	39	40	37
8	39	36	42	41	45	33	47	36	36	38
9	35	40	35	36	40	35	33	43	35	41
10	29	36	36	43	35	43	43	36	33	43
11	40	33	33	35	36	39	32	45	36	36
12	37	38	39	36	39	31	41	38	39	36
13	33	37	37	36	41	38	39	34	41	40

续表 9-4

测点编号	测区位置									
	1	2	3	4	5	6	7	8	9	10
	回弹值									
14	30	41	36	31	42	36	36	40	32	33
15	38	35	40	36	36	40	34	36	35	39
16	35	36	42	43	38	43	45	45	39	40
$\overline{N}_s$	37.8	37.3	38.6	38.3	38.6	36.5	39.0	38.7	37.7	38.5
ΔN	0	0	0	0	0	0	0	0	0	0
$\overline{N}$	37.8	37.3	38.6	38.3	38.6	36.5	39.0	38.7	37.7	38.5
$\overline{L}$(mm)	0	0	0	0	0	0	0	0	0	0
R_{ni}(MPa)	37.1	36.1	39.1	38.1	39.1	34.6	39.5	38.9	36.9	38.5
$\overline{R}_n$(MPa)	37.79		S_n(MPa)		1.58	C_V(%)		4.18		
备注	测试面:混凝土浇筑侧面;测试方向:水平									

第三节 超声回弹综合法测定水泥混凝土抗弯强度

综合法测定混凝土强度的方法较多,研究与应用较广的是超声回弹综合法。超声回弹综合法是指采用超声仪和回弹仪在结构混凝土同一测区分别测量声时值及回弹值 N,推算该测区混凝土强度 R_n的一种方法。与单一测试方法(如回弹法)相比综合法具有如下优点:减少了龄期和含水率的影响;弥补了互相的不足;提高了测试精度。

采用综合法测定混凝土强度时应符合以下几个原则:

(1) 单一方法的仪器性能、测试技术和测试误差都应满足规定的要求;

(2) 在已查明单一方法测强影响因素的基础上,应当采取对测强影响较大且相反的单一方法进行综合,以便抵消或减少一些影响因素;

(3) 综合法比单一方法应具有较小的测试误差和较宽的适用范围;

(4) 综合法适用于确定内部无缺陷部位的混凝土强度。

一、主要仪器设备简介

(1) 回弹仪、钢砧、钢尺。

(2) 混凝土超声仪:主要由电脉冲发生器、一对换能器、一具放大器和测量由发射换能器发出电脉冲到接收换能器接收到脉冲时间间隔的电子记时装置等组成。发射换能器发射的超声波经耦合进入混凝土,在混凝土中传播后为接收换能器所接收并转换成电信号,电信号被送至超声仪,经放大后显示在示波屏上,同时测量超声波有关参数,如声传播时间(声时)、接收波振幅(波幅)、频率等。

超声仪应满足以下要求：

① 具有波形清晰、显示稳定的示波装置。声时可测量范围应为0.5～9999μs，测试精度为0.1μs。

② 数字显示稳定，声时显示调节在20～30μs范围内时，2h内声时显示漂移不得大于±0.2μs。

③ 仪器接收放大频率响应范围(频率)应有足够的宽度，一般应为10～200kHz。

④ 仪器宜具有示波屏显示波形和游标测读功能。若采用整形自动测读时，检测混凝土测距不宜超过1m(以软件判别方法自动测读的智能超声仪除外)。

⑤ 适用于一般现场测试情况下的温度、电源变化条件。

二、检测技术

1. 资料准备

回弹法中已介绍。

2. 测区测点的布置

(1) 按规定随机选择水泥混凝土板，将每一块水泥混凝土板作为一个试样，均匀布置10个测区，每个测区不宜小于150mm×150mm，测试面应清洁、干净、平整，不得有蜂窝、麻面，对浮浆和油垢以及粗糙处应清洗或用砂轮片磨平，并擦净残留粉尘。

(2) 每个测区的测点宜在测区范围内均匀分布，但不得布置在气孔或外露石子上，相邻两测点的距离不宜小于30mm。

3. 测试技术

(1) 回弹值及碳化深度值的测量与计算

见回弹法测定混凝土抗压强度相关内容。

(2) 声学参数测量

① 声时值的测量

测量前应视测距大小将仪器的发射电压器调在某一档，将仪器"增益"调至较大位置保持不动。仪器接通电源前应检查电压，接上电源后，仪器宜预热10min；对仪器进行标定：换能器与标定棒应耦合良好，对于有示波器的应将首波波幅调节至30～40mm，并将游标调至首波起始位置后测读声时值。对于有调零装置的仪器，应调节零电位器以扣除初读数。

声时值测量时，测点布置在回弹测试的同一测区内。先在测点上涂少许耦合剂(如黄油、凡士林等)，再将发射与接收换能器分别耦合在测区同一测点对应位置上，且发射与接收换能器应在同一轴线上(即对测)，如图9-8(a)所示，或发射与接收换能器轴线应互相平行，且两换能器间隔为定值(即平测)，如图9-8(b)所示。每个测区内的相对测试面上，应各布置3个测点。每测点测试时均应将接收信号的首波波幅调整好，并将游标调至首波前沿基线弯曲的起始位置，可读取声时值(精确到0.1μs)，并记录该测点的声时值。对特殊构件应准确量取两换能器的距离以确定测距。具体步骤如下：

A. 在进行回弹测试的同一测区内布置三条轴线(图9-9)，作为换能器布置区。

B. 在换能器处置处抹上耦合剂。

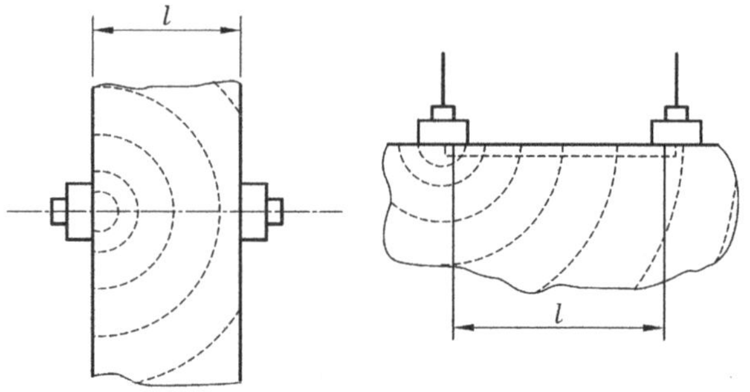

图 9-8 声时值测量

(a) 对测；(b) 平测

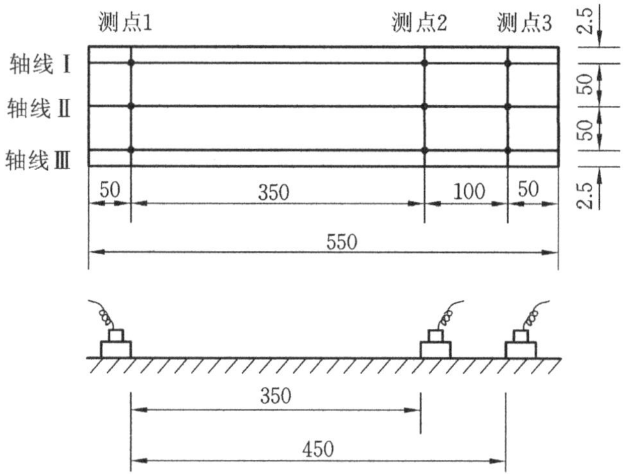

图 9-9 换能器布置图

C. 将换能器分别放置轴线Ⅰ的 1 点及 2 点处，换能器与路面混凝土应充分接触，耦合良好，发射和接收换能器直径与测轴线重合，边缘与测距相切。超声波振幅应调到规定振幅。测读声时值 t_{11} 准确至 0.1μs。

D. 1 点处的换能器不动，将放置在 2 点处的换能器移至 3 点处，再测读声时值 t_{12}，准确至 0.1μs。

E. 按上述方法测量轴线Ⅱ、Ⅲ，分别得声时值 t_{21}、t_{22}、t_{31}、t_{32}。

② 波幅测量

波幅测量时，应在保持换能器良好耦合状态下采用下列两种方法之一进行读取：

A. 刻度法：将衰减固定在某一衰减位置，从仪器示波屏上读取首波幅度(格数)。

B. 衰减值法：采用衰减器将首波幅度调至一定高度(如 5mm 或刻度一格)，读取衰减器上的 dB 值。

③ 频率测量

频率测量时，应先将游标脉冲调至首波前半个周期的波谷(或波峰)，读取声时值 t_1(μs)，再将游标脉冲调至相邻的波谷(或波峰),读取声值 $t_2(\mu s)$,由此即可按下式计算出第 i 点第一个周期波的频率：

$$f_i=\frac{1000}{t_1-t_2} \tag{9-10}$$

④ 波形观察

主要观察接收信号的波形或包络线的形状,必要时可描绘或拍照。

仪器使用完毕,应及时做好清理工作,换能器应擦拭干净单独存放。换能器的耦合面应避免磨损。

4. 计算

(1) 声速值按下式计算：

$$v_{i1}=\frac{350}{t_{i1}} \tag{9-11}$$

$$v_{i2}=\frac{450}{t_{i2}} \tag{9-12}$$

$$v_i=\frac{v_{i1}+v_{i2}}{2} \tag{9-13}$$

$$v=\frac{v_1+v_2+v_3}{3} \tag{9-14}$$

式中　v_{i1}——第 i 条轴线 1 点与 2 点 350mm 测距声速(km/s),$i=1\sim3$；

v_{i2}——第 i 条轴线 1 点与 3 点 450mm 测距声速(km/s),$i=1\sim3$；

v_i——第 i 条轴线平均声速(km/s),$i=1\sim3$；

v——测区平均声速(km/s),精确至 0.01km/s；

t_{i1}——第 i 条轴线 350mm 测距声时(μs)；

t_{i2}——第 i 条轴线 450mm 测距声时(μs)。

当三条测轴线平均声速中有两条测轴线平均声速与测区的平均声速之差超过测区平均声速的 15%时,该测区检测结果无效。

(2) 测区回弹值按前面所述方法计算,并按下式对实测回弹值进行碳化深度修正计算：

$$N'=0.8795N-1.4443L+4.48 \tag{9-15}$$

式中　N'——修正后的测区回弹值,当 $L=0$ 时,$N'=N$；

N——实测的测区平均回弹值；

L——碳化深度(mm)。

5. 混凝土抗弯强度推算

(1) 测强曲线方程的确定

建立专用测强曲线方程。取用与路面混凝土相同的原材料,设计几种不同水灰比的混凝土配合比(一般设计 4 种配合比,其中包括路面施工时的配合比),对每种配合比制成 150mm×150mm×550mm 的梁式试件(不少于 6 个),在标准条件下养护 28d 后,按上述方法进行超声及回弹检测,并按水泥混凝土试验规程进行抗弯强度试验,再用二元非线性方程按式(9-16)回归，确定回归系数，得出测强曲线方程，相对标准误差 e 应不大于 12%。

$$R_f = av^b e^c N' \tag{9-16}$$

式中 R_f——混凝土抗弯强度(MPa)；

v——超声声速(km/s)；

N'——修正后的回弹值；

a,b,c——回归系数；

e——相对标准误差(%)，按式(9-17)计算：

$$e = \sqrt{\frac{\sum \left(\frac{R'_{fi}}{R_{fi}-1}\right)^2}{n-1}} \times 100\% \tag{9-17}$$

式中 R'_{fi}——第 i 块试件实测抗弯强度(MPa)；

R_{fi}——第 i 块试件由超声、回弹推算的抗弯强度(MPa)；

n——试件数(按块计)。

(2) 混凝土路面抗弯强度推定

① 每一段中每一幅为一个单位作为抗弯强度评定对象。

② 评定抗弯强度第一条件值和第二条件值按下式计算：

$$R_{n1} = 1.18(\overline{R}_n - K \cdot S_n) \tag{9-18}$$

$$R_{n2} = 1.18\ (R_{fi})_{min} \tag{9-19}$$

③ 以第一条件值和第二条件值中的小者作为混凝土抗弯强度评定值 R_n。

$$R_n = \min(R_{n1}, R_{n2}) \tag{9-20}$$

式中 R_{n1}——抗弯强度第一条件值(MPa)，准确至 0.1MPa。

R_{n2}——抗弯强度第二条件值(MPa)，准确至 0.1MPa。

S_n——抗弯强度标准差(MPa)，准确至 0.1MPa：

$$S_n = \sqrt{\frac{\sum (R_{fi})^2 - n\ (\overline{R}_n)^2}{n-1}} \tag{9-21}$$

K——合格率判断系数。当 $n=10\sim14$ 时，$K=1.70$；当 $n=15\sim24$ 时，$K=1.65$；当 $n\geqslant25$ 时，$K=1.60$。

$\overline{R}_n$——抗弯强度平均值(MPa)，按式(9-22)计算，准确至 0.1MPa：

$$\overline{R}_n = \frac{1}{n}\sum R_{fi} \tag{9-22}$$

R_{fi}——第 i 测区推算的抗弯强度(MPa)。

$(R_{fi})_{min}$——所有推算的抗弯强度中的最小值。

n——测区数。

6. 检测结果记录

超声回弹综合法测定水泥混凝土抗弯强度检测记录格式见表 9-5。

表 9-5　水泥混凝土抗弯强度检测记录

施工单位________　施工日期________　工程名称________　检测单位________
检测日期________　检 验 者________　记 录 者________　校 核 者________

项目桩号	回弹值 N_i	实测回弹值	碳化深度(mm)	平均碳化深度(mm)	测距声时(μs)	v_{i1}(km/s)	v_{i2}(km/s)	v_i(km/s)	v(km/s)	折算抗弯强度 R_f(MPa)

第四节　钻孔取芯法测定混凝土强度

钻孔取芯法(简称钻芯法)测定混凝土强度指从混凝土结构物中钻取芯样和检查芯样,测定混凝土的劈裂抗拉强度或抗压强度,作为评定结构的主要品质指标。但是由于结构或构件部位的条件、所处位置及受力状态的影响,钻取芯样的数量通常比较少,在一定程度上可作为抽检混凝土强度、均匀性和内部缺陷的方法。由于它对结构混凝土造成局部损伤,因此是一个半破损的现场检测手段。

利用钻芯法检测混凝土抗压强度,无须进行某种物理量与强度之间的换算,普遍认为它是一种直观、可靠和准确的方法,但由于在检测时总是对结构混凝土造成局部损伤,而且成本较高,因此大量取芯往往受到一定限制。近年来,国内外都主张把钻芯法与其他非破损检测方法综合使用,一方面可以利用非破损法大量测试而不损伤结构,另一方面又可利用钻芯法提高非破损测强的精度,使两者相辅相成。

(1) 用钻芯法检测混凝土的强度,检测裂缝、接缝、分层、孔洞或离析等缺陷,具有直观、精度高等特点,但也有一定的局限性:

① 钻芯时造成结构局部损伤,因而对钻芯位置的选择及钻芯数量等均受到一定限制,而且它所代表的区域也是有限的。

② 钻芯机及芯样加工配套机具与非破损测试仪器相比,比较笨重,移动不方便,测试成本较高。

③ 钻芯后的孔洞要修补,尤其当钻断钢筋时,更增加了修补工作的困难。

(2) 在正常生产情况下,混凝土结构应按规范的要求,制作立方体标准养护试块进行混凝土强度评定和验收。只有在下列情况下才可以进行钻取芯样检测其强度,并作为处理混凝土质量事故的主要技术依据:

① 对立方体试块的抗压强度产生怀疑。试块强度很高,而结构混凝土的外观质量很差;试块强度较低而结构混凝土外观质量较好;或者因为试块形状、尺寸、养护等不符合要求,而影响了试验结果的准确性。

② 混凝土结构因水泥、砂石质量较差或因施工、养护不良发生质量事故。

③ 检测部位的表层与内部的质量有明显差异,或者在使用期间遭受过冻害。

④ 使用多年的老混凝土结构，如需加固或因工艺流程的改变荷载发生了变化，需要了解某些部位的混凝土强度。

⑤ 对施工有特殊要求的结构和构件，如路面测厚等。

一、检测器具

(1) 钻芯机

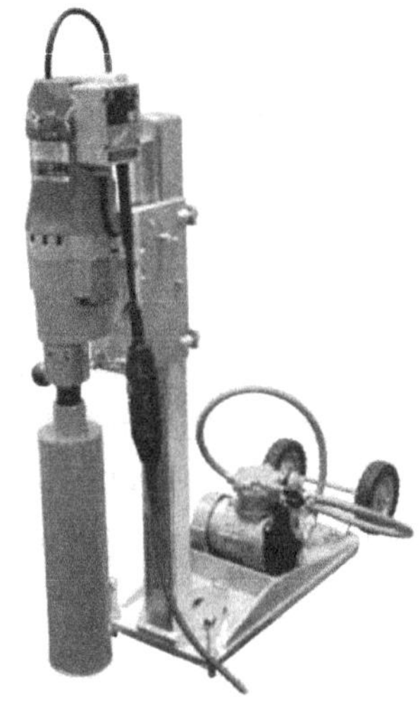

图 9-10　常见钻芯机

常见的钻芯机(图 9-10)有：轻便型取芯机(钻芯直径 12～75mm)、轻型钻机(钻芯直径 12～200mm)、重型钻机(钻芯直径 200～450mm)和超重型钻机(钻芯直径 330～700mm)。为了满足钻孔和取芯工作的需要，不论哪种钻芯机都应具备以下 5 个基本功能：

① 向钻芯头传递压力，推动钻头前进或后退。

② 驱动钻头旋转，并应具有一定范围的转速，以便保证所需要的线速度。

③ 为了冷却钻头及冲洗钻孔过程中产生的磨削碎屑，应不断供给冷却水。

④ 钻机应具有足够的刚性和稳定性。

⑤ 钻机移动、安装和拆卸方便。

为了满足上述 5 个条件，钻芯机一般应包括以下几个部分(图 9-11)：

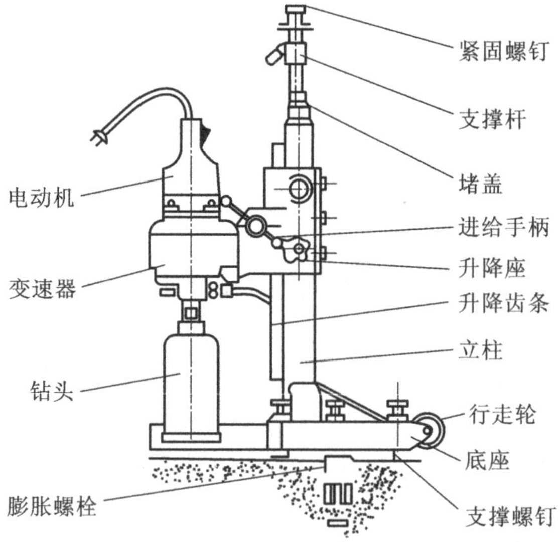

图 9-11　钻芯机构造示意图

① 机架部分主要由底座、立柱所组成，底座上一般均安装四个调整水平用的螺钉和两个行走轮。

② 进给部分由滑块导轨、升降座、齿条、齿轮、进给手柄等组成。当把升降座上的锁紧螺

钉松开后，利用进给手柄可使升降座安全匀速地上下移动，以保证钻头在允许行程内的前进后退。

③ 变速器由壳体、变速齿轮、变速手柄和旋转水封等组成。

④ 给水部分在钻芯过程中，必须供应一定流量的冷却水，水经过水嘴后流入水套内，在经过水套进入主轴中心孔，然后经过连接头最后由钻头端部排出。

⑤ 动力部分主要由电动机、启动机和开关等组成。

(2) 芯样切割机

当检测混凝土强度时，应将芯样用切割机加工成具有一定尺寸的抗压试件。切割方式可分为两种类型：一种是圆锯片不移动，但工作台可以移动；另一种是圆锯片平行移动，工作台不动。

(3) 人造金刚石空心薄壁钻头

空心薄壁钻头主要由钢体和胎环部分组成。钢体一般由无缝钢管车制而成。钻头的胎环是由钢系、青铜系、钨系等冶金粉末和适量的人造金刚石浇铸成型。在胎环上加工若干排水槽(一般称水口)，钻头的构造见图 9-12。

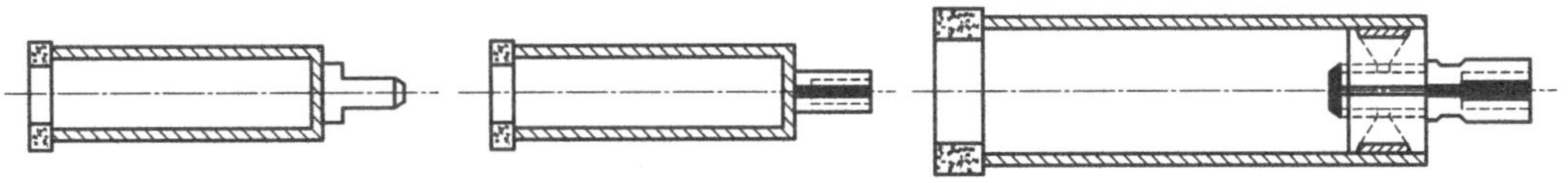

图 9-12 空心薄壁钻构造示意

(a) 直柄式；(b) 螺纹式；(c) 胀卡式

钻头与钻孔机的连接方式，主要由钻头的直径和钻机的构造决定。一般可分为直柄式、螺纹式和胀卡式三种。

(4) 压力试验机

能够满足试件破坏吨位要求。

二、钻芯前的准备

1. 调查了解工程质量情况

(1) 工程名称或代号，以及设计、施工、建设单位名称。

(2) 结构或构件种类、外形尺寸及数量。

(3) 混凝土强度等级，混凝土的成型日期、所用的水泥品种、粗集料粒径、砂石产地及配合比等。

(4) 混凝土试块的抗压强度。

(5) 结构或构件的现场质量状况以及施工或使用中存在的质量问题。

(6) 有关的结构设计图和施工图。

2. 钻芯机具准备及钻头直径的选择

一般根据被测构件的体积及钻取部位确定钻芯的深度，据此选择合适的钻机及钻头。当钻取的芯样是为了进行抗压强度试验时，则芯样的直径与混凝土粗集料粒径之间应保持一定的比例关系。在一般情况下，芯样直径为粗集料的3倍，任何情况下不得小于集料最大粒径的2倍。在钢筋过密或因取芯位置不允许钻取较大芯样的特殊情况下，钻芯直径可为粗集料的2倍。在工程中的梁、柱、板、基础等现浇混凝土结构中，一般使用粗集料的最大粒径为31.5mm或40mm，这样采用内径为100mm或150mm的钻头已可满足要求。

3. 芯样数量的确定

取芯的数量，应视检测的要求而定。进行强度检测时，一般可分为以下两种情况：

(1) 单个构件进行强度检测时，在构件上的取芯个数一般不少于3个；当构件的体积或截面面积较小时，取芯过多会影响结构承载能力，这时可取2个。

(2) 对构件某一指定局部区域的质量进行检测时，取芯数量应视这一区域的大小而定，如某一区域遭受冻害、火灾、化学腐蚀或质量可疑等情况，这时检测结果仅代表取芯位置的质量，而不能据此对整个构件或结构物强度作出整体评价。至于检查内部缺陷的取芯试验更应视具体情况而定。

4. 取芯位置的选择

取芯时会对结构混凝土造成局部损伤，因此在选择芯样位置时要特别慎重，其原则：应尽量选择在结构受力较小的部位。尽量不在一些重要构件上或者一些构件的重要区域取芯，以免对结构安全造成不利影响。

在一个混凝土构件中由于施工条件、养护情况及不同位置的影响，各部分的强度并不是均匀一致的。在选择钻芯位置时，应考虑这些因素，以使取芯位置混凝土的强度具有代表性。如有条件时，应首先对结构混凝土进行超声或超声回弹综合法测试，然后根据检测目的与要求来确定钻芯位置。

三、检样钻取

1. 芯样钻取

混凝土芯样的钻取是钻芯测强过程的首要环节，是技术性很强的工作。芯样质量的好坏，钻头和钻机的使用寿命以及工作效率，都与操作者的熟练程度和经验有关。因此，熟练的操作技术，合理调节各部位装置，将会获得较好的钻取效果。

先将钻机安放稳固(钻机的稳固定方法有配重法、真空吸附法、顶杆支撑法和膨胀螺栓法等)并调至水平后，安装好钻头，接通水源，启动电动机，然后操作进给手柄，使钻头慢慢接触混凝土表面。当混凝土表面不平时，下钻更应特别小心，待钻头入槽稳定后，方可适当加压钻进。

在进钻过程中应保持冷却水的畅通，水流量宜为3～5L/mim，出口水温不宜过高。冷却水的作用：一是防止金刚石温度升高烧毁钻头；二是及时排除钻孔中产生的大量混凝土碎屑，以利钻头不断切削新的工作面和减少钻头的磨损。水流量的大小与进钻速度和直径成正比，以达到料屑能快速排出，又不致四处飞溅为宜。当钻头钻至芯样要求长度后，退钻至离混凝土面20～30mm时停电停水，然后将钻头全部退出混凝土表面。如停电停水过早，则容易发生卡钻现象，尤其在深孔作业时更应特别注意。

移开钻机后，用带弧度的钢钎插入圆形槽并用锤敲击，此时由于弯矩的作用，使芯样在底部与结构断离，然后将芯样提出。取出的芯样应及时编号，并检查外观质量情况，做好记录后，妥善保管，以备割成标准尺寸的芯样试件。

为了保证安全操作，取芯机操作人员必须穿戴绝缘鞋及其他防护用品。

2. 芯样加工

(1) 芯样尺寸要求及测量方法

① 平均直径：在钻芯过程中，由于受到钻机振动、钻头偏摆等因素的影响，沿芯样高度的任一直径并不是均匀一致的，也就是说同一芯样不同部位其直径有大有小。为了方便地计算芯样的截面积，故以平均直径为代表。如图 9-13(a)所示用游标卡尺测量芯样中部，在互相垂直的两个位置上取其两次测量的算术平均值作为平均直径，测量精度为 0.5mm。对于直径为 100mm 的芯样，当直径测量误差为 0.5mm 时，芯样的截面积误差只有 0.89%，对抗压强度的计算影响不大。当沿芯样高度任一直径与平均直径相差达 2mm 以上时，由于对抗压强度的影响难以估计，故这样的芯样不能作为抗压试件使用。

② 芯样高度[图 9-13(b)]：抗压芯样试件高度用钢卷尺或钢板尺进行测量，精确至 1mm；芯样高径比宜为 1.00，当芯样试件的实际高径比(h/d)小于要求高径比的 0.95 或大于 1.05 时，相应的测试数据无效。

③ 端面平整度：芯样端面与立方体试块的侧面一样，是进行抗压强度试验时的承压面，其平整度对抗压强度影响很大。端面不平时，向上凸起比向下凹入引起的应力集中更为剧烈，如同劈裂抗拉强度破坏一样，强度下降更大。当中间凸出 1mm 时，其抗压强度只有平整试件的二分之一左右，因此国内外标准对芯样端面平整度有严格要求。测量端面平整度[图 9-13(c)]是用钢板尺紧靠在芯样端面上，一边转动钢板尺，一边用塞尺测量与芯样之间的缝隙，在 100mm 长度范围内不超过 0.1mm 为合格。

④ 垂直度：芯样两个端面应互相平行且应垂直于轴线。芯样端面与轴线间垂直度偏差大，抗压时会降低强度，其影响程度还与试验机的球座及试件的尺寸有关。大部分规定垂直度偏差不得超过±1°。垂直度测量[图 9-13(d)]方法，是用游标量角器分别测量两个端面与轴线间的夹角，在 90°±2°时为合格，测量精度为 0.1°。承压线凹凸不应大于 0.25mm。

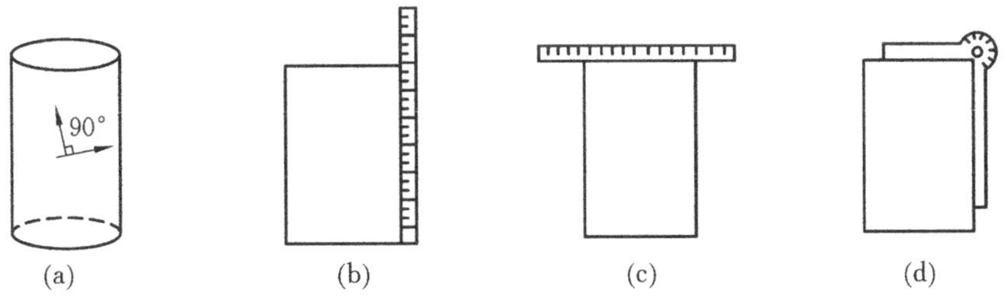

图 9-13　芯样尺寸测量示意图

(a) 测平均直径；(b) 测高度；(c) 测平度；(d) 测垂直度

(2) 芯样切割加工与端面的修整

① 芯样切割：采用切割机和人造金刚石圆锯片进行切割加工。芯样切割部位的选择和切割机操作正确与否，是保证芯样切割质量的重要环节。芯样加工时切除部分和保留部分应根据检测的目的确定。在一般情况下，应将影响强度试验的缺边、掉角、孔洞、疏松层、钢筋等部分切除，但是，在一些特殊情况下，如为了检测混凝土受冻或疏松层的强度时，在切割加工中要

注意保留这一部分混凝土。为了抗压强度试验的方便，在满足试件尺寸要求的前提下，同一批试件应尽可能切割成同样的高度。

② 芯样端面的修整：芯样在锯切过程中，由于受到振动、夹持不紧或圆锯片偏斜等因素的影响，芯样端面的平整度及垂直度很难完全满足试件尺寸的要求，此时，需采用专用机具进行磨平或补平处理。芯样端面修整基本可分为两种方法：磨平法和补平法。磨平法是在磨平机的磨盘上撒上金刚石砂粒（或直接用金刚石磨轮）对芯样两端进行磨平处理，或采用金刚石车刀在车床上对芯样端面进行车光处理，直到平整度及垂直度达到要求时为止。补平法是用补平材料对芯样端面进行修整，根据所用材料可分为硫黄胶泥、硫黄砂浆、水泥净浆、水泥砂浆补平等。

在芯样直径两端侧面测定钻取后芯样的高度或端面加工后的高度，其尺寸差应在 0.25mm 之内。

四、抗压强度试验

芯样在进行抗压强度试验时，可分潮湿状态和干燥状态两种试验方法。在干燥状态下试件的强度，通常比经过浸湿的芯样强度高。为了使芯样试件与被测结构混凝土的湿度在基本一致的条件下进行试验，在规程中规定了芯样试件可在两种湿度状态下进行试验，如结构工作条件比较干燥，芯样试件应以自然干燥状态进行试验；结构工作条件比较潮湿，芯样试件应以潮湿状态进行试验。此外，统一了试验标准并规定了试验状态条件；对于干燥状态，即芯样试件在受压前，应在室内自然干燥 3d；在潮湿状态进行试验时，芯样试件应在 20℃±2℃的清水中浸泡 40～48h。抗压试验用的试件长度（端面加工后）不应少于直径的 0.95 倍，也不应大于直径的 2.1 倍。芯样端面必须平整，必要时，应用磨平或抹顶补平等方法处理。

1. 抗压强度试验步骤

(1) 取出试件，清除表面污垢，擦去表面水分，仔细检查后，在其中部量出高度和宽度，精确至 1mm。在准备过程中，要求保持试件温度无变化。

(2) 在压力机下、压板上放好试件，几何对中球座最好放在试件顶面并凸面朝上。

(3) 对于加荷速度，为强度等级小于 C30 的混凝土时，取 0.3～0.5MPa/s；为强度等级不低于 C30 的混凝土时，则取 0.5～0.8MPa/s。当试件接近而开始迅速变形时，应停止调整试验机油门，直至试件破坏记下最大荷载。

2. 记录与计算

混凝土芯样抗压强度 R_c 按下式计算

$$R_c=\frac{P}{A}=\frac{4P}{\pi d_m^2} \tag{9-23}$$

式中 R_c——混凝土芯样抗压强度（MPa），精确至 0.1MPa；

P——极限荷载（N）；

A——受压面积（mm^2）；

d_m——芯样截面的平均直径（mm）。

圆柱体试件（直径为 150mm，高为 300mm）与立方体试件（长宽高均为 150mm）的抗压强度关系大致为 0.65～0.9 之间。影响圆柱体试件与立方体试件抗压强度因素有试件的制作、尺寸、强度等级、骨料级配等，根据大量的试验数据，混凝土强度等级在 C60 以下，圆柱体试件抗压强度约等于 0.79 倍立方体试件抗压强度；混凝土强度等级为 C60，圆柱体试件抗压强度约等于 0.83 倍立方体试件抗压强度；混凝土强度等级为 C70，圆柱体试件抗压强度约等于0.86 倍立方体试件抗压强度；混凝土强度等级为 C80，圆柱体试件抗压强度约等于 0.88 倍立方体试件抗压强度。

本章小结

本章介绍了结构混凝土强度检测的方法。无破损检测主要介绍回弹法和超声回弹综合法，破损法检测主要介绍钻芯法。并分别说明了各自的测试原理、方法、测点布置原则以及试验检测结果的分析判定。

在我国采用回弹法测定结构混凝土强度越来越广泛，这是因为回弹法检测简便、灵活、符合国情，且已解决了回弹法检测精度不高和不能普遍推广的关键问题。

超声回弹综合法，综合了单一方法的优点，提高了测试的精度。

钻芯法检测混凝土抗压强度，无须进行某种物理量与强度之间的换算，普遍认为它是一种直观、可靠和准确的方法，但在检测时对结构混凝土造成局部损伤，且成本较高。因此，最好把钻芯法与其他非破损检测方法综合使用，一方面利用非破损法进行大量检测而不损伤结构，另一方面又可利用钻芯法提高非破损检测的精度，使两者相辅相成。

复习思考题

1. 简述回弹法检测混凝土强度的基本原理和检测原则。
2. 采用回弹法检测混凝土强度时常用哪几种测强曲线？它们的用途有什么不同？
3. 超声回弹综合法测定混凝土强度时应符合哪些原则？
4. 钻孔取芯法检测混凝土强度对芯样的数量、取芯位置及芯样尺寸有何规定？
5. 如何测定结构混凝土的碳化深度？

第十章 桥梁荷载试验

【教学要求】

1. 描述桥梁承载能力检测的原理；

2. 描述桥梁荷载试验的方法及数据处理。

第一节 概　　述

一、桥梁承载能力检测简介

桥梁的安全性是保证桥梁结构可靠性最重要的参数之一，为了保证桥梁结构的安全性，必须进行桥梁的承载能力检测。评定桥梁结构实际承载能力一般采用两种方法：

(1) 通过桥梁技术状况检查，结合结构检算评定桥梁承载能力的方法。此方法适用于大多数在用桥梁，它是通过桥梁技术状况检查，调查桥梁的实际抗力因素，比如混凝土强度状况、钢筋锈蚀情况、混凝土碳化情况、裂缝开展情况等，根据上述调查检测的实际参数数值，重新计算结构抗力和外部荷载效应的比值，评定结构承载能力是否满足要求。

(2) 荷载试验方法。此方法适用于新建或在用桥梁的承载能力评定，它是根据桥梁的设计等级，布置等效的外部荷载(比如荷载车辆)直接在结构上进行加载，观察结构的反应(比如应变和变形)是否在理论计算的允许范围内，以此来判别结构的承载能力是否满足要求。

打一个比方，我们要判断一个人是否能举起50kg的重物，第一种方法是调查这个人的性别、身高、体重，以此来判断此人是否能举起50kg的重物；而荷载试验方法，就是让此人直接进行举重试验，直观的判别是否能举起50kg的重物。由此可见，荷载试验方法虽然消耗人力物力较大(前期准备阶段需要粘贴应变片等应观测装置，试验时需要组织荷载车等)，但它是确定桥梁承载能力最直接、有效的方法，本章着重介绍通过桥梁的荷载试验检测桥梁的承载能力。

我国的相关规范规定，有下列情况之一时，应进行桥梁的荷载试验：

(1) 技术状态等级为四、五类。

(2) 拟提高荷载等级。

(3) 需要通过特殊重型车辆荷载。

(4) 遭受重大自然灾害或意外事件。

(5) 采用其他方法难以准确判断其能否承受预定荷载。

除此之外，在目前的实际工程情况中，新建桥梁交付使用之前，也会进行桥梁的荷载试验，以此确定桥梁的承载能力是否满足要求。

二、桥梁荷载试验简介

因为桥梁的外部荷载主要是汽车等动荷载，所以桥梁的荷载试验应包含两种类型，分别是静载试验和动载试验。

（1）静载试验是通过在桥梁上施加与控制荷载等效的静态外加荷载，利用检测仪器设备观测结构控制部位与控制截面的应变、变形、裂缝等力学效应，并与理论计算值进行对比，判断桥梁是否能承受加载的静载。

（2）动载试验是通过在桥梁上模拟车辆通过桥梁时的加速、行进、刹车等情况，以及在环境荷载情况下，测试桥梁的自振频率、冲击系数、阻尼比等动载参数是否满足要求。

桥梁的荷载试验会消耗大量的人力和物力，所以需要对其进行合理的组织设计，以期提高试验效率，一般应包括的阶段如图 10-1 所示。

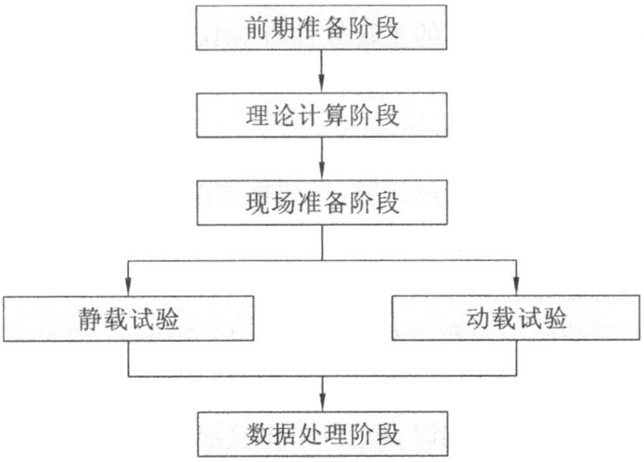

图 10-1　桥梁荷载试验组织阶段及顺序

第二节　桥梁荷载试验阶段

一、试验准备阶段的工作内容

1. 资料收集

进行现场荷载试验之前应向相关部门收集以下资料，以便对试验对象的结构情况、外部荷载情况等有一个清晰正确的认识，为理论分析计算、编制试验方案打好基础。

（1）拟检桥梁的设计资料：包括设计图纸、变更的设计图纸以及作为设计依据的其他原始资料，必要时还需要设计的计算书等原始资料。

（2）拟检桥梁的施工和监理资料：材料性能的试验报告、各分项分部工程验收报告和重要质量差错报告等。

（3）拟检桥梁的施工监控资料：施工监控报告、成桥线型、内力应力、墩台和拱顶的沉降观测报告等。

（4）拟检桥梁的竣工资料：竣工图纸、工程验收资料等。

2. 现场勘查

(1) 桥梁现场调查：主要调查桥梁结构的总体尺寸，主要构件截面尺寸，主要部位的高程，桥面平整度，支座工作情况，材料的物理力学性能，结构物的裂缝、缺陷、损伤和钢筋锈蚀情况等。

(2) 桥梁情况走访：与施工、监理或养护等一线部门进行对接，了解试验对象目前存在的相关问题。

(3) 试验环境调查：调查桥梁周围的路况等环境情况，判断是否方便桥检车、荷载车等试验装置的进场，判断近期的天气情况是否适合试验等情况。

二、理论计算准备阶段

(一) 计算软件

目前进行桥梁荷载试验理论计算的主流软件有 MIDASCIVIL、ANSYS 等有限元软件。

(二) 计算原则

1. 控制荷载选取原则

我国的桥梁设计规范规定在进行设计时，按照桥梁的使用功能要求，其汽车荷载分为不同的等级，例如公路桥涵分为公路-Ⅰ和公路-Ⅱ，城市桥梁分为城-A 和城-B，它们对应不同的集中力和均布力的组合。规范规定：

(1) 公路-Ⅰ级车道荷载的均布荷载标准值 $q_k=10.5\text{kN/m}$；集中荷载标准值按以下规定选取：桥梁计算跨径小于或等于 5m 时，$P_k=180\text{kN}$；桥梁计算跨径等于或大于 50m 时，$P_k=360\text{kN}$；桥梁计算跨径在 5～50m 之间时，P_k 值采用直线内插求得。计算剪力效应时，上述集中荷载标准值 P_k 应乘以 1.2 的系数。

(2) 公路-Ⅱ级车道荷载的均布荷载标准值 q_k 和集中荷载标准值 P_k 按公路-Ⅰ级车道荷载的 0.75 倍采用。

理论计算时，应根据不同的荷载等级要求，并与恒荷载等其他荷载组合进行计算，确定试验时的控制荷载。

根据试验的目的不同，桥梁进行荷载试验的控制荷载类型分为两种：

(1) 设计荷载：根据设计图纸确定的荷载等级。

(2) 目标荷载：事先设定的期望桥梁能够承受的荷载，需要通过荷载试验进一步确定。一般应用于设计图纸遗失，或者拟降低或者提高荷载等级的桥梁荷载试验。

2. 试验荷载确定原则

桥梁试验中各等级的控制荷载实际是集中力和均布力的组合，而在实际的荷载试验中，这种力的形式是很难精确模拟的。在实际试验中，需要按照等效原则重新计算试验荷载。

(1) 确定最不利截面。常见桥梁静载试验工况及测试截面宜按表 10-1 确定，主要工况为必做，附加工况可视具体情况确定是否进行。测试最大正弯矩产生的应变时，宜同时测试截面的位移。

表 10-1　常见桥梁静载工况及测试截面

桥型	试验工况		测试截面
简支梁桥	主要工况	跨中截面主梁最大正弯矩工况	跨中截面
	附加工况	① $L/4$ 截面主梁最大正弯矩工况； ② 支点附近主梁最大剪力工况	① $L/4$ 截面； ② 梁底距支点 $h/2$ 截面内侧向上 45°斜线与截面形心线相交位置
连续梁桥	主要工况	① 主跨支点位置最大负弯矩工况； ② 主跨跨中截面最大正弯矩工况； ③ 边跨主梁最大正弯矩工况	① 主(中)跨支点截面； ② 主跨最大弯矩截面； ③ 边跨最大弯矩截面
	附加工况	主(中)跨支点附近主梁最大剪力工况	计算确定具体截面位置

(2) 在建立模型后，首先在模型上施加控制荷载(设计荷载或者目标荷载)，计算出测试截面在试验工况下的内力(应力)或者位移。

(3) 在模型上施加不同试验荷载进行试算，一般试验荷载选取载重车辆，称之为荷载车。计算出对应于控制荷载的同一测试截面和同一加载工况下的内力(应力)或者位移，试算出的试验荷载应满足下列要求：

静载试验荷载效率 η_q，对交(竣)工验收荷载试验，宜介于 0.85～1.05 之间；否则，宜介于 0.95～1.05 之间。η_q 按式(10-1)计算：

$$\eta_q=\frac{S_S}{S(1+\mu)} \tag{10-1}$$

式中　η_q——静载试验荷载效率系数；

S_S——静载试验荷载作用下，某一加载试验项目对应的加载控制截面内力或位移的最大计算效应值；

S——控制荷载产生的同一加载控制截面内力或位移的最不利效应计算值；

μ——按规范取用的冲击系数值。

3. 测试截面的测点布置原则

在桥梁测试截面上需要布置测点，测点分为应变测点和变形测点。

(1) 应变测点

根据规范规定，应变测点的布置遵循以下原则：

① 应变测点应根据测试截面及测试内容合理布置，并应能反映桥梁结构的受力特征。

② 单向应变测点布置应体现左右对称、上下兼顾、重点突出的原则，并应能充分反映截面高度方向的应变分布特征。单点应变花测点的布置不宜少于两组。测点布置完毕，应准确测量其位置。

③ 常见截面的单向应变测点布置见表 10-2。结构对称时，1/2 横截面的应变测点可减少，但不宜少于 2 个。

④ 弯桥、斜桥及异型桥应根据控制荷载作用下结构的内力(应力)特征及结构特征确定应变测点。

⑤ 钢筋混凝土结构的受拉区应变测点宜布置在受拉区主钢筋上。

⑥ 主应变(应力)应采用应变花进行测试。

⑦ 应变测试应设置补偿片,补偿片位置应处于与结构相同材质、相同环境的非受力部位。

表 10-2　截面应变测点布置

构件名称	主要截面类型		应变测点布置示意图	备注
混凝土主梁	板式截面	整体式实心板	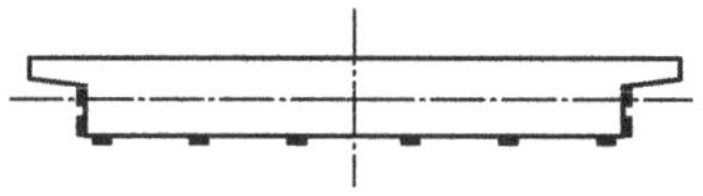	① 板底面测点不宜少于 5 个,对称布置; ② 侧面测点不宜少于 2 个
		整体式空心板	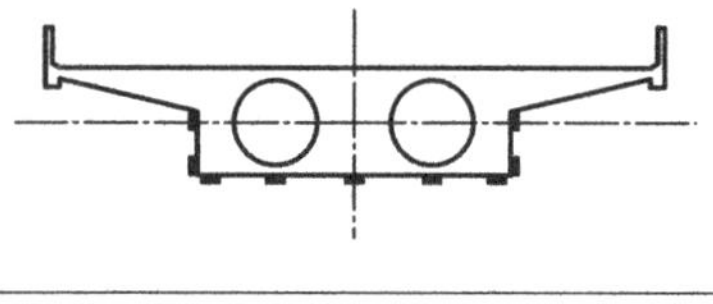	① 板底面测点不宜少于 5 个,对称布置; ② 侧面测点不宜少于 2 个; ③ 腹板对应位置宜布置测点
	梁式截面	钢筋混凝土 T 梁	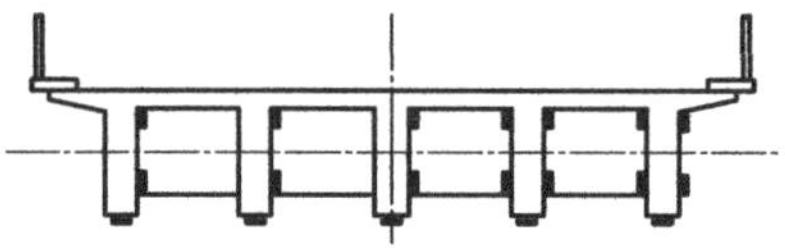	① 每片梁底面测点为 1～2 个; ② 每片梁侧面测点不宜少于 2 个

(2) 位移测点的布置遵循以下原则:

① 位移测点的测值应能反映结构的最大变位及其变化规律。

② 主梁竖向位移的纵桥向测点宜布置在各工况荷载作用下挠度曲线的峰值位置。

③ 竖向位移测点的横向布置应充分反映桥梁横向挠度分布特征,整体式截面不宜少于 3 个,多梁式(分离式)截面宜逐片梁布置。常见主梁竖向位移测点的横向布置见表 10-3。

表 10-3　竖向位移测点的横向布置

构件名称	主要截面类型		应变测点布置示意图	备注
混凝土主梁	板式截面	整体式实心板	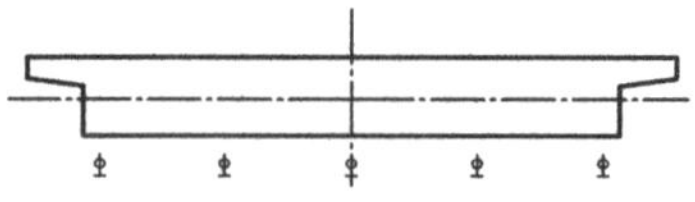	横桥向底面或桥面不宜少于 3 个
		整体式空心板	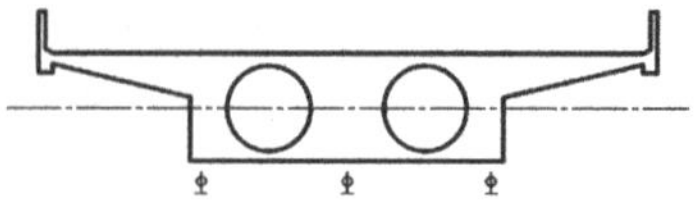	横桥向底面或桥面不宜少于 3 个
	梁式截面	钢筋混凝土 T 梁	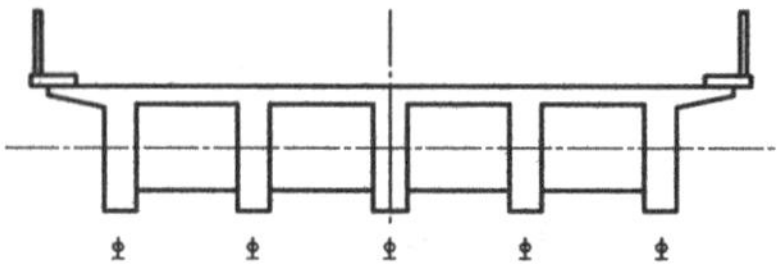	每片梁底面不宜少于 1 个或桥面不宜少于 3 个

4. 分级加载原则

试验过程中，为了保证加载过程的安全，同时减小误差，宜采用分级加载。

加载级数应根据试验荷载总量和荷载分级增量确定，可分成3～5级。当桥梁的技术资料不全时，应增加分级。重点测试桥梁在荷载作用下的响应规律时，可加密加载分级。

（三）计算过程

（1）建立模型。根据设计图纸，以及现场采集的实际资料，运用有限元软件，建立拟检桥梁的有限元模型。模型建立时的参数设置有两种情况：

① 根据设计文件建立模型：根据规范规定，进行桥梁的交（竣）工验收荷载试验时，应根据竣工图文件建立计算模型，并根据试验对象的设计荷载等级确定试验控制荷载，按照相应设计规范的规定对结构的动力参数、控制截面内力、应力（应变）、变位等效应进行计算。对加固或改建后的桥梁的交（竣）工验收荷载试验，计算时应考虑新旧结构的交互作用和二次受力的影响。

② 根据现场实际参数建立模型：对以目标荷载为控制荷载的桥梁进行荷载试验时，应根据桥梁几何尺寸、材料特性及实际结构状况等实测参数建立计算模型，根据控制荷载进行分级，由低一级向高一级荷载加载试算，按相应的设计规范规定对结构的动力参数、控制截面内力、应力（应变）、变位等效应进行检算。当缺乏设计、施工等技术资料时，可参考同年代同类型桥梁设计（竣工）文件，由低一级向高一级荷载加载试算。

（2）试算出试验荷载。根据前文描述的试验荷载确定原则，试算出试验荷载，配置所需要的实际荷载。

（3）各测点参数理论值计算和统计。对试验荷载在模型上进行分级加载，并计算出各级荷载下，各控制截面测点应变、变形等参数的理论值，并进行统计。

三、现场准备阶段

（一）测试仪器准备

桥梁荷载试验的直接目的是为了得到桥梁结构作用与响应的各种参数，见表10-4。

表10-4　荷载试验的响应参数和仪器

序号	试验类型	测试参数	设备
1	静载	变形	千分表、百分表、位移计、水准仪等
2	静载	应变	电阻应变计、电阻应变仪、数据采集系统等
3	静载	裂缝	裂缝尺、引伸仪、超声波裂缝检测仪等
4	动载	自振频率、振型、阻尼比等	测振传感器、放大器、动态信号数据采集系统等

1. 电阻应变仪的工作原理

由表10-4可知，静载试验主要采集变形、应变和裂缝3个参数。此处，主要介绍电阻应变仪的工作原理。

电阻应变仪的核心元件是电阻应变片（图10-2），电阻应变片有一个特征，其长度改变时，自身的电阻值也会改变，反映其单位应变所造成的相对电阻变化的参数是灵敏度。

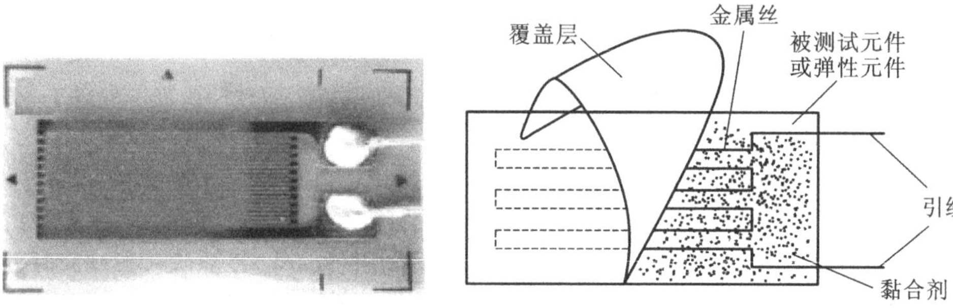

图 10-2　电阻应变片

将电阻应变片贴到构件表面，并连接到电路当中。构件受力变形时，应变片与构件一起变形，其电阻值发生变化，那么电路中的输出电压也会发生变化。根据电路中输出电压的变化值，可以推导出应变片电阻值的改变量，再根据应变片的灵敏度，可以得到应变片和构件长度的改变量，就是该点处的应变值。根据构件的变形模量，结合广义胡克定律等物理定律，可以推导出该处的应力值。在数据采集系统中，计算机可以自动完成上述工作，数据采集系统直接输出应变值。

(2) 惠斯顿电桥

电阻应变片粘贴在构件表面后，应连接到惠斯顿电桥中。惠斯顿电桥是一种电阻-电压转化装置，可以把电阻的微小变化径向放大，如图 10-3 所示。

可以看出，惠斯顿电桥中可以连接 R_1、R_2、R_3和 R_4四个应变片，该电桥有一个重要特性：电桥的输出电压与相邻两臂的电阻变化之差成正比，与相对两臂的电阻变化之和成正比，即“相邻相减，相对相加”。根据此特性，可以选择不同的桥路组合。

在实际试验过程中，桥梁应变变化主要包括试验荷载和现场温度变化引起的两部分应变变化，测量试验荷载所引起的应变变化的桥路可以见图 10-4 布置。

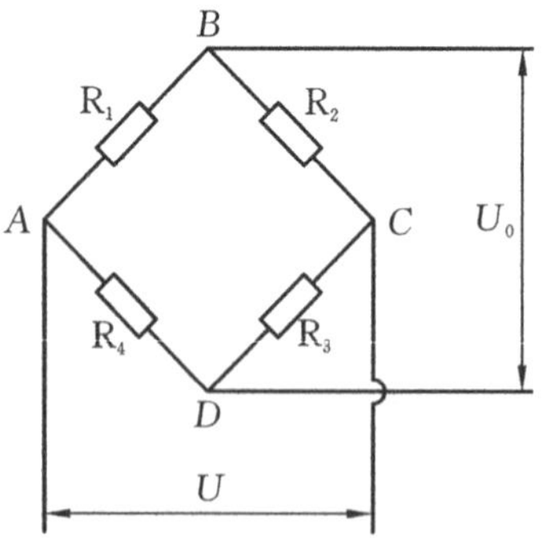

图 10-3　惠斯顿电桥示意图

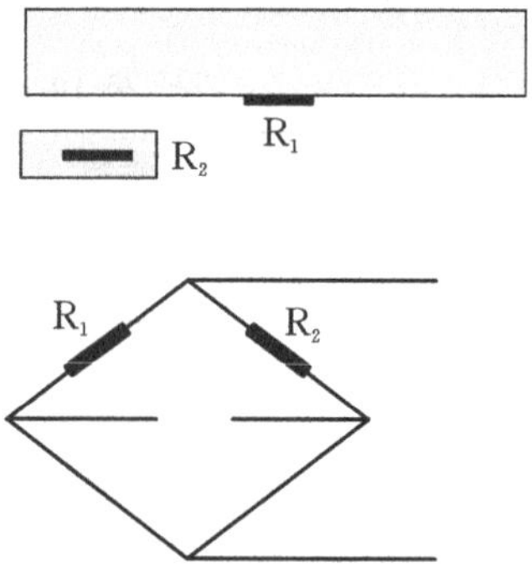

图 10-4　接入温度补偿片桥路组合

R_1粘贴在构件的下表面沿构件的轴线平行方向，可以测量构件在试验荷载和现场温度变化引起的两部分应变变化，为 $\xi_q+\xi_T$。R_2可以粘贴在现场的非受力的相同材质构件表面，比如对于混凝土桥，可以粘贴在现场混凝土试块的表面，或者可以粘贴在受力构件的轴线垂直方向，均只受现场温度的影响，应变变化为 ξ_T。R_1和 R_2连接到惠斯顿电桥的相邻桥臂，根据“相邻相减，相对相加”的原则，影响输出电压的应变为$(\xi_q+\xi_T)-\xi_T=\xi_q$，此处消除了现场温度效应的影响。因此，$R_2$称为温度补偿片。

图 10-5 所示为桥梁结构中常见的受弯构件半桥贴法。同一截面上部承受试验荷载和温度产生的应变$\xi_S+\xi_T$，下部承受试验荷载和温度产生的应变$\xi_X+\xi_T$，其中ξ_S和ξ_X两者大小相等，方向相反，即$\xi_S=-\xi_X$。把R_1和R_2贴在控制截面的下表面和上表面，并连接到惠斯顿电桥的相邻桥臂，根据“相邻相减，相对相加”的原则，影响输出电压的应变为$(\xi_S+\xi_T)-(\xi_X+\xi_T)=\xi_S-\xi_X=\xi_S-(-\xi_S)=2\xi_S$，此处不仅消除了现场温度效应的影响，还使得电桥的输出电压增加了一倍，把这种电桥称为半桥。

（二）加载设备准备

一般现场采用加载车作为加载设备，按下列步骤准备：

(1) 根据模型计算时编制的方案要求，落实车辆型号、数量。

(2) 记录好车辆的车号、轴距、轮距和轴重等，并将实际情况反馈给方案编制人员，确定是否需要调整计算模型参数和载重。

(3) 根据方案要求在入场前载重、称重，并备份好过磅单。

(4) 检查车辆的安全情况，时速表灵敏情况等。

（三）桥检车和工作脚手架

现场需要在桥梁板底或者桥梁梁底粘贴应变片，桥梁高度较小，且下部无河水时可搭设脚手架；否则，应采用桥检车(图 10-6)。

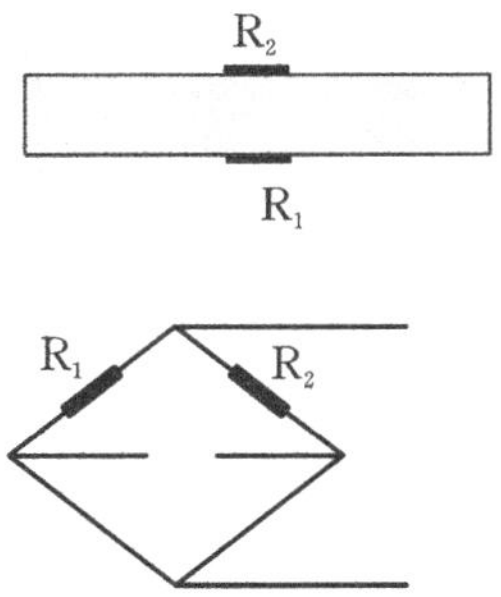

图 10-5　受弯构件半桥贴法

图 10-6　桥检车工作照片

现场测点布置，应在试验前把各测点布置好，把应变片粘贴到测点位置，并将连接的排线清理到方便试验且不容易被破坏的地方。把变形测点放样到方案规定的位置，做好标记。

四、现场试验阶段

现场试验宜安排在晚上进行，因为晚上结构受温度变化的影响小，且桥梁通行车辆较少，封闭交通时影响较小。

（一）封闭交通

正式试验之前，应和交通主管部门沟通，确定具体的检测时间，封闭交通，组织试验车辆、设备、人员进场。

（二）预加载

在正式加载前，应进行预加载。以部分荷载车在桥面上缓慢通行，使桥梁进入工作状态，并检查仪器设备是否工作正常。

(三)加载初读数

加载之前,成桥的自重已经导致桥梁结构发生了各种响应,注意建模计算时应不考虑这一部分荷载导致的响应。仪器的初读数是指预加载后正式试验开始的零载读数。

(四)各分级加载、卸载的读数和控制

分级加载时,应在结构稳定后进行读数。规范规定,应在前一级荷载阶段内结构反应相对稳定、进行了有效测试及记录后方可进行下一级荷载试验。当进行主要控制截面最大内力(变形)加载试验时,分级加载的稳定时间不应少于 5min;对尚未投入运营的新桥,首个工况的分级加载稳定时间不宜少于 15min。

1. 读数要求

(1) 加载试验之前应对测试系统进行不少于 15 min 的测试数据稳定性观测。

(2) 应做好测试时间、环境气温、工况等记录。宜采用自动记录系统并对关键点进行实时监控。当采用人工读数记录时,读数应及时、准确,并记录在专用表格上。

(3) 试验前应对既有裂缝的长度、宽度、分布及走向进行观测、记录,并将其标注在结构上;试验时应观测新裂缝的长度、宽度及既有裂缝发展状况,并描绘出结构表面裂缝分布及走向,并专门记录。

2. 控制要求

应根据各工况的加载分级,对各加卸载过程结构控制点的应变(或变形)、薄弱部位的破损情况等进行观测与分析,并与理论计算值对比。当试验过程中发生下列情况之一时,应停止加载,查清原因,采取措施后再确定是否进行试验:

(1) 控制测点应变值已达到或超过计算值。

(2) 控制测点变形(或挠度)超过计算值。

(3) 结构裂缝的长度、宽度或数量明显增加。

(4) 实测变形分布规律异常。

(5) 桥体发出异常响声或发生其他异常情况。

(6) 斜拉索或吊索(杆)索力增量实测值超过计算值。

荷载车工作如图 10-7 所示。

图 10-7 荷载车工作

（五）动载试验

动载试验测定的主要响应参数有动应力、动挠度和加速度等，以此确定桥梁的特性参数，主要有频率、振型和阻尼。试验工况主要有下列内容：

1. 跑车试验

一般采用静载试验的车辆，以 5～80km/h 的速度进行行车试验，车速在桥面上保持恒定，每个车速工况应进行 2～3 次重复试验。

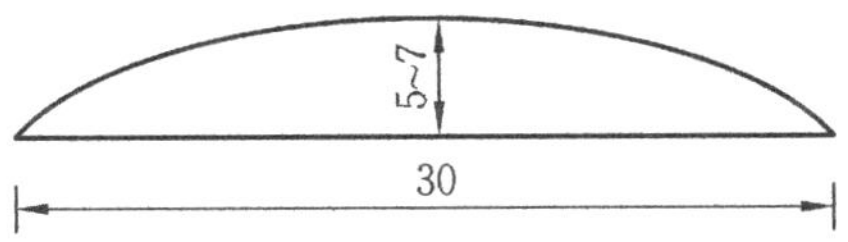

图 10-8　弓形障碍物横断面示意(cm)

2. 跳车试验

可布置弓形障碍物模拟车辆经过桥面坑洼的行车试验，车速宜取 5～20km/h，障碍物宜布置在结构冲击效应显著的部位。障碍物如图 10-8 所示。

3. 刹车试验

规范规定，刹车试验宜首选无障碍行车，车速宜取 30～50km/h，刹车部位应为动态效应较大的位置。

第三节　数据处理阶段

一、数据处理

（一）静载试验数据处理

静载试验数据处理，应计算各测点应变和变形的校验系数。按下式计算：

总位移(或应变)　$S_t = S_l - S_i$

弹性位移(或应变)　$S_e = S_l - S_u$

残余位移(或应变)　$S_p = S_t - S_e = S_u - S_i$

相对残余位移(或应变)　$\Delta S_p = \dfrac{S_p}{S_t}$

校验系数　$\lambda = \dfrac{S_e}{S_s}$

式中　S_i——加载前的测值；

S_l——加载达到稳定时的测值；

S_u——卸载后达到稳定时的测值。

S_s——静载试验荷载作用下，某一加载试验项目对应的加载控制截面内力或位移的最大计算效应值。

校验系数应包括应变校验系数和挠度校验系数。

同时应绘制试验曲线，试验曲线的绘制应包括下列主要内容，部分数据如表 10-5、表 10-6 所示。

① 列出各加载工况下主要测点实测位移(或应变)与相应的理论计算值并绘制出其关系曲线。

② 绘制各加载工况下主要控制点的位移(或应变等)与荷载或荷载效率的关系曲线。

③ 绘制各加载工况下控制截面位移(或应变)分布图、沿纵(横)桥向挠度图、截面应变沿高度(宽度)分布图等。

表 10-5　某桥应变测试结果　(单位:$\mu\varepsilon$)

测点		初读数	最大加载	卸载残余	实测值	理论值	应变校验系数	残余应变比
		①	②	③	②−③	④	(②−③)/④	③/②
E—*G* 截面	1#	0	84	1	83	118	0.70	0.01
	2#	0	89	2	87	120	0.73	0.02
	3#	0	94	1	93	122	0.76	0.01
	4#	0	94	2	92	122	0.75	0.02
	5#	0	90	2	88	120	0.73	0.02
	6#	0	86	1	85	118	0.72	0.01
	7#	0	60	1	59	82	0.72	0.02
	8#	0	−27	0	−27	−39	0.69	0.00
	9#	0	54	1	53	83	0.64	0.02
	10#	0	−27	0	−27	−39	0.69	0.00
	11#	0	54	1	53	85	0.62	0.02
	12#	0	−24	0	−24	−40	0.60	0.00

应力对比图

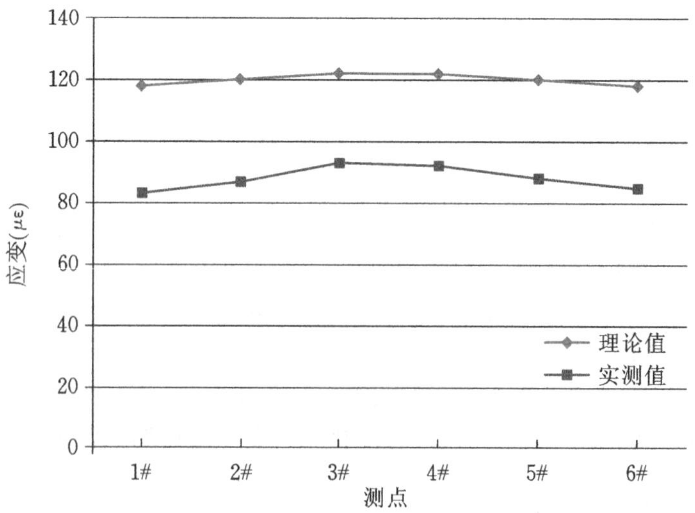

表 10-6　某桥挠度测试结果　　（单位：mm）

测点		初读数	最大加载	卸载残余	实测值	理论值	挠度校验系数	残余挠度比
		①	②	③	②－③	④	(②－③)/④	③/②
G—G截面	1#	0	5.31	0.34	4.97	6.54	0.76	0.06
	2#	0	5.75	0.21	5.54	6.86	0.81	0.04
	3#	0	6.24	0.35	5.89	7.08	0.83	0.06
	4#	0	6.09	0.18	5.91	7.08	0.83	0.03
	5#	0	5.61	0.14	5.47	6.86	0.80	0.02
	6#	0	4.87	0.11	4.76	6.54	0.73	0.02

挠度对比图

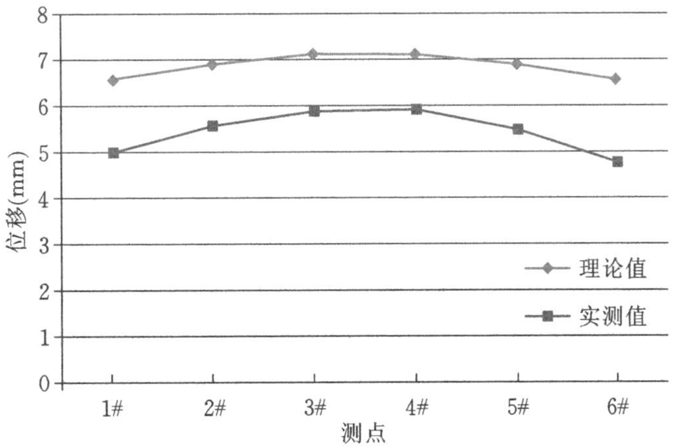

（二）静载试验结果分析

（1）结构的校验系数应满足表 10-7 的要求。

表 10-7　校验系数常值表

桥梁类型	应变或应力校验系数	挠度校验系数
钢筋混凝土板桥	0.20～0.40	0.20～0.50
钢筋混凝土梁桥	0.40～0.80	0.50～0.90

（2）处于线弹性工作状况的结构，测点实测位移（或应变）与其理论值应呈线性关系。

（3）对常规结构，实测的结构或构件主要控制截面应变沿高度分布应符合平截面假定。

（4）主要控制测点的相对残余变形（或应变）ΔS_p 越小，说明结构越接近弹性工作状况。ΔS_p 不宜大于 20 %。当 ΔS_p 大于 20%时，表明桥梁结构的弹性状态不佳，应分析原因，必要时再次进行荷载试验加以确定。

（5）试验荷载作用下新桥裂缝宽度不应超过《公路钢筋混凝土及预应力混凝土桥涵设计

规范》(JTG D62)规定的容许值,卸载后其扩展宽度应闭合到容许值的 1/3;在用桥梁的裂缝宽度不宜超过《公路桥梁承载能力检测评定规程》(JTG/T J21)的规定。

(6) 超过(5)规定时,应结合校验系数的计算结果,分析原因,采取措施。

(三) 动载试验数据处理与分析

动载试验数据分析计算和资料整理应包括下列内容,部分数据如图 10-9、图 10-10 所示:

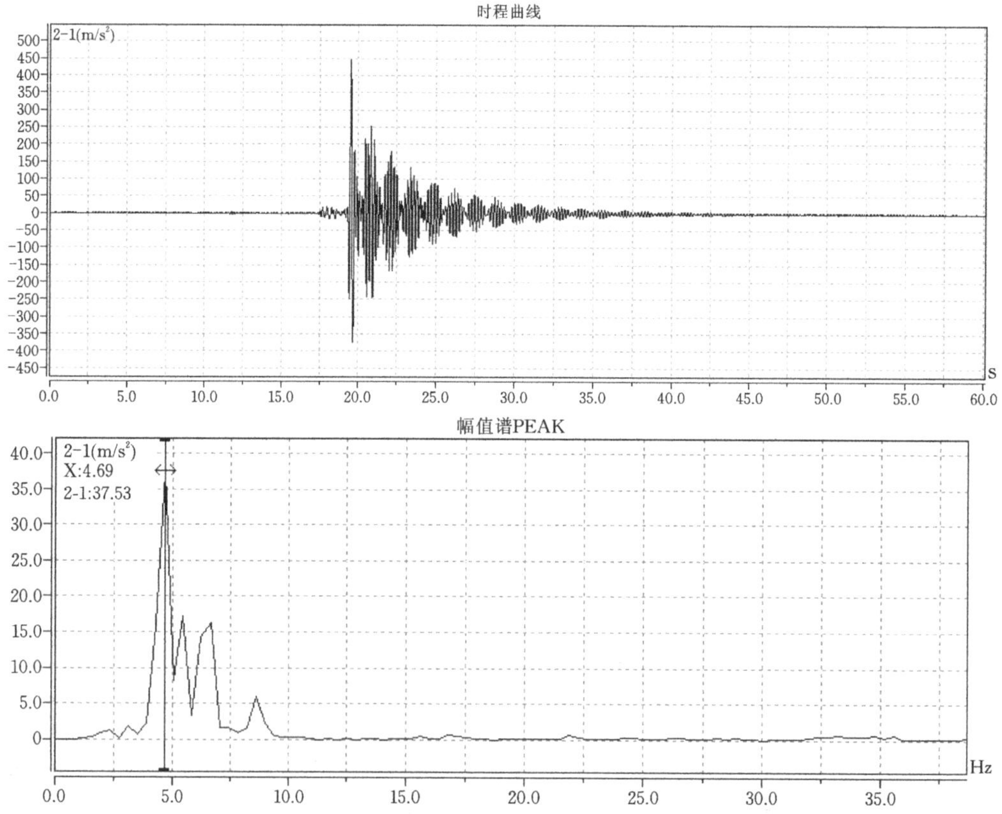

图 10-9　某桥梁跳车试验传感器速度响应曲线及频谱分析图

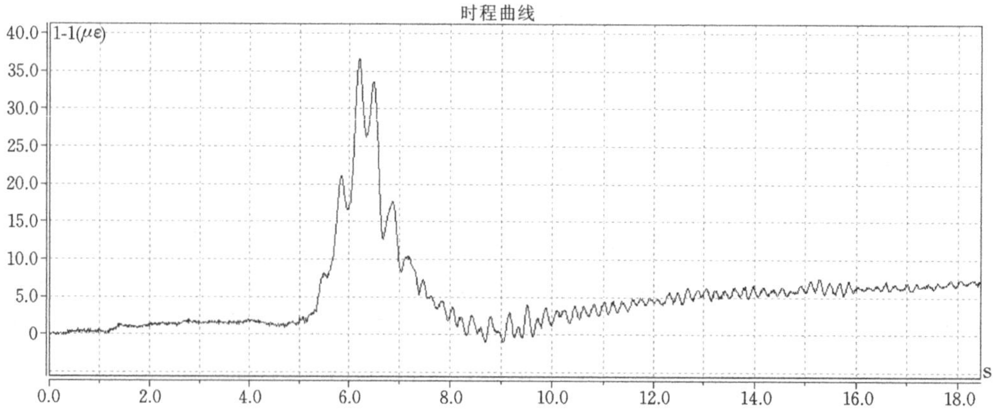

图 10-10　某桥梁在车速 40km/h 下的动应变时程响应曲线

(1) 动载试验荷载效率。

(2) 各试验工况下动挠度、动应变、加速度等的时域统计特性，包括最大值、最小值、均值和方差等。

(3) 典型工况下主要测点的实测时程曲线。

(4) 典型的自振频谱图。

(5) 实测自振频率与计算频率比较列表。

(6) 冲击系数-车速相关曲线图或列表。

(7) 其他必要的图表、曲线、照片等数据或资料。

二、数据分析

数据分析方法有：

(1) 比较实测自振频率与计算频率，实测频率大于计算频率时，可认为结构实际刚度大于理论刚度，反之则实际刚度偏小。

(2) 比较自振频率、振型及阻尼比的实测值与计算数据或历史数据，可根据其变化规律初步判断桥梁技术状况是否发生变化。

(3) 比较实测冲击系数与设计所用的冲击系数，实测值大于设计值时应分析原因。

本章小结

本章介绍了桥梁结构在静载下各控制截面的应力和变形测量方法，它们是检验桥梁性能及工作状态最直接、有效的办法。动载试验主要用于综合了解桥梁结构自身的动力特性以及结构抵抗受迫振动和突发荷载作用的能力，以判断结构的实际工作状态和实际承载能力，同时也为使用阶段结构评估积累原始数据。

熟悉桥梁的荷载试验，不仅对于试验检测人员，还对于设计、施工等工程参与各方都有重要的意义。

复习思考题

1. 在什么情况下，应进行桥梁的荷载试验？

2. 桥梁的荷载试验应包含哪两种类型？有什么区别？

3. 试验准备阶段的工作内容有哪些？

4. 在桥梁测试截面上需要布置位移测点，其布置应遵循什么原则？

第二部分　市政管线检测

第十一章　市政管线检测概述

【教学要求】

1. 了解市政管线的分类；
2. 了解常用管线检测技术；
3. 了解地下管线探测的基本程序和要求。

一、市政管线的分类

1. 按用途分类

(1) 给水管道　包括生活用水、消防用水及工业用水等输配水管道。

(2) 排水管道　包括雨水管道、污水管道、雨污合流管道和工业废水等各种管道，特殊地区还包括与其工程衔接的明沟(渠)盖板、方沟等。

(3) 燃气管道　包括煤气管道、天然气管道、液化石油气管道等输配管道。

(4) 热力管道　包括供热水管道、供热气管道、洗澡供水管道等。

(5) 电力电缆　包括动力电缆、照明电缆、路灯电缆等各种输配电力电缆等。

(6) 电信电缆　包括电话、广播、光缆、有线电视、军用通信、铁路及其他各种专业通信设施的直埋电缆。

2. 按管线材质分类

(1) 防腐钢质管道；

(2) 铸铁管道；

(3) 带钢丝网的水泥管道；

(4) 玻璃钢管道；

(5) 塑料 PE 管道等。

二、管线检测技术简介

市政管线检测，不仅需要先进可靠的检测设备，还需要熟练掌握使用检测设备及其相关的理论知识及一定检测实践经验，才可确保可靠的检测质量。如果检测人员能够掌握多种检测方法技术，并在实际工作中熟练运用，将会提高检测工程的质量。

管道检测可分为管道外检测和管道内检测两大类。所谓管道外检测是将检测设备放在管道外部来了解有关管道的情况，例如对管道的防腐层和地下埋深状况的探测；而管道内检测是指将检测器放在管道内，通过管道中的介质在检测器上的皮碗前后形成的压差使之在管道中随介质运动，检测器将管道情况信息采集并存储起来，然后，利用计算机对记录到的管道信息进行分析，从而了解管道的状况。该方法可用于检测管道的变形、腐蚀和缺陷等。

早期人们采用水压试验方法对管道进行检测，该方法只能证明水压试验时管道哪些部分不能承受试验压力，它不能提供管道的详细信息，并且水压试验需要停止供水才能进行，检测成本较大。而利用智能检测器进行检测，是在不停止供水的情况下检测管道状况，不仅成本低而且可靠性高。目前常用的内检测器主要有基于超声波原理的检测器和基于漏磁原理的检测器两种。前者是用超声波直接测量管道的壁厚，从而发现管道由于腐蚀等原因导致壁厚变化；而后者是通过检测器上的磁铁将经过的那段管道磁化，磁力线在管壁中通过，但当管道上有缺陷时，该缺陷所在之处的磁通量发生泄漏。检测器根据这一原理将管道上各处磁通量泄漏情况记录下来，经分析后可确定管道情况。前者的准确性高，但要求在检测前彻底清除管壁的蜡；后者对管道的清洁状况要求相对低一些，但对检测管道上的轴向裂缝有一定困难。但就我国管道状况而言，漏磁检测器完全满足管道检测和维修的精度要求，在我国具有广阔的应用前景。

三、城市地下管线的探测

城市地下管线探测按探测任务可分为市政公用管线探测、厂区或住宅小区管线探测、施工场地管线探测和专用管线探测四类。本节仅介绍与非开挖地下管线施工有关的施工场地管线探测。

非开挖地下管线施工场地管线探测是在非开挖施工前进行的。其主要任务是查明施工场地有无已敷设的地下管线（包括给排水、燃气、热力、工业等各种管道以及电力和电信电缆），如有，则查明地下管线的平面位置、走向、埋深、规格、性质、材质等，并编绘地下管线图；除此以外，还应查明每条管线的敷设年代和产权单位，其目的是为了保护已有地下管线，防止施工时造成对管线的破坏。因此，其探测范围应包括整个施工区域和可能受施工影响威胁地下管线安全的区域。

1. 地下管线探测的基本程序和要求

地下管线探测工作宜遵循下列基本程序：接受任务、搜集资料、现场踏勘、方法试验、编制技术方案、实地调查、仪器探查、建立测量控制点、管线点连测、地下管线图编绘、报告书编写和成果验收。探测单一管线和工作量较少时，上述工作程序可以简化。地下管线现场探测前，必须全面搜集和整理测区范围内已有的地下管线资料和有关测绘资料，宜包括下列内容：①已有的各种地下管线图；②各种管线的设计图、施工图、竣工图及技术说明资料；③相应比例尺的地形图；④测区及其邻近测量控制点的坐标和高程。

现场踏勘的主要任务：①核查搜集的资料，评价资料的可信度和可利用程度；②查看测区的地面建筑、地貌、交通、地下管线分布出露情况、地球物理条件及各种可能的干扰因素；③核查测区内测量控制点的位置。

施工场地管线图探测基本地形图的比例尺一般为（1∶200）～（1∶1000）。

2. 地下管线探测精度要求

施工场地地下管线探测可采用本地的建筑坐标系统，但应与当地城市坐标系统建立换算关系。城市地下管线探测的精度应符合以下规定：

(1) 隐蔽勘探点的探查精度分为三个等级，如表 11-1 所示，表中限差值按两倍中误差计。

(2) 测量管线点(管线点是为了探查和测绘地下管线而设置的测点)的解析坐标中误差(指测点相对于邻近解析控制点)不得超过±5cm；高程中误差(指测点相对于邻近高程控制点)不得超过±2cm。

表 11-1 隐蔽管线点的探查精度

精度等级	水平位置限差 δ_{ta}(cm)	埋深限差 δ_{th}(cm)
Ⅰ	$\pm(5+0.05h)$	$\pm(5+0.07h)$
Ⅱ	$\pm(5+0.08h)$	$\pm(5+0.12h)$
Ⅲ	$\pm(5+0.12h)$	$\pm(5+0.18h)$

注：① h 为地下管线的中心埋深，以 cm 计。
② 当 $h \leqslant 70$cm 时，埋深限差 δ_{th} 用 $h=70$cm 代入计算。

(3) 如果对探查精度有特殊要求，可根据工程需要确定。

(4) 探测管线点的解析坐标中误差(指实际管线点相对于邻近解析控制点)不得超过表 11-2 中的规定；高程中误差(指实际管线高程点相对于邻近高程控制点)不得超过 $0.5\delta_{th}$。

表 11-2 探测管线点解析坐标中误差

精度等级	坐标中误差 m_s(cm)
Ⅰ	$\pm(5+0.02h)$
Ⅱ	$\pm(5+0.035h)$
Ⅲ	$\pm(5+0.055h)$

(5) 地下管线图上测量点位中误差不得超过±0.5mm；地下管线图上探测点位中误差不得超过$\pm(0.5+0.625\delta_{ts}/M)$mm，式中 M 为测图比例尺的分母。

3. 地下管线探测的取舍标准

地下管线探测的取舍标准应根据各城市的具体情况、管线的疏密程度和委托方的要求确定。市政公用管线探测宜按表 11-3 取舍。

表 11-3 市政公用地下管线探测的取舍标准

管线类型	需探测的管线	管线类型	需探测的管线
给水	管径≥50mm 或≥100mm	工业	全测
排水	管径≥200mm 或≥300mm	热力	全测
燃气	管径≥50mm 或≥75mm	电力	全测

第十二章 地下输水管道泄漏点精确定位

【教学要求】

1. 熟悉漏水调查的相关检测技术及调查工作流程；
2. 掌握基于声学原理的检漏仪器——相关仪；
3. 了解电法测漏的原理与施测技术。

第一节 供水管网泄漏调查方法

中国是世界上人均水资源占有率最低的国家之一，而中国是供水和用水大国，同时也是世界上漏水最多的国家。供水管网严重的漏水状况在给中国的水资源带来威胁的同时，也带来了巨大的经济损失。因此，中国漏水调查技术的研究及发展已迫在眉睫，刻不容缓。

然而，由于漏水调查技术上的原因，我国严重的漏水状况长期以来没有得到很好的解决。一些大型自来水公司，如上海、北京、天津、广州等地的自来水公司，由于缺乏系统的技术支持，漏水调查也没有取得较好的效果。因此，要解决中国的漏水调查问题，首先必须研究和发展适应中国国情的漏水调查技术。

近年来，我国一些专业漏水调查公司采用以声波检测为主的漏水调查方法，我国已有许多城市采用该方法开展了漏水调查工作，取得了较好的效果。实践证明，该方法有效、经济，适合中国严重的漏水状况，并易于普及和推广，是中国近年漏水调查技术发展的方向。

一、漏水调查工作流程

漏水调查工作流程见图 12-1。

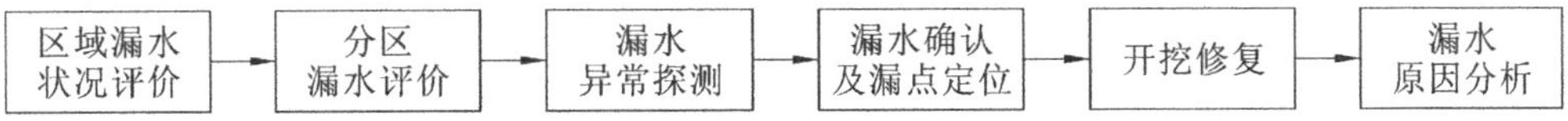

图 12-1 漏水调查工作流程图

二、漏水调查技术分析

漏水调查技术主要包含以下三项：

(1) 流量及压力测量技术；

(2) 噪声水平监测及分析技术；

(3) 漏水声波检测和探测技术。

由于城市供水管网绝大部分为环状网，形成封闭供水区域，阀门难以关闭，实施流量及压力测量就非常困难，且效率较低，费用却较高，因此无法大面积开展这项技术。

漏水声波检测和探测技术是漏水调查的核心技术。从区域检测评价到漏水确认和漏点定位都广泛使用这项技术。国外在漏水声波检测、探测及分析方法上已比较成熟。在广泛使用的漏水调查技术中，就我国的管网和漏水状况而言，也较适用这项技术。通过近年来我国的漏水调查实践证明，采用漏水声波检测和探测技术效果较好。

三、漏水声波异常

1. 漏水声波的产生和传播

众所周知，当供水管道发生漏水时，由于水喷出管道时与空气、泥沙等的撞击和摩擦，以及附壁现象、卡尔曼涡流、边缘效应等，产生不同频率的振动，由此产生漏水声波。频率范围一般在16～20000Hz之间。中国供水压力一般在0.2～0.4MPa之间，因此漏水声波的振幅也就比较大，特别是音频范围内的振幅更大。但由于漏水点情况不一致，其强度和频率也各不相同。

漏水声波主要由两个途径传播：一是通过周围介质向四周传播；二是通过管壁及其两侧传播。由于传播介质的不同，噪声声波的传播速度差异较大，特别是由漏水点向地面传播时更为复杂，因此一般只能作定性分析。相比较，漏水声波沿管道的传播速度就简单一些。

2. 漏水声波异常

在目前技术条件下，能够探测并可区分其他噪声的声波，称为漏水声波异常。根据漏水声波传播特性，将异常分为地面异常和管道异常。漏水声波异常具有连续和稳定两大特性。

地面异常的大小，主要影响因素有管道埋深、周围介质和地面条件。采用一般检漏技术，在南方地区，管道埋深一般在0.5～1.5m之间，50%～70%的漏水声波异常能够发现；在北方地区，由于管道埋深较大，一般在1.5～3m之间，有的甚至达到5m，漏水异常难以发现，仅有30%～40%能够发现。

管道异常主要从各种阀门、水表及消防栓发现，其影响因素主要有管材、管径及阀门、水表、消防栓密度。采用一般检漏技术，在居民区和生产厂区，阀栓密度较大、管径较小，材质多为金属，平均可发现50%～60%的异常，在城市道路能发现30%～50%的异常，在市郊发现管道漏水异常的可能性更小。

3. 漏水声波异常主要干扰因素及排除方法

(1) 用水声　在管道上大量用水时，其声音与漏水声相似，难以区分，对管道异常探测的干扰较大，但绝大多数用水是间断或不稳定的，采用长时间的监测，利用漏水声波连续和稳定的特性，绝大部分用水干扰能够区分。

(2) 城市噪声　包括汽车、行人等多种噪声源，对地面异常探测的影响较大，因此在进行地面异常探测时，应选择噪声较小的夜间工作。

(3) 排水、电缆、电器等噪声主要对地面异常探测有干扰，一般可通过强度、频率、形态等特征与漏水声加以区别。

4. 漏水声波异常探测技术概述

(1) 管道声波检测　利用声波探测仪器，对阀、消防栓、水表进行夜间长时间的量测，然后分析其强度、频率、连续性和稳定性、相关性等以推断漏水发生的重点区域、漏水管段，这是漏水区域评价和漏水点推断的有效方法，其结果可对下一步漏水声波异常探测有正确的指导作用，同时能够对漏水调查结果进行有效的控制。

(2) 地面听音检测　利用地面听音设备，探测地面漏水声波异常，目前主要依靠人的听觉，依据音强、音频及异常的特征，对漏水点进行探测。在管道埋深1m范围内，漏水声波异常查明率可达60%以上。埋深在1～1.5m的管道可达50%左右，埋深在1.5～2m的管道可达30%左右，2m以下的管道为20%。探测准确率可达70%，是漏水声波探测的主要手段。

(3) 阀栓听音检测　利用各类阀栓听音设备，探测管道异常。该方法主要依靠人的听觉和判断、推断能力，用于在阀门、水表、消防栓等管道暴露点比较多的区域比较有效。该方法发现漏水声波异常可达30%～50%，探测准确率可达60%，是目前漏水调查特别是城区范围漏水调查的有效方法，既可直接发现漏水点，同时也可以推断漏水管段，指导地面异常的探测。

(4) 漏水管道声波相关检测　使用漏水声波相关测量的设备，利用声波相关特性和传播特性进行漏水点定位检测，是漏水确认和定位的重要方法。可确认的异常为50%～70%，检测准确率达80%，定位误差小于±1m。

(5) 漏水点确认检测　使用钻探设备，将声波检测传感器送入距漏水点3m范围内的管道，在0.5～1m的空间范围，利用漏水点在近距离内其噪声声波高频及高强度的特性，进行漏水确认和定位检测，确认率可达80%，确认准确率大于90%，漏水点定位误差小于±1m，是目前漏水确认和定位的主要方法。

5. 检漏的效果分析

(1) 管道平均埋深1～1.5m的城市(主要为东南部城市)，探测效果较好，可查明的漏水点达80%以上；管道平均埋深1.5～2m的城市(主要为中部城市)，可查明的漏水点达60%～80%；管道平均埋深2～2.5m的城市(主要为西北部城市)，可查明的漏水点达40%～50%。

(2) 在管道暴露较多的城市区域，探测效果较好；在暴露较少的城郊效果较差，其漏水点查明比率约为2∶1。

(3) 金属管道漏水点查明率较高，塑胶管道次之，水泥、陶瓷管道最差，其效果约为3∶2∶1。

(4) 地面条件为水泥、沥青等硬性地面区域，探测效果较好；黏土等软性地面探测效果差。

(5) 小管径($d<300$mm)管道探测效果好；大管径($d>300$mm)管道探测效果差。

(6) 水压大于0.3MPa的区域探测效果好；水压小于0.3MPa的区域探测效果较差。

第二节　地下输水管道检漏技术

一、升压检漏法

(1) 任意选择一段管道(或一个小区)，根据现场情况安装3～5个水压表。在午夜，按该地段管网的管材及使用年限，结合平时水压情况，逐步升高该地段的水压。

(2) 安排6～8名有经验的调度员(或闸阀控制员)分散守候在进水闸门和管网沿线以及设置水压表的地方，手持对讲机，及时互通水压情况(防止水压过高将管网压爆)，时间持续4～6h。同时，慢慢提高该地区水压至承压极限的60%～90%。

(3) 开着汽车,亮着汽车大灯(车灯亮度要足够),沿管线慢慢行驶。观察人员在汽车左(或右)前方步行,并仔细查看灯光通道(最好选择阴天或无月光、无风的夏、秋季的日子),有暗漏点的附近地面会出现尘埃"布朗运动"现象。管网中巨大水压会使漏水点产生更强烈的振动,从而使地面尘土随之振动飞扬,现象非常明显,易观察。水压越高,漏孔越大,则"布朗运动"现象越明显,视力较好的人均能观察到。

(4) 随着升压时间的持续,暗漏点附近的地面上会出现湿痕或塌陷。做好标记后即可恢复正常水压供水。

(5) 将查出的漏点及时修复后重复试验数次,且水压一次比一次高,时间一次比一次长,直到查到最后一个漏点。

这种方法采用的原理类似给水工程中的"打压试验",其目的是将地下暗漏点变为地面上明漏,开挖准确率100%。该方法与国内外已有的同类先进技术对比的最大特点如下:

(1) 不需要较多的、昂贵的精密设备和仪器;

(2) 不需要专业知识和专业技能很强的人,普通的、比较熟悉管网走向的工人,实践几次后均能胜任此项工作;

(3) 该技术操作简单、易学习、易掌握;

(4) 暗漏点定位准确(一般可以接近1m);

(5) 成功率高,只要升压适度,90%以上的暗漏点均被查出;

(6) 工作量小,工作周期短,一个小区只要4~6个工作日(不包括修复时间)即可完成普查工作。

该方法的缺点是当供水管网埋得太深或者水压无法升至足够高时难以奏效。

二、区域流量测定检漏法

近年来,从国外引进了系统的漏水调查工作方法及仪器,基本上改变了漏水调查中的盲目状态。漏水调查工作的方法和步骤:事先区域流量测定,阀栓听音调查、路面听音调查,漏水确认、修复及事后区域流量测定。这样,通过前后两次流量测定和分析,就可事先预测所测区域的漏量,对具体测漏工作起到一定指导作用;事后评价工作结果,就可估计该区域是否仍然存在较多的漏水。

区域流量的测定的步骤:首先,将漏水调查区域根据管网状况及需要,划分为几个小区域;其次,把划分出来的小区域内的管网除留出进水管外,与外部管网截断;然后在进水管上安装流量计,即可测量出流入该区域的水量。一般测定其最小流量。根据城市一般用水规律,凌晨0:00~4:00时段内出现当天最小流量,故除特殊要求外,区域流量测定只进行该时间段内的流量测定。

划分小区域的管网长度,以一个工程队2至3天的工作量为宜。例如,一个工程队有4支普查小组,一个小组一天的工作量为2~4km。这样区域大小应以包含12~30km为宜,这是因开挖安装流量计的用坑等原因,一般测定一个点需要2至3天时间。此外,区域划分应在2~50km范围内为宜。如区域划分太小(除特殊原因外),会落后于具体漏水调查工作时间而造成工程延期;区域划分过大,又会导致对漏水调查工作的指导变得模糊而失去其实际意义。

在区域最小流量的测定中，一般只需要进行抄表工作（即抄出其中较大用户在夜间0:00—4:00时段内的用量）。这给工作带来极大不便，需占用大量人力，而且极易漏抄表，从而对数据的正确性产生影响。可用以下办法：首先找出过去几个月的用水资料，计算出用户的平均用水量，然后找几个用户（小用户）实测出其夜间用水量，加上其区域内大户（不超过10户）的实际夜间用水量即可。

流量测定在漏水调查中是非常重要的一环，必须认真做好流量测定工作，使整个漏水调查工作明确且系统。

三、声波测漏法

声波检测技术在国外发展很快，是目前管道检漏技术的重要组成部分。对管道检漏具有重要的意义。一是可以节约能源；二是可以减少污染，确保社会安定和人民的生命财产安全。但这一工作很复杂，因为管道的类型、输送的液质、管道所处的位置和管道周边的边界条件各不相同，千差万别。声波检漏就是以被输送的液质因管道裂缝、孔洞外溢（或喷射）所发出的声音作为声源，用灵敏的声学换能器，即接收传感器，将漏泄声音转换成电信号，再经信号处理确定漏点位置。由于上述种种复杂的情况，漏泄所产生的声波能量不同，中心频率不同，传播速度和衰减不同，因而为远距离探测带来难度。

1. 声波检漏的基本原理

(1) 管道泄漏时伴随有声音产生（也称为声发射）。输送介质（水、油、气）的管道，有泄漏现象时，一定有裂缝或孔洞。在管内压力的作用下，沿着裂缝、孔洞外喷，在不同的边界条件下产生与管壁的摩擦；管内外存在压力差，在流出管外的同时有压力的释放，进入管外的介质（如空气或土壤）时产生新的冲击摩擦，在外喷的整个过程中产生涡流等现象，随着便有不同频率的声音产生。声音的中心频率和声音的强弱取决于多种因素。

(2) 管道有传播声音的能力。管道大多由金属、水泥或塑料制成，声音能在所有的管道中传播。以钢管为例，它的密度大，衰减系数低，因此，声音可沿着管道传播很远的距离。声音在钢管中传播的速度约为5000m/s，在水中约为1500m/s，在空气中约为350m/s。供水管道都由一根根管道相接而成，存在许多接头。另外，管道大多有很多不同角度的拐弯，因而当声波传播时遇到不同材料的界面和拐角时，要发生吸收、反射、折射和散射等物理效应，声音将被衰减，这就影响了传播距离。

(3) 接收器为压电换能器，能将声音转换成电信号。在管道传播的声音，相当于管道受声源的激励而产生微弱振动的机械能。当它传到接收器的敏感元件时，相当于施加了一个力，通过压电效应，可相应地把它转换为交变的电振荡波形，由电缆传到主机进行放大和数字化处理，便于肉眼识别。

2. 声波检漏的方法

一般说来，管道破裂的时间长、裂缝或空隙面积大时，声音传播的距离要缩短。当管道完全断裂并错位，周围充满水时，因水流出后阻碍相当小，在地面可能无法听到声音。因而漏水声音的传播因其泄漏方式、管道情况、周围土质、道路情况等不同，接收到的漏水声波会有很大差异。

目前，常用的声波检漏方法有3种：

(1) 地面听漏(间接式)。目前应用的漏水探测机,通过间歇触地来提取漏水声音。一般传感器触地停留时间为几秒钟。实验证明,此方法使用效果很好。

(2) 接触听漏(直接式)。以直接接触供水管道的方式提取漏水声波。现在主要应用的是相关式漏水检测仪,适用于寻找疑难点,处理用间接方式难以解决的问题。实践证明,虽然该方法有一定的局限性,但使用效果很好。其有效检漏距离:铸铁管约为100m,非金属管则较短。

(3) 打针式或开挖式听漏(确认工作)。它是通过钻机或插钎直接用听音器提取漏点的声音来判断漏点的一种简单、直观的方法。目前这种方法是检漏工作的一个重要环节,可以对前面的各部分工作作出结论。因为这种方式声音传播的距离最短,所以准确率最高。实践证明,其确认准确率达90%以上。

声音的传播距离会随外界条件的变化有很大的差异。例如有:

① 路面情况的影响;

② 外界电器的干扰,如马达、电机、变压器、冷冻机等;

③ 电话、电缆、煤气等地下设施的漏损;

④ 管道特征点的差异;

⑤ 管材的差异;

⑥ 地层冰冻的影响。

3. 声波检漏的仪器和设备

(1) 听诊器

听诊器在"音响侦测方式"中用来侦测不可见的泄漏,是最具代表性且简单有效的工具。它主要设置在管道暴露在外的部分,如阀门、消防栓、止水阀、水表等。电子听珍器也普遍被应用,它是传统的听诊器的改良型,具有内建式拾音器、放大器和耳机。

(2) 音响探知器

音响探知器为听音辅助设备,由麦克风、放大器及耳机所组成。它具有良好的信噪比以及滤波特性,是最有效的地下泄漏探测工具之一。另外,对于它的性能改良也在继续进行。目前所考虑的方向是扩大它对声波分析的能力。在发挥音响探知器的效能上,更重要的是要靠使用者的技术能力及工作经验。

(3) 泄漏检测器

泄漏检测器或者水听器是听诊器的更进一步发展。它包括防水内建式麦克风,可以很容易地附着在消防栓上,同时也具备噪声位阶显示表,并可以有效地探测出水管主干管上所发生的大量漏水情况,依据获得的资料可以确认出管道漏水位置,然后利用音响探知器做更准确的调查。

(4) 相关仪

相关仪的原理是通过装设在泄漏管道上某段两端的传感器所接收到的交互相关音响峰值,来标定出泄漏的位置。

相关仪的运用有以下优点:

① 相关仪在困难环境中的作业能力已经得到证明,如在大口径的主干管内,在白天噪声充斥的城市内,以及对埋深较大的管道、横越铁路管道或其他管道等可进行探测。

② 较一般的音响探测法有更高的灵敏度。

③ 容易操作，不需过于依赖操作技巧。

④ 在单次探测中可发现数个泄漏点。

然而它也有一些限制：

① 交互相关的峰值并不是永远能辨识。

② 受持续且明显的噪声影响，如大量的供水流动的声音会干扰相关仪的信号。

③ 测量距离限制在 200m 以下(最佳距离为 50m 内)。

相关仪最新发展到可以精确定位出 3 个以上的漏水点，且都在 1m 的误差范围内，在大口径供水主管探测上也同样有效，它使用防水音响探知器，并附有强力磁铁，可以很容易地附加在消防栓及管道暴露在外的部分，如果能进行钻孔，则可将传感器直接附加在管道上。

(5) 噪声监测器

这是应用的另一种探测方式，并被期望用于给水管道上检测泄漏量较小的漏点。它的运用原理是避开间歇性的噪声，并将漏水噪声及其信噪比予以提升。而间歇性的噪声通常是用户打开水龙头的声音，但漏水噪声是持续性的且音阶较低，故可以通过其音响源持续的时间长短来区别、辨识。

这种设备可以被组装在很小的盒子内，并配有记忆电路，很容易安装在水表箱内，这种装置很有可能连接上电话线，并成为“自动水表遥测读数系统”的一部分。

四、辅助性的漏水检测技术

(1) 钻探法。在可疑的漏水点上，会经常地进行钻探工作，以便确认漏水情况，如有必要还应对水样进行检验，运用听诊器或感知器来做进一步的确认。为了这一目的，一种特殊的钻孔机已经被研制出来，它能避免钻孔时伤害管道。

(2) 水质检验。从事泄漏控制的人员经常带着一组水质检验设备，对被怀疑的水样进行水质检验。检验项目有：水温、电导性、酸碱度、余氯测定。

最近一项非传统的但极具有效益的工具已经被实际运用——“三卤甲盐检测法(THMs)”。它能存在于水中一段较长的时间，甚至可延续到水中的余氯都完全消失，只要是经氯处理过的水，它就能显现。

水质检验就是将可疑水样被送到“水质管理中心”做最后的判别及分析，而其所用的就是“卤化甲烷”。

(3) 利用氮氧气体进行追踪。这一方法在技术上是可行的，但到目前为止无法证实这种气体对人体是无害的。

(4) 管内调查法。将可用于水中的麦克风、摄像机，送入管线内进行聆听视察，看是否有反常现象，而这反常现象可能就是泄漏，但目前的困难是追踪电缆的配置。

(5) 大地湿度检测器。大地的导电性在潮湿地会有所增加，而潮湿原因可能是因为漏水。

(6) 红外线照相法。在冬天漏水现象会造成其邻近地区温度的上升，但在夏天则会降低邻近地区的温度。因此这也能成为另外一种侦测地下漏水的方法。至少半年的时间内，在对地表温度分布状况了解后，此种特定功能的红外线摄像机及监视系统就有可能被运用到漏水检测中。

(7) 地质雷达系统及其功能。地质雷达系统是最新的，也是最所期望发展的技术之一。

它的原理是将发射入地下的电磁波的反射收集后，在阴极射线管（CRT）的银幕上以八色图形显示。此仪器被装在交通工具上，发射器及接收器能与中央主机以几十米的电缆连接，方便操作、检测。目前所使用的频率介于100～1000MHz之间。

地质雷达所能收集的资料是非常丰富的。除了可探测出地下水管、天然气管、下水道以及电缆线等位置外，亦可探测出地下的凹洞或积水孔的位置。若利用其上述特征，就可以检测到目前难以发现的管道泄漏，并且能收集管道的不均匀下沉等现象的资料，以应用于预防性的管道测量。此外，这一系列的地下资料亦可以配合原有的资料库，用以保养维修管道，甚至有助于建立管网的数据图形系统。

目前，地质雷达系统已达到实用的阶段，并引起各产业界的注意及期待。另外，地质雷达系统也存在某些程度的困难，即其所呈现于屏幕的图形信息必须由接受过特殊训练并有实际经验的工程人员来加以解析，这一问题目前已在积极研讨中，预计将在不久之后能得以解决。

第三节　相关仪的使用技术

相关仪是一种基于声学原理的检漏仪器。

自来水管道发生破裂漏水时发出噪声传向四方，过去的检漏仪是由传感器和放大器组建，一般以漏水声最大处的地上为漏点。这种方法是依据漏水声波的幅度衰减大小来确定漏水的，由于传播媒质（土壤和路面）的声学性质各异，经常难以确定漏点位置，现代城市的各种强烈干扰噪声更使这类仪器无法工作。相关仪则是根据漏水声沿管道传播到达分置的传感器的时间差来确定漏点的。

一、相关仪的工作原理

如图12-2所示，供水管道存在漏水时，漏水声音会沿管道传播，在两端放置的传感器会收到漏水信号。如果漏水点正好在中间，漏水信号同时到达。如果不是在中间会有先后而得到时间差 t_d。设总距离为 L，声音传播速度为 v，则可以求得漏水点到A传感器的距离 N：

$$N=\frac{(L-v\times t_d)}{2}$$

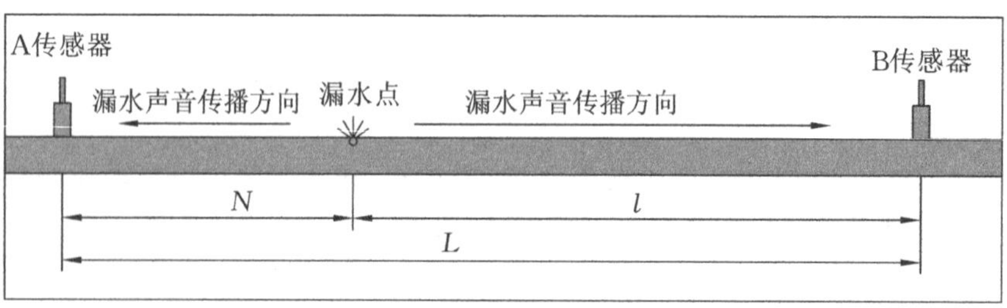

图12-2　相关仪工作原理

由于漏水声音是连续波，没有明确的起点和终点，一般的手段无法判定时间差，因此需要使用相关分析技术进行处理。

一个原始信号经过各种途径分别传播后，总会发生极大的变化，甚至彼此完全面目全非。

但是,或多或少存在来自原始信号的部分信息,这些信息就是相关的,相关处理就是将两个信息进行比较,判别相关程度,同时得到两个信号的时间差。

原始信号如果是周期信号,相关处理结果也是周期的,就没有什么价值;原始信号如果是随机性的,相关处理结果是单脉冲,即是一根细线,是最理想的结果。漏水声音信号基本是随机性的,因此相关技术可以用于检漏漏水。

从相关仪工作原理可知,相关仪可以对穿越河底、铁道或其他建筑物下的管道漏水进行检测。对于传感器分别收到的环境声音干扰,如果是不相关的,就不影响相关仪的工作,因此通常可以在白天使用相关仪检漏。

大口径管道特别是非金属管道的管壁传声效果差,有的相关仪可以选用水声传感器(水听器),一般安装在消火栓出水口上,让水声传感器浸在水中接受漏水声音信号,检漏效果大大提高。

新型号的相关仪都采用了两次相关处理技术,即先在频率域对漏水信号做相关处理,得到频谱分析结果,有助于手动或自动准确设置滤波器,提高稍后在时间域进行的相关处理效果,得到漏水点位置。

二、相关仪的操作使用

(1) 清楚地下管道的资料,必要时用管线仪进行探测。

(2) 要找到适合放置传感器的地方,如被测管道的管壁、阀门、消火栓等。消除管道表面污泥,让传感器的磁钢部分可靠地吸住。传感器通常连接上发射机,让漏水信号通过无线电传输给相关仪主机。

(3) 启动主机,输入管道材质、口径、长度等数据,进入相关处理程序,过一会儿就能看到处理结果。如果有漏水,显示器显示出漏水位置。

(4) 为了提高相关检漏效果,需要调整滤波器的频率和频带。对于采用两次相关技术的相关仪,一般可以选择自动调置滤波器。

(5) 如果使用水声传感器,一定要放尽空气,让传感器部分完全浸在管道的水中。

(6) 相关处理的结果可以打印或保存在主机里,也可以通过电缆传输到电脑中。

(7) 管道的材质、接口形式、管道水压、破口形状、破口周边土壤、地下水位等都会影响相关检漏的结果。

① 金属管道比非金属管道效果好,焊接连接钢管效果最好,水泥接口铸铁管效果较差。

② 水压高时效果好,0.5MPa 以上效果极好,很小的漏水位置都可查出。

③ 破口是小孔或细缝时效果好,断管时检测效果很好。

④ 破口周边是碎石或冲成空穴效果好。

⑤ 漏水区排水快时效果好,地下水位高有时会影响检测。

三、漏水检测经常遇到的问题

(1) 找不到漏水;

(2) 管道资料错误,传感器不在同一根管道上;

(3) 水压过低,形不成漏水声音;

(4) 管道材质使传播声音效果差,传感器距离过大;
(5) 同源噪声特别是周期噪声干扰;
(6) 干扰声音过大,使有用信号被压掉;
(7) 滤波器设置错误;
(8) 误差大;
(9) 管道长度测量误差;
(10) 波速不正确;
(11) 漏水点位置离某一传感器太近;
(12) 显示不存在的漏水点;
(13) 管道的流水声音导致误判;
(14) 管道内障碍物产生的声音,或关得很小的阀门产生的声音导致误判;
(15) 管道外的振动声或冲击声导致误判;
(16) 共振声音导致误判。

相关仪是一种很有效的检漏仪器,在发达国家早已普遍使用,是一种很重要的检漏设备。在我国由于管网条件的原因,使用的效果受到一些影响,但是在一些传统方法难以奏效的漏水场合,相关仪却发挥了很好的作用,显示了它特有的优越性。相关仪和其他手段、仪器的综合使用,能大大提高检漏的水平,产生极大的经济效益和社会效益。

第四节　供水管道的电法测漏定位技术

一、电法测漏的优势

所谓电法测漏就是在非金属管道中置入示踪线,然后将非金属管线的接口、三通、弯头,电熔插头与外界土壤接触部位进行电绝缘,再利用示踪线发射检测信号,传导电流,这样在漏口处会形成大地电位梯度及充水土壤介电常数的差异,以此初步判断漏水点,最终以听音法确认开挖修补的方法。钢质管道外有防腐层,焊接钢管具有电性连续性,可直接采用此法确定漏水点,而不必采用示踪线,电法检漏优势如下:

(1) 检测范围、深度大。常规 5km 之内,5m 深度的漏点均能检测到,检测最深处可达 30m,可以有效解决超埋深管道的暗漏。

(2) 测试速度快。随时施加信号随时检测,普查检测漏电点每天可达 10～20km/台组,是听音法的 10～20 倍。当发现泄漏时,直接到漏电点听音,检测速度是常规方法的 1000 倍。现行管道防腐层等级大幅提高,标准规定每 10km 管道,优等级为 1～2 处漏电点,良等级为 3～4 处漏电点,只需在很少的位置摆放探头听音即可。差、劣等级的管道可以通过修补防腐层漏电点达到优良等级。这样就大大缩短了漏点的泄漏时间。

(3) 限制条件少。只要有三个条件即连续导电性、外绝缘、有水就可检测。

(4) 检测参数多。可检测电流、电压、电阻、电容、磁场等电磁参数。

(5) 调节范围广。小到几毫伏、大到上百伏的电压均可人为调节。

(6) 全天候工作。检测漏电点可按正常白天上班时间,只有泄漏时才需夜里听音。

(7) 检测精度高。电信号具有矢量特征，检测出大小后，方向与管位一致点即为泄漏点。以大地湿度、电位梯度中心、声振中心三位一体，只需确认其中两项即可确定泄漏点。

(8) 可实现遥测及自动化控制。在长距离主干线上，只要对测段长度、安装方式进行归一化，对采集参数进行时空对比，即可在某一时点确定泄漏段及大致范围，从而使检测人员随即进入现场确定漏点，进行开挖修补。

二、电法测漏设备简介

市场上的 ZB-2058 型水电泄漏定位仪主要由发射机、探管仪、漏电检测仪、漏水听音仪、电池组及一些附件组成，各部分功能分述如下：

(1) 发射机。用于向示踪线或钢管上发射检测信号，以便形成单线-大地回路的地下管线检测场。

(2) 探管仪。用于探测地下管道的位置、走向、深度。

(3) 漏电检测仪。用于检测漏水土壤分布范围内管道上的电流泄漏点，初步定位漏水点的位置。

(4) 漏水听音仪。在电流泄漏点的位置正中心放置拾音器，如有振动波被捕捉到，则判定为漏水点；如无，则只有漏电点。

该设备采用压控振频数字滤波技术，具有光显、数显、音响三重报警功能，体积小、质量轻、功能强大、检测速度快、按设计要求穿示踪线，所有管道全能探测，所有的漏点全能定位，已经过诸多工程的实际应用。

三、检测原理与施测技术

1. 检测原理

在焊接连接的防腐钢管或非金属管道内的内置示踪线上施加检测信号，信号沿管壁或示踪线导体与水进行传导。当管道完好时，信号电流会囿于管道内；当发生泄漏故障时，信号电流将通过水的传导，泄漏进入大地，形成漏水点周围的大地电位梯度场，通过定位漏电场中心点来确定漏水点的位置，通过测量电位的大小来确定漏口的大小。

2. 施测技术

定位漏点是通过以下三个步骤来实现的：首先通过探管仪检测，将管道漏点的范围由面缩小为线(管线位置)；其次通过检漏仪将管线上漏电点找出，范围由线缩小为点(漏电点)；最后通过听音仪听音，将范围由多个漏电点缩小为漏水点。具体施测过程如下：

(1) 发射机向地下管线(示踪线)发射一交变电流信号，通过除锈、增加接地数量、给接地极浇水等方式，使之阻抗匹配，信号电流沿单线-大地回路，构成地下管线检测场。

(2) 两名检测人员采用纵向法检测，前面的人持探管仪探管导向，后面的人持检漏仪检测漏电点，当后面的人检测到信号由小到大又由大到小时，放慢检测速度，观察锁定两人等距回零的中间位置，继续前进，后面的人走到这一位置时，数值响应又变得最大。

(3) 在该响应数值最大点用听音仪在地表听音，若听到振动音，则为漏水位置；若听不到振动声音，则只漏电不漏水；如果漏电点太多，可喷漆记号，日后专门听漏音。管道埋土太深时，可将检漏棒打入泥土中靠近管道听音。当检测范围内只有一处漏电点时，则漏电点同时也就是漏水点。

四、非金属管线内置示踪线技术

目前非金属管线示踪技术有地表标志法、管上金属块预埋探查法、示踪带标志法、示踪线标志法、电子芯片示踪球预埋法。以上这些方法有两个共同特点：一是定位偏移度大，示综物预埋在管外，空间位置随机性大，探查人员难以确定修正系数；二是只可探管不可检漏，而管道管理的中心任务是漏损控制，新技术很好地解决了以上两个问题。选用示踪线的规格与技术要求如下：

(1) 穿线材料　为满足探测检漏的电性要求，可选择 $\phi 1.0 \sim 1.5$mm 的裸线铜丝，每段长度可根据管道的弯头数量与高层落差、管内压力等因素决定，复杂情况可以每 100～200m 为一测段，平坦的直管段可以以 500～1000m 为一测段，每逢阀门处必须单独划分测段，将裸线穿出，过阀后再穿进，以防开启关闭阀门时切断铜丝。采用此法示踪需要用到不同规格的裸铜线，示踪线规格参数见表 12-1。

表 12-1　示踪线规格参数

每卷质量(kg)		裸线直径(mm)	截面积(mm^2)	力学性能标准强度(MPa)	1km 导线电阻(Ω)	伸长率(%)	漆包线 1km 质量(kg)	
标准卷	较轻卷						Q_z(聚酯漆包线)	Q_y(聚酰亚胺漆包线)
4.0	2.0	1.00	0.785	205	21.9	8～25	7.069	7.14
4.0	2.0	1.20	1.131	205	15.22	8～25	10.161	10.1
4.0	2.0	1.30	1.327	205	12.95	8～25	11.912	12.1
4.0	2.0	1.40	1.539	205	11.18	8～25	13.819	14.0
4.0	2.0	1.50	1.767	205	9.74	8～25	15.847	16.0

在满足电性要求、寿命要求、抗拉强度要求、伸长率要求、健康环保要求的前提下，其他导线材料也可替代，如 306 号、304 号不锈钢丝及镀铜丝等。镀铜具有很强的耐腐蚀性，是最佳选择。当利用规格较小的线径时，可在示踪线穿出处连接电位较负的金属材料作为延长寿命的阴极保护，如镀铜丝可用废钢材作阴极保护。

(2) 施工技术　穿入穿出管线时，在阀门附近的管壁上用小型钻头钻 30°～45°的倾斜小孔，小孔直径略大于铜丝的直径，铜丝在管内应预留稍许余量，以便适应管道径向拉伸应力，铜丝穿完后，进行绝缘、挤胶，孔隙中可打入青铅丝，再用不锈钢自攻螺丝紧固密封，穿出管壁外的铜丝可连接至绝缘皮线，引至地表，供检测时发射信号或接地回路，也可将皮线留在阀门井内，端头剥去 10cm 的绝缘层作为接地线与大地接触。

在设计远距离遥测，迅速确定泄漏段时，每测段管内示踪线的长度与两测段间穿出示踪线的长度必须具有一致性，以便实现时空域检测参数的归一化对比。管道内示踪线位于内底埋深的位置，每隔 100～200m 用黏合剂黏接在管壁上。当示踪线的伸长率小于管道与接口的伸长率时，要在黏接固定处预留 V 形伸缩弯，铸铁管等高阻接头内置示踪线时，可采取焊接方式固定在管壁上。

(3) 老管道改造　原先安装的塑料管道并未内置示踪线，在发生泄漏以后，探管难检漏更难，可采取如下方法进行改造：通过分别关闭阀门，观察计量仪表数字变化情况，确定漏水段，再通过几何级数缩距法，在漏水段中间装阀门，再观察水表数据，通过一次或数次缩距以后，将可能出现漏点的范围缩小至100～500m之间。在管段两端开孔穿入示踪线，并投入海绵球后再封闭一端开口，开启阀门，通过水的流动，带动海绵球拉动示踪线前行，在另一端取出海绵球时将示踪线穿出接大地，封闭该接口，即可发射信号至示踪线上进行常规探测检漏。

注意事项：由于运行时间长，管内未进行过吹扫的管段，要先进行水冲洗，以防安装管道时管内泥砂、乱砖及其他杂物堆积在弯头附近及低洼处，使海绵球受阻卡。示踪线的绕盘长度要进行计算，当发现阻卡时，通过放入管内的示踪线的长度，估算海绵球受阻卡的大概位置。对于环状输送管道，受阻卡时可反向开启阀门冲回海绵球；当投球失败时，可采取开孔取球的措施，并以此为管段，进行缩距法检测。

五、电法测漏技术解决的三大难题

该技术不仅对输水管道有效，而且对输气管道、输油管道，只要在检测期间进行输送介质置换，同样能取得较好的效果。新技术的实施主要解决了如下三大问题：

(1) 解决各类管道探测定位难题。利用普通的国产仪器，只要具有一般水平的操作人员，很短时间内就能掌握使用方法，探测各类管道及埋深。

(2) 解决各类管道输送介质泄漏点定位难题。能够解决输水管道暗漏、输气管道泄漏窜气、成品油管道的挥发等定位泄漏点的难题。输水管道可直接检测，输送其他介质的管道将输送介质置换成水并进行水压试验后，就可用此方法检测。

(3) 有效降低漏损的时效性。检测漏点全天候，检测速度远超其他同类仪器，该技术适用于防腐层完好的钢质管道；其他非金属管道可在设计安装时，内置示踪线；旧管道翻新内衬时，将示踪线置入其内后，均可用此法检测。

本章小结

供水管道的漏水不仅造成宝贵水资源的浪费，而且由于供水量的损失，管网的设计容量也必须加大，这样就造成了成本增加。检测供水管网中的漏点一般是通过测听漏水点产生的漏水噪声。在漏电检测时，使用检漏仪器可检测到管道中传播的漏水噪声、土壤中传播的漏水噪声及流体噪声三种。本章重点介绍了相关仪的使用技术，但这种采用声振听音检漏存在一些制约因素。为了克服这些制约因素，本章还介绍了电法测漏定位的新技术。

复习思考题

1. 常用的地下输水管道检漏技术有哪些？
2. 简述相关仪的工作原理。
3. 电法测漏的优势有哪些？

第十三章 地下输气管道泄漏点精确定位

【教学要求】

1. 了解埋地燃气管道泄漏检测的一般方法；
2. 掌握可燃性气体检漏仪的操作步骤。

第一节 地下输气管道泄漏点探测技术

气体泄漏不像水泄漏、油泄漏那样直观、明显，有其特有的隐蔽性，尤其是微量渗漏更是难以发现。

燃气泄漏以后，会沿着一定的通道到处乱窜，范围增大。尤其是液化石油气，由于其密度是空气的 1.5～2 倍，泄漏以后滞留或沿着低洼处像水一样流动，造成地面检测漏点与实际漏点的位置不符，给开挖抢修带来误导，且留下极大安全隐患。

目前，对燃气的测漏，直接用气敏仪对漏点的精确定位效果总是不尽人意，同时也不能靠机械或人工开挖直接来查漏点，比如在北方地区管线均在冰冻层以下，埋深一般在 1.5～2m，最深处在 3m 以上，用开挖寻漏的方法来找漏点，工作量大，效率低。因此采用科学方法、良好设备寻漏、定位具有很大的现实意义。

一、对燃气查漏定位应考虑的相关因素

任何事物的发生、发展都具有其规律可循，对燃气泄漏的查找、定点也不例外，其规律与下面因素有关。

1. 输送燃气的成分

这一因素涉及选用何种气敏探头的仪器检测。目前检测燃气的探头可分为两种类型：一类为广谱探头，即可燃性气体气敏探头，这类探头报警范围比较大，接触多种气体均能报警，如遇腐烂动植物的尸体产生的沼气会产生误报警；另一类为专用探头，这类探头选择性比较强，但气源转换需更换设备。

2. 输送燃气密度

这一因素涉及探测最佳方位。密度小于空气的燃气泄漏后会向上冒跑，须用漏斗状收集器检测；反之，泄漏后会下沉滞留，则要用带吸气泵探头收集器检测。如液化石油气，可挖坑检测，亦可用专用探管伸到相邻泵、阀或窨井底部吸入式检漏。

3. 燃气分子的体积大小与引力

输送气体泄漏以后，有的向上飘，有的往下沉。如果是人工煤气，其主要成分为氢，氢的游

离、穿透能力都很强，能透过水泥沥青路面、冰冻的地表等地面物质，如果气体分子大就不能有这样的穿透力，或分子虽小但分子间引力大，有黏滞性，同样不能穿透上述物质。如液化石油气泄漏后会滞留在土壤或孔洞、裂缝中，很大的范围内都有燃气存在。

4. 漏点周围的环境

(1) 土壤含水量、孔隙度均关系到泄漏后燃气能否顺利穿透。

(2) 地表风向关系到气敏仪探头的收集方向。

(3) 管道周围的腐蚀因素，如有无输变电接地装置、电气化铁路、水旱交接、应力腐蚀等存在，如有应做重点检查。

(4) 植物生长形态，一般在较大泄漏点周围，植物生长会受不同程度的影响。

5. 管内压力

连续运行的高、中压管线的查漏要比间断运行的低压管线容易得多，后者由于间断运行往往探头探到气体报警是以前的滞留气体，一旦挖开，让出通道，气体扩散，就不会再报警，这些情况，在城市入户管段以前的低压管网查漏尤其突出。如某市一段约 300m 的燃气管道呈负压状态，在下雨后，地表水从管道穿孔处流入管中，数千户居民无气用，迫使燃气公司每日几次从排水口处抽水来勉强维持用户供气，这种情况下查漏效果不明显，要采取辅助措施。

6. 延时性

燃气泄漏渗透到地面有一定延时性。经验表明，正常情况下，燃气一般从 1m 深度处充分到达地表需 5h 左右，如加压检漏，就需选择最佳检测时段。

7. 防腐层腐蚀状况及管道运行时间

(1) 钢质防腐管道的穿孔泄漏处大多存在于防腐层腐蚀严重处，用仪器可在地表测到该处的泄漏电流。

(2) 从时间上分析，管道运行前期事故多，运行中期稳定、事故少，运行后期事故多，大多是因为防腐层严重腐蚀穿孔引起泄漏，造成事故，事故概率呈浴盆曲线(图 13-1)。

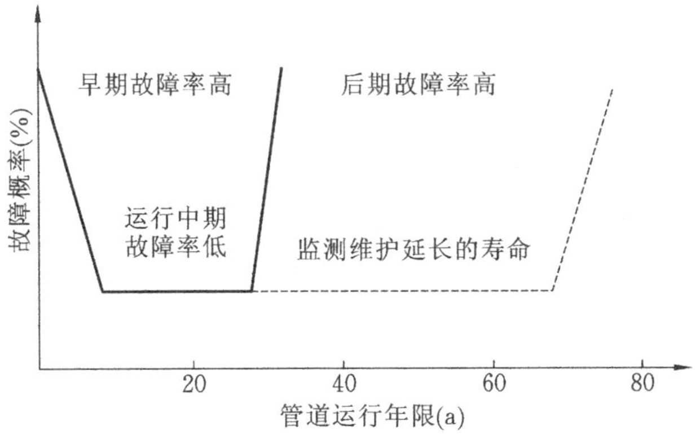

图 13-1　浴盆形事故概率曲线(延长管道寿命)

—正常设计寿命；---延长设计寿命

8. 管道的定位、定深

燃气的泄漏一般是沿着管道周围回填的疏松土壤窜流，若是漏点周围土壤介质分布均匀，会以漏点为圆心向周围扩散，在地表分布呈平面圆形，漏点中心的浓度会比周围大，结合探管，能把检漏范围由面缩小为线，结合管线定深有助于决定加压后确定较好的延时探测时间。

二、对燃气探漏仪器的一般要求

(1) 用手持式可伸缩探杆，多角度旋转探头，可方便地对地上、地下的可燃性气体检测。

(2) 检漏仪要能根据外界环境变化，通过调整增益，设定报警临界点，从而能提高查漏精度。

(3) 仪器最好要配吸气泵，吸入式检漏，这样灵敏度有保证，而且反应速度快。

(4) 仪器配置应具有良好的循环、通风过滤系统，尽可能避免探头产生惰性(俗称"探头中毒")，以延长仪器的使用寿命，增强可靠性。

(5) 要能适合各种场合检漏，如配耐磨橡胶吸盘，有一定抗风能力；配软吸管，可在特定场合检漏；配专用耳机，能在噪声环境下检漏；还应能过滤防尘等。

(6) 仪器要进行三防设计，且质量轻、体积小、操作简便、便于携带、能适合野外使用。

(7) 提供仪器的厂家要跟踪服务，提供技术支持，保修仪器，维持仪器的可靠性。

三、燃气泄漏、冒跑的一般规律及探漏方法

燃气从地下管道泄漏以后，会因燃气的种类不同、密度不同、周围环境不同向不同的方向冒跑。

1. 泥土地面

泥土地面一般是指天然气、煤气管道埋设在地下且泄漏点周围土壤介质分布均匀，地表层无太密实的路面，地下管道腐蚀穿孔处泄漏的气体能够扩散到地表，在地表面分布范围成圆形，其中间的浓度将会最大，扩散图形如图 13-2 所示。

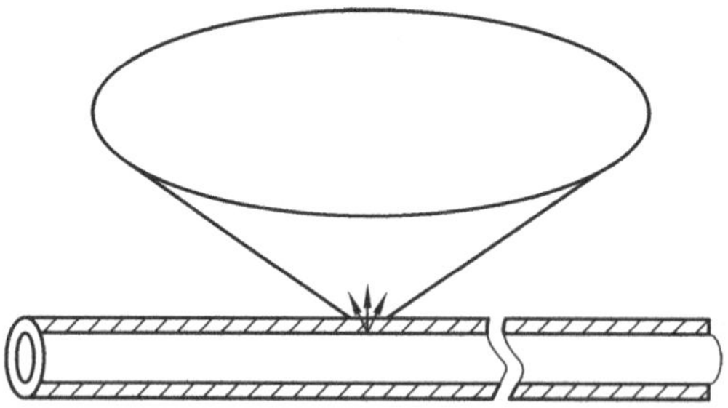

图 13-2　燃气泄漏扩散示意图

该泄漏用可调节浓度大小的气敏检测仪直接在地面检测，浓度最大点与管线定位一致点为泄漏点。

2. 水泥沥青路面

气体泄漏后会沿着管道周围的裂缝、空隙、疏松土壤窜流，不能穿透漏点上方的水泥沥青路面，在地面探测不到，而在远离泄漏点的地面裂缝中才能探测到。此种情况需钻孔探漏。

3. 公共管沟

公共管沟包括专业管道沟、电缆沟和与裂缝相通的排水沟，泄漏气体会沿着这些通道窜到

很远的地方。此种泄漏需用风机从管沟的泄漏点的一边吹风,另一边放风,保证管沟内的泄漏气体向另一边冒跑。用示踪探头从风机一端伸进管沟,示踪探头与泄漏气体接触处即为泄漏点。或用钻孔法配以气敏探测仪在地面检测,在泄漏点的下风气敏仪会报警,在上风气敏仪不报警,泄漏点位置就在报警与不报警两孔之间,在此进一步加密测点,即可精确定点。

以上第 1、第 2 条适用于煤气、天然气,第 3 条适用于液化石油气。

四、应用实例

某输气管线(ϕ529mm×7mm,石油沥青防腐,长 21.5km)于 1988 年投产,2011 年 3 月发现在运行中每天损失天然气约 $4\times10^4\,m^3$,经应用国产地下管道防腐层探测检漏仪和气体型检漏仪对该段管线普查找漏,共找出大小微漏达 20 多处,抽样统计见表 13-1。

表 13-1　管线泄漏抽样统计表(部分)

开挖点序号	参考位置(km)	防腐层状况	泄漏情况	管道本体	腐蚀泄漏主要原因
No.5	0.50	破损,脱落	渗漏	管道下部腐蚀,蚀坑连成一片,轻微穿孔	电化学腐蚀,苇根生物腐蚀
No.7	1.50	破损,脱落	漏	管道腐蚀严重,有明显坑槽,孔存在	杂散电流腐蚀
No.12	10.00	部分脱落	渗漏	修补焊缝处存在小砂眼	焊接不良
No.13	10.50	破损,脱落	漏	管体下部局部变形,凹陷有大面积溃疡状腐蚀,有穿孔存在	电化学腐蚀
No.16	13.50	防腐层大面部龟裂,有部分剥离	微漏	有麻点腐蚀呈浅碟状,中心有微孔	电化学腐蚀
No.18	19.00	部分剥离,脱落	漏	管材焊接区有长达 23cm 的大裂缝,表面有“氢鼓泡”	氢致开裂(HIC)(应力腐蚀开裂)

五、其他检漏方法的选择

我国燃气管线大多埋于水泥路面、沥青路面、田野、丘陵等多种地表下,管网压力又分高、中、低,管材规格多,这就决定了检漏方法的复杂性,检漏手段的多样性。除了优选以上方法,在受到某种条件限制时,还可辅以其他方法作参考。

(1) 压力法。关闭两端阀门,压力下降,说明该段存在泄漏。

① 水压法。低压管网有时容易处于负压,外来自来水、大水漫灌路面,地下水位高时,这些外界水就可能从泄漏点返流管中,这种情况可加水查漏,用查水漏的方法查气漏。

② 检漏液法。施工未覆土的管道加压以后在接头、焊缝、阀门处涂以检漏液,若有泄漏,在泄漏处检漏液会鼓起泡沫,变大。

③ 听音法。埋土较浅的管道,加压后可用听音仪在地表听音,即可找到泄漏点。

④ 相关法。用相关仪的两只传感器,置于被查管道的两端,通过相关仪的微机处理,就可

探到泄漏点的位置。此法对操作人员要求高且仪器价格太昂贵，一般很少采用。

(2) 氢气示踪法。氢气的分子具有体积小、质量轻、游离向上的特点，能够穿透水泥沥青路面、结实的地表层、冰冻的土壤等物质。在输送液化石油气和天然气的管道中加入微量的氢气，然后再用气体型检漏仪(氢敏探头)在地面探测，就可准确找到泄漏点。该方法对较小的管线更为适用，目前广泛应用于查找通信电缆漏气点。

(3) 加臭法。人类对某些气体特别敏感，如四氢噻吩(THT)、硫醇(TBM)、乙硫醇(EM)，十亿分之一的浓度人就可以闻到，在某些可燃气体中加入微量的泄漏识别气体，也是很适用的，此法已在民用煤气及液化石油气中广泛应用。

(4) 利用排水器的排水量判断。检查燃气管道的排水器须按期排水，若发现排水量骤增、情况异常时，应考虑有可能为地下水渗入排水器，由此推出燃气管道可能破损泄漏，须进一步开挖检查。

此外，还有流量法、比重法、训练动物闻味等方法作相关参考，如果多种检测方法得到的结果相同或相近，则泄漏定点的精度有了保证。

对于地下钢质防腐输气管道泄漏点的精确定位，通过先检查涂层缺陷，再在缺陷处钻孔做重点检测的方法是可行及适用的，它为燃气管道气体泄漏点的精确定位开辟了一条新途径，值得推广应用。针对不同的输送气体选用合适的仪器以及正确的检测方法，结合多种因素，作相关分析，气体泄漏点还是比较容易检测出来的。

第二节　车载式燃气管网泄漏检测技术和主动检漏法

燃气泄漏检测车是在各种车辆上安装泄漏检测设备，当检漏车在埋设有燃气管线的路面上方或附近行驶时，能够快速、准确地进行管网泄漏检测，判断管网是否泄漏及泄漏的程度。以下针对目前已有的几种车载式检漏方法分别简介，并结合几个实例进行叙述。

一、车载燃气泄漏检测技术简介

每种燃气泄漏检测技术都是通过对样品气体的分析，确定其主要化学成分，来分辨是否存在燃气泄漏的。不同的是各种检测技术有其不同的切入点，功能上有的是多功能组合，有的是单一功能。车载燃气泄漏检测技术则对每次检测分析的时间滞留提出了更高的要求。

目前在用和面世的车载式燃气管网泄漏检测技术主要有 FID 火焰电离式检测技术(Flame Ionization Detector)、OMD 光学甲烷红外检测技术(Optical Methane DE-Tector)等。另有其他处于试验阶段的检漏技术，这里不作赘述。

1. FID 火焰电离检测技术

火焰电离检测技术最早是由美国汉斯公司在 20 世纪 60 年代引入到燃气检漏领域的，其主要工作原理是通过内置及附加采样泵吸取气体，在燃气管网检测中，如果存在泄漏，泄漏气体被吸入，由于泄漏气体含有大量的碳氢化合物发生电离，其电离强弱将被特制传感器转换成可视信号以 ppm 数量表现出来。其主要特点有：①检测范围 1～10000ppm($1ppm=10^{-6}$)；②适用于检测所有碳氢化合物气体，如天然气、人工煤气等；③检测时速 3～7km。同时还存在以下缺点：①需要携带燃料气瓶系统；②泵吸式采样系统结构复杂，过滤网需经常清洗更换；③

受雨、雪、雾、尘土、温度、湿度以及汽车颠簸等现场干扰影响；④对检测到的气体没有选择性，受汽车尾气成分影响，容易误报警；⑤运行维护量较大，燃料瓶需经常更换加注，成本很高；⑥每天检测前需要标定，标定程序复杂；⑦检测分析的滞留时间较长，巡检车速达不到城市内的平均车速，因而影响交通，通常只能夜间巡检，给检测工作带来了很多麻烦。

2. OMD 光学甲烷探测技术

众所周知，天然气的主要成分是甲烷，它具有与别的成分不同的吸收特定波长（3.3μm 范围内）红外线的特性。光学甲烷探测技术，就是根据这个特点研制的。在检测车前安装特定波长的红外光源和接收器，形成一根红外线灯柱。位于探测仪前的光前滤镜使甲烷波长的红外线透过，如果无甲烷成分，这些光波的强度不受影响，检测仪产生稳定的输出信号；如果有甲烷成分，则甲烷将吸收部分红外光，光的强度将减弱，信号经转换后被传送给车内的数字显示器，产生声音和视觉信号。其主要优点有：①可检测低至 1ppm 浓度的泄漏，而检测速度高达 10000 次测量/每秒，巡检车速可达到每小时 50km；②对气体成分的选择性较强，只对甲烷有反应（检测乙烷、丙烷的灵敏度只有甲烷的 1/3），完全不受汽车尾气等干扰气体影响，消除误报；③直接采样，无需复杂泵吸系统；④开机自动检测、标定，必要时可用软件标定；⑤无需燃料；⑥运行维护量小；⑦完全以数字、图形显示，可连接 CPS、GIS 以及电脑，检测数据记录存储方便。

二、应用实例

早年国内多家燃气公司购买了 FID 检漏系统，基于前述原因，使用情况大都不理想。

2002 年初，陕西某天然气总公司在国内首次将美国汉斯公司生产的 OMD 光学甲烷探测仪投入到天然气管网巡检工作中。

通过多年的运行实践，OMD 光学甲烷探测技术充分体现了下列优点：提高检测速度，泄漏反应及时，更好的灵敏度及准确性，优越的气体选择性，标定程序简单，减少了维护和保养，消除了氢气/氮气燃料气以及采样系统带来的麻烦。通过使用 OMD 光学甲烷探测技术，提高了工作效率，改善了工作环境，减少了培训时间。

这种新技术由于采用光学和电学手段而具有灵敏度高、可选择性强及快速的优点。现场实验证明在相同气候条件下，与现有的检测手段相比，OMD 光学甲烷探测技术提高效率近 50%，OMD 光学甲烷探测技术与现有的火焰电离检测技术相比，提高效率的重要因素是对时间滞留能及时反应泄漏，与火焰电离装置相关的维护保养包括移动部件，外设燃料、尘土、蒸气和水都可在 OMD 装置消除。OMD 光学甲烷探测技术能够在各种环境包括极其恶劣的气候条件下运行，OMD 装置的灵敏度也不会因为可能的光柱上的尘土、雪水等引起的微小波动而受影响。因为其内部有一个刻度校准器，所以能够在任何时间，无论是在检漏前后或检漏过程中能检验检漏车是否正常运行，同时也能够提醒操作人员设备运行是否处在最佳的工作状态。

对于各种车型而言，OMD 装置的安装都非常简单，一般只需几小时即可完成。OMD 装置带有所有的电缆线，包括检漏车的 12V 电池与机组之间的电力线，通过 RS232 端口可与 PC 机连接从而存储检漏数据的数据线等。

三、燃气管网的主动检漏法

城市燃气管网的主动检漏法简单地说就是“检漏计划＋检漏队伍＋多种仪器综合使用(检漏车、探管仪、钻孔机、检漏仪)”。每个城市的燃气公司都要配备一支专职的检漏队伍,年初要根据各处管网的运行时间,做好检漏计划。按照检漏计划的任务规定每月甚至每天要主动寻检的管道长度,而不是哪里出了问题才到哪里被动检漏。

下面介绍主动检漏的多种仪器,如检漏车、探管仪、钻孔机、检漏仪,以及抢修设备的功能:

(1) 燃气管网检漏车。其原理是将火焰离子(FID)检测仪安装在汽车上,通过特殊的泵吸系统,在路面上采样,然后用计算机控制操作,相应的软件标出泄漏的位置。燃气管网检漏车适用于大面积的管网普查。

(2) 地下管线探测仪。探管仪采用的是电磁原理,用发射机向管线施加特定频率的交变电流,然后根据接收到的管线上的磁场信号来确定管线位置。使用探管仪,解决如何精确地找到燃气管线,这是找到漏点的前期准备工作,如果燃气管道的位置都不清楚,更无法找到燃气管线的泄漏点。同时使用探管仪还可以在使用钻孔机钻孔或施工时能有效地避开电缆或其他管线。

(3) 路面钻孔机。此种钻孔设备是专为城市煤气管道查找泄漏点,需要在路面上打孔而开发设计的。由 BOSH 钻孔单元、ROBIN 汽油机、发电机和控制单元组成,自成体系,不需要外界动力。使用路面钻孔机,其作用是快速地在路面上沿着管道走向,钻一排 $\phi18\sim22$mm 很小的探孔,对路面基本无损坏。在路面上打钻孔的目的是使泄漏的燃气冒出地面,然后用检漏仪检漏。这对铺设在沥青或水泥地面下面的燃气管道检漏来说是至关重要的。以前人们普遍只采用检漏仪沿管线大致方向盲目地检漏,而忽略了首先进行管线探测和路面钻探孔两种手段,因而效果不好,特别是对管道液化气,由于它的密度较空气大,因此,“打孔”几乎是必不可少的。

(4) 管网检漏仪。检漏仪的传感器能够探测到可燃气的组分,常见的有半导体型传感器、热传导型传感器和接触燃烧型传感器。管网检漏仪要有足够的灵敏度,保证能够测到微小的漏点,同时还要有较好的选择性,能排除其他气体的干扰。不仅有低量程(ppm),还有高量程(vol,%),最好还能测爆炸下限(LEL,%);仪器可以配有丰富的探头,能够满足不同场合的检漏要求;仪器要具有吸泵,这对检查管道液化气泄漏尤其重要。

(5) 液压破路锤。查到漏点后,及时、快速地进行开挖、修复。

单独直接用检漏仪检漏是目前普遍采用的,但单独用检漏仪只能是盲目检漏。燃气管网检漏实际上是一个系统的方法,只有配合多种仪器设备,并在正确的理论指导下,才可做到主动检漏,才能使燃气管网的检漏作用达到预防、安全、迅速、精确和高效。

第三节　可燃性气体检漏仪的使用方法

一、城市燃气的种类、物理化学特性

1. 燃气的种类

(1) 人工煤气。主要成分为氢气、一氧化碳。

(2) 天然气。主要成分为甲烷。

(3) 液化石油气。主要成分为丙烷、丁烷。

2. 物理化学特性

燃气的物理化学特性如表 13-2 所示。

表 13-2　燃气物理化学特性

燃气种类	爆炸范围(浓度)	相对密度(空气)
人工煤气	4%～75%	0.3～0.9
天然气	5%～15%	0.5～0.8
液化石油气	1.5%～10%	1.5～2

二、仪器种类

1. 国产气体管道检漏仪

(1) A 型。适用于可燃气气体,标定为 CH_4。

(2) B 型。只针对含氢气体,选择性好、抗干扰性强。

2. 国产手推式燃气管道检漏仪

(1) A 型。适用于可燃气气体,标定为 CH_4。

(2) B 型。只针对含氢气体,选择性好、抗干扰性强。

三、测量范围

(1) A 型:0～10000ppm;

(2) B 型:0～5000ppm。

注:不能直接检测高浓度气体。

四、操作步骤

1. 使用前准备

(1) 打开仪器电源开关 ON 键,前 5s 显示仪器电源电压应大于 7.2V,否则电压不足,应充电后再用。5s 以后显示浓度值(ppm)。

(2) 检查仪器进气口和过滤器是否正常,如有阻塞仪器将自动产生报警信号(连续"嘀、嘀"的声音),气泵停止工作,须清理或理顺气路后重新开关一下主机即可。

2. 仪器预热和调"零"

将探头置于新鲜的空气中,仪器预热,预热时间一般为 5～10min。待探头工作稳定后,调节调"零"旋钮,将表头显示归"零"。一般将旋钮置于 0.0～0.1 的位置,如果调零旋钮过度右旋,报警指示灯将闪烁,将会使灵敏度移偏,响应速度变慢。

3. 传感器及灵敏度检查

仪器应经常用充好气样的气球进行校验,使其保持较高的灵敏度和稳定性。如果无变化或变化较小，表明传感器失效或老化，如果一直有报警而且无法归零表明传感器断线。

4. 量程选择

在没有发现泄漏点之前，必须将量程开关拨置×1挡，这时的表头显示值为气体泄漏的实际浓度值。当发现漏点后，表头单独显示1时（表示表头满偏），须将量程开关置于×100挡（B型为×50挡），这时的气体泄漏浓度值应是表头显示的100倍（或50倍）。

5. 检漏操作

(1) 手握手柄，先把量程开关置于×1挡，待显示稳定后，然后调零。根据使用者推行和观察表头方便选择好推杆与地面的角度。沿要检测的管道路线（如不知道管道路线，必须先用管线探测仪把管道路线找出来），以步行速度（0.5m/s）由近及远向前检测。如果遇到可燃气体的泄漏，由于气体连续不断地向上扩散，仪器的表头显示值（ppm值）迅速变大，并发出报警声（"嘟""嘟"的声音），报警音量随浓度高低而变化，这时应停止前进，浓度太高，单独显示数值"1"（表示表头满偏），这时将量程开关拨置×100挡（B型为×50挡），所检测到的气体浓度是表头显示的100倍（B型为50倍），然后在泄漏气体的区域范围内反复检测（检测速度控制在0.1m/s），寻找出浓度最大的区域，如果漏气点稍大一些，在以漏气点为中心、1m为半径的范围内，仪器均有强烈反应，此时，可将探头离开漏气点，使其自然恢复，然后再进入有反应的区域，仪器应与初次反应同样强烈，用此法反复多次，如效果一样，则可以确定该点是泄漏点。

(2) 确定泄漏位置，在检测过程中，待发现仪表有浓度指示时（并有"嘟""嘟"报警声，气体浓度越大声音越大），此时应后退2～3m（因仪器吸入气体后要滞后几秒钟才能反应到最大），首先确定泄漏气体的区域范围，再在此范围内反复检测（必要时变换挡位），寻找出浓度最大区域，确定泄漏点位置。在地下污水井口等地检测时，要注意坑井中气体对检测的影响。

(3) 如有沥青路面、水泥路面，要考虑路面对泄漏气体检测的影响。检漏时，手推车须沿管道上方附近的缝隙处检测，如路崖、绿化带或下水道。因为气体很容易从这些地方冒跑出来，浓度会更大，检漏效果会更明显。

(4) 在检漏过程中，应注意因湿度、温度以及污物、沼气对仪器显示产生的漂移，注意观察会发现这些漂移是短暂的，而且反应幅度较小，时有时无，相当不稳定。

(5) 如果埋地管道为钢质防腐管道，在查找泄漏点精确定位时，建议采用地下管道防腐层检漏仪，先找出漏气管段的防腐层腐蚀点，再结合检漏仪从而找到泄漏点的准确位置。

(6) 检漏结束后把仪器放在洁净的空气环境中继续工作几分钟，以便清除仪器装置中的残留气体，再把电源关断。收缩存放时，必须先用手将撑子上的卡套向上移动，然后再把手柄往下压，使得弹性搭扣与杆子上的搭钩相吻合即可。如要打开则必须先压一下弹性搭扣，使得搭扣与杆子上的搭钩分离即可。将仪器放入仪器箱内，须充足电存放。

6. 维护保养

(1) 充电要求

如仪器长期不用，应按充电要求每月充足一次电，以备长年使用和保存。严禁缺电存放。

(2) 仪器校验

① 10～100ppm挡校验。打开仪器电源开关，预热调零后将量程开关拨置×1挡，然后将

100ppm 浓度的标准气体通过导气软管以 1L/min 的流量送入主机，通气 30s 左右待数字显示稳定后，对主机后面板上 100ppm 旋钮微调使显示值与气样的浓度相同即可。然后断开气样，让传感器在清洁的空气中工作几分钟，观察表头显示应回到零位即校验结束，如回不到零位整个过程再重复 1～2 次，以确保仪器精度。

② 100～10000ppm 挡校验(B 型 100～5000 挡)。100～10000ppm 挡校验具体操作步骤与 0～100ppm 挡校验相同。

③ 报警灵敏度设定。将仪器开机预热 5～10min 使之稳定，然后把量程开关置于×1 挡，调节调零旋钮在 5～1000 之间，根据需要任意设定一个数值，如 20.0。接着再对主机后面板上报警"灵敏度"旋钮微调，使仪器瞬间产生"嘟""嘟"报警信号。此时的表头显示 20.0 即为报警灵敏度 20ppm。一般出厂设置在 50ppm。

(3) 滤纸清理或更换

仪器使用期间要经常注意滤纸的清理，以保证气路通畅。具体方法是将滤纸取出，弹出上面的灰尘，如果发现滤纸破损，及时更换，更换方法如图 13-3 所示。

(4)过滤剂再生或更换

仪器长时间在湿度较大的环境下工作，回来后应将仪器放在相对干燥的空气中工作 30min 左右，使过滤剂干燥性能再生。过滤剂一般两年更换一次。

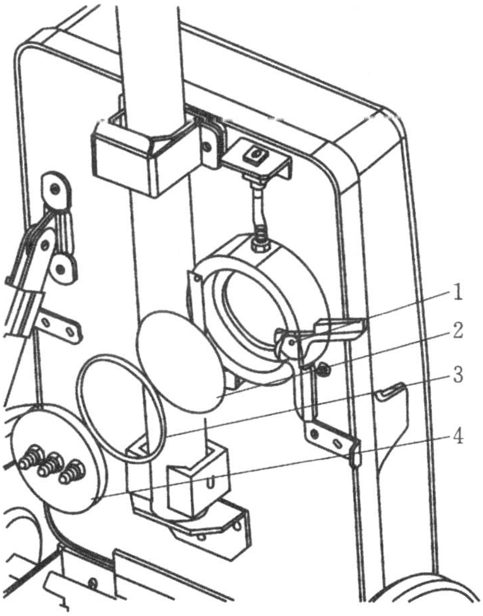

图 13-3　滤纸清理或更换

1—把手夹具；2—过滤纸；3—圆形密封圈；4—盖子

7. 注意事项

(1) 在发现漏气点后，应严格禁止产生火花，与明火距离不得小于 20m，在醒目处设立禁火标志，同时要通知有关人员少开关远供电源。

(2) 探头切不可浸水，也不可在大于 95%RH 湿度下工作。

(3) 不可在雨天或大风天气，泥泞或积水的路面，以及有大量的尘土或污物的路面检测。

(4) 请勿将高浓度气体吸入仪器内检测或标定(严禁采用打火机气体等纯气对仪器进行测试)。

(5) 不工作时应关闭电源，以便提高电池使用寿命，须充足电存放，严禁缺电存放。

(6) 禁止敲击、碰撞和强力振动仪器。

(7) 禁止和其他易燃物、腐蚀性气体以及化学气体存放在一起。

8. 常规故障及处理方法

常规故障及处理方法如表 13-3 所示。

表 13-3 故障原因及处理方法对照表

故障	原因	处理方法
不开机	电源电压过低	充足电
报警不停	传感器断线或传感器中毒	维修或更换
气泵停止工作	气路不顺畅	理顺
反应迟缓	传感器老化	更换

本章小结

燃气泄漏较为隐蔽，安全隐患极大，用传统的办法找准漏点很不容易。本章介绍了埋地燃气管道泄漏检测的一般方法：车载式燃气管网泄漏检测技术作为一个革命性的检漏产品，加快了巡回检漏的过程，减少维护费用，使燃气公司能够更快更准确地找到泄漏点；“检漏计划＋检漏队伍＋多种仪器综合使用”的燃气管网主动检漏法，使燃气管网的检漏作用达到预防、安全、迅速、精确和高效。还介绍了可燃性气体检漏仪的使用方法。

复习思考题

1. 简述埋地燃气管道泄漏检测的一般方法。
2. 简述可燃气体检漏仪的操作步骤。

第十四章 地下电力电缆故障检测技术

【教学要求】

1. 掌握电缆故障的测寻步骤及各步骤的测定方法；
2. 了解低压电缆故障的测寻技术；
3. 了解不同性质故障测寻办法的选择。

检测地下带防腐层的钢质管道的基本原理同样适用于检测地下电缆故障。电缆的外皮好比钢管的防腐层，电缆的芯线或铅包护套与钢管均用于发射检测信号，电缆的外皮破损等同于钢管外防腐层破损，电缆的断路等同于钢管焊缝完全断裂。反之，电缆故障发生的电流波、电压波反射、折射、透射同样适用于管道上存在的大而深的腐蚀坑故障，弯曲电缆周围的磁力线弯曲、等效电流中心偏移现象在管道故障腐蚀坑周围同样存在，所不同的是粗大管道周围存在的是体电流电磁场，而电缆周围存在的是线电流电磁场。

第一节 电缆故障产生的原因及分类

一、电缆故障产生的原因

各种类型电力电缆的故障原因可大致归纳为如下几种。

1. 绝缘介质老化变质

电缆绝缘介质长期在电的作用下工作，要受到伴随电作用而来的热、化学及机械作用，从而使绝缘介质发生物理及化学变化，绝缘水平下降。

2. 绝缘介质受潮

中间接头或终端头在结构上不密封或安装质量不好而造成绝缘介质受潮。制造电缆包铅(或铝)时留下砂眼或裂纹等缺陷，也会使绝缘介质受潮。

3. 电缆过热

造成电缆过热的原因是多方面的。内因主要是电缆绝缘介质内部气隙游离造成局部过热，从而使绝缘介质碳化；外因是电缆过负荷或散热不良，安装于电缆密集地区、电缆沟及电缆隧道等通风不良处的电缆，穿在干燥管中的电缆以及与热力管道接近的电缆，都会因过热而使绝缘介质加速损坏。

4. 机械损伤

这类损伤主要包括以下几个方面：

(1) 直接受外力作用造成的破坏。这方面的损坏主要有施工和交通运输所造成的损坏，如挖土、打桩、起重、搬运等都可能误伤电缆，行驶车辆的振动或冲击性负荷也会造成穿越公路或铁路以及靠近公路或铁路敷设的电缆铅(铝)包裂损。

(2) 敷设过程造成损坏。这方面的损坏主要是电缆因受拉力过大或弯曲过度而导致绝缘介质和保护层的损坏。

(3) 自然力造成损坏。这方面的损坏主要包括中间接头或终端头受自然拉力和内部绝缘胶膨胀作用所造成的电缆护套的裂损；因电缆自然胀缩和土壤下沉所形成的过大拉力拉断中间接头或导体终端头瓷套因受力而破损等。

5. 护层的腐蚀

由于电解和化学作用使电缆铅包腐蚀。因腐蚀性质和程度的不同，铅包上有红色、黄色、橙色和淡黄色的化合物或类似海绵的细孔。

6. 过电压

大气过电压和内部过电压使电缆绝缘介质所承受的电应力超过允许值而被击穿。对实际故障进行分析表明，许多户外终端头的故障是由于大气过电压引起的，电缆本身的缺陷也会导致在大气电压时发生故障。

7. 材料缺陷

材料缺陷主要表现在三个方面：一是电缆制造的问题，主要有包铅(铝)留下的缺陷，在包缠绝缘介质过程中，绝缘介质上出现褶皱、裂损、破口和重叠间隙等缺陷；二是电缆附件制造上的缺陷，如铸铁件有砂眼，瓷件的机械强度不够，其他零件不符合规格或组装时不密封等；三是对绝缘介质维护管理不善，造成电缆中间接头和终端头绝缘介质受潮、脏污和老化，影响中间头和终端头的质量。

8. 中间接头和终端头的设计和制作工艺问题

中间接头和终端头的设计不周密，选用材料不当，电场分布考虑不合理，机械强度和裕度不够等是设计的主要弊病。另外中间接头和终端头的制作工艺要求不严，不按工艺规程的要求进行，使电缆头的故障增多，例如封铅不严、导线连接不牢、芯线弯曲过度、使用的绝缘介质有潮气、绝缘介质未灌满造成盒内有空气隙等。

二、电缆故障的分类

电缆的故障性质，可按试验结果分为以下五类：

(1) 低阻接地或短路故障。电缆一芯或数芯对地绝缘电阻或芯与芯之间的绝缘电阻低于100kΩ，而导体连续性良好。一般常见的有单相接地、两相或三相短路或接地。

(2) 高阻接地或短路故障。电缆一芯或数芯对地绝缘电阻或芯与芯之间的绝缘电阻低于正常值很多但高于100kΩ，导体连续性良好。一般常见的有单相接地，两相或三相短路或接地。

(3) 断线故障。电缆各芯绝缘良好，但有一芯或数芯导体不连续。

(4) 断线并接地故障。电缆有一芯或数芯导体不连续，而且经电阻接地。

(5) 闪络性故障。这类故障大多在预防性耐压试验时发生，并多出现于电缆中间接头或终端头内。发生这类故障时,故障现象不一定相同。有时在接近所要求的试验电压时击穿,然后又恢复,有时会连续击穿,但频率不稳定,间隔时间数秒至数分钟不等。

有时电缆在一定电压下发生击穿,待绝缘恢复后击穿现象便完全停止,通常称这类故障为封闭性故障。

当发生上述五类故障时,高阻和低阻之分并非绝对固定,它主要取决于试验设备的条件(如试验电压高低、检流计的灵敏度和电桥的结构等)和被试电缆导体电阻的大小。目前使用的电缆探伤仪试验电压可达 600V,当电缆导体回路电阻在 1Ω 以上时,容许的故障电阻值可达 100kΩ。很明显,试验电压愈低或电缆导体回路电阻愈小,则容许的故障电阻值愈低。需测量高电阻故障时,必须增加试验电压或提高检流计的灵敏度。一般认为故障电阻在 100kΩ 以下为低阻故障。

第二节　电缆故障的测寻步骤

一、电缆故障性质的确定

电缆发生故障以后,必须首先确定故障的性质,然后才能确定用何种方法进行故障的测寻。否则,盲目进行测寻,不但测不出故障点,而且会拖延抢修故障的时间,甚至因测寻方法不当而损坏测试仪器。

所谓确定故障的性质,就是指确定故障电阻是高阻还是低阻;是闪络还是封闭性故障;是接地、短路、断线,还是它们的组合;是单相、两相,还是三相故障。通常可以根据故障发生时出现的现象,初步判断故障的性质。例如,运行中的电缆发生故障时,若只给了接地信号,则有可能是单相接地故障;断电保护过流继电器动作,出现跳闸现象,则此时可能发生了电缆两相或三相短路或接地故障,或者是发生了短路与接地混合故障,发生这些故障时,短路或接地电流烧断电缆线芯将形成断路故障。但通过上述判断尚不能完全将故障的性质确定下来,还必须测量绝缘电阻和进行导通试验。

一般用兆欧表测量电缆线芯之间和线芯对地的绝缘电阻,1kV 及以下电缆用 1kV 兆欧表,1kV 以上电缆用 2500V 兆欧表。进行导通试验时,将电缆末端三相短接,用万能表在电缆的首端测量线芯电阻。现将一故障电缆线路的测量结果列于表 14-1 中,根据表 14-1 所列绝缘电阻的测量结果,可以分析出故障是两相接地。根据导通试验结果,可以确定三相电缆未发生断线故障,此故障点的状况如图 14-1 所示。

表 14-1　绝缘电阻的测量与导通试验

用兆欧表测量绝缘电阻(MΩ)				用万用表做导通试验(Ω)	
线芯间		线芯与地			
AB	2500	AE	2500	AB	0
BC	8	BE	5	BC	0
CA	2500	CE	3	CA	0

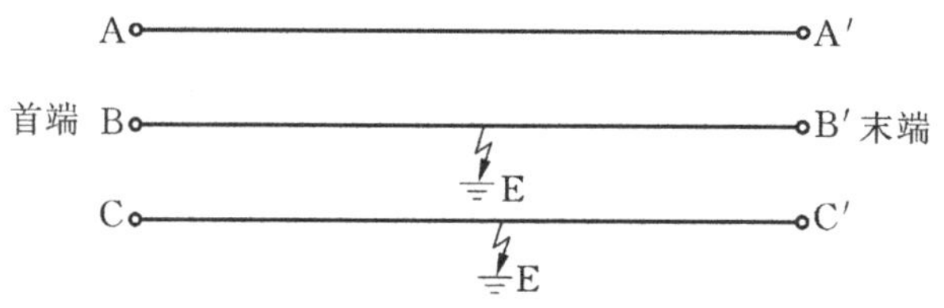

图 14-1 电缆故障状态图

二、电缆故障的测寻步骤

(1) 确定故障的性质。

(2) 故障点的烧穿。即通过烧穿将高阻故障或闪络性故障变为低阻故障,以便进行粗测。

(3) 粗测,就是测出故障点到电缆任意一端的距离。粗测的方法有多种,一般可归纳为两大类,一类是电桥法,另一类是脉冲反射法。

(4) 测寻故障电缆的敷设路径。对于埋地敷设电缆就是找出故障电缆的敷设路径和埋设深度,以便进行定点精测。测寻路径的方法是向电缆中通入音频信号电流,然后利用接收线圈通过接收机接收音频信号。

(5) 故障点的精测(即定点),也就是确定故障点的精确位置。通常采用声测、感应、测接地电位等方法进行定点。

上述五个步骤是一般的测寻步骤,实际测寻时,可根据具体情况省略其中的一些步骤。例如,电缆敷设路径的图纸很准确时可不必再测敷设路径;对于高阻故障,可不经烧穿而直接用闪络法进行粗测;对于一些闪络性故障,不需要进行定点,可根据粗测得到的距离数据查阅资料,直接挖出粗测点处的中间接头,然后再通过细听而确定故障点;对于电缆沟或隧道内的电缆故障,可进行冲击放电,不需要使用仪器(如定点仪等),而直接用耳听来确定故障点。

第三节　电缆故障的烧穿

一、烧穿的要求及方法

随着绝缘监督工作的加强,电缆在运行中发生的故障逐渐减少,而在预防性试验中发现的故障相对增多。试验击穿的故障点电阻一般都很高,多数属于高阻故障,据有关部门统计,预防性试验击穿的电缆故障中,90%以上是高阻故障,电缆运行中所发生的故障,高阻故障也占60%以上。然而,必须在低阻情况下才能用电桥法或音频感应法进行测量,所以要将高阻故障进行烧穿处理,使高阻变为低阻,以利测量。一般使用电桥法测量,要求故障电阻值不高于2kΩ,最高不超过100kΩ;使用低压脉冲反射法,要求故障电阻不大于100Ω;使用音频感应法,要求电阻不高于10Ω;使用声测法,故障电阻应在1kΩ左右。烧穿后故障点的电阻值应能满足不同测量仪器的要求。

电缆故障点烧穿的方法有交流烧穿和直流烧穿两种。交流烧穿时需要向故障电缆提供无功电流,所以烧穿设备的容量必须足够大。而且采用交流烧穿方法时,由于在工频交流电一个周期内烧穿电流要通过两个零点，此时绝缘恢复，故障电阻迅速增大，所以故障点容易被烧断。因此，当没有必要将故障点电阻烧到低于 100Ω 以下时，一般不使用交流烧穿法。

二、交流烧穿

交流烧穿的接线如图 14-2 所示，图中刀闸开关 K 选 250V、30A，熔丝 RD 按烧穿变压器 SB 低压侧额定电流选择，R 为水电阻，通常可利用容量较大的自来水槽，烧穿变压器根据表 14-2 进行选择。

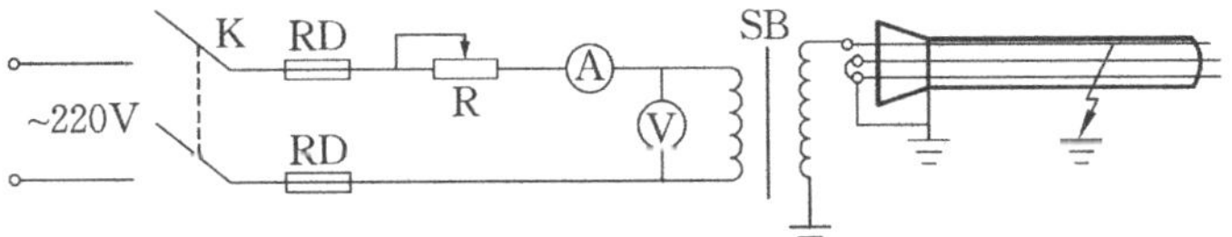

图 14-2 交流烧穿接线图

若无表 14-2 所列的变压器，可选用其他适用的变压器。例如，对于 10kV 电缆，其直流击穿电压为 40kV，可选用 35kV 交流电压进行烧穿。待电缆的直流击穿电压降到 10kV 以下时再改用 6kV 变压器。

表 14-2 烧穿变压器的选择

故障电缆的直流击穿电压(kV)	烧穿变压器的电压等级(kV/V)	烧穿变压器的容量(kV·A)
10～40	35/220	5
10 以下	6/220	5～7.5

用音频感应法探测故障点时，在故障点电阻降到 200Ω 以下后，可用 220V 的交流电进行烧穿，其接线见图 14-3，图中所示元件参数同图 14-2。这种接线只适用于在故障点电阻较小时使用。在烧穿过程中，电流逐渐增大，要特别注意电流不能增加太快，最后的最大电流一般不得超过 30A。

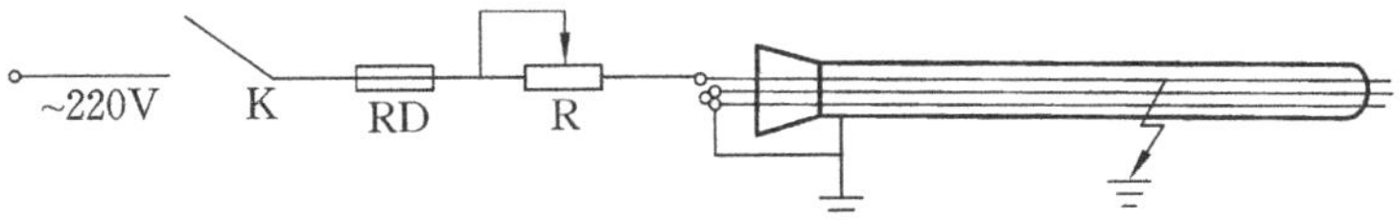

图 14-3 用 220V 交流电进行烧穿

三、直流烧穿

常用的烧穿方法是直流烧穿法，其接线与直流耐压试验接线相同，所不同的是，因烧穿电流较大，无适当容量的限流电阻，故不宜采用限流电阻。烧穿时所用的直流电压应采用负极性，因为正极性电压会使介质中的水离散，结果使故障点的绝缘电阻升高。

采用直流烧穿时，应先对故障电缆进行直流耐压检测，以确定其故障点的击穿电压值。一般对于运行中的电缆故障进行此步检测，对于经直流耐压而被击穿的电缆，在已了解击穿电压的情况下就无须进行此步检测。直流烧穿时，若电流增加太快，也存在故障点易被烧断的问题。在烧穿过程中，故障点电阻的降低与稳定需要一个过程。如果在此过程中电流增加太快，将由于故障点面积太小，因热效应而导致故障通道熔断。所以，在烧穿时电流的增加不可太快，应力求平稳，一般以每次增加的电流为原电流的0.3～0.5倍为宜，而且应在每一个电流值上停留一段时间，一般可停留3～5min。只有这样，才能将故障点的固体绝缘物逐渐碳化，形成桥路，从而使过渡电阻值稳定地降下来。

必须指出，不要把故障点的电阻降得太低，因为随着故障电阻的降低，虽能给电桥法测量故障带来方便，但给声测定点带来了困难，因声测时故障点发出的能量随着接地电阻的降低而减小。

当试验设备较小时，常采用直流冲击法，其接线如图14-4所示。利用直流电源对电容器C充电，充到球隙G击穿时，电容器上的电荷经故障点放电，冲击电流将使碳化通道逐渐扩大，电阻降低。充电电容器C可取2～10μF，应能承受20～30kV电压。若无适合的充电电容，也可用被试电缆中完好线芯作为充电电容，但在此种情况下，所加直流高压最多不得超过该电缆的试验电压值。

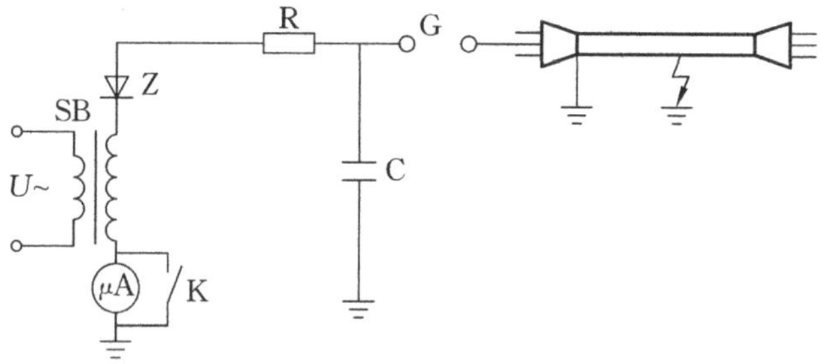

图14-4　直流冲击烧穿故障点

第四节　电缆故障的粗测

电缆故障点的粗测，就是测出故障点到电缆任一端的距离，这一步骤是故障定点的必要准备。粗测的方法有很多种，按基本原理归纳有两类，一类为电桥法，另一类为脉冲反射法。传统的粗测方法是将高阻故障经过烧穿后变成低阻故障，而后用电桥法或低压脉冲反射法进行测量。近年来，国内外很重视电缆故障的测寻，先后研究了许多方法。现在使用闪测仪探测电缆故障时，已无需将高阻烧穿，可以直接于故障点加直流高压或冲击高压，使之闪络，然后再通过闪络脉冲反射测出故障点的位置。

一、直流电桥法测量短路和接地故障

直流电桥法是最早采用的探测电缆故障的方法，多年来一直是测寻电缆故障的主要手段。对于低阻接地和相间短路故障，目前这种方法仍然被广泛采用，而且精确度较高。一般要求故障点电阻不超过100kΩ，通常以2kΩ以下为宜。

直流电桥法是根据惠斯顿电桥原理，将电缆故障点两侧的线芯电阻引入直流电桥，测量其比值。由测得的比值和电缆长度可算出测量端到故障点的距离。如图14-5所示，图中R_L是

电缆全长的单芯电阻，R_X 是始端到故障点的电阻。测得电阻 R_X，即可算出始端到故障点的距离 L_X。使用电桥法对电缆故障点进行粗测时，常用单臂电桥（如 QJ23，即 850 型和惠斯顿电桥）、双臂电桥等，QF1-A 型电缆探伤仪也是根据电桥原理制成的。

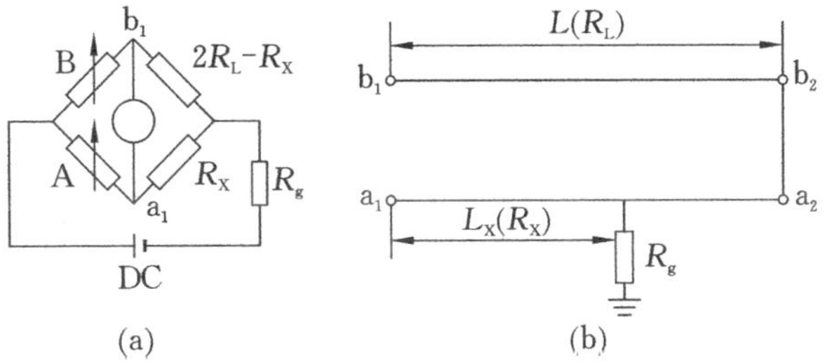

图 14-5　直流电桥法测量原理图

用回线法测寻单相低阻接地故障的原理接线如图 14-6 所示，将电桥的测量端子 X_1 和 X_2 分别接于故障缆芯和完好缆芯，这两芯的另一端用导线短接。电桥本身也有比例臂 M 和测量臂 R_f 为分流器，其作用主要是保护检流计 G。检流计的引线应直接接在缆芯上，这样可以使引至电桥的连接线电阻和接触电阻从线芯组成的桥臂转移到阻值比线芯电阻大得多的电桥电阻组的桥臂上，从而减小测量误差。

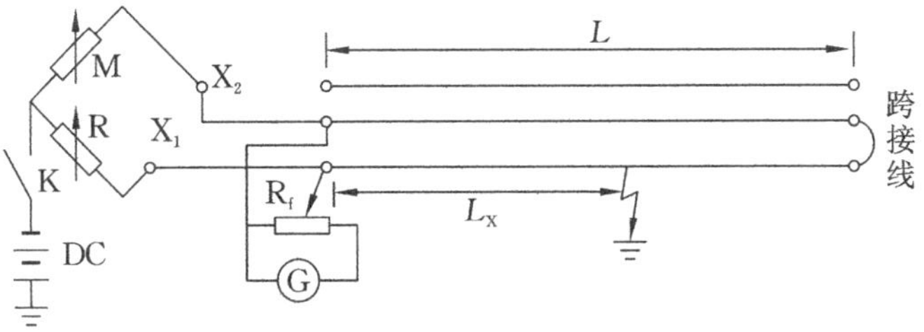

图 14-6　回线法测量单相接地故障

M—比例臂；R—测量臂；G—检流计；R_f—分流器

在图 14-6 中，若电缆全部缆芯材料和截面都相同，则当电桥平衡时有如下关系：

$$\frac{M}{R}=\frac{2L-L_X}{L_X}$$

化简后得

$$L_X=2L\cdot\frac{R}{R+M}$$

式中　L——电缆长度（m）；

R——测量臂电阻（Ω）；

M——比例臂电阻（Ω）；

L_X——从测量端到故障点的距离（m）。

如果将已损坏的缆芯与完好缆芯在电桥上的位置互相调换，则下式成立：

$$L_X=2L\cdot\frac{M}{R+M}$$

上述两种接线方法，前者叫正接法，后者叫反接法。两者测得的故障点距离应该相同，若误差较大或测得的故障点接近电缆的另一端时，应用同样的方法在电缆的另一端进行测量，并比较两次测量的结果。

二、电容电桥法测量断线故障

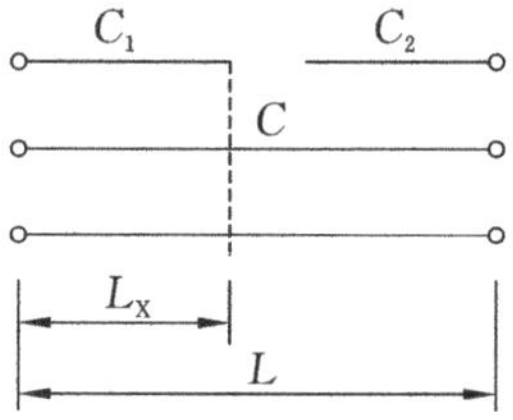

图 14-7 电缆断线故障示意图

电缆的电容与其长度成正比，因此，可用比较电容的方法来测量故障点的距离。用电容电桥测量电缆线故障即基于此原理。图 14-7 是电缆断线故障示意图，图中从左端算起 L_X 处发生一相完全断线，此时可分别测量断线处前后各段的电容 C_1 及 C_2 和总电容 C 值，则

$$L_X=\frac{C_1}{C_1+C_2}\cdot L$$

或

$$L_X=\frac{C_1}{C}\cdot L$$

式中，C_1、C_2 和 C 值均可用电容电桥测出。

QF1-A 型电缆探伤仪就是利用电容电桥法原理测量断线故障的仪器，测量时的原理接线如图 14-8 所示，图中 G 为音频振荡器。用该仪器测量断线故障的步骤如下：

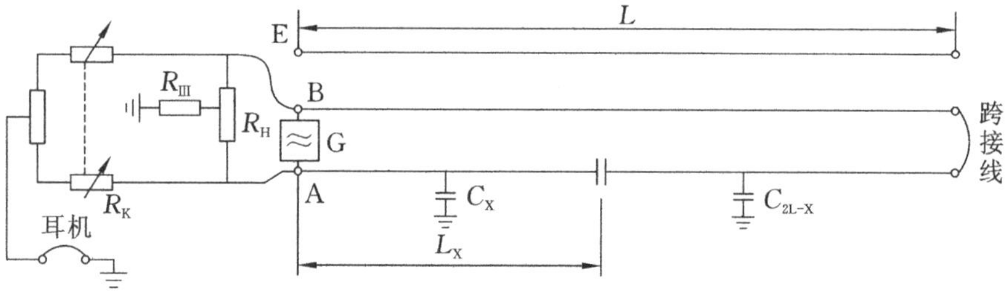

图 14-8 用 QF1-A 型电缆探伤仪测量断线故障

(1) 将故障相与任一非故障相在另一端跨接，将探伤仪 A 接线柱接故障相，B 接线柱接完好线芯，E 接线柱接内护层或另一完好线芯；

(2) 将测量选择开关旋到“断线”位置上，关闭“直流指零仪”，量程选择可放任意位置；

(3) 接上 220V 交流电源，插入耳机，开启电源即可听到 1000Hz 的音频信号；

(4) 对读数电阻盘电阻 R_K 和相位平衡仪电阻 R_H 分别反复调节，直到耳机中无声音为止，此时即电桥平衡，故障距离可用下式求得：

$$L_X=2R_XL$$

式中 L——电缆全长；

R_X——电阻盘读数。

若电缆的三根线芯全部烧断，可用该仪器在线路两端测量电缆线芯的电容，计算两端电容值之比，即可确定故障点的距离。

用电容电桥测量电缆断线故障不易测量准确，当断线并接地时，电容电桥较难平衡，更增加测量难度。因此，目前一般用脉冲反射法测量断线故障。

第五节　电缆故障的精确定点技术

一、电缆敷设路径的探测和电缆的鉴别

测寻直埋电缆故障时，若无线路图或线路图不准确及标注不清，就需要探测电缆的敷设路径，重新建立图纸资料。特别是在故障电缆定点之前，需要准确测出其敷设路径，才能精确地定出故障点的位置。对于敷设在电缆隧道或电缆沟中的多条电缆，有时也需将其中的故障电缆或其一根电缆区别出来，这时也可用路径仪进行测寻。

1. 基本原理

目前，一般用音频感应法来探测电缆的敷设路径，其基本原理：用 1～15kHz 音频信号发生器向被测电缆中通入音频信号电流，从而产生相应的电磁波。然后，用感应线圈接收音频信号，并将接收的音频信号送入接收机进行放大并送入耳机。根据耳机中响声的变化可探测电缆在地下的位置，其工作过程如图 14-9 所示。发送音频信号的主要目的是为了区别工频电流、高次谐波电流和其他干扰信号，以减少探测所受的外界影响。

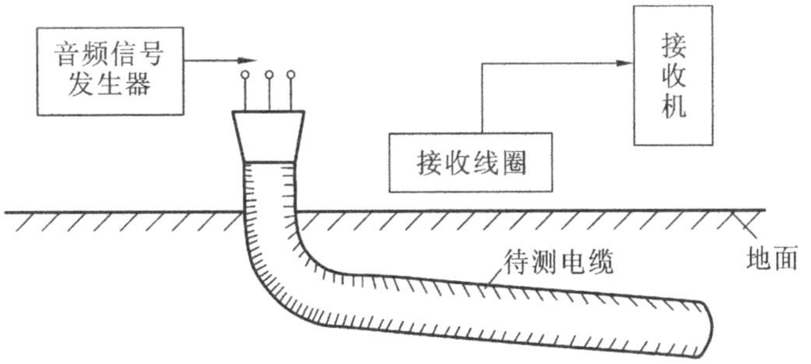

图 14-9　电缆路径探测工作过程示意图

随着电缆数量的日益增多，各种电磁波的干扰也越来越多，例如工厂内某些电气设备在运行中不断产生电弧，电焊设备、各种电气开关等都会产生电磁波干扰。当被测寻电缆与正在运行的电缆并列敷设时，运行电缆的零序电流与高次谐波电流所产生的磁场将会影响探测工作的正常进行。因此，应使用可以间断产生有节奏的电磁波的音频信号，使接收机仪表的指针有规律地摆动，或从耳机中能听到“嘟、嘟、嘟”的响声，以此来区别某些干扰信号。此外，还可在接收机中采用滤波器及选频器等来排除外来干扰。

如图 14-10 所示，当接收线圈的轴线（即磁棒）与地面（或电缆轴线）垂直，且接收线圈位于待测电缆的正上方（即图中的位置 a）时，音频电流所产生的磁力线不穿过线圈（磁力线与线圈轴线正交），线圈中无感应电动势，接收机收不到音频信号。当探测线圈向待测电缆两边移动时，就有一定量的音频电流磁力线穿过线圈，线圈中产生感应电动势并逐渐增大，接收机的耳机中有响声或电表指针的偏转量增大。当线圈偏移更远时，音频电流的磁场逐渐减弱。反映上述耳机中音量或指针偏转量与线圈在电缆轴线两侧移动距离之间关系的曲线为对称的马鞍形曲线。线圈在图 14-10 中曲线上 a 位置时形成“音谷”，所以称这种探测方法为“音谷法”。

另一种探测方法叫音峰法。如图 14-11 所示，使探测线圈的磁棒平行于地面。当线圈位

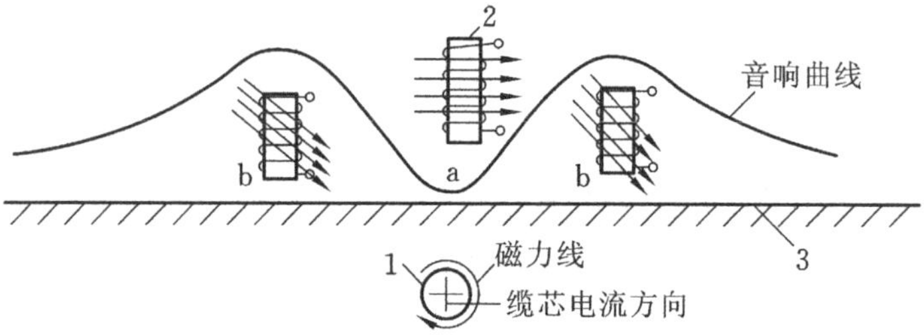

图 14-10　用音谷法探测电缆路径

1—待测电缆；2—接收线圈；3—地面

于正上方 a 时，穿过线圈磁棒的音频信号电流所产生的磁力线最多，耳机中的声响或电表指针的偏转量最大。当线圈向待测电缆两边偏移时，穿过线圈磁棒的磁力线逐渐减少，耳机中听到的声响越来越弱，音量与线圈移动距离之间的关系如图 14-11 中的音响曲线所示。

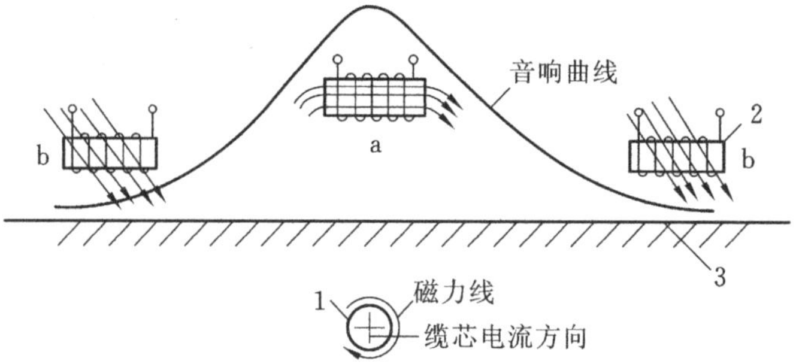

图 14-11　用音峰法探测电缆路径

1—待测电缆；2—接收线圈；3—地面

根据探测线圈在被测电缆正上方时耳机中声响最小（音谷法）或最大（音峰法），可确定待测电缆的敷设路径或缆芯电流方向鉴别电缆。一般都用音谷法测寻电缆路径，有时为了准确起见，上述两种方法一起用，以便相互验证和补充。

2. 探测方法

(1) 直接式

这种方式是将音频信号发生器的输出端直接连接，可以相间连接，也可以连在相与地之间。图 14-12(a)所示是信号发生器直接连接于电缆相间的接线图。对于 15kHz 路径仪，待测电缆另一端应开路，但对 1kHz 音频信号发生器则应短路。由于埋地电缆的钢铠对磁场有屏蔽作用，使得在通过同样大小信号电流的条件下，信号发生器输出端接于相间比接于相与地之间时所接收到的信号弱得多，因此，在电缆埋设较深（超过 1m）、干扰较大的场合，应将信号发生器的输出端接于相与地之间，如图 14-12(b)所示。电缆另一端也随输入信号电流频率的高低不同而处于开路或短路接地状态。

上述两种接线方式各有特点。采用相间连接方法探测电缆路径，比采用相地连接方法灵敏。用音谷法探测时，采用相间连接方法，耳机中能听到声响剧减的音谷，而采用相地连接方法则听得不太明显。用音峰法探测时，沿电缆两侧听到声响的范围太大，不易确定音响最大点，一定要有实践经验的人才能正确判断。

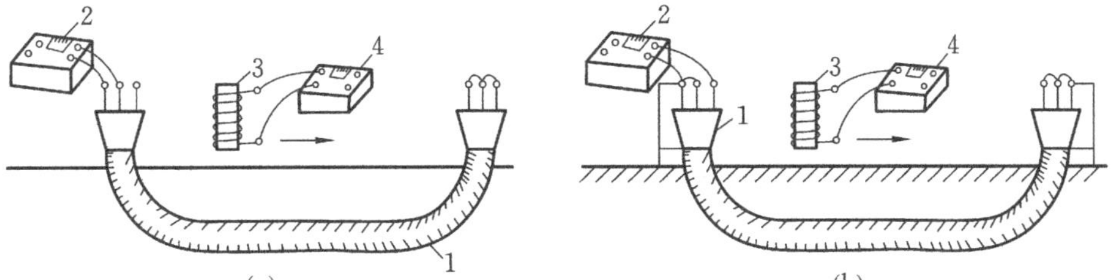

图 14-12　测寻电缆路径接线图

(a) 相间连接；(b) 相地连接

1—待测电缆；2—信号发生器；3—接收线圈；4—接收机

采用上述两种连接方法，必须根据电缆埋设深度、周围干扰、电缆长短和土质等实际情况，选定音频信号发生器输出电流的大小，一般 15kHz 路径仪输出为 1～2A，1kHz 音频信号发生器输出为 5～10A。

(2) 耦合式

图 14-13 为耦合式连接的接线图。所谓耦合式就是将信号发生器的输出线圈绕在待测电缆的钢带上，耦合线圈的匝数选 5～7 圈即可。通过耦合线圈向电缆发射一信号电流，此时可将电缆看成是一个等效电感，其所感应的信号电流向电缆发出传播信号(电磁波)。

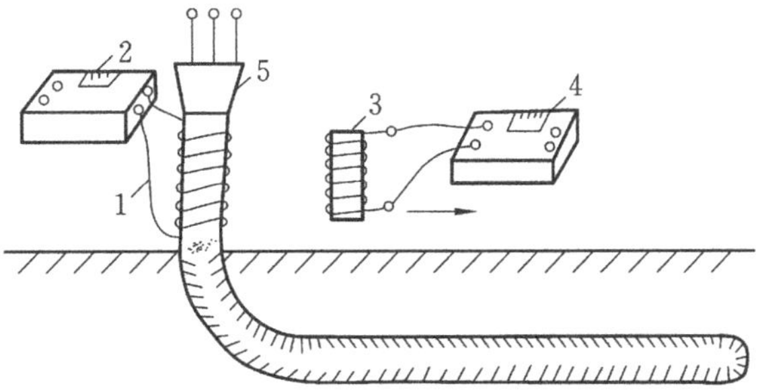

图 14-13　耦合式接线图

1—耦合线圈；2—音频信号发生器；3—接收线圈；4—接收机；5—待测电缆

耦合连接通常可在不允许停电且需要探测电缆路径的情况下使用，这是一大优点。但它有一定的局限性，电磁波在向前传播的过程中损耗大、衰减快，从而导致测寻的距离不远。根据测试经验，对埋深为 0.7m 的电缆能探测的最远距离为 1km 左右。

二、电缆故障点的精测(定点)

前已叙述，电缆故障测寻的步骤一般为：确定故障的性质，“烧穿”故障点，粗测故障点到测试端的距离，测寻故障电缆的路径，最后一步就是精测定点。定点的方法一般有两种，一种是声测法，另一种是音频感应法。对于高阻故障一般用声测法定点。对于低阻故障，虽也可用声测法定点，但效果(响度)比较差，主要用音频感应法定点。电缆故障的定点精确与否，关系到能否顺利找到故障点和开挖土方量的大小。

1. 声测法

声测法的原理接线与直流冲击烧穿故障点的接线图相同，如图 14-4 所示。直流高压向电容器充电使球隙击穿，将电压加在故障点上，使故障点击穿产生火花放电，引起电磁波辐射和机械的音频振动。声测法的原理就是利用放电的机械效应，在地面用声波接收器探头拾取震波，根据震波强弱判定故障点。

用声测法探测故障点，拾音设备的灵敏度和防外界杂音干扰性能很关键，球间隙对故障电缆放电时，故障点能否形成火花放电也至关重要。火花放电的形成主要取决于故障点电阻、充电电容器、电压的高低以及电压沿缆芯的衰减情况。通常选用 1～10μF 电容；对于 6～10kV 电缆，球隙放电电压调到 20～30kV；对于 35kV 电缆可调到 30～35kV；放电时间间隔以 3～5s 为宜。

声波接收器由压电晶体拾音器、放大器和耳机组成。当放电能量足够大时，利用简单的振膜式听棒即可直接听音。故障点的放电能量与放电电流的平方及故障电阻成正比，所以故障点的电阻不能太低。否则，将因放电能量太小，而使耳机中听不到放电声，这就是声测法适用于高阻故障的原因。

2. 音频电流感应法

音频感应法一般用于探测故障电阻小于 10Ω 的低阻故障。当用声测法进行定点，因振动声传播受到屏蔽，或外界振动干扰很大，以及接地电阻极低，特别是金属性接地故障的故障点根本无放电声而无法定点时，需用音频感应法进行测量。

音频感应法定点的基本原理与用音频感应法探测埋地电缆路径的原理一样。探测时，用 1kHz 的音频信号发生器向待测电缆通音频电流，发出电磁波。然后，在地面上用探头沿待测电缆路径接收电缆周围电磁场变化的信号，并送入放大器放大。再将放大后的信号送入耳机或指示仪表，根据耳机中声响的强弱或指示仪表示值的大小定出故障点的位置。在故障点，耳机中音频信号声响最强。当探头从故障点前移 1～2m 时，音频信号声响即中断，则音频信号声响最强处即为故障点。图 14-14 为探测原理示意图。

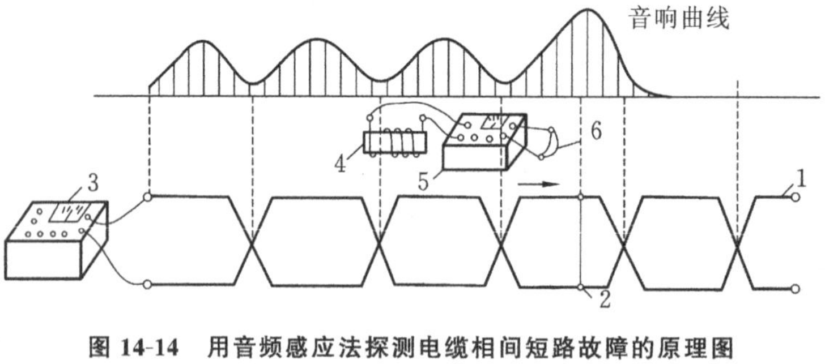

图 14-14　用音频感应法探测电缆相间短路故障的原理图

1—电缆线；2—故障点；3—1kHz 音频信号发生器；4—接收线圈；5—接收机；6—耳机

用音频感应法探测两相短路或两相短路并接地故障，以及三相短路或三相短路并接地故障，一般都能获得满意的效果，测寻所得故障点位置的绝对误差能控制在 1～2m 范围内。其他类型故障，如一相或两相断线、单相接地等，若采用特殊探头，也能准确地测出来。

(1) 相间短路(两相或三相短路)故障的测寻

向短路缆芯通以音频电流,在地面上用接收线圈(电感式)接收信号,并将其送入接收机放大,用耳机听信号的变化,直到信号中断。然后在信号最强与信号中断点之间仔细收听信号的变化情况,以最后确定实际故障点的位置。测寻的原理接线,如图 14-14 所示。

经验证明,测寻相间短路及相间短路并接地故障的故障点位置,用音频感应法比较灵敏。

(2) 单相接地故障的测寻

测寻单相接地故障的故障点位置时,将音频信号发生器接在故障相与地之间,见图 14-15。相地之间通入音频电流 I,此时电流通过故障点(故障电阻为 R)铅皮(地)后分成两路。一路 I_e 由故障点延铅皮直接返回测试端,另一路 I'_e 由铅皮流向故障电缆另一端,然后再经大地返回测试端。这就使全电缆线路均有音频信号通过,下面举例说明此道理。

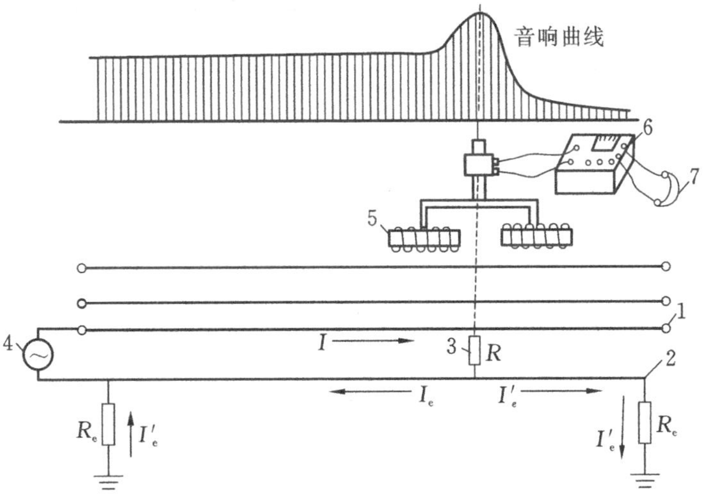

图 14-15　音频法测寻单相接地故障原理图

1—电缆线芯;2—铅皮;3—故障点;4—音频信号发生器;5—差动探头;6—接收机;7—耳机

设 $I=10A$,$I_e=9.5A$,$I'_e=0.5A$,因 I 与 I_e 方向相反,在故障点前两者的合成电流为:$I_{合}=I-I_e=10-9.5=0.5A$

在故障点前,可以看成 $I_{合}$ 产生磁通;故障点后的磁通,则是 I_e 产生的。这样,若用一般电感线圈接收信号,则在电缆全长上都能听到信号响声,从而无法测出故障点。此时必须采用特殊的差动探头。用差动探头进行测寻时,在故障点前后,由于差动作用,使接收到的信号都较弱。在故障点前,由于电缆芯线绞合的原因,只可能收到一些较强的信号声响。在探头跨越故障点时,由于此处有 I_e 和 I'_e 产生不同的磁场,因此能接收到最强的信号声响,据此可以测出故障点。

在使用差动探头时,应让探头的两个磁棒都平行于电缆,并沿电缆的路径进行探测,不应偏移或转向。如果发现差动不起作用,杂散干扰仍然大,可以将两个探头中的一个在水平面上旋转 180°。

(3) 一相、两相或三相断线故障的测寻

在测试端接 1kHz 音频信号发生器,电缆另一端所有芯线连同铅包全部短接在一起并接地。信号发生器输出端的接线视电缆断线情况而定。当一相或两相断线时,将信号发生器的一个输出端接至断线的一相或两相,另一端则相应接两相或一相非断相线芯。若三相断线,则将信号发生器的一个输出端接至断线的三条芯线，另一端接地(铅皮)。信号发生器的输出端接好后才能接通电源，开启信号发生器。开机前“阻抗匹配”旋钮应置于高阻挡。开机时信号发生器的输出为高压，应注意安全，信号发生器的输出线应有足够的绝缘性。开机后，若需调整“阻抗匹配”，必须先断开电源。“阻抗匹配”应调至使信号发生器的输出电压为最大。

接收机用电容探头接收强弱变化的电信号。在故障点前，接收到的信号较强，故障点处信号最强。音响曲线和测试接线图如图 14-16 所示。

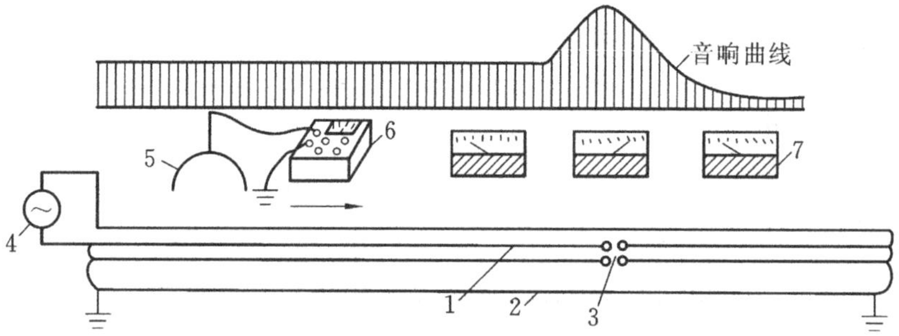

图 14-16　用音频感应法测寻电缆一相、二相或三相断线故障

1—电缆三芯；2—铅皮；3—故障点；4—信号发生器；5—电容探头；6—接收机；7—指示电表

第六节　低压电缆故障的测寻技术

测寻低压电缆的故障不能照搬高压电力电缆故障的测寻方法。测寻高压电缆故障时，定点多采用声测法，在故障点上加冲击高压使其放电。但冲击高压加到低压电缆上会破坏其绝缘，因此，测寻低压电缆故障不能使用声测法。

目前，不少单位采用的移动式橡胶电缆常发生断线故障。由于无法直接测寻这种故障，就采用“优选法”，将电缆割成数段，浪费了大量的电缆。另外，还有些低压电力电缆，由于埋地常常引起单相接地，这种故障更难以测寻。有些单位遇到这种故障，干脆将电缆全部更新，造成更大的浪费。因此，研究低压电缆故障的测寻方法是很有必要的。

1. 断线故障的测寻

低压电力电缆的截面一般较小，其中明线电缆移动频繁，容易受到损伤，引起断线故障。低压电缆的断线故障一般多采用音频感应法，并配合使用电容探头接收电场变化信号来测寻。电场的强弱与电位的高低有关。在故障电缆埋设较深，外界干扰较强的情况下，测寻故障时，除要求有一台灵敏度高、抗干扰能力强的接收机以外，还应提高音频信号发生器的输出电压。因此埋地电缆故障的探测比明线电缆故障的探测复杂得多。

2. 相间短路和接地故障的测寻

低压电缆相间短路和接地故障的测寻一般采用音频感应法。测寻相间短路故障使用单个电感线圈探头；测寻单相接地故障，特别是在有干扰的情况下，则使用差动电感线圈探头。

(1) 检测原理

当地下电缆发生故障击穿以后，芯线与大地铅包相接触，若在该芯线或铅包上施加一个交流信号，在漏电处形成电流回路，将产生漏电信号向地面辐射，并在漏点正上方辐射信号最大，根据这一原理，就可准确地找到地下电缆的故障点。

（2）检测方法

检测方法采用的是人体电容法，所谓人体电容法就是用人体作检测仪的感应元件，当检测人员走到故障点附近时仪器开始有反应，当走到故障点正上方时，检测仪表头示值最大、声音最响，从而准确地为地下电缆故障定点。

（3）故障性质的判断

用探测仪向前探测，当探头与地面平行且与电缆走向成90°，信号突然变小时，即为芯线的断路点，信号突然变大时即为芯线短路点。在短路点芯线与铅包相碰，烧坏外绝缘层，形成大地回路，检漏仪在此点信号也变大。

第七节　不同性质故障测寻方法的选择

一、高阻类故障的测寻方法

对于高阻故障，目前一般不经烧穿，而直接用闪测法进行粗测，而后用声测法定点。但对于某些高阻故障，由于故障点受潮面积较大，不能闪络或闪络不好，用“直闪”或“冲闪”法都测不出真正反映实际的故障波形。因此，还需要进行“烧穿”，以改变故障点的状态，使之闪络，而后再用闪测法进行测寻。

对于闪络性故障，可先通过烧穿来降低故障点电阻，然后再用测寻高阻故障的方法进行测寻。经验证明，闪络性故障多发生在中间接头和终端头，只要电缆图纸资料准确，便可在向故障电缆施加直流高压的同时，将闪测仪接好，以便在闪络的瞬间记下故障波形。然后将粗测故障点位置与图纸给出的位置进行比较，以确定发生故障的中间接头或终端头。

二、低阻类故障的测寻方法

故障电阻较低时，可先用电桥法或低压脉冲反射法进行粗测，而后用音频感应法定点，也可先用冲击放电法来提高故障点的电阻，而后再用声测法定点。

有些特殊情况应注意：对于三相短路故障，难以用电桥法进行测寻，必须用低压脉冲反射法进行粗测；对于单相接地故障，用音频感应法测寻可能会导致全电缆线路上都有音频信号，而不能定点，此时可先通过冲击放电来提高故障点的电阻，而后再用声测法定点；对于故障电阻根本不能提高的故障，只有采用音频感应法，并配合使用差动电感探头。

三、断线故障的测寻方法

断线故障有高阻也有低阻，情况比较复杂。一般多采用低压脉冲反射法进行粗测，而后用声测法定点。图14-17所示为用声测进行断线故障定点的接线图。定点时，将冲击电压加在断线相电缆的一端，电缆的另一端接地。故障电缆在沟和隧道中时，大多可用声测法直接定点。

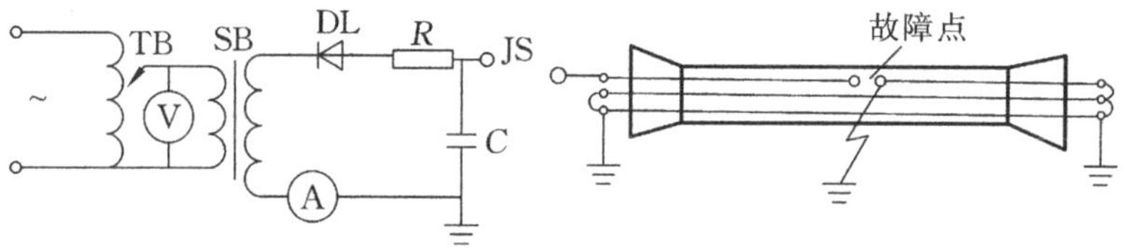

图 14-17　用声测法进行断线故障定点的接线图

四、裸露电缆故障的特殊定点方法

电缆沟和隧道中的电缆以及从地下挖出来的电缆等，都属于裸露电缆。这些电缆发生故障时，有时用声测法测寻故障点，耳机中听不到放电声（如金属性接地故障），有时因多根电缆并排敷设，用一般音频感应法也难以判断故障点的位置。在上述情况下，用特殊方法对电缆故障进行定点比较简单、直观、方便。

1. 局部过热法

在粗测故障点位置后，再向故障点施加冲击高压使之放电，或用直流高压击穿故障点。因故障点处有一定的电阻，电流通过时便产生热效应。此时，用手触摸故障电缆，过热处即为故障点。

用局部过热法，可以较准确地确定故障点的位置，特别是电缆头或电缆上便于用手触摸处的故障点位置。使用这种方法必须注意安全，因测寻时故障电缆上加了高压，必须去掉高压并在此电缆三相线芯上挂上地线，方可用手触摸。

2. 跨步电压法

对于单相接地故障、两相或三相短路并接地故障，特别是金属性接地故障，只要电缆裸露在外面，都可以用跨步电压法测寻。方法是在故障相与铅皮（铅皮接地）之间接上可调的直流电源，如图 14-18 所示，使故障点流过一定的电流，一般为 5～10A。然后在粗测所得的故障点位置附近，选相互间距约为 500mm 的两点，轻轻撬破一小块钢带（只要露出一点铅皮即可），擦净此处铅皮上的沥青。接通直流电源，电流 I 由故障芯线流到故障点，在故障点处电流分为 I_e 和 I'_e，I_e 沿铅皮流回测试端，I'_e 沿铅皮流向电缆的另一端。此时用检流计测铅皮电位，若两表笔均在故障点左侧时表正偏，只要表笔相对位置不调换，则当两表笔均在故障点右侧时表反偏，若故障点在两表笔之间，检流计指在零位。据此便可测出故障点的位置。

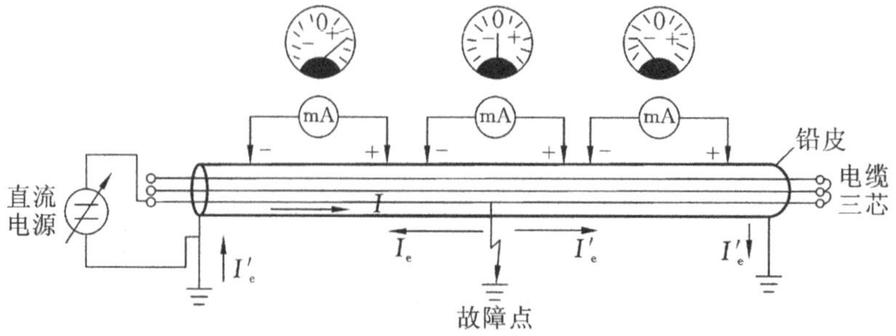

图 14-18　用跨步电压法测电缆故障位置

本章小结

电缆故障可分为低阻接地或短路故障、高阻接地或短路故障、断线故障、断线并接地故障和闪络性故障五类。在电缆发生故障之后必须首先确定故障的性质，然后通过烧穿将高阻故障或闪络性故障变为低阻故障，以便进行粗测；用电桥法或脉冲反射法测出故障点到电缆任意一端的距离；找出故障电缆的敷设路径和埋设深度；用声测、感应、测接地电位等方法进行故障点精测。

复习思考题

1. 电缆故障产生的原因有哪些？
2. 电缆的故障性质可以分为哪几类？
3. 简述电缆故障的测寻步骤。
4. 如何选择各类不同性质故障测寻的方法？

第十五章 地下通信电缆故障检测技术

【教学要求】

1. 了解市话电缆及光缆线路障碍检测方法；
2. 掌握光缆故障定位 OTDR 四步测试法；
3. 掌握地下通信电缆探测检漏仪的操作顺序。

第一节 市话电缆线路障碍检测技术

随着我国通信事业的发展，为了满足社会对通信业务日益增长的要求，当前通信部门的一项重要工作就是提高设备维护水平，减少障碍历时，以保证通信服务质量。

市内电话电缆线路担负着传递长途电话、市内电话和其他通信业务的重要任务，是保证通信业务畅通无阻的关键环节。市内电话线路无论采取哪种建设方式，都处在自然环境之中，由于受气候、周围环境、外力影响以及逐年腐蚀、老化等原因，线路特性会发生变化，以至出现断线、混线、接线等障碍，使通信质量降低，影响信道畅通。如果市话线路发生障碍，少则十几个用户，多则上千个用户会同时发生阻断；如果是多局制的中继电缆出现障碍，会使两个局的全体用户都不能相互通话。因此，市话电缆线路一旦发生障碍，对国家的政治经济活动和人民的物质文化生活都有很大影响。

减少线路障碍历时，寻找障碍点位置是关键。由于市话线路的通话线对都是封装在铅皮或塑料护套之内，有时还加铠装，发生障碍一般都很难从外部直接观察发现，特别是地下电缆线路，障碍点查找就更困难了，往往要花费数小时，甚至是几天的时间。

市话线路障碍检测要求很高的精确度，一般应在 1～2m 之内。如果确定点不准确，埋地电缆要从地下挖出来；管道电缆要把管道打碎；水线电缆要从水底打捞上来。如果电缆剖开后又不是障碍点，就会浪费很多人力物力，并延误修复时间。现有的测量台一般只是通过测量线路的电阻、电容等参数来判断线路障碍性质（断线、混线或接地）及严重程度，给出的障碍点距离误差比较大，不能用于确定具体的障碍点位置。目前，比较精确的线路障碍检测方法是脉冲反射测试法及直流电桥测试法，由于测量台本身电路的限制及电桥测试需要远方接线配合等原因，这两种方法要集成到测量台系统中去还比较困难。因此，线路测试人员还需要借助专门的便携式测试仪器，进一步准确地测定障碍点位置，以缩短障碍查找的时间。

市话电缆线路及其障碍情况比较复杂，要迅速准确地查找障碍点，测试人员要了解线路情况并要有一定的测试经验。人们曾有这样的说法："查找线路障碍点，七分靠仪器，三分靠人"。这说明单纯靠购买先进仪器是不能解决问题的，还需要重视测试人员的培训工作。生产单位与使用部门要经常交流信息、积累经验，加强市话线路障碍查找技术的研讨，以促进我国市话电缆线路障碍查找整体水平的提高。

一、市话电缆线路障碍产生的原因

了解市话电缆线路障碍产生的原因，对于减少电缆的损坏，快速地判定障碍点来说是十分重要的。造成市话电缆线路障碍的主要原因有以下几个方面。

1. 电缆本身的障碍

电缆在生产过程中因扭矩、绝缘材料结构不均匀而引起的串音、杂音；产品质量不合格，个别线对出现接地、断线、混线等障碍；电缆护套有砂眼等漏洞，使电缆浸水，造成绝缘不良等障碍等。

2. 施工过程中造成的障碍

在施工过程中由于电缆芯线接续造成线对混线、接地或断线等障碍；线对因叉接、反接（跳接）等，产生了芯线间电容不平衡，电阻不平衡，造成串音、杂音等障碍；由于芯线去潮不当，造成绝缘不良障碍，或因封焊不良，电缆发生浸水障碍等。

3. 外力影响造成的障碍

市政建设、修建楼房、平整土地、绿化施工等会挖坏或碰坏电缆；行驶的车辆、地面的升降也往往会造成电缆的损伤等等。有时外力损伤并不会立刻引起线路障碍，在一段时间以后，损伤部位才发展成为障碍。

4. 电击及雷击造成电缆障碍

电缆被高压电力线烧伤或遭到雷电损伤，会造成电缆芯线出现接地、混线、断线、绝缘不良或电缆铅皮漏气、浸水等障碍。严重时，会将电缆烧毁几处，甚至熔断。

5. 自然灾害造成的障碍

如地震、洪水、台风、冰冻等对电缆造成的损伤。

6. 人为造成的障碍

如盗窃通信线路、战争等造成的破坏。

二、市话电缆线路障碍分类

一般来说，市内电话电缆线路的障碍按其性质通常可分为以下五种：

1. 绝缘不良障碍

电缆芯线之间以空气、纸或塑料为绝缘材料。由于绝缘材料受到水和潮气的侵袭，使绝缘电阻下降，致使通话和信号电流外溢，造成通信不良，甚至阻断通信，这种现象称为绝缘不良障碍。其原因一般是由于接头在封焊前驱潮处理不当，或因电缆护层受伤引起浸水，或电缆充气维护中充入气体湿度过高，使芯线绝缘突然或长期缓慢下降，造成绝缘纸发霉变色，甚至出现黑斑的电击穿现象。

2. 断线障碍

电缆芯线一根或数根断开，以致阻断通信，称为断线障碍。这种现象一般是由于接续或敷设时不慎，使芯线折断；或受外力损伤，如受强电流、雷击之后造成断线；在铝芯电缆中有时因接续不良，芯线两端形成高电阻的氧化铝而造成断线。

3. 混线障碍

混线障碍有“自混”和“他混”两种。同一线对的芯线由于绝缘层脱离，以致相互接触造成短路，称为“自混”障碍；不同线对的相邻两根导线之间，失去绝缘能力相互碰触，称为“他混”障碍。混线障碍的发生，一般是由于电缆连续工艺不良或电缆受外力作用的影响，使芯线绝缘层受伤，造成混线障碍。

4. 接地障碍

电缆芯线由于绝缘层损坏而碰触电缆铅皮(铅皮是接大地的)从而造成阻断通信的障碍，称为接地障碍。接地障碍发生的原因，往往是由于电缆接续不良或受外力磕、碰、砸、磨等原因损坏电缆芯线绝缘，致使电缆芯线直接或通过其他途径间接地接触铅皮，造成障碍。

5. 串、杂音障碍

在本对芯线上，其绝缘情况良好，电路通话正常，但可以听到其他线对上用户通话的声音，称为串音；如果在用户话机的受话器中，听到嗡嗡或咯咯的声音或其他不可懂的话音，则称为杂音。线路的串、杂音要与自动交换设备产生的串、杂音严格区分开来。线路的串、杂音主要是由于电缆芯线错接，破坏了芯线电容的平衡或线对接续处过于松动，引起电阻不平衡，或外界干扰源磁场窜入等影响造成的。

实际的市话电缆可能是几种类型障碍的组合。比如，双线接地障碍同时会造成线对自混；在电缆浸水、受潮比较严重时，所有的芯线及芯线对地之间的绝缘电阻均很低，就同时存在自混、接地和他混障碍现象。在判断障碍性质时应注意加以鉴别。

三、市话电缆线路障碍检测的基本步骤

市话电缆线路障碍检测一般有障碍性质诊断、障碍测距与障碍定点三个步骤。

1. 障碍性质诊断

在线路出现障碍后，使用测量台、兆欧表、万用表等确定线路障碍性质与严重程度，以便分析判断障碍的大致范围和段落，选择适当的测试方法。

维护人员了解电缆线路安装情况，有助于迅速确定出障碍点。当电缆发生障碍后，对障碍发生的时间、产生障碍的范围、电缆所处的周围环境、接头与人孔井的位置、天气的影响及可能存在的问题等，进行综合考虑。

2. 障碍测距

使用专用测试仪器测定电缆障碍的距离，又叫粗测，即初步确定障碍的最小区间。

3. 障碍定点

根据仪器测距结果，对照图纸资料，标定出障碍点的最小区间，然后携带仪器到现场进行测试，做精确障碍定位。这时，可根据所掌握的电缆线路的实际情况，结合周围环境，分析障碍原因，发现可疑点，直至找到障碍点。例如，如发现在确定障碍的范围内有接头，就大致可以判定障碍点就在接头内。在现场还可以采用其他辅助手段，如使用放音法或应用漏气检测仪器，找出障碍点的准确位置。

一般来说，成功的障碍点查找要经过以上三个步骤，否则欲速则不达。例如，如果不进行障碍测距而直接用放音法去定点，沿着很长的电缆路径（可能有数千米长）逐步排除干扰，寻找障碍点是相当困难的。如已知障碍距离，确定出一个大体方位来，在很小的范围内来回寻找就容易多了。

四、市话电缆线路障碍检测方法简介

目前，在电缆障碍查找中的主要方法有以下几种：

1. 电桥法

电桥法是一种传统的测试方法。利用电桥原理，采用直流、交流等测试方法，可以测定电缆的各种障碍点与测量端之间的距离等数据，并且可以进行电缆的电气性能测试。

电桥法的优点是原理简单，仪器制造成本低，在早期的电缆障碍测试中应用较普遍。但早期电桥测试方法操作复杂，测试时要求对方配合，并且需要知道准确的电缆长度等技术数据；测量精度受环境温度、电磁干扰等因素的影响大。一般线务人员不易掌握，无法达到准确测量的目的。

随着电子技术的进步，现已研制出基于微处理器的智能电桥仪器。智能电桥仪采用先进的电路设计及数据处理技术，简化了操作，有效地消除了温度、电磁干扰等影响，把电桥法测试技术提高到了一个新水平。

2. 放音法

放音法用于直接探测电缆障碍的部位。其原理是在电缆的障碍线对上，输入一个功率较高的音频电流信号，产生较强的交变磁场，穿透外皮扩散到电缆的外部；根据电磁感应原理，利用带有线圈的接收器，放于电缆的上方，电缆中交变的电磁场就可以在接收器中产生感应信号。在线路障碍点上，由于芯线上的交变电流受到线路障碍的影响而突然下降，甚至消失，因而障碍点前后接收到的信号也就有明显的区别，这样就可以判定电缆的障碍点。该方法应用时易受外界环境干扰的影响，仅适用于测量电阻较小的混线障碍。

3. 查漏法

该方法通过检查充气电缆的漏气点，查找障碍。需沿电缆逐点排除干扰，进行检测，应用起来比较麻烦，且不适用于查找直埋电缆的障碍点。

4. 脉冲反射法

脉冲反射法又叫雷达法或回波法，向电缆发送一电压脉冲，利用发送脉冲与障碍点反射脉冲的时间差与障碍点距离成正比的原理确定障碍点。

脉冲反射法最早用于长途电缆线路障碍的测试中。由于市话电缆对高频脉冲信号的衰减大等原因，在市话电缆线路障碍测试中遇到了困难。随着科学技术特别是现代微电子技术的发展，该测试方法及其仪器有了很大的进步，其灵敏度也大大提高，已成功地应用于市话电缆线路障碍测试中，并在世界范围内得到了推广，成为市话电缆线路障碍测试的主要手段。我国在20世纪90年代初推出了市话电缆线路障碍测试仪器。目前，全国各地已有上千万个单位采用了国产脉冲测试仪器，它们在解决市话线路障碍查找难的问题中发挥了重要作用。

早期的脉冲反射仪器主要还是靠人工调整仪器、识别回波波形来判断障碍点距离。随着技术的进步，现在的仪器具备了自适应调整测试范围、信号幅度以及计算机辅助识别回波波形以确定障碍点距离的功能。脉冲测试仪器的发展趋势是不断提高仪器的自动化水平。

5. 综合测试仪器

脉冲反射法依赖于障碍点阻抗的明显变化，不适用于测量电阻值比较大的绝缘不良障碍；而电桥法能够测量电阻值高达数兆欧姆的障碍点。为了改善仪器测试线路障碍的适应能力，近年来研制出了将脉冲反射法及电桥法相结合的综合测试仪器。仪器使用计算机技术，具有很高的智能程度及自动化水平，基本可以解决现场遇到的各种市话障碍的测试问题。现代综合测试仪器的推广应用，必将发挥更大的作用，进一步提高我国市话线路障碍的测试水平。

第二节　光缆线路障碍点定位技术

一、光缆线路常见障碍现象及原因

1. 通信全部中断

(1) 站内现象：本传输站“收无光”立即告警，上游站无“发无光”告警。

(2) 可能的原因：光缆受外力影响被挖断、炸断或拉断；中继站供电系统中断等。

2. 个别系统通信中断

(1) 站内现象：本传输站“收无光”立即告警，上游站无“发无光”告警。

(2) 可能的原因：光缆受外力影响被挖伤、缆内出现断纤、原接续点出现断纤等。

3. 个别系统通信质量下降

(1) 站内现象：本传输站无“收无光”、无“发无光”立即告警，但出现“误码”立即告警或不出现“误码”立即告警。

(2) 可能的原因：光缆在布放和接续过程中，造成光纤的损伤使线路衰耗时小时大；活动连接器未插到位，或者已出现轻微污染，或者其他原因造成适配时好时坏；光纤性能不好，其色散和衰耗特性受环境因素影响产生波动；光纤受到侧应力作用，全程衰耗增大；老鼠、白蚁损害光缆；光缆接头盒进水；光纤在某些特殊点(如接头盒内压纤)出现断纤，但尚未完全断开等。

二、光缆线路障碍的测试与查找步骤

一般情况下，机线障碍不难分清。确认为线路障碍后，在端站或传输站使用 OTDR 对线路测试，以确定线路障碍的性质和部位。其方法步骤大致如下：

1. 用 OTDR 测试出故障点到测试端的距离

在 OTDR 架上将故障光纤外线端活动连接器的插件从适配器中拔出，做清洁处理后插入 OTDR 的光输出口，观察线路的后向散射信号曲线。OTDR 的显示屏上通常显示如下 4 种情况之一：

(1) 显示屏上没有曲线。这说明光纤故障点在仪表的盲区内，包括局外光缆与局内软光缆的固定接头和活动连接器插件部分。这时可以串接一段(长度应大于 1000m)测试光缆，并减小 OTDR 输出的光脉冲宽度以减小盲区范围，从而可以细致分辨出故障点的位置。

(2) 曲线远端位置与中继段总长明显不符。此时后向散射曲线的远端点即为故障点。如

该点在光缆接点附近，应首先判定为接头处断纤。如故障点明显偏离接头处，应准确测试障碍点与测试端之间的距离，然后对照线路维护明细表等资料，判定障碍点在哪两个标石之间（或哪两个接头之间），距最近的标石多远，再由现场观察光缆路由的外观予以证实。

(3) 后向散射曲线的中部无异常，但远端点又与中继段总长相符。在这种情况下，应注意观察远端点的波形，可能有如下 3 种情况之一出现：

① 如图 15-1(a)所示，远端出现强烈的菲涅尔反射峰，提示该处光纤端面与光纤轴垂直，该处应成为端点，不是断点。障碍点可能是终端活动连接器松脱或污染。

② 如图 15-1(b)所示，远端无反射峰，说明该处光纤端面为自然断纤面。最大的可能是户外光缆与局内软光缆的连接处出现断纤或活动连接器损坏。

③ 如图 15-1(c)所示，远端出现较小的反射峰，呈现一个小突起，提示该处光纤出现裂缝，造成损耗很大。可打开终端盒或 ODF 架检查，剪断光纤插入匹配液中，观察曲线是否变化以确定故障点。

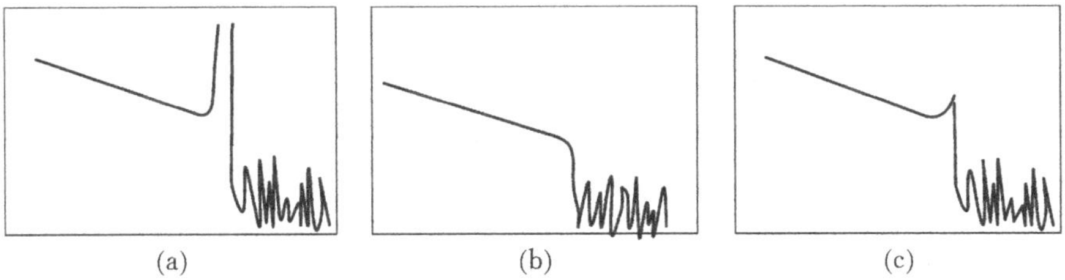

图 15-1　远端点的波形

(4) 显示屏上曲线显示高衰耗点或高衰耗区。高衰耗点一般与个别接头部位相对应。它与菲涅尔反射峰明显不同(图 15-2)，该点前面的光纤仍然导通，高衰耗点的出现表明该处的接头损耗变大，可打开接头盒重新熔接。高衰耗区表现为某段曲线的斜率明显增大，提示该段光纤衰耗变大，如果必须修理只有将该段光缆更换掉。

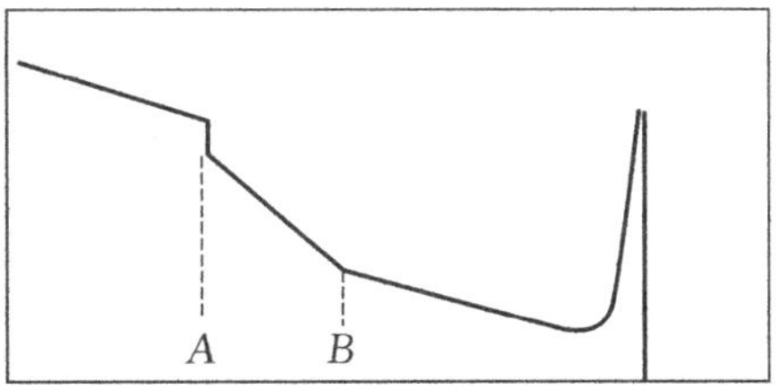

图 15-2　高衰耗点和高衰耗区的曲线显示

2. 查找光缆线路障碍点的具体位置

当遇到自然灾害或外界施工等外力影响造成光缆线路阻断时，查修人员要根据测试人员提供的故障现象和大致障碍地段，沿光缆线路路由巡查，一般比较容易找到障碍地点。如非上述情况，巡查人员就不容易从路由上的异常现象找到障碍地点。这时，必须根据 OTDR 测出障碍点到测试端的距离，与原始测试资料进行核对，查出障碍点是处于哪两个标石（或哪两个接头）之间，通过必要的换算后，再精确丈量其间的地面距离，直至找到障碍点的具体位置。若有条件，可以进行双向测试，则更有利于准确判断障碍点的具体位置。

三、光缆线路障碍点的准确判定

1. 影响光缆线路障碍点准确判定的主要因素

(1) OTDR 测试仪表存在的固有偏差

由 OTDR 的测试原理可知，它是按一定的周期向被测光纤发送光脉冲，再按一定的速率将来自光纤的背向散射信号抽样、量化、编码后，存储并显示出来。这样OTDR仪表本身就由于抽样间隔而存在误差，这种固有偏差主要反映在距离分辨率(单点分辨率)上。OTDR的距离分辨率正比于抽样频率，或反比于抽样宽度(即抽样周期)。对于不同的测试距离范围(即不同的量程)，一般都采用不同的抽样频率(或抽样宽度)，因此，其距离分辨率也不相同。OTDR的抽样特性如表15-1所示。

表15-1　HP8147 OTDR的抽样特性与距离测试误差的关系

量程范围(km)	抽样频率(MHz)	抽样宽度(ns)	距离分辨率(m)
20	10	100	±5
40	5	200	±10
80	2.5	400	±20
150	1.25	800	±40

(2) 测试仪表操作不当产生的误差

在光缆故障定位测试时，OTDR仪表使用的正确性与障碍测试的准确性直接相关。例如，仪表参数设定的准确性、仪表量程范围的选择不当或游标设置不准等都将导致测试结果的误差。

(3) 计算误差

计算光缆线路障碍点涉及的因素较多，计算过程中的误差、忽略及与实际不符等，都将引起较大的距离偏差。

(4) 光缆线路竣工资料的不准确造成的偏差

由于在线路施工中没有注意积累资料或记录的资料可信度较低，都将使得线路竣工资料与实际不相符，依据这样的资料，不可能准确地测出障碍点。

2. 提高光缆线路故障定位准确性的方法

(1) 正确、熟练掌握仪表的使用方法

① 准确设置OTDR的参数。使用OTDR测试时，必须先进行仪表参数设定，其中最主要的参数设定是测试光纤的折射率和测试波长。只有准确地设置了测试仪表的基本参数，才能为准确的测试创造条件。性能良好的仪表一般光纤折射率设置时可以精确到小数点后五位，并且具有在光纤链路各段折射率不同时，对整条光纤链路中各种折射率参数进行分段设定的功能。

② 选择适当的测试范围挡。对于不同的测试范围挡，OTDR测试的距离分辨率是不同的。在测量光纤的障碍点时，应选择大于被测距离而又最为接近的测试范围挡，这样才能充分利用仪表的本身精度。目前，一些性能优良的OTDR采用了无固定量程范围测试，使仪表根据被测光纤的长度自动选取最为恰当的量程。

③ 应用仪表的放大功能。应用OTDR的放大功能(即缩放键)就可将游标准确地置定在相应的拐点上，例如故障点的拐点、光纤始端点、光纤末端拐点。使用放大功能键可将图形放大到25m/div，这时，便可得到分辨率小于1.0m的比较准确的测试结果。

(2) 建立准确、完整的原始资料

准确、完整的光缆线路资料是障碍测量、判定的基本依据。因此，必须重视线路资料的收集、整理、核对工作，建立起真实、可信、完整的线路资料。

① 建立准确的线路路由资料

A. 标石(杆号)-纤长(缆长)对应表。光缆施工过程中，随工验收人员应该详细记录每个标石(或光缆余留处杆号)对应的光缆皮长，并以此数据为基础，计算出各标石(或光缆余留处杆号)之间光缆皮长及端站 ODF 架尾纤至各标石(杆石)的累计长度，填入"标石(杆号)-纤长(缆长)对应表"，作为换算故障点路由长度的原始资料。

B. "光纤长度累计"及"光纤衰减"记录。在光缆连续监测时，将测试端至每个接头点的光纤累计长度及中继段光纤总衰减值填入光缆线路维护图。同时，也应将测试仪表型号、测试时折射率的设定值及被测光纤纤芯序号进行登记。在建立"光纤长度累计"资料时，应从两端分别测出端站至各接头点的距离。为了测试结果准确，测试时应采用引导纤。

C. 准确记录各种光缆的余留。随工验收人员还应详细记录每个接头坑、特殊地段 S 形敷设、进线室等处光缆盘留长度及接头盒、终端盒、ODF 架等部位光纤盘留长度，以便在换算故障点路由长度时予以扣除。特别是接头盒内余纤的盘留长度，登记得越仔细，障碍判断的误差就越小。

② 建立完整、准确的线路资料

建立线路资料不仅包括线路施工中的许多数据、竣工技术文件、图纸、测试记录、中继段光纤后向散射信号曲线图等，还应保留光缆出厂时厂家提供的光缆及光纤的一些原始数据资料(比如光缆的绞缩率、光纤的折射率等)。这些资料是日后障碍测试时的基础和对比依据。

(3) 进行正确的换算

有了准确、完整的原始资料，便可将 OTDR 测出的故障光纤长度与原始资料对比，迅速查出故障点是发生在哪个接头(或哪两个标石)之间。但是，要准确判断故障点位置还必须把测试的光纤长度换算为测试端(或某接头点)至故障点的地面长度。

测试端到故障点的地面长度可由下式计算：

$$L=\frac{(L_1-\sum L_2)\div(1+p)-\sum L_3-\sum L_4-\sum L_5}{1+\alpha}$$

式中 L—— 测试端至故障点的地面长度(m)；

L_1——OTDR 测出的测试端至故障点的光纤长度(m)；

L_2——每个接头盒内盘留的光纤长度(m)；

p——光纤在光缆中的绞缩率(对于层绞型和骨架型结构的光缆，光纤富余度已包含在光缆绞缩率中；对于中心束管型结构的光缆，只计光纤在管中自然弯曲的富余度，而不计绞缩率)；

L_3——每个接头处光缆的盘留长度(m)；

L_4——测试端至故障点之间光缆各种盘留长度(m)；

L_5——测试端至故障点之间光缆 S 形敷设增加的长度 m；

α——光缆的自然弯曲率(管道敷设或架空敷设方式可取值 0.5%，直埋敷设方式可取值 0.7%～1.0%)。

上式中的 p 值随光缆结构的不同而有所变化，最好应用厂家提供的数值，当无法获知 p 值时，工程中也可自己进行求取。一般可用“两米试样法”，即准确截取该种光缆 2m 长，纵刨外护层，取出光纤，准确测量光纤长度，再根据光缆绞缩率的定义式，求出 p 值。

(4) 保持障碍测试与资料上测试条件的一致性

障碍测试时应尽量保证各次测试仪表型号、操作方法及仪表参数设置等的一致性。因为光学仪表十分精密，如果上述有差异，就会影响到测试的精确度，从而导致两次测试本身的差异，使得测试结果没有可比性。因此，各次测试仪表的型号、键钮位置及测试参数的设置要作详细记录，以便于以后利用。

(5) 灵活测试，综合分析

障碍点的测试要求操作人员一定要有清晰的思路和灵活处理问题的方法，一般情况下，可在光缆线路两端进行双向故障测试，并结合原始资料，计算出故障点的位置。再将两个方向的测试和计算结果进行综合分析、比较，以使故障点的具体位置的判断更加准确。当障碍点附近路由上没有明显特征点，具体障碍点现场无法确定时，也可采用在就近接头处测量等方法，也可在初步测试的障碍点处开挖，且端站测试仪表处于实时测量状态。在开挖点利用一定的工艺将光缆降低温度到－60～－40℃，使得仪表测试的衰减曲线在温度降低点发生形变，从而确定出障碍点是在温度降低点之前还是之后，并测出温度降低点与障碍点间的距离。由于此时温度降低点与障碍点间的距离较近，因此测试的精度较高。

第三节　光缆故障定位 OTDR 四步测试法

光缆线路一旦发生故障，将严重影响通信。因此，快速准确地进行光纤光缆故障定位测试，是迅速排除线路故障的首要环节。本节就使用光时域反射仪(简称 OTDR)进行光缆故障定位测试所产生的偏差而造成判断不准、速度慢的原因进行分析，并介绍光缆故障定位 OTDR 四步测试法。

一、OTDR 故障定位测试的原理

无论哪一种型号的 OTDR，其测试机理都是检测沿光纤返回的背向散射光功率变化情况，从而显示光纤(曲线)长度。

OTDR 带有一个光折射率在一定范围内连续可调的光源，向被测光纤发送光脉冲信号，信号在纤芯内传播，如遇杂质及纤芯反射，产生散射返回。OTDR 将返回的背向散射信号根据回达时间区域差别和光功率变化情况进行抽样收集，量化处理后，以几何平面形式在显示屏上显示出被测光纤背向散射曲线(即荧光屏的纵坐标表征光功率变化情况——衰耗，横坐标表征时间区域——光纤长度)。

光纤断点会产生瑞利散射和菲涅尔反射，反应在显示屏上的背向散射曲线有较大的突变(或者测试曲线长度比原始资料短了)，测试时只要将显示屏上的游标设置在曲线的末端点上，仪表将直接显示出被测光纤断点与测试端的距离。当然，仪表不仅可以测试曲线上任意点的衰耗，也可以测试曲线上任意两点之间的距离，测试的数值都能直接显示出来。

二、通常的OTDR光缆故障定位测试方法产生偏差的原因分析

通常的测试方法是用OTDR游标测量背向散射曲线全部长度，得到断纤点与测试端距离，将这一光纤长度换算成光缆长度，然后核对原始资料来实现光缆故障定位的。因此下列原因都会产生定位点与实际故障点几十米甚至千米以上的偏差，造成测试速度慢而且结果不准确。

1. OTDR的分辨力产生的偏差

一般OTDR仪表使用说明书都会列出测试量程分辨力。测试量程选用越大，分辨力越差，产生的偏差就越大，这是仪表本身固有的。

2. 光纤长度大于光缆长度

从光缆的结构和光缆抗张力机械强度方面考虑，光纤成缆后总是造成光缆内的光纤长度大于光缆皮长的超长现象。

对于骨架式或层绞式光缆，由于光纤不在光缆的中心轴线上，光纤缠绕加强芯按一定的规律扭绞，这种超长现象称为绞缩率，其数值为1%～3%。

对于中心束管式光缆，这种超长称为光纤余长，它是因为光纤在束管中自然弯曲引起的，其数值为0.2%～0.8%。

3. 光缆与地面(或杆距)长度不相等

直埋光缆在线路上的各种弯曲和余留、光缆在沟底弯曲、地面与沟底长度不相等都会造成光缆长度与地面丈量长度不相等。

架空光缆在吊线上的自然弯曲和各种盘余留、吊线与杆距误差使光缆长度与杆距之间造成偏差。

4. 使用不相同的OTDR产生的偏差

建立原始资料用的OTDR与故障定位测试使用的OTDR不相同也会产生偏差。

5. 中继段内含有不同厂家的光缆产生的偏差

中继段因采用了不同生产厂家的光缆，也会产生偏差。

6. 测试人员计算不准引起了误差

测试过程中因测试人员计算不正确同样会产生偏差。

三、光缆故障定位OTDR四步测试法

测试前，测试人员应备有中继段的光缆(长度)配盘表、标石(或杆号)-距离对照表等原始资料。

1. 用OTDR测试取定光缆折射率

光缆折射率是一种把光缆绞缩率或光纤余长考虑在内的折射率，是为了施工和抢修方便而提出的，可以帮助测试人员快速测试光缆皮长。

用OTDR按光缆折射率测出光纤背向散射曲线长度，借助光纤接头衰耗“台阶”，调节OTDR折射率，使曲线每盘光纤长度与配盘表上的对应盘光缆长度相等。此时，OTDR上测

试取定的折射率便是光缆折射率。

2. 找出邻近故障的接头点位置

由于引用了光缆折射率作为 OTDR 的测试折射率，此时测量的背向散射曲线末端游标显示的距离即可以认为是光缆故障点与测试端之间的光缆长度。

借助光缆接头里光纤接头衰耗“台阶”(光纤接头衰耗在背向散射曲线上会出现衰耗“台阶”)，调节游标在背向散射曲线上与配盘表核对光缆长度，并找出曲线上与光缆故障点最邻近的光缆接头点位置。如遇此点的光纤衰耗“台阶”不明显(接头衰耗小)，可以在曲线上作进一步的核对配盘表取得。

3. 测量光缆故障点与最邻近接头位置之间的距离

将一游标标志设置在光缆故障点上(曲线的末端上)，另一游标设置于曲线的最邻近故障点的光缆接头光纤衰耗“台阶”上，仪表便直观地显示出这两点之间的距离(如这一距离为零，那么故障点就在接头内)。

4. 根据测试数据查出光缆故障点(或光纤故障点)位置

最邻近接头点与故障点之间的光缆长度是在单盘光缆长度范围内的，每个光缆接头坑的位置(或杆号)一般很容易在线路上找到，所以只要按测试数据查标石-距离对照表就可以得到故障点的具体位置标石号了。

引用光缆折射率概念，消除了光纤长度大于光缆长度的超长现象。

四步法的关键在于邻近接头点的设置上。在这一设置点基础上向故障点测试，只要这一设置点无误，那么测试端至故障邻近接头设置之间的所有可能产生偏差的因素都被消除了。

四步法只是从单端向故障点测试，如有条件能够从中继段的另一端用同样的方法测试校核，其效果更佳，而且可以证实一个中继段内有两个故障点的可能性。当遇故障点在测试端 200m 内的 OTDR 盲区时，应在仪表与测试端之间接入一段 300m 长光纤(或 300m 双头尾纤)来加以解决。当遇故障点发生在接头盒内或接头盒几十米附近时，也会造成测试难以分辨，因为这一小范围也称 OTDR 盲区，是光纤接头衰耗背向散射曲线台阶延伸引起的。这时应采取将 OTDR 仪表移到该接头盒处，打开接头盒，剪断光纤，在现场向两边测试的办法。

在日常维护工作中，测试维护人员应建立每个维护中断段的光缆折射率、光缆长度配盘表、杆石(杆号)-距离对照表等原始资料，并经常保持其完整准确，这会给光缆故障定位测试提供方便。

第四节　地下通信电缆探测检漏仪的使用

地下通信电缆探测检漏仪是目前世界上广泛重视的高抗干扰、高灵敏度、高稳定性的新颖多功能微电子系列探测仪器之一。它能在不挖开覆土的情况下，方便而准确地查出地下通信电缆的走向、埋土深度、漏气点和防腐层的腐蚀点的精确位置，使整个路段不再屡遭开挖破土之苦，是通信系统为保证通信电缆的施工质量检查和维修检查的一种及时、迅速、高效、不可缺少的便携式探测检漏仪。

它具有以下的特点：①体积小，质量轻，维护携带方便；②采用微电脑电路，均有自动变换、自动保护功能，检漏方法简便迅速，只用一个按键完成检漏；③电源电压低，交直两用，适用性强；④发射机功率大，效率高；⑤检测误差小，抗干扰能力强；⑥性能稳定可靠，不受环境气体干扰，适应能力强。

一、技术性能

地下通信电缆探测检漏仪由发射机、探测仪、检漏仪三部分组成。

1. 发射机技术指标

(1) 发射功率　>12W；

(2) 发射频率　1kHz±10Hz，节拍频率 1～2Hz；

(3) 输出阻抗匹配　0～3kΩ+一个挡级；

(4) 发射距离　50～10km；

(5) 直流电源　12V(自备镉镍蓄电池组或汽车 12V 电源)；

(6) 输出波形　方波；

(7) 工作电流　0.6～1.6A；

(8) 质量　2.8kg；

(9) 外形尺寸　99mm×220mm×200mm。

2. 探测检漏仪技术指标

(1) 寻线、测向、测深

① 灵敏度 0.1mV；

② 频率选择 1kHz±10Hz；

③ 探测深度 >3m。

(2) 检漏

① 灵敏度 0.01%(氢气浓度比)；

② 响应时间≤45s；

③ 恢复时间≤40s；

④ 预热时间≥10min；

⑤ 工作电源 7.5V(内储高能镉镍蓄电池组)；

⑥ 连续工作时间>8h；

⑦ 环境风速<2m/s；

⑧ 环境湿度 0～40℃；

⑨ 湿度<80%；

⑩ 检漏距离，按氢气充入的远近为依据；

⑪ 质量 2kg；

⑫ 外形尺寸 200mm×80mm×220mm。

二、寻线、测向、测定埋土深度的原理及方法

通过向地下电缆芯线或铅包发送出 1kHz 电磁信号，利用探头与磁力线平面相切时，收到的信号最小(几乎为零)的原理来测定电缆的走向和深度。其原理见图 15-3。

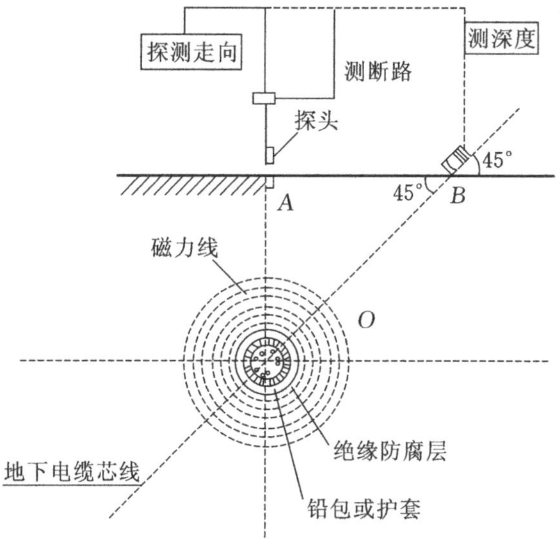

图 15-3　寻线测向、测深原理示意图

三、检漏原理

通过向地下电缆充入氢气，在泄漏处，利用氢气在游离状态下具有垂直向上扩散的特性，始终保持被测电缆与探头成垂直关系，当接触到示踪气体氢气后，检漏仪电表指示值迅速变大，发出与寻线信号不相同的报警音响，其原理见图 15-4。

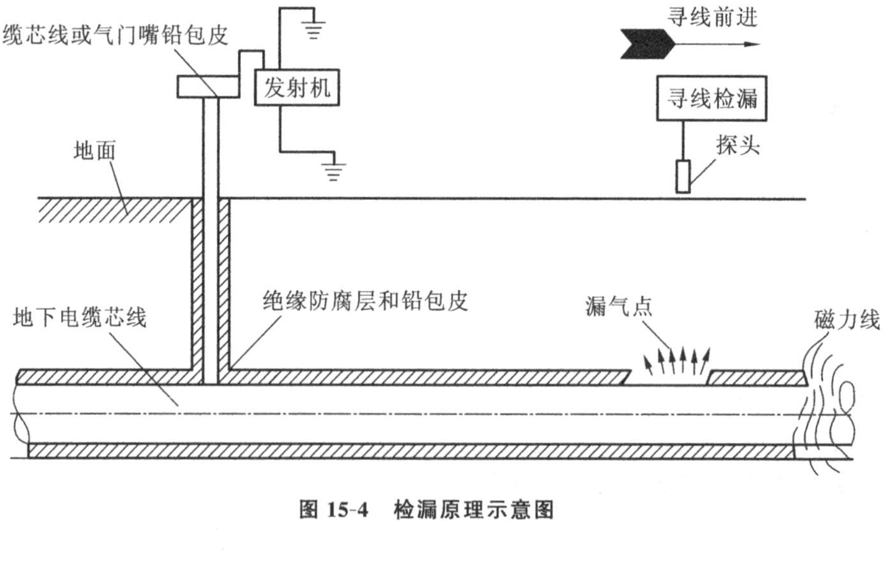

图 15-4　检漏原理示意图

四、操作顺序

1. 发射机操作顺序

(1) 电源电压检查

插上直流电源，按下开关 ON 键，V 表头指示值应大于 12V(指镉镍蓄电池)，否则应对电池充电后再用。A 表头指示空载电流应小于 0.5A，否则发射机应查明原因后再用（注：镉镍电池放电到 12V 时，降压速度很快，为了提高电池寿命，当电压降到 11.5V 左右就要立即充电）。

（2）输出线的接法

先将“阻抗匹配”旋钮打到“0”挡，输出端子上的短线鱼夹接在电缆空芯线上，在空芯线的另一端可同样接一根 10m 长的线入地。长线连接接地棒垂直于电缆方向 10～20m 处打入地下 1m 左右深（注：该处应较潮湿，接地电阻应小于 100Ω）。

通过电缆的铅包（或气门嘴作发射线），输出线的短线鱼夹夹到铅皮（或气门嘴）上，输出线的另两根长线与电缆方向各成 60°放开接到接地棒上，插入地下（接触电阻小于 10Ω）。然后，把输出线插头插入输出插孔（注意：电缆输出线相接处绝不可发生短路现象，应断开铅包接地点，否则会烧坏仪器）。

（3）阻抗匹配选择

“阻抗匹配”由最小位置慢慢调节，使右边 A 表头读数≤1.6A，且功率为最佳。如“阻抗匹配"已调到 5 挡，电流表读数不到 1.2A，说明接触不良或接地电阻太大等，应重新选择较潮湿部位或加水处理，以达到 1～3 挡电流为 1.6A 左右为最佳。

（4）输出功率调节

在接触良好、接地电阻很小的情况下，再调“阻抗匹配”，使电流表在 0.6～1.6A 之间，输出功率在 5～12W 调节。如短距离检测，电流在 0.5～1.2A 之间即可。

2. 探测检漏仪操作顺序

（1）操作中的注意事项和要求

检查电缆漏气点必须掌握重点，先易后难。应先查增音站内设备，后查电缆接头，最后才沿电缆路线检漏。经验表明，大多数漏气点在增音站的导气管、分支接头、气闭头处，电缆充气盘或者铝护套电缆的绝缘接头处，另外是沿途的电缆接头处，特别是铝护套电缆接头处更容易发生漏气。沿电缆路线检查时，要注意地面有无异常现象，有无外单位施工。如果以上两点都已排除，则应怀疑电缆本身发生障碍，这就需要把电缆气闭段的每一个部位都检查到，不能有任何遗漏。

在充入氢气前，必须正确判断出漏气点的大致段落。这样，可以在检漏时做到心中有数，提高速度。如果条件允许，可增装一些临时气门，绘制曲线图，这样效果更佳。在测量气压时最好专人专表，以减少使用气压表时的读数误差。同时还应尽量避免温度影响，最好在早晨或傍晚，此时温度变化小，测量得到的气压值比较可靠，这对于检测微量漏点更为重要。

电缆充入氢气后，必须等氢气到达漏气点再进行检漏，如果安装临时气门，在漏气点后的 1、2 个气门上用仪器探测到有氢气后，为可检漏。在氢气检漏中仪器的正确使用是关键。使用仪器要注意以下 6 点：

① 氢气探测检漏仪最好专人保管，专人使用，这样可以正确掌握仪器的特点和性能。

② 仪器必须经常用完好、充气适度的小氢气球进行校验，使其保持较高的灵敏度和稳定性。

③ 仪器在使用过程中，工作电压必须正常，每次使用完毕必须及时充电。如果工作电压不足，就会发生表头指针漂移、探头灵敏度降低等问题，造成判断失误。

④ 在检漏过程中，如果有连续不断的强烈反应，则漏气点基本上是无误的。

⑤ 注意由于温度、湿度影响使表头指针漂移与遇到氢气时反应的区别。如果是温度和湿度的影响，从表针指示上看，幅度应该不大，而且是短暂的，有时还会还原；在地面上看，影响范围很小。如果是漏气点的氢气泄漏，由于氢气连续不断地扩散，仪器上的反应应是幅度大而强烈，反复调整检漏旋钮后，表针仍会不断地有反应；在地面上看，有反应的范围有一定区域。如果漏气点稍大些，在以漏气点为中心、1m 为半径的范围内仪器都会发生强烈的反应。此时，可将探头离开漏气点，使其自然恢复，然后再进入有反应的区域，仪器应与初次反应同样强烈。用此法反复多次，如效果一样，则可以认为该点是漏气点。

⑥ 检漏过程中，必须认真仔细，探头最好紧接地面。如果检漏是在野外作业，应逆风向检漏，同时防止风向多变，如果探头离开地面太远，则很不容易查到漏气点。因此在检漏过程中，可将探头逆风触地前进，如果怀疑碰到小漏气点，应反复检查，必要时可用防风圈或塑料袋挡风，增加氢气浓度，以便进行辨别。

检查到漏点后，不要急于放掉氢气进行封焊，要判断电缆是否有两个以上的漏气点。一般可先用橡胶带做临时处理，把漏气点扎住不漏气，然后过一段时间测量电缆气闭段各点气压。如果气压平稳，说明漏点只有一处，可以放掉氢气进行修复；如果气压仍然不稳，说明还有漏气点，可以利用电缆内原充的氢气继续进行检查，直到整个气闭段气压平衡为止。

(2) 氢气的检漏操作程序和要求

① 准备工作

A. 对所要进行检测的电缆进行气压测量，根据“气压曲线法”和“气压遥信告警”判断漏气点的大致区域，找出最低气压点。

B. 如果气门之间距离较长，在段内适当增加气门以缩小判断范围。

C. 检查芯线的绝缘情况。

D. 将电缆内的空气放出，根据气闭段长短决定放气时间，一般为 2～5h，使气压降到 9.8kPa。

② 充氢气

A. 氢气瓶运到现场后，要放在通气良好的背阴处，防止日光曝晒。禁止在氢气瓶附近吸烟或点火。

B. 将电缆探测检漏仪开机预热。

C. 打开无人机箱，防止氢气进入无人增音机内，站内挂牌禁止烟火。

D. 旋开氢气瓶的安全帽，把调压器安装在氢气瓶上，打开氢气瓶上的高压阀门，高压表指示出瓶内的压力。

E. 将胶管装在氢气瓶低压输出口，慢慢旋动低压调节螺旋杆，观察低压表，调到所需要的输出压力即可。

F. 用检漏仪检查各连接处有无氢气漏出，如有漏气要及时处理。

G. 在最低气压气门或无人增音站气盘处，以 98kPa 的压力向电缆内充氢气。

H. 根据土质、地段、埋深及漏气大小等情况掌握充氢气的时间，一般长途电缆充 2h，市话电缆充 3h，临界气门测到氢气时即可关闭，使气压上升到 68.6kPa，再开始检漏。

③ 探漏气点

A. 电缆路线要清楚，如果不清，可用寻线探测仪探出。

B. 携带检漏仪，从充氢气处开始，由近及远用稍慢于步行的速度沿埋设电缆路线检漏，探头距地面约 10cm。

C. 检漏时，要随时调整仪器的灵敏度，使仪器处在临界报警位置。如果遇到报警，要反复调整试验，以确定标准位置。一般漏气点周围会形成一个直径为 2～5m 的氢气区，检漏时可先确定氢气区的范围，然后再找出氢气浓度的最大点，就是电缆漏气点。

D. 测出漏气点之后，停止向电缆内充气，停止充氢气时要先关闭氢气瓶上的高压阀门。

④ 排氢气

A. 打开所有气门，将氢气放出。

B. 从始端以 98kPa 气压将干燥空气充入电缆内，并用仪器检查，确定无氢气时为止。

C. 终端气门在室内的，要加胶管将氢气排出室外。

D. 经检查确定无氢气后，方可封焊电缆漏气点，然后关闭增音机箱。

(3) 探测准备

将多用探头的探棒拉伸到最佳长度，顺时针旋紧螺杆，使之能稳固操作；反之，可收缩存放，插头插入检漏仪插孔。

(4) 电源检查

按下电源开关 ON 键，左边电压表指示应在 7.2～7.8V 为佳，否则说明容量不足，应充电后再用。

(5) 检漏

开机预热 10min 后，先用充好的小氢气球垂直紧贴探头底部，10s 后，检漏仪连续发出与“寻线”不同的报警音响，检漏表头指示值增大，同时不断调节“检漏”旋钮，保持表头指示在满度以内的 80～90μA 停止调节，除去氢气球，即可进行检漏。如指针不动，无检漏报警声，说明仪器不正常，应查明原因待正常后，方可检漏操作。

(6) 寻线测向

打开发射机，探头成垂直位置，离发射机 30m 远处，围绕发射机旋转，当探测检漏仪“寻线”出现“哨！哨！哨！”声时，此声由大变小，再由小变大，在“寻线”表头指示和声音最小处即为电缆的正上方，工作人员背向发射机的方向即为电缆的走向（注：当喇叭有“哨！哨！哨！”声时，寻线表头指示应调在 80～90μA 之间）。

(7) 埋土深度的测定原理

如图 15-3 所示，首先将探头垂直地面找出电缆正上方 A 处（在该处标下记号）然后将探头与地面成 45°倾斜角，向一侧平移，再找到声音最小的位置 B，由图 15-3 可知，电缆的中心为 O，这样 ABO 为一等腰直角三角形，所以 $AB=AO$，即是埋土深度。

(8) 射程判断

当工作人员距发射机已相当远时，寻线旋钮已调到最大数字 10，将探头垂直偏离电缆一侧约 5m 处，此时若喇叭声音很小，表头读数仅有 2～5 格（即相当于 20～50μA）即说明快到发射机射程终点，应将发射机移到该处附近的电缆气门嘴或分线盒处继续向前测试。如“寻线调节”调到 6，表头读数有 80～90μA，即已到射程的 60%，可继续向前寻找和检测。

五、充电要求

(1) 发射机的 12V 高能镉镍蓄电池组严格按照蓄电池使用说明书充电。即 0.5～1A 充电

8～16h 可充足。

(2) 探测检漏仪机内高能镉镍蓄电池组，电压不得低于规定电压，否则影响仪器稳定性能，缩短电池使用寿命。机内设有恒流充电装置，插入 220V 电源，即可充电。

(3) 如长期不用，应按充电要求每月充足一次所有蓄电池组，以备长年使用和保存。

六、注意事项

(1) 发射机在接负载时，应关掉电源，以防麻电。

(2) 发射机开机工作时，输出端切勿短路。

(3) 检漏电缆时，必须先用氢气球校验好灵敏度，跟踪电缆走向的正上方，逆风向前进，避免雨天和大风天检漏，以免误测。

(4) 发射机的电源保险丝不准大于 2A，否则不安全。

(5) 不工作时应关闭所有电源，以便提高电池的寿命，每月充足一次，各单机的高能蓄电池组按蓄电池说明书要求充电。

(6) 氢气瓶的使用、储存和运输按相关规定执行。

本章小结

检测市话电缆要遵循首先确定障碍性质，之后进行障碍测距，最后进行障碍定点的检测步骤。光缆线路一旦发生故障，将严重影响通信，本章介绍了传统光缆故障定位的 OTDR 四步测试法，另外还介绍了新技术“地下通信电缆探测检漏仪”的操作。

复习思考题

1. 市话电缆线路有哪些？
2. 简述光缆线路障碍查找步骤。
3. 光缆故障定位 OTDR 四步测试法是哪四步？

附　　表

附表 1　正态分布概率系数表

$$\int_{K}^{\infty}\frac{1}{\sqrt{2\pi}}e^{-\frac{x^2}{2}}dx=\beta$$

K	0.00	0.01	0.02	0.03	0.04	0.05	0.06	0.07	0.08	0.09
0.0	0.500 0	0.496 0	0.492 0	0.488 0	0.484 0	0.480 1	0.476 1	0.472 1	0.468 1	0.464 1
0.1	0.460 2	0.456 2	0.452 2	0.448 3	0.444 3	0.440 4	0.436 4	0.432 5	0.428 6	0.424 7
0.2	0.420 7	0.416 8	0.412 9	0.409 0	0.405 2	0.401 3	0.397 4	0.393 6	0.389 7	0.385 9
0.3	0.382 1	0.378 3	0.374 5	0.370 7	0.366 9	0.363 2	0.359 4	0.355 7	0.352 0	0.348 3
0.4	0.344 6	0.340 9	0.337 2	0.333 6	0.330 0	0.326 4	0.322 8	0.319 2	0.315 6	0.312 1
0.5	0.308 5	0.305 0	0.301 5	0.298 1	0.294 6	0.291 2	0.287 7	0.284 3	0.281 0	0.277 6
0.6	0.274 3	0.270 9	0.267 6	0.264 3	0.261 1	0.257 8	0.254 6	0.251 4	0.248 3	0.245 1
0.7	0.242 0	0.238 9	0.235 8	0.232 7	0.229 6	0.226 6	0.223 6	0.220 6	0.217 7	0.214 8
0.8	0.211 9	0.209 0	0.206 1	0.203 3	0.200 5	0.197 7	0.194 9	0.192 2	0.189 4	0.186 7
0.9	0.184 1	0.181 4	0.178 8	0.176 2	0.173 6	0.171 1	0.168 5	0.166 0	0.163 5	0.161 1
1.0	0.158 7	0.156 2	0.153 9	0.151 5	0.149 2	0.146 9	0.144 6	0.142 3	0.140 1	0.137 9
1.1	0.135 7	0.133 5	0.131 4	0.129 2	0.127 1	0.125 1	0.123 0	0.121 0	0.119 0	0.117 0
1.2	0.115 1	0.113 1	0.111 2	0.109 3	0.107 5	0.105 6	0.103 8	0.102 0	0.100 3	0.098 5
1.3	0.096 8	0.095 1	0.093 4	0.091 8	0.090 1	0.088 5	0.086 9	0.085 3	0.083 8	0.082 3
1.4	0.080 8	0.079 3	0.077 8	0.076 4	0.074 9	0.073 5	0.072 1	0.070 8	0.069 4	0.068 1
1.5	0.066 8	0.065 5	0.064 3	0.063 0	0.061 8	0.060 6	0.059 4	0.058 2	0.057 1	0.055 9
1.6	0.054 8	0.053 7	0.052 6	0.051 6	0.050 5	0.049 5	0.048 5	0.047 5	0.046 5	0.045 5
1.7	0.044 6	0.043 6	0.042 7	0.041 8	0.040 9	0.040 1	0.039 2	0.038 4	0.037 5	0.036 7
1.8	0.035 9	0.035 1	0.034 4	0.033 6	0.032 9	0.032 2	0.031 4	0.030 7	0.030 1	0.029 4
1.9	0.028 7	0.028 1	0.027 4	0.026 8	0.026 2	0.025 6	0.025 0	0.024 4	0.023 9	0.023 3
2.0	0.022 8	0.022 2	0.021 7	0.021 2	0.020 7	0.020 2	0.019 7	0.019 2	0.018 8	0.018 3
2.1	0.017 9	0.017 4	0.017 0	0.016 6	0.016 2	0.015 8	0.015 4	0.015 0	0.014 6	0.014 3
2.2	0.013 9	0.013 6	0.013 2	0.012 9	0.012 5	0.012 2	0.011 9	0.011 6	0.011 3	0.011 0
2.3	0.010 7	0.010 4	0.010 2	0.009 90	0.009 64	0.009 39	0.009 14	0.008 89	0.008 66	0.008 42
2.4	0.008 20	0.007 98	0.007 76	0.007 55	0.007 34	0.007 14	0.006 95	0.006 76	0.006 57	0.006 39

续附表 1

K	0.00	0.01	0.02	0.03	0.04	0.05	0.06	0.07	0.08	0.09
2.5	0.006 21	0.006 04	0.005 87	0.005 70	0.005 54	0.005 39	0.005 23	0.005 08	0.004 94	0.004 80
2.6	0.004 66	0.004 53	0.004 40	0.004 27	0.004 15	0.004 02	0.003 91	0.003 79	0.003 68	0.003 57
2.7	0.003 47	0.003 36	0.003 26	0.003 17	0.003 07	0.002 98	0.002 89	0.002 80	0.002 72	0.002 64
2.8	0.002 56	0.002 48	0.002 40	0.002 33	0.002 26	0.002 19	0.002 12	0.002 05	0.001 99	0.001 93
2.9	0.001 87	0.001 81	0.001 75	0.001 69	0.001 64	0.001 59	0.001 54	0.001 49	0.001 44	0.001 39
3	0.001 35	$0.0^{3}968$	$0.0^{3}687$	$0.0^{3}483$	$0.0^{3}337$	$0.0^{3}233$	$0.0^{3}159$	$0.0^{3}108$	$0.0^{3}723$	$0.0^{3}481$
4	$0.0^{4}317$	$0.0^{4}207$	$0.0^{4}133$	$0.0^{5}854$	$0.0^{5}541$	$0.0^{5}340$	$0.0^{5}211$	$0.0^{5}130$	$0.0^{6}793$	$0.0^{6}479$
5	$0.0^{6}287$	$0.0^{6}170$	$0.0^{7}996$	$0.0^{7}579$	$0.0^{7}333$	$0.0^{7}190$	$0.0^{7}107$	$0.0^{8}599$	$0.0^{8}332$	$0.0^{8}182$
6	$0.0^{9}987$	$0.0^{9}530$	$0.0^{9}282$	$0.0^{9}149$	$0.0^{10}777$	$0.0^{10}402$	$0.0^{10}206$	$0.0^{10}104$	$0.0^{11}523$	$0.0^{11}260$

注：①表中数字为 β 值。

②$0.0^{3}968$ 即为 0.000 968。

附表 2 t 分布概率系数表

n	双边置信水平			单边置信水平		
	99%	95%	90%	99%	95%	90%
	$\frac{t_{0.995}}{\sqrt{n}}$	$\frac{t_{0.975}}{\sqrt{n}}$	$\frac{t_{0.95}}{\sqrt{n}}$	$\frac{t_{0.99}}{\sqrt{n}}$	$\frac{t_{0.95}}{\sqrt{n}}$	$\frac{t_{0.90}}{\sqrt{n}}$
2	45.012	8.985	4.465	22.501	4.465	2.176
3	5.730	2.484	1.686	4.201	1.686	1.089
4	2.921	1.591	1.177	2.270	1.177	0.819
5	2.059	1.242	0.953	1.676	0.953	0.686
6	1.646	1.049	0.823	1.374	0.823	0.603
7	1.401	0.925	0.734	1.188	0.734	0.544
8	1.237	0.836	0.670	1.060	0.670	0.500
9	1.118	0.769	0.620	0.966	0.620	0.466
10	1.028	0.715	0.580	0.892	0.580	0.437
11	0.955	0.672	0.546	0.833	0.546	0.414
12	0.897	0.635	0.518	0.785	0.518	0.393
13	0.847	0.604	0.494	0.744	0.494	0.376
14	0.805	0.577	0.473	0.708	0.473	0.361
15	0.769	0.554	0.455	0.678	0.455	0.347
16	0.737	0.533	0.438	0.651	0.438	0.335
17	0.708	0.514	0.423	0.626	0.423	0.324
18	0.683	0.497	0.410	0.605	0.410	0.314
19	0.660	0.482	0.398	0.586	0.398	0.305
20	0.640	0.468	0.387	0.568	0.387	0.297

续附表 2

n	双边置信水平			单边置信水平		
	99%	95%	90%	99%	95%	90%
	$\frac{t_{0.995}}{\sqrt{n}}$	$\frac{t_{0.975}}{\sqrt{n}}$	$\frac{t_{0.95}}{\sqrt{n}}$	$\frac{t_{0.99}}{\sqrt{n}}$	$\frac{t_{0.95}}{\sqrt{n}}$	$\frac{t_{0.90}}{\sqrt{n}}$
21	0.621	0.455	0.376	0.552	0.376	0.289
22	0.604	0.443	0.367	0.537	0.367	0.282
23	0.588	0.432	0.358	0.523	0.358	0.275
24	0.573	0.422	0.350	0.510	0.350	0.269
25	0.559	0.413	0.342	0.498	0.342	0.264
26	0.547	0.404	0.335	0.487	0.335	0.258
27	0.535	0.396	0.328	0.477	0.328	0.253
28	0.524	0.388	0.322	0.467	0.322	0.248
29	0.513	0.380	0.316	0.458	0.316	0.244
30	0.503	0.373	0.310	0.449	0.310	0.239
40	0.428	0.320	0.266	0.383	0.266	0.206
50	0.380	0.284	0.237	0.340	0.237	0.184
60	0.344	0.258	0.216	0.308	0.216	0.167
70	0.318	0.238	0.199	0.285	0.199	0.155
80	0.297	0.223	0.186	0.266	0.186	0.145
90	0.278	0.209	0.175	0.249	0.175	0.136
100	0.263	0.198	0.166	0.236	0.166	0.129

附表 3　相关系数检验表

$n-2$	显著性水平 β		$n-2$	显著性水平 β		$n-2$	显著性水平 β	
	0.01	0.05		0.01	0.05		0.01	0.05
1	1.00	0.997	15	0.606	0.482	29	0.456	0.355
2	0.990	0.950	16	0.590	0.468	30	0.449	0.349
3	0.959	0.878	17	0.575	0.456	35	0.418	0.325
4	0.917	0.811	18	0.561	0.444	40	0.393	0.304
5	0.874	0.754	19	0.549	0.433	45	0.372	0.288
6	0.834	0.707	20	0.537	0.423	50	0.354	0.273
7	0.798	0.666	21	0.526	0.413	60	0.325	0.250
8	0.765	0.632	22	0.515	0.404	70	0.302	0.232
9	0.735	0.602	23	0.505	0.396	80	0.283	0.217
10	0.708	0.576	24	0.496	0.388	90	0.267	0.205
11	0.684	0.553	25	0.487	0.381	100	0.254	0.195
12	0.661	0.532	26	0.478	0.374	200	0.181	0.138
13	0.641	0.514	27	0.470	0.367	300	0.148	0.113
14	0.623	0.497	28	0.463	0.361	400	0.128	0.098

参考文献

[1] 中华人民共和国交通运输部.公路桥梁承载能力检测评定规程:JTG/T J21—2011[S].北京:人民交通出版社,2011.

[2] 中华人民共和国交通运输部.公路桥梁荷载试验规程:JTG/T J21-01—2015[S].北京:人民交通出版社,2016.

[3] 中华人民共和国交通运输部.公路桥涵设计通用规范:JTG D60—2015[S].北京:人民交通出版社,2015.

[4] 中华人民共和国交通运输部.公路工程技术标准:JTG B01—2014[S].北京:人民交通出版社,2015.

[5] 中华人民共和国住房和城乡建设部.建筑地基基础设计规范:GB 50007—2011[S].北京:中国计划出版社,2012.

[6] 中华人民共和国住房和城乡建设部.城镇道路工程施工与质量验收规范:CJJ 1—2008[S].北京:中国建筑工业出版社,2008.

[7] 章关永.桥梁结构试验[M].2 版.北京:人民交通出版社,2010.

[8] 施尚伟,曹晓川.桥梁隧道工程[M].北京:人民交通出版社,2016.

[9] 金桃,张美珍.公路工程检测技术[M].4 版.北京:人民交通出版社,2013.

[10] 袁厚明.地下管道检测技术[M].2 版.北京:中国石化出版社,2012.

[11] 部敬孝.燃气检漏车的应用与探讨[J].城市燃气,2006(12):12-16.

[12] 沈光霁,李青春,庞笑,等.油气管道通信光缆的定位检测方法[J].油气储运,2015,34(7):764-767.